아시아 그리스도교 역사 ❶

실크로드 그리스도교 초기 역사에 관한 19세기 문헌의 연구

아시아 그리스도교 역사 1

실크로드 그리스도교 초기 역사에 관한 19세기 문헌의 연구

에바히스트 헤지 육의 『중국, 몽골, 티베트에 전래된 그리스도교』 1권의 번역과 주해

김지인 · 안경덕 · 김상근 번역과 주해

연세대학교 대학출판문화원

이 책의 해제와 지은이에 관하여

에바히스트 헤지 육(Évariste Régis Huc)이 쓴 실크로드 그리스도교 전래의 초기 역사

김상근 ❋ 연세대학교 선교학 교수

아시아 그리스도교 선교의 초기 역사에 대한 관심은 유럽 중심주의(Eurocenterism)에서 벗어나기 위한 탈 식민주의적 관점에서 촉진되었다. 유럽 선교사들이 복음 전래의 주역이었고, 아시아의 초기 그리스도인들은 단순한 복음의 수혜자라는 전통적인 도식에서 벗어나기 위한 노력이었다. 종교와 문화는 일방적인 전달 과정을 통해 다른 지역으로 확산되지 않는다. 특정지역의 종교와 문화가 다른 지역에 전달되는 과정은 전달자의 전파 노력과 더불어 수용자의 반응이 결합되어야만 한다. 전달자가 소개하는 새로운 종교와 문화의 기표(記表, Signifiant, 시니피앙)를 수용자의 기의(記意, Signifié, 시니피에)가 상호 반응을 일으킬 때만 의미 있는 종교와 문화의 만남이 발생하기 때문이다. 가스펠(Gospel)을 전하기 위해 미국의 선교사가 중국 오지에서 '가스펠'을 아무리 큰 소리로 외친다고 해도, 현지의 중국인들은 그 선교사의 의도를 이해하지 못한다. 그 미국 선교사가 '가스펠(Gospel)'이라는 단어와 개념을 '복음(福音)'이라고 번역하고, 그것을 전할 때만 중국인들은 그것에 대한 반응을 하게 된다. '가스펠'이라는 기표는 '복음'이라는 기의에 의해 중국의 현지인들에게 그리스도교 신앙의 내용으로 전달되는 것이다. 그렇다고 해서 기의로 전달된 복음은 적극적인 개종으로 이어지지 않을 확률이 높다. 수용(Acceptance), 거부(Rejection), 무관심(Indifference) 등은 전적으로 수용자들의 주체적인 선택에 달려 있다.[1] 따라서 아시아 그리스도교 선교 역사에 대한 관심은 전래사를 중심으로 했던 전달자 중심의 역사에서, 수용자의 반응에 대한 연구로 옮겨가고 있는 추세이다.

우리나라 신학계에서 초기 아시아 그리스도교(선교) 역사에 대한 관심은 이장식의 『아시아 고대 기독교사』와 함께 시작되었다.[2] 1세기부터 16세기까지의 복음 전래의 역사를 다루고 있는 이 책은 2차 자료의 의존이라는 사료의 제한 때문에 아쉬움을 남겼다. 그 뒤를 이은 황정욱의 『예루살렘에서 장안까지』[3]는 비록 간접적이지만 1차 문헌을 다루었다는 점에서 진일보한 연구였다. 주로 경교(네스토리우스파)의 당나라 전래 과정과 이른바 '시안 비석'을 비롯한 경교 문헌에 대한 번역과 주해가 돋보였다. 신학의 연구 영역 밖에 있던 역사학자들의 연구도 주목할 만한 성과를 이루었다. 특별히 정수일의 실크로드 연구는 신학의 외곽에서 초기 아시아 그리스도교 역사 연구의 외연을 확장시켜주는 공헌을 하였다.[4] 김호동의 꾸준한 동서 문명 교섭사 연구도 아시아 그리스도교 초기 역사

1) 일부 남미의 선교 역사에서 나타났던 무력에 의한 강압적인 개종이나, 유럽의 선교 역사에서 펼쳐졌던 황제나 왕의 정치적 선택으로서의 집단 개종은 수용, 거부, 무관심이라는 일반적 선교적 반응과는 다른 양상을 보였다. 그러나 인도와 중국이라는 강력한 기층 문화권이 존재하던 아시아에서의 선교는 '수용, 거부, 무관심'이라는 수용자의 일반적 반응이 대부분이었다.

2) 이장식 『아시아 고대 기독교사』 (서울: 기독교문사, 1990).

3) 황정욱 『예루살렘에서 長安까지: 그리스도교의 唐 전래와 景敎 문헌과 유물에 나타난 중국 종교의 영향에 대한 연구』 (오산: 한신대학교 출판부, 2005)

4) 정수일 『고대 문명 교류사』 (서울: 사계절, 2001); 『문명교류사 연구』 (서울: 사계절, 2002); 『실크로드학』 (서울: 창작과비평사, 2001); 『문명담론과 문명교류』 (파주: 살림, 2009); 『실크로드 사전』 (파주: 창비, 2013); 『해상 실크로드 사전』 (파주: 창비, 2014). 정수일은 오도릭의 아시아 여행기와 이븐 바투타의 여행기를 번역하기도 했다. 오도릭 지음, 정수일 역주 『오도릭의 동방기행』 (파주: 문학동네, 2012); 이븐 바투타 지음, 정수일 역주 『이븐 바투타 여행기』 (서울: 창작과비평사, 2001), 2 vols.

에 대한 관심을 불러 일으켰다.[5] 비록 외국 학자의 연구이지만 한국어로 번역되면서 학계의 주목을 끌었던 사례도 있다. 한국에서 활동했던 선교사 가문 출신이었던 사무엘 H. 마펫의 『아시아 기독교회사』는 비록 2차 문헌에 근거한 통사적 성격을 가졌음에도 불구하고, 방대한 연구 결과를 잘 정리하여 이 분야 연구의 출발점을 제공하기도 했다.[6] 필자가 제안했던 "실크로드 그리스도교(Silk Road Christianity)" 역사에 대한 연구 필요성의 제기와 연구 로드맵을 기반으로,[7] 안경덕은 크리스토프 바우머의 책 『실크로드 기독교 : 동방교회의 역사』를 번역하여 이 분야에 새로운 연구의 활력을 불러 일으켰다.[8]

김지인, 안경덕, 김상근(이하 '옮긴이')은 아시아에 전래된 초기 그리스도교 신앙을 "실크로드 그리스도교"로 명명하고, 성 도마가 활동했던 사도 시대부터 몽골(원나라)의 몰락, 즉 명나라의 창건 때까지 실크로드를 타고 전래되었던 복음의 이동 과정에 대한 관심을 가지고 있었다. 복음의 일방적인 아시아 전래사가 아니라, 수용사에 대한 연구를 진행시켜보고자 하는 노력이었다. 전래와 수용의 상호 작용을 밝히기 위해 우선 전래의 기록에 대한 신뢰할 만한 사료를 확보하는 것이 급선무였다. 옮긴이들은 이런 목적으로 19세기 프랑스 출신의 가톨릭 사제이며 라자로회(Lazarites) 소속 선교사로 중국, 몽골, 그리고 티베트에서 활동했던 에바히스트 헤지 육(Évariste Régis Huc, 1813-1860) 신부가 쓴 『중국, 몽골, 티베트에 전래된 그리스도교』을 번역하고, 주해하게 되었다.

---

5) 김호동 『동방 기독교와 동서문명』 (서울: 까치, 2002) 플라노 드 카르피니, 윌리엄 루브룩 지음, 김호동 역 『몽골 제국 기행: 마르코 폴로의 선구자들』 (서울: 까치, 2015)

6) 사무엘 H. 마펫 지음, 김인수 옮김 『아시아 기독교회사』 (서울: 장로회신학대학교 출판부, 1996), 2 vols. 여러 명이 번역에 참여하면서 용어가 통일되지 않았고 오역이 많이 있다는 아쉬움이 있다.

7) 김상근 "실크로드 그리스도교를 찾아서: 근대 이전의 고대 아시아 선교 역사 연구를 위한 로드맵" 『선교신학』 27호 (2011년 7월), pp. 33-70.

8) 크리스토프 바우머 지음, 안경덕 옮김 『실크로드 기독교: 동방교회의 역사』 (서울: 일조각, 2016)

에바히스트 헤지 육 신부의 생애와 선교 사역

에바히스트 헤지 육은 1813년 8월 1일 프랑스 남부 타네가흐론(Tarn-et-Garonne) 주의 까일루쉬(Caylus)에서 태어났다. 24세가 되던 해(1837년)에 파리에 있는 가톨릭 수도회인 나사로회(Lazarites)에 가입하고, 1839년에 신부 서품을 받았다.[9] 육 신부는 중국에서 선교사로 활동하기 위해 프랑스를 떠나 초기 18개월간 마카오에 있는 나사로회 신학교에서 선교사 훈련을 받았다. 중국의 포함한 세계 전역에서 활발한 선교 활동을 펼치고 있던 예수회(Society of Jesus)는 교황청의 결정에 따라 1773년부터 1814년까지 수도회 활동을 금지 당하게 된다.[10] 육 신부가 속했던 나사로 선교회는 1783년부터 중국에서 활동을 금지당한 예수회를 대체하는 선교회였다. 그가 중국에서 활동하던 시기의 가장 중요한 외적 변수는 영국과 청나라가 충돌한 아편전쟁(1839-1842)이었다. 승전한 영국은 난징 조약(1842년)을 체결하면서 홍콩을 영국에 할양하고 광둥 이외의 5개의 항구(홍콩, 샤먼, 푸저우, 닝보, 상하이)를 개항하는 굴욕적인 협정을 청나라에 요구했다. 이로 인해 청나라는 관세 자주권을 영국에게 빼앗기는 수모를 겪게 된다. 아편전쟁 승리이후 영국이 중국에서의 주도권을 잡기 시작하자, 역시 아시아에서의 세력 진출을 꾀하던 프랑스는 중국 남쪽 지역에 관심을 기울이게 된다.[11] 프랑스 선교사였던 육 신부가 티베트를 최종 선교 목

---

9) 나사로회(Lazarites)는 가톨릭 선교회(Congregatio Missionis)의 별칭으로 빈센트 드 폴(Vincent de Paul, 1581-1660)이 자선, 선교, 교육을 목적으로 1633년에 공인된 선교 단체이다. 프랑스 파리의 성 나사로 수도원을 본부로 사용하였기 때문에 '나사로회'라는 별칭으로 불린다. 창립자의 이름을 따서 빈센티안(Vincentians)로 불리기도 한다.

10) 제일 먼저 예수회가 해산된 곳은 포르투갈의 영토(1759년)였다. 교황청의 공식 결정(1773년) 이전부터 브라질과 아프리카, 그리고 아시아 전역(필리핀 제외)에서 선교활동을 하던 예수회는 큰 타격을 입었다. 예수회가 해산된 이유는 국가별로 다양했다. 각국의 국왕들(특별히 부르봉 왕가)은 예수회가 교황청과 결탁하여 국제적인 정치 세력화하는 것을 경계했고, 교황청은 수도회간의 알력과 유럽 가톨릭 국가들의 교황청과의 관계 단절을 우려하여 예수회를 해산했다.

11) 1843년 프랑스의 외무장관 프랑수아 기조는 장바티스트 세실 제독과 레오나르 샤르네르(Léonard Charner) 대령의 지휘 하에 베트남에 함대를 파병하였다. 프랑스의 베트남에 대한 개입의 시작이었다. 프랑스는 중국 내에서의 영국의 활동을 돕고, 베트남 내에서 프랑스인 선교사들에 대한 박해에 대한 보복이라는 이유를 내세웠다.

적지로 삼았던 것도 이런 19세기 중반의 국제 정세와 연관이 있었다. 마카오에서 기본적인 선교사 교육을 마친 육 신부는 삭발한 불교 승려의 복장으로 광저우(广州)를 거쳐 베이징으로 향했다. 베이징에서 선교를 위한 중국어 수련에 매진하던 그는 가톨릭교회의 몽골 교구를 책임지고 있던 몰리 주교(Bishop Martial Mouly)의 지시를 받고 베이징에서 북쪽으로 480km 정도의 위치에 있는 내몽골의 약수(弱水) 계곡에서 선교활동을 펼쳤다(1840-1844년). 이곳은 만리장성 바로 너머에 위치한 곳으로, 일찍이 명나라 가청(嘉靖) 연간(1507-1567)의 박해를 피해온 토착 그리스도인들이 널리 흩어져 살던 곳이었다. 육 신부는 그곳에서 몽골의 언어와 관습을 익히며 그들의 종교문서를 여러 권 번역하기도 하였다.

그의 선교지 목표는 티베트를 거쳐 인도로 가는 것이었다. 1844년, 선교회의 허락을 받은 육 신부는 칭기즈칸의 여름 별궁이었던 상두(上都)의 당시 이름이었던 돌론노르(多倫淖爾)에서 같은 프랑스 출신 나사로회 선교사 동료 조셉 가베(Joseph Gabet, 1808-1853)를 만나게 된다. 가베 신부는 이미 1835년 중국 마카오에서 중국어를 익히고, 이어서 만주지역에서 활동하던 선배 선교사였다.[12] 육 신부와 가베 신부는 중국인 하인을 한 명 고용한 뒤 티베트를 향한 선교 여정에 올랐다. 그들은 신분을 속이기 위해 티베트 불교 승려 라마의 복장을 하고 황하를 건너 감숙(甘肅)에 잠시 체류한 후, 1845년 1월, 티베트 접경에 도달했다. 그곳에서 한때 4,000여 명의 라마들을 수용했던 고찰인 쿰붐사원(塔爾寺)에서 8개월간 머물렀다. 이곳에서 육 신부는 티베트어와 불경을 공부하면서 북경으로 갔던 티베트의 사신 일행이 돌아오기를 기다렸다. 1845년 9월, 그들은 2,000명의

12) 조셉 가베의 중국 명은 秦噶嗶이었다. 티베트에서 체포되어 추방된 후 로마 교황청에 가톨릭의 중국 선교에 대한 비판적 보고서를 제출해서 파문을 일으켰다. “Rapports sur la Mission en Tartarie, Mongolie, Tibet, 1842, 1847”, Annales de la propagation de la foi, Vol. 19, 1847, and Vol. 20, 1848 참조. “Coup d’œil sur l’état des missions de Chine présenté au Saint-Père le pape Pie IX”, Poissy, 1848 참조. 육 신부와 함께 쓴 “Lettres de Chine et d’ailleurs: 1835-1860” in Jacqueline Thevenet, Les Indes savantes (Paris, 2005) 참조. 그는 리오 데 자네이로로 파견되었다가 병으로 순직하였다.

수행원과 3,700마리의 가축을 대동하고 베이징에서 귀환한 티베트 사신과 합류하였다. 그리고 티베트의 라사로 가는 설산준봉과 협곡을 지나 1846년 1월 29일, 마침내 최종 목적지에 도착하였다. 18개월의 기나긴 여정이었다.

육 신부 일행이 티베트의 라사에 도착했지만 그들 이전에 이미 그곳을 다녀간 유럽 선교사들이 있었다. 1716년 3월 18일, 라사에 도착했던 이탈리아 출신의 예수회 선교사 이폴리토 데시데리(Ippolito Desideri, 1684-1733)가 대표적인 인물이다.[13] 그러나 데시데리 선교사가 130년에 티베트인들로부터 환대를 받은 반면, 육 신부 일행은 라사의 티베트인들의 경계 대상이었다. 티베트인들은 그들은 캘커타에서 온 피랭(P'i-leng)으로 의심했는데, 이는 인도의 살고 있는 외국인, 즉 '영국인'이라는 뜻으로 해석될 수 있다.[14] 티베트 인들이 육 신부 일행을 인도에서 온 영국인 스파이로 의심한 이유는 당시 그 지역에서 전개되고 있던 국가 간의 분쟁 때문이었다. 당시 영국 식민지 군대와 인도 북부 시크교도 간의 분쟁이 격화되고 있었고, 영국이 세력을 확장해 티베트의 인접 국가인 네팔을 차지하게 될 경우, 티베트로서는 감당하기 힘든 국제 정세가 예상되었기 때문이다. 따라서 라사에 도착한 육 신부 일행은 즉각 티베트 행정관에게 체포되어 라사에 거주하던 몽골인 주찰 대신인 기선(琦善, 1786-1854)으로부터 심문을 당한다. 기선은 1차 아편 전쟁(1839-1842) 때 직예총독(直隸總督)으로 재직하면서 대고

13) 심혁주, "선교사의 눈에 비친 티베트: 이폴리토 데시데리(Ippolito Desideri, 1684-1733)의 선교활동과 티베트불교에 대한 인식" <인문논총> 제73권 제2호 (2016년) pp. 423-457. 데시데리 선교사는 티베트 최대 불교종파인 황교(겔룩파, 黃敎)의 사원 써라스(色拉寺)에서 티베트어를 익혔고 불교경전을 연구하여 유럽에 티베트의 종교와 문화를 소개하는 선구자가 되었다.

14) 피랭(P'i-leng 披楞)은 파랑기(Paranghi)에서 파생된 말로 추정된다. 원래 이 용어는 십자군 때 무슬림이 프랑크 왕국의 유럽인을 지칭하던 용어였는데, 인도에서 '유럽인'의 뜻으로 사용되었다. 외국인은 불가촉천민에 속한다는 의미도 함께 내포하고 있다. 점차 '영국인'이란 의미로 확대되었다. 중국에서는 포르투갈 인이라는 뜻으로 佛郎機(Folangji)라는 용어가 사용되기도 했다. 인도에서 '영국인'의 의미로 사용된 한자는 披楞이었다. 영어로 옮기면, Fringy 로 표기한다. 티베트인들이 영국인들에게 관심이 많았던 이유 중의 하나는 영국인 토마스 매닝(Thomas Manning, 1772-1840) 때문이었다. 매닝에 관하여는 Clements Markham, Narratives of the Mission of Georges Bogle to Tibet and of the Journey of Thomas Manning to Lhasa (New Delhi: Cosmo Publications, 1910 [1876]) 참조.

(大沽)와 광동(廣東)에서 영국의 해군 장교이자 초대 홍콩 총독을 역임하게 될 찰스 엘리어트(Charles Elliot, 1801-1875)와 협상을 펼쳤던 고위관료였다. 그러나 기선은 협상 결렬의 책임으로 지고, 오지인 티베트의 라사로 임지를 옮겨야만 했다. 기선은 티베트인 행정관(注曲結布)과 함께 심문하여 육 신부가 프랑스 출신이고 일반적인 포교 활동 이외에 특이한 점이 없다는 것을 확인했다. 아래는 기선이 청나라 황제에게 올린 보고문의 내용이다.

> "그들은 몽골 라마승의 복장을 하고 있었습니다. 그들은 모두 중국어를 할 수 있었고, 지참하고 있던 만주어와 몽골어로 된 책의 내용을 설명할 수 있었습니다. 그러나 그들은 티베트어로 소통하지 못했습니다. 한 사람의 이름은 요체코피(約則喝畢, Joseph Gabet)였고, 또 다른 사람은 이와리수타(額窩哩斯塔, Évariste Régis Huc)였습니다. 그들은 서로 형제로 부르는데, 같은 나라, 프랑스 사람들입니다. 프랑스령에 속하는 폰디체리(Pondicherry)에서 그들은 가톨릭 신앙을 믿는 사람들입니다."[15]

육 신부 일행은 라사에서의 추방되어 쓰촨성의 청두(成都)에서 다시 심문을 받기 위해 호송되었다. 쓰촨성 총독 파오싱(寶興)은 1846년 6월 6일, 라사에서 체포되어 온 육 신부 일행을 다시 심문했다. 파오싱은 육 신부 일행이 이미 라사에서 받았던 내용과 비슷한 질문을 하였고 그들을 다시 광저우로 보내 최종 심문을 받게 했다. 광저우의 재판관은 가장 긴 내용을 취재 결과 보고서를 청나라 조정에 올렸는데, 여기서 유럽의 선교사들이 중국 내지에서 포교 활동을 펼치는 것에 대한 경계의 목소리를 높이고 있다. 광저우에 있던 네덜란드 대표부

---

15) Schuyler Cammann, "New Light on Huc and Gabet: Their Expulsion form Lhasa in 1846" Far East Quarterly, Vol.1 No. 4 (Aug., 1942), pp. 352-353. 기선이 올린 상소문의 내용으로 1846년 4월 29일에 중국 조정에 접수된 문건이다. 조셉 가베 신부의 중국이름은 秦噶嗶이었고 육 신부의 중국이름은 古伯察이었는데 여기서는 다르게 기록되어 있다. 폰디체리는 인도 동남부의 타밀 나두 지방에 있는 도시로 프랑스 무역상들이 활동하던 곳이었다.

의 주선으로 두 사람은 특별한 협의점 없이 석방되었고, 가베 신부는 유럽으로 귀환했다. 나사로회와 파리외방선교회(Missions Étrangères de Paris) 간의 선교지역 할양에 관한 문제를 협의하기 위해서였다. 같은 해(1846)에 교황청은 티베트의 선교를 파리외방선교회에 할당했기 때문에 나사로회는 이 문제를 협의하기 위해 가베를 유럽으로 귀환시킨 것이다.

한편 육 신부는 광저우에서 3년을 더 머물며 자신이 경험했던 중국, 몽골, 티베트의 여행기를 집필하였다.[16] 육 신부의 여행기의 진위를 놓고 러시아의 탐험가였던 니콜라이 프르제발스키와 같은 러시아 여행가들은 육의 여행담에 의혹을 제기하기도 했다.[17] 그러나 육 신부를 체포하고 추방시켰던 중국 관리들의 중국 역사 기록이 발견됨으로써, 그의 체험에 대한 확실한 증거가 확보되었다.[18]

육 신부는 1852년 후반에 유럽으로 귀환하였다. 악화된 건강 문제 때문이었다. 유럽으로 돌아온 지 2 년 만에 1850년에 이미 출간했던 여행기의 후속편인 『중국 제국』을 1854년에 출간했다.[19] 생애 말년이었던 1857년부터 1858년까지 육 신부는 『중국, 몽골, 티베트에 전래된 그리스도교』을 이어서 출간했다. 나폴레옹 3세에게 인도차이나 문제에 적극 개입할 것을 촉구하기도 했던 육 신부는 1860년 3월 31일, 파리에서 영면하였다.

---

16) Évariste Régis Huc, Souvenirs d'un voyage dans la Tartarie, le Thibet, et la Chine pendant les années 1844, 1845 et 1846 (Paris: Librairie d'Adrien le Clerc), 2 vols. 이 여행기는 1850년 파리에서 프랑스어로 첫 출간되었다. 윌리엄 하츠리트(William Hazlitt)의 영역본(Travels in Tartary, Tibet and China)이 1852년 런던에서 이어서 출간되었으며, 1898년에 시카고에서 같은 영역본이 출간되었다. 폴 페리오(Paul Pelliot)가 서문을 붙인 여행기는 1928년 런던에서 출판되었다.

17) 니콜라이 프르제발스키(Nikolay Przhevalsky, 1839-1888)는 폴란드-러시아 혈통의 지리학자 겸 탐험가로 중앙아시아와 동아시아를 탐험하였다. 그는 라사에까지 이르지는 못하였으나, 당시 서방 세계에 중앙아시아의 지리를 알려 유럽인들의 관심을 촉발했다.

18) Schuyler Cammann, "New Light on Huc and Gabet: Their Expulsion form Lhasa in 1846" Far East Quarterly, Vol.1 No. 4 (Aug., 1942), pp. 348-369.

19) Évariste Régis Huc, L'Empire chinois, faisant suite à l'ouvrage institué Souvenirs d'un voyage dans la Tartarie et le Thibet (Paris: Librairie de Gaume Frères, 1854), 2 vols.

『중국, 몽골, 티베트에 전래된 그리스도교』 제 1 권의 역사적 범위와 사료적 가치

육 신부의 『중국, 몽골, 티베트에 전래된 그리스도교』는 사도 시대부터 저자의 시대(19세기 중반)까지 펼쳐진 그리스도교의 동 아시아 선교사(宣敎史)이다.[20] 총 3 권으로 편찬된 이 책은 1 권에서 사도 시대부터 몽골제국(원나라)의 몰락까지의 역사를, 2 권에는 바스쿠 다 가마(Vasco da Gama, c. 1460s-1524)를 필두로 하는 포르투갈의 아시아 세력 확장 시기, 즉 대항해시대부터 예수회 선교사 아담 샬(Adam Schall, 1591-1666)의 서거까지의 역사를, 그리고 3 권에서는 도미니코 선교회의 중국 선교부터 전례 논쟁(Rites Controversy)을 거쳐 청나라의 4 대 황제였던 강희제(康熙帝1661-1722년 재위)의 서거까지의 아시아 그리스도교 역사를 다루고 있다.

이 세 권의 책에는 실크로드에서 약 1700년간 펼쳐졌던 다채로운 그리스도교 역사의 흥망성쇠가 파노라마처럼 펼쳐지고 있다. 언어 판독의 한계 때문에 21세기의 역사가들이 접근할 수 없는 수많은 1 차 사료들의 인용문들이 책의 사료적 권위를 더하고 있고, 중국, 몽골, 티베트에서 실제 선교활동을 펼쳤던 저자인 육 신부의 경험과 통찰력이 사료 판단의 진정성을 높여주고 있다.

특별히 이 방대한 분량의 책 제 1 권은 이른바 '실크로드 그리스도교 역사'를 이해하기 위한 구체적인 역사 정보를 담고 있어, 교회사 연구와 동서 문화 교섭의 역사 연구에 중요한 사료를 제공하고 있다. 사도 시대에 전래되었던 복음이 메소포타미아와 인도에 전해진 경우(사도 도마의 인도 선교), 페르시아에서 확산되었던 '네스토리우스파'의 역사, 십자군 시대의 '사제 왕 요한' 전설의 실체, 시안

20) Évariste Régis Huc, Christianity in China, Tartary and Thibet (New York: D. & J. Sadlier & Co., 1857), 3 vols.

비석, 케레이트 부족을 포함한 일부 몽골 칸들의 개종, 이슬람 신앙과 네스토리우스파 그리스도교 사이에서 갈등했던 후대 몽골 칸들의 종교적 선택 과정 등에 대한 상세한 정보가 제공되고 있다.

이 책의 사료적 가치는 21세기의 역사가들이 쉽게 접근할 수 없는 오랜 사료들이 직간접으로 인용되고 있다는 것이다. 특별히 어학에 뛰어난 재능을 보였던 육 신부는 실크로드 그리스도교의 현장이었던 중앙아시아, 인도, 몽골, 중국, 그리고 티베트의 다양한 언어로 기록된 1 차 문헌을 수시로 인용하고 있다. 가장 중요한 사료적 가치를 지닌 기록은 몽골 칸과 교황청 및 유럽 왕들 사이에 오갔던 교신의 구체적인 내용일 것이다. 그동안 중세의 마르코 폴로와 프란체스코 수도회 소속 선교사들이 남긴 제한된 기록만 알고 있던 우리들에게 몽골 사신들이 전했던 중앙아시아와 중국(원나라)의 정치, 종교, 문화적 상황에 대한 자세한 정보가 이 책을 통해 소개된다. 또한 우리는 육신부의 부단한 조사와 연구 덕분에 "사제 왕 요한"에 대한 정보들이 어떤 과정을 통해 중세 유럽과 십자군 운동에 영향을 미치게 되었는지에 대해 알게 되었다. 또한 예수 시대의 사도였던 도마의 인도 선교에 대한 추가적인 정보는 이 책의 지리적 범위(동아시아)에 넘어서는 소중한 정보를 제공해 주고 있다.

중국, 몽골, 티베트에서 펼쳐졌던 실크로드 그리스도교의 역사는 복음의 전래와 수용이라는 상호 작용의 결과이다. 그동안 사료의 제한 때문에 이 분야의 연구가 일방적인 전래의 역사를 중심으로 펼쳐졌지만, 이제 이 책을 통해 더욱 풍부해 진 실크로드 그리스도교 역사의 사료를 바탕으로 새로운 연구가 시작되기를 소망한다.

일러두기

1. 이 책은 1857-1858년간 프랑스 파리(Gaume frères)에서 출간된 에바히스트 헤지 육Évariste Régis Huc 신부의 『중국, 몽골, 티베트의 그리스도교Le christianisme en Chine, en Tartarie et au Thibet』의 첫 번째 책을 번역하고 주해를 단 것이다. 이 책의 영어 번역본은 같은 해에 영국의 런던(Longman, Brown, Green, Longmans, & Roberts)과 미국의 뉴욕(D. & J. Sadlier)에서 동시에 출간되었다. 이 책은 동일한 판본인 영어 번역본을 저본을 삼았고, 필요에 따라 육 신부의 불어 원전을 참고하였다.

2. 본문 중 [ ] 안의 내용은 옮긴이들이 독자들의 이해를 돕고 추가 연구의 방향을 제시하기 위해 주해를 단 것이고, ( ) 안의 내용은 육 신부가 자신의 책에서 보충해서 설명한 것이다. 논의가 길어지거나 상세한 설명을 요구할 경우에도 각주로 처리했다.

3. 이 책은 총 10장으로 구성되어 있는데, 각 장의 제목과 소제목은 옮긴이들이 가독성을 높이기 위해 붙인 것이다. 지은이가 붙인 각주는 '(원주)'라 표시하

였다. 책 제목처럼 명확한 번역이 가능할 경우 번역을 했지만, 가급적 원문 그대로 옮겨 놓았다. 약자로 되어 있어 출처 확인이 불분명할 때도 있었다. '(원주)'라고 표시되어 있지 않는 나머지 각주는 모두 옮긴이가 주해한 것이다. 지은이의 각주, 즉 (원주)에서 가끔씩 등장하는 라틴어나 불어로 인용한 원문은 싣지 않았고 출처만 밝혀두었다. 19세기 중엽에 쓴 책이어서 사실史實과 연대가 다르게 표시된 것이 다수 있어, 최대한 바로 잡아 이를 옮긴이의 각주에서 수정하였다. 이렇게 옮긴이들에 의해 확인되고 수정된 사실은 따로 표시해 두었다.

4. 맞춤법과 외래어 표기는 원칙적으로 국립 국어원 어문규정을 따랐으나, 성경에 나오는 인명과 지명 등은 『표준 새 번역 성경』(2003)을 따랐다. 지명과 인명의 우리말 표기는 현재 통용되는 한글용어를 준용하였으나, 중국의 인명과 지명은 가급적 우리 발음으로 적었다.

5. 통치자(황제, 왕, 칸, 대 칸)와 고위 성직자(교황, 총대주교) 이름에 병기한 연대는 재위 기간이나 재직기간을 말하며, 그 밖의 인물은 생몰년 또는 몰년을 의미한다.

차 례

제 1 장

복음이 중국에 이르기 전까지

제 1 장

복음이 중국에 이르기 전까지

유대인을 통한 메시아 신앙의 전파

그리스도교 복음이 점차 전 세계로 전파된 것은, 이미 오래전부터 예언되어 온 것이고 모두가 기대했던 것이기에 전혀 놀라운 일이 아니었다. 하느님이 인간의 모습으로 이 세상에 탄생했다는 성육신은 인류의 보편적인 믿음이었다. 이 위대한 성육신의 교리는 다소 신비스러운 방식으로 오래된 예배 형식에 나타나고, 아주 오래된 믿음의 전통 속에서 그 흔적을 찾을 수 있다. 세상의 구원자인 메시아는 지상 낙원에서 쫓겨난 타락한 인류에게 구원을 약속했고, 이 구원의 약속은 한 시대에서 다른 시대로 끊임없이 이어지며 전해졌다. 특히 이 약속을 간직해 온 이스라엘 민족은 그 구원의 약속이 성취되기까지 수백 년 동안 다른 나라 사람들에게 그 약속을 전했다. 이 전파는 하느님의 섭리에 따라, 유대인들이 많은 격변을 겪는 과정에서 아시아 전역과 세계 여러 나라로 흩어지는 모습으로 성취되었다.

기원전 719년, 아시리아의 왕 살만에셀Salmanassar은 사마리아Samaria를 점령하고 그 지역에 살던 이스라엘 백성들을 메디아[이란의 북서부 지역]의 변두리 마을로 이주시켰다.[21] 기원전 676년, 에사르하돈Assaharaddon (681-669 BC)은 시리아와 이스라엘 왕국의 거주민들을 페르시아, 메디아, 동방의 먼 지방으로 흩어놓았다.

기원전 606년부터 본격적인 바빌론 포로기가 시작되었다. 이때 느부갓네살Nebuchadnezaar은 유대 왕국 대부분의 사람들을 포로로 끌고 갔다.[22] 그 가운데는 왕족, 제사장, 심지어 예언자도 포함되어 있었다. 이 유대 왕국의 포로들은 멀리 메디아 지방에까지 이주하게 되었다. 이스라엘인들은 포로 생활의 어려움을 겪으면서, 고향 땅 시온을 그리워하며 바빌론 강가에 앉아 함께 울었다. 이때부터 유대인들은 동방으로 널리 흩어지게 되었는데, 그들은 수많은 캐러밴Caravan과 함께 실크로드를 따라 페르시아, 인도, 티베트, 그리고 중국까지 이동하였다. 오늘날까지[19세기 중반]도 이 모든 지역에서 옛날에 유대인들이 이주했던 흔적을 찾아볼 수 있다.

따라서 기원전 8세기부터 동방으로 흩어진 유대인들은 일찍이 타국에서 포로 생활을 하면서 이스라엘 민족의 경전과 교리, 예언을 아시아 사람들에게 널리 전파하게 된 것이다. 이러한 전파는 마치 고대의 신앙을 되살리고, 사람들에게 구세주에 대한 희망을 회복시키는 듯했다. 이스라엘 자손들이 방랑하면서 성경의 전통도 함께 전파되었다. 성경의 전통은 페르시아와 인도 그리고 타

---

21) 살만에셀(Salmanassar, 727-722 BC)은 구약 성경에 등장하는 인물로 이스라엘 10 지파를 포로로 잡은 사마리아의 정복자이다. 열왕기하 17:3, 24-28 참조.

22) 느부갓네살(Nebuchadnezaar, c.605-c.562 BC)은 신바빌로니아 칼데아 왕조의 2대 왕이다. 수도 바빌론에 기념 건축물인 공중 정원을 건축했고, 구약에는 유대와 예루살렘을 정복한 왕으로 기록되어 있다(열왕기하 24-25장 참조). 예루살렘의 솔로몬 성전을 파괴하고 유대인들을 포로로 잡아간 인물로 기록되어 있다.

타리[몽골]을 통해 두 개의 경로로 중국에까지 이르게 되었다.[23] 동시에 이집트, 소아시아, 그리스에 전파되었고, 그리스[와 로마]를 통해 서유럽과 북유럽에까지 전해졌다. 스트라보Strabo는 "유대인들이 모든 도시로 흩어졌다. 지상에서 유대인들을 받아들이지 않거나 이들이 살지 않았던 곳을 찾기가 어렵다"고 말했다.[24] 따라서 이러한 진리의 흐름은 온 세상에서 느껴질 수 있었고, 인류는 비로소 나른한 잠에서 깨어나 메시아의 구원을 기억해내고 열광하기 시작했다. 놀라운 것은 세계 각국 종교의 예배형식과 경전의 일부분, 교리 가운데서 "그리스도인"이라고 불릴만한 공통의 요소들을 찾을 수 있다는 사실이다. 이것은 매우 놀라운 일이다. 이것은 사도 바울이 "하느님께서 이방인들 가운데서 자기를 드러내지 않으신 것은 아닙니다."라고 말한 것과, 야곱이 예언한 대로 구세주에게 "모든 백성이 복종할 것이다"라고 한 말과 같다.[25]

고대의 시인들이 노래한 메시아

그리스도가 이 세상에 오시기를 간절히 기다렸던 사람들은 유대인만이 아니었다. 로마제국, 고트족, 스칸디나비아, 인도, 중국, 그리고 또 아시아 내륙에서도 그리스도가 오시기를 바라는 사람들이 있었다. 이런 지역의 사람들은 대부분 성육신 교리를 기반으로 한 나름대로의 종교를 믿고 있었다. 메시아가 이 땅에 나타나기 오래전부터, 온 세상은 이미 공의와 평화의 왕인 구세주와 인류

---

23) 육 신부는 타타리(Tartary, 達坦)를 몽골제국 이후 동아시아와 중부, 즉 카스피 해와 우랄 산맥부터 태평양 연안에 사는 투르크-몽골계 부족을 통칭하는 단어로 썼으나, 이를 '몽골' 또는 '북방 초원 부족'으로 이해하기도 했다. 또 이 책의 제 3 권에서는 '여진(만주)족'의 뜻으로 사용했기 때문에 번역자들은 그렇게 옮기기도 하였다.

24) 스트라보(Strabo, 23년 사망)는 고대 그리스 지리학자로 로마 공화정 말기인 폼페이우스(106-48 BC)와 카이사르(100-44 BC)의 시대에 활동했다.

25) 사도행전 14:17. 창세기 49:10.

가 화해할 것임을 알고 있었던 것이다. 힌두교 설화집인 『푸라나』에서 이러한 기대에 관한 내용을 쉽게 확인할 수 있다.[26] 이 책의 내용을 보면, 세상은 탄식하는 것으로 종종 묘사되어 있다. 인간의 부조리가 점점 늘어나자, 세상은 그 무게에 짓눌려 힌두교에서 말하는 지옥인 파탈라Patala로 끌려 내려간다. 신들도 거인들의 압박을 불평한다. [이에] 비슈누 신은 구세주가 이 세상에 나타나 잘못을 바로잡을 것이며, 악마들Daityas의 폭정을 끝낼 거라고 말함으로써 세상과 신들을 위로하는 장면이 나온다.[27] 이 목적을 이루기 위해, 그분[구세주]은 한 목자의 집안에서 탄생할 것이며, 목자들 가운데서 성장할 것이라고 이 책은 기록하고 있다. 공자 또한 그의 책에서 성스러운 세발솥, 보정寶鼎이 분실되었음을 한탄하는데, 공자는 아마도 이 말을 할 때 삼위일체를 염두에 두고 있었던 것으로 추정된다.[28] 그는 제자백가諸子百家에게 서방에서 매우 뛰어난 성인이 태어날 것이라고 알리기도 했다.

구세주께서 이 땅에 오실 때가 점점 다가오자, 영적인 눈으로 미래를 보는 시인들이 여러 나라의 전통에서 영감을 받으며 구세주의 탄생을 노래하기 시작하였다. 그들은 구세주 탄생의 놀라운 사건에 대한 예언을 반복하여 세상의 이 끝에서 저 끝으로 전달하기 시작했다. 한 인도의 현인은 '바르타 사스트라'라는 시에서 '철의 시대'의 재앙과 혼란에 관해 길고 상세하게 설명했다.[29] 이후 자신을 인도에서 가장 위대한 왕 중 하나였던 다르마 라자Darma Raja에게 소개하면서, 자신을 다음과 같이 표현했다.

---

26) 푸라나(Puranas)는 힌두교 경전의 한 장르로, 종교적 설화집을 가리킨다.

27) 비슈누(Vishnu)는 브라마(Brahma)와 쉬바(Shiva)와 함께 힌두교 3대 신들 가운데 하나이다.

28) 보정(寶鼎)은 문자적으로는 '성스러운 세발 솥'이며, 고대 중국에서 제사장과 왕의 권위를 상징했다.

29) 바르타-사스트라(Barta-Sastra)는 인도의 고대 서사시 마하바라타(Mahabharata)의 제 3 편 가운데 나오는 시이다. 철의 시대에 시인(Maricandeya)이 갠지스 강가에서 읊은 노래로 알려져 있다.

"그때 샴발라라는 도시에서 한 브라만이 태어나리라.[30] 이분을 바로 비슈누 예수라 부를 것인데, 그분은 성경과 모든 학식을 지니고 있으며, 이 학식은 한 단어를 발음하는데 걸리는 시간만큼 짧은 시간에 습득한 지식이다. 이 때문에 그분을 사르바 부다, 즉 만유를 통찰하는 분이라 부르리라.[31] 그때 이 비슈누 예수는 인류와 대화 하면서 (그분 말고는 누구도 이런 일을 할 수 없는데) 죄인들이 사는 땅을 정화할 것이며, 진리와 정의로 세상을 다스릴 것이며, 말 한 필을 제물로 바쳐서 부다 앞에 온 우주가 무릎을 꿇게 하리라. 그러나 그분이 나이가 들면 고행하러 사막으로 물러나리라. 이것이 비슈누 예수가 인류 가운데 확립할 질서다. 그분은 브라만(사제)들 가운데 덕과 진리를 세울 것이며, 율법의 한계 안에서 네 개의 카스트를 회복할 것이라. 이로써 '첫 번째 시대'가 복원되리라.[32] 이 최고의 왕은 만국 백성 모두에게 희생제물을 주리니, 황무지조차 제물로 사용할 일이 없을 것이라. 덕을 지닌 브라만들은 오로지 예배와 제사에만 헌신하리라. 그들은 참회하게 될 것이고 다른 덕목들은 진리의 수레 안에서 번성하리라. 브라만들은 성경의 영광을 세상에 널리 비칠 것이다. 계절이 변함없는 질서를 따라 각각 이어지며, 적절한 때에 들판에 비가 흡족히 내리고 때가 되면 풍성한 수확을 얻게 되리라. 원하는 이를 위해 젖이 흘러나올 것이며 땅은 첫 번째 시대처럼 환희와 풍성함에 흠뻑 빠지게 되리라. 모든 나라 백성들이 말할 수 없는 기쁨을 맛보게 되리라."

---

30) 샴발라(Sambhala)는 티베트 불교의 전설에서 아시아 내륙의 어디엔가 있다고 전해지는 가상의 왕국이다. 여러 고대 문헌에 나오지만 샴발라는 순수한 불교의 땅이라는 인식이 퍼졌고, 유럽의 대중문화에서도 관심을 끌었다.

31) 사르바 부다(Sarva Buddha)란 '지혜의 부처'를 말한다.

32) '첫 번째 시대(Krita Yuga)'는 힌두교에서 말하는 윤회의 네 시대 가운데 첫 번째 시대를 말한다. 소의 모습을 한 다르마(Dharma) 여신이 네 다리로 버티면서 보호하는데, 1,720,000년 동안 지속되는 '진리의 시대'이다.

베르길리우스가 노래메시아 강림

인도 시인 마리칸데야Maricandeya가 갠지스 강가에서 이런 시를 읊고 있을 때, 베르길리우스는 티베르Tiber 강가에서 거의 같은 내용의 노래를 부르고 있었다.[33]

> "쿠마에의 무녀 시빌레가 노래했던 마지막 시대는 이제 지나가고
> 위대한 윤회의 새 시대가 시작되는구나.[34]
> 황금시대가 되니 이 땅을 떠났던 정의가 다시 돌아오며
> 새로운 인류가 하늘에서 내려오는구나.
> 철의 시대를 끝내는 아기의 탄생으로 황금 족속이 일어난다.[35]
> 루키나여, 이 아기의 탄생을 돌보시길.[36]
> 이 아기의 탄생으로 철의 시대가 종막을 고하고,
> 온 세상이 황금시대를 유산으로 받으리니,
> 이제 아폴론의 통치가 시작될 것이다.
> 존경하는 집정관 폴리오여, 마침내 영광의 시대가 동트고,
> 위대한 세월의 행진이 시작되는 순간을 보리니
> 인류는 절어빠진 공포에서 벗어나게 되고

---

33) 베르길리우스(Publius Vergilius Maro, 70-19 BC)는 로마의 시인으로 로마 건국의 서사시인 『아이네이스』 외에 『목가』, 『농가』를 남겼다. 위 내용은 베르길리우스의 『목가』 4권의 내용이다.

34) 쿠마에의 시빌레(Cumae's Sibyl)는 나폴리 인근 쿠마에의 무녀로 아이네아스를 하데스(冥界)로 안내한 길잡이였다. 원래 의도와는 달리 이 무녀가 그리스도의 출현을 예언했다는 전설로 확장되었다.

35) 지은이는 시에 나오는 '아기'를 메시아의 탄생과 결부시키고 있다. 이 '아기'에 대한 이야기는 베르길리우스가 쓴 『목가』와 연관이 있다. 베르길리우스는 이 책을 안토니우스와 옥타비아누스가 브룬디시움에서 평화협정을 맺을 때 이에 크게 기여했던 폴리오에게 헌정한 것이다. 이 협정으로 안토니우스가 옥타비아누스의 누이인 옥타비아와 결혼하게 되었고, 따라서 '아기'는 이 둘 사이에서 태어나는 아기라는 해석이 있다.

36) 루키나(Lucina)는 유노(Juno) 또는 디아나(Diana)라고도 불리는, 출산을 주재하는 그리스 여신이다.

덕지덕지 붙은 우리의 허물과 그 얼룩이 씻김을 받으리라.[37)]
이 아기는 신들의 생령을 한 몸에 받으리니
보라, 신들이 옛 영웅들과 함께 어울리면서 이 아기를 감싸며
그 아버지가 다스리는 세상이 평화로 가득 찼구나.
이 아기에게 대자연이 첫돌 선물을 안기니,
땅은 아기에게 걸맞은 선물, 뾰족하게 내민 상아빛 디기탈리스 꽃,
집시 백합과 행복을 머금은 아칸서스 잎으로 뒤덮일 것이라.
부푼 젖통을 가진 염소가 집으로 돌아오나 그 임자가 없고
암소는 사자를 두려워하지 않으리라.[38)]
허다한 비단결 꽃봉오리들이 요람 곁으로 솟아올라
아기의 눈앞에서 찰싹거리리라.
독사들은 명을 다할 것이며,
독을 머금은 풀들도 자취를 감추고,
향신료와 제사상의 향초가 내품는 훈기가 사방을 적시리라.

때가 가까웠노라! 그 빼어난 삶이여, 어서 오시라.
온 세상이 엎드리는 모습을 보시라.
모든 땅들, 울렁대는 대양, 광대한 하늘이.
모든 피조물이 아기의 강림에 환호작약하는 모습을 보시라."

로마의 시인 베르길리우스는 쿠마에의 무녀 시빌레가 예언한 황금시대가 마침내 왔다고 선언하고, 신과 같은 삶을 누릴 아기의 탄생을 축하하고 있다. 그는 "우리의 허물이 지워지리라. 세상은 놀라움을 그치지 못하리라. 독사들은

37) 폴리오(Gaius Asinius Pollio, 75 BC-4 AD)는 로마의 집정관, 시인이었으며 베르길리우스의 후원자였다.
38) 이사야 11:6 참조. "...송아지와 새끼 사자와 살진 짐승이 함께 풀을 뜯고..."

죽으리라"라고 노래한다. 베르길리우스의 이 시는 많은 그리스도교 옹호론자들의 마음에 큰 울림을 주기에 충분하다. 비록 베르길리우스는 아우구스투스를 찬양하려는 의도였겠지만, 그의 『목가』는 당시 로마 세계에 떠돌던 여러 예언적 소문에 대한 조화로운 반향이었음이 분명하다. 베르길리우스는 단지 제국에 평화를 가져다준 그의 영웅, 카이사르에게 영광을 돌리려 한 것이었지만, 그러한 예견은 인류의 구세주와 연관될 수밖에 없었던 것이다.

메시아 탄생에 대한 로마 시대의 예언

쿠마에의 무녀 시빌레가 예언하고 베르길리우스가 노래했던 황금시대에 대한 언급은 동시대 많은 여성 예언자들이 남긴 신비로운 시구들에서도 찾아볼 수 있다. 이 시들은 당시 많은 이들이 즐겨 불렀고 이집트, 칼데아, 페르시아, 엘리스 같은 곳에서 발견할 수 있다.[39] 파우사니아스Pausanias는 심지어 유대 지방에도 이러한 시가 존재했다고 말한다.[40] 이 여성 예언자들은 이교도 세계 한복판에 살고 있었고, 각기 다른 나라의 고대 신앙으로부터 영감을 받아 시를 지었다. 이들은 성육신을 통하여 인류가 구원을 받을 것이라는 고대전통의 내용을 받아들였다. 따라서 이 여성 예언자들은 종종 무의식중에 진리를 선포하고 장래의 일을 예언하기도 했다. 그리스도교와 관련된 이러한 전통을 잘 알고 있었던 위대한 중세의 예술가들은 매혹적인 성당 스테인드글라스에 고대의 유명한 여성 예언자들을 구약의 예언자들 옆에 그려 넣기도 했다.

예수 그리스도가 탄생할 즈음에, 유대인만이 아니라 로마인도 권위 있는 여

39) 칼데아(Chaldea)는 메소포타미아 남동부 지역이고, 엘리스(Elis)는 고대 그리스 올림피아 지역이다.

40) 파우사니아스(Pausanias)는 2세기에 활약한 그리스의 지리학자이다.

성 예언자의 책과 고대 로마 에트루리아Etruria 예언자들의 판단에 근거해 이 중요한 사건이 곧 일어날 것을 예감하고 있었다. 로마제국의 수도에서도 여러 예언을 통해서 신적인 존재가 곧 나타날 것이고, 세상이 개혁될 것이라는 생각을 하게 되었다. 로마 원로원에서는 공화국과 전 세계를 즉각적으로 위협하는 새로운 왕을 받아들이는 일을 논의하기 위해 긴급 회의를 소집하기도 했다. 이 때, 니기디우스 피굴루스Nigidius Figulus는 옥타비아누스Octavius가 아내의 출산 때문에 회의에 매우 늦었다는 변명을 듣고는, "당신은 우리를 위해, 주님을 세상에 오도록 하는구나!." 라고 외쳤다고 한다.[41] 니기디우스 피굴루스는 공화정 시기 로마에서 학식이 높은 사람으로 명성이 자자했다. 그는 수학과 과학에 뛰어났고 마술에도 능하다고 알려져 있었다. 그런 니기디우스가 외치는 소리를 들은 원로원 의원들은 아주 놀랐고, 그 후 여러 달 동안 "자연은 (아기를) 탄생시키려 하고, 온 세상의 왕이 되게 하리라"는 말을 거듭하였다고 한다. 그들은 또 쿠마에의 무녀 시빌레의 시구에서도 같은 사건이 예언된 적이 있고, 세계의 모든 곳, 심지어 아주 먼 곳에서도 같은 예견이 반복해서 전해져 왔다고 덧붙였다. 원로원은 이런 소문들 때문에 겁을 먹고 모든 가장들에게 1년간 아이의 출산, 혹은 예언과 관련된 조짐을 보이는 아이는 누구든지 양육을 금지한다는 법령을 제정하려고 했다. 그러나 당시 임신한 아내를 두고 있던 원로원의 의원들이 이 법령의 시행을 막았다. 왜냐면 그들은 혹시 앞으로 태어날 자녀가 그 왕이 될 아기일 수도 있을 것이란 희망이 있었기 때문이다.[42]

동시대의 인물 키케로는 『국가론』에서 "로마와 아테네에서 시행되는 법이 같을 수는 없다. 지금 시행되는 로마법과 전에 있던 그리스의 법은 서로 다르기 마련이다. 그러나 영원불변의 유일한 법이 모든 나라들을 영원히 다스리게

41) 니기디우스 피굴루스(Publius Nigidius Figulus, 98-45 BC)는 고대 로마시대의 석학이며 키케로의 친구로, 폼페이우스를 지원하여 그의 정적이었던 카이사르가 추방했던 인물이다.

42) (원주) Suetonius, Life of Augustus, 94.

될 것인데, 이런 법을 만들어내고 시행할 분은 모두의 유일한 주인이 되시며 모든 사람 위에 군림하실 것이다. (중략) 그에게 복종하기를 거부하는 자는 자신의 모습에서 벗어나야만 하고, 자신이 가진 인간적인 본성을 부인해야만 한다. 이를 통해, 비록 그가 여기 아래에서 자신의 이름이 불리는 것은 피한다고 해도, 그는 큰 형벌을 받게 되는 것이다."라고 말하였다.[43]

사실 인도나 로마제국과 같은 문명 세계에서는 이처럼 인간성을 쇄신하는 방법을 찾고 있었다. 바로 그때 멀리 동아시아의 세레스Seres라고도 불리었던 중국인들이 아우구스투스와 친교를 맺고자 로마에 사신을 보내는 놀랄만한 일이 일어났다. 이 사건을 한 로마인 저자가 명확하게 기록으로 남겼다.[44] 또한 중국의 역사책에도 이 일이 일어났을 가능성이 크다는 것을 알 수 있는 기록이 남아있다. 폼페이우스가 로마제국의 영토를 카스피 해 서안까지 확장하고 있던 시기에 중국인들은 서쪽으로 진출하였고, 이에 두 대제국은 서로 국경을 가까이하게 되었다. 아우구스투스가 권력을 쥐게 된 바로 그때, 로마와 중국이라는 서방과 동방의 양대 제국이 마치 아기의 탄생을 기다리는 고요한 전야를 맞이하듯 서로 손을 잡은 것이다. 중국인들과 공자는 서방에서 탄생할 현인을 기다리고 있었고, 로마에서는 동방에서 태어날 한 왕을 고대하고 있었다. 인도 대서사시의 주제이기도 했던 신이 인간의 모습으로 탄생하는 사건이, 이제 동쪽과 서쪽 사이에 있는 유대 땅에서 정말로 성취되려 하고 있었다.

메시아는 예루살렘에서 멀지 않은 베들레헴의 초라한 마구간에서 탄생하였다. 메시아가 탄생하자, 구세주의 탄생을 고대하던 "동방의 왕"인 동방박사 세 사람은 즉시 거룩한 아기가 나타날 곳이라고 예언되어 왔던 장소로 찾아갔다.

---

43) (원주) Cicero, de Republic, 1, 3.
44) (원주) Florus, Liv., 4, chap. 12.

이즈음 인도의 황제는 자신의 왕국과 자신을 위협하는 이러한 예언이 성취되어 가는 것에 놀라, 이 아기가 태어나는 곳이 어디인지 알아내어 발견하면 죽이려고 사자들을 보냈다. 유대의 헤롯Herod왕 역시 인도 왕과 같은 이유로 소름 끼치는 영아학살을 명했다는 사실은 잘 알려져 있다.

중국의 역사책에 기록된 메시아 탄생

몇 해가 흐른 후, 마침내 한 중국 황제가 서방에서 이제 막 태어난다는 성인을 찾아서 신하들을 데리고 길을 떠났다. 다음은 중국왕조의 사서에 기록된 내용이다.

> "주周나라 성왕成王 24년, 즉 기원전 1029년 음력 4월 8일에 남서쪽으로부터 한 줄기 빛이 왕궁을 비추었다."

이러한 광채에 놀란 왕은 미래의 일을 예언하는데 뛰어난 현자들을 불러 이 일에 관해 물었다. 그러자 그들은 이 일이 서방에서 위대한 성인 한 분이 출현할 징조라고 기록되어 있는 책들을 보여주었다. 여기에는 이 성인이 속한 종교가 성인이 탄생한 지 천 년이 지나 중국에 전해진다고 적혀있었다.

> "주나라 목왕穆王 53년, 즉 기원전 951년 원숭이해 음력 2월 보름에 부처가 세상에 나타났다. 그로부터 1013년이 지난 뒤인 후한後漢 명제明帝 7년, 즉 기원후 64년 정월 보름에 왕이 다음과 같은 꿈을 꾸었다. 키가 열 척도 넘는 한 사람이 마치 해처럼 황금빛을 발하며 궁전에 들어와 '이 나라에 나의 종교가 널리 퍼지게 되리라'고 하였다. 이튿날 왕이 현자들을 불러 이 일에 관하여 물었다. 그 중

부의傅毅라는 자가 성왕 때의 사서에 기록된 상황과 목왕의 꿈 사이에 연관이 있을 것이라 말하였다. 이에 왕은 옛 문서를 찾아 성종 때의 기록을 발견하고는 이에 감격하였다. 그 후 왕은 신하 채음蔡愔과 진경秦景, 학자 왕준王遵 등과 함께 15명을 서방에 보내어 부처의 교리에 관한 정보들을 구해오도록 하였다."

"명제 10년, 즉 기원후 67년에 중부 인도로 보냈던 사절들이 불상과 불경을 구하여 백마에 싣고 낙양洛陽(開封)으로 돌아왔다."

하지만 이 사절들은 인도 사제들의 유혹에 넘어가 그들의 진정한 목적이 무엇이었는지 잊어버리고 고생했다. 이 시대로부터 중국에 불교가 들어오게 되었다.

기다리던 메시아

성육신 사상은 유럽 북방의 고트족에게도 같은 방법으로 전파되었다. 고트족은 동방에서 들려오는 예언에 관한 소문 때문에 매우 당혹해하며 동요했고, 이에 사절을 보내어 온 세상이 조바심을 내며 기다리고 있던 거룩한 존재를 찾으려 했다. 결국 이 낯선 사절들이 [북유럽의 신화·시가집인] 『에다Edda』를 탄생시키게 된다. 이 시가집에는 다음과 같은 말로 된 결론이 나온다. "그러자 새로운 신들gods은 고대 신들의 이름으로 갈아입게 되었고, 정말 신들gods처럼 모습을 드러내었다"고 결론지었다.

이미 널리 퍼진 [메시아] 사상에 힘을 얻은 사람들은 담대하게 메시아가 이 땅에 올 것이라는 주장을 펼쳤다. 글리페Glype 왕국에서는 오딘Odin이라는 신으로서 존재가 알려져 있었고, 핑갈Fingal에서는 트렌모르Trenmor를 신격화했다.[45] 고대 예언이 이루어져 구세주가 탄생하고 인류가 새롭게 변화될 거라는 기대감이 모든 문명 세계에 존재하고 있었던 것이 확실하다. 서양과 동양, 페르시아, 인도, 중국, 심지어 동아시아의 유목 부족들까지도 이런 일이 일어날 것을 확신하며 기다리고 있었다. 그 중간에 있던 나라들, 예를 들면 히브리 민족에게 이런 [메시아] 사상은 그들 종교의 근본이 되는 교리였다. 이런 전반적인 기다림과 준비가 있었기에 그리스도교는 지상의 모든 곳으로 전파될 수 있었던 것이다. 메시아의 출현은 사람들에게 놀라움을 주는 것이 아니라 그들을 만족시켜 주는 소식이었다. 성경에 기록된 바에 따르면, 이 소식은 세계 구석구석까지 전해지지 않은 곳이 없었다.

> [그 소리 온 누리에 울려 퍼지고] 그 말씀 세상 끝까지 번져 간다. [시편 19:4]

이 기쁜 소식은 실제로 아주 멀리 있는 나라들에도 전파되었다. 아마 중국의 수도에도 전파되었을 텐데, 당시 중국은 아마도 로마제국보다 더 크고 찬란한 문명을 지닌 나라였을 것이다. [그러나] 그리스도인의 신앙이 동아시아에 전파된 부분에 관해서는 아직 연구가 매우 부족하다. 사람들은 최근까지도 동아시아에까지는 복음이 전파되지 않았을 것이라 여겼다. 그러나 이제 예수 그리스도의 가르침이 애초부터 동아시아에 있는 나라들에도 전파되었다는 사실을 확실히 알게 되었다.

> 그 빛이 어둠 속에서 비쳤으니 불행하게도 어둠이 그 빛을 이기지 못하였다. [요한복음 1:5]

45) 오딘(Odin)은 북유럽 신화에 등장하는 지식, 문화, 군사를 관장하는 최고의 신이다. 핑갈(Fingal)은 바이킹들이 거주하던 아일랜드의 한 지방이다. 트렌모르(Trenmor)는 핀 족의 조상신이다.

사도 도마의 전설

아브디아스Abidias가 쓴 『사도들이 행한 역사』[46]에 따르면, 사도 도마St. Thomas[47]는 예루살렘에 있을 때 성령의 부르심을 받았다.[48] 그 지시는 아직 어둠과 사망의 그늘에 앉아 있던 인도인들에게 진리의 빛을 전하러 인도로 가라는 것이었다.

> "이제 나는 사도 도마의 인도 여행과 행적을 적은 책을 보았던 일을 기억해 본다.[49] 이 책은 내용이 따분해서 많이 읽혀지지 않았기 때문에, 나는 불필요한 부분은 배제하고 스스로 만족할 만큼 확실한 내용과 독자들이 공감할 수 있는, 그리고 교회에 유익한 내용만을 적으려고 한다."

위와 같은 머리말로 저술을 시작한 아브디아스는 다음과 같은 전설을 우리에게 들려준다.

> "사도 도마가 예루살렘에 있었을 때, 주님이 그에게 나타나 다음과 같이 말씀하셨다. '인도의 왕 곤다포루스Gondaphorus가 사신 아바스Abbas를 시리아에 보내 건축 기술을 배운 사람을 찾고 있다. 너를 그에게 보내노니, 가라.' 도마는 '주님, 인도만 빼고 어디든지 가겠나이다.'라고 답하였다. 이에 우리 주님은 그에게 '내가 보살

---

46) (원주) 아브디아스가 쓴 신약 외전인 Historia Certaminis Apostolici(History of the Apostolical Contest)를 가리킨다.

47) (원주) 사도 도마의 전기는 Wolfgang Lazius, Adia Babylonia, Episcopi et Apostolorum Discipuli, de Historia Certaminis Apostolici, libri decem; Jurio Africano interprete (Basiliae, 1552)가 처음이며 파브리쿠스(Fabricius)가 이것에 주석을 달아 다시 간행하였다. Codex Apocryphus Novi Testamenti, 2nd vol. p. 388.

48) 아브디아스(Abdias) 전설에 따르면 바빌론의 초대 주교라고도 하며 누가복음 10:1에 나오는 70 문도들 가운데 하나였다고도 한다.

49) (원주) Fabricius는 "[Lazius가] 서고에서 찾아낸 그리스어로 쓴 '도마행전'을 암시하는 것 같다"고 말한다.

펴 주리니 가라. 네가 인도인들을 개종시키고 나에게 오면 순교의 면류관을 네게 주리라'고 말씀하셨다. 그러자 도마는 '주님, 저는 당신의 종이오니, 당신의 뜻대로 하소서'라고 말하였다. 그런 뒤, 곤다포루스 왕의 사신인 아바스가 장터를 거닐 때였다. 우리 주님은 그를 만나 '젊은이, 무엇을 사려고 하는가?'라고 물었다. 아바스는 '제 주인은 저에게 궁전을 지을 기술자를 찾아 인도로 데려오라고 하였습니다. 그리하여 그에게 로마에 있는 궁전과 같은 궁전을 인도에 짓게 하려 합니다.'라고 답하였다. 이에 주님은 사신에게 도마를 소개시켜 주면서 도마가 아주 유능한 건축가라고 말하였다. 곤다포루스 왕의 사신은 사도 도마와 함께 인도를 향해 떠났다. 도마는 인도로 가는 도중에 많은 이교도를 개종시켰다. 특히 그는 홍해 입구에 있는 아덴Aden이라는 도시에서 한동안 머물렀다. 그들은 마침내 인도 해안에 도달했다. 도마는 가장 처음에 들어간 도시에서 공주의 결혼식에 참석하게 되었다. 거기서 그는 복음을 전했으며 많은 놀라운 기적을 행했다. 이에 여러 사람이 개종하게 되었는데, 그 누구보다도 왕이 복음을 받아들이게 되었고, 결혼하는 공주 부부도 세례를 받았다. 아주 오랜 시간이 지난 이후, 펠리기아나Pelagiana라는 이름을 가진 이 공주는 수녀가 되었고, 순교자의 반열에 올랐다. 데니스Denis라고 불리던 왕의 사위는 그 도시의 주교로 서품되었다. 사도 도마와 아바스는 어쨌든 여행을 계속하여 곤다포루스 왕에게로 갔다. 사신은 왕에게 도마를 건축가라고 소개했다. 왕은 도마를 신뢰하여 웅장한 궁궐을 짓는데 사용할 비용을 마련할 많은 보물을 그에게 맡겼다. 그 후, 곤다포루스 왕은 다른 지방으로 떠났다. 그런데 도마는 궁궐 짓는 일은 제쳐두고, 인도 구석구석을 다니며 복음을 전파하고 병자들을 돌보며 가난한 사람들에게 왕의 보화를 나누어주었다. 그는 왕이 왕궁을 떠나있던 2년 동안을 그렇게 보냈다. [그 결과] 수많은 사람을 복음으로 개종시켰다. 곤다포루스가 돌아와 궁궐 건축을 어떻게 진행 했는지 물으니, 도마는 '궁궐을 완성했습니다. 하지만 완성된 궁은 폐하께서 영원히 살 궁전입니다'라고 답했다. 그러자 왕은 도마를 마술사라고 여겨 끔찍한 지하감옥에 처넣어 산채로 살가죽을 벗겨 화형 하도록 명했다. 그 사이에 곤다포루스 왕의 동생인 수드Sud가 죽자 왕은 화려한 장례를 치르게 하였다. 장례식이 거행된 지 나흘째 되던 날, 갑자기 그곳에 참석한 모든 이가 놀라고 경악할 만한 일이 벌어졌다. 죽었던 수드가 일어나 왕에게 말하길 '산채로 옥에 넣어 살가죽을 벗겨 태워 죽이려는 그 사람은 바로 하느님의 친구입니다. 하느님을 모시는 천사들이 저를 천국으로 데려가 금은보석으로 장식된 훌륭한 궁전을 보여 주었습니다. 저는 감탄하며 이 엄청난 광경을 보고 있었는데 천사들이 제게 이렇게 말했습니다. '저 궁전은 당신의 형 곤다포루스 왕을 위해 도마가 지은 것이지만 도마는 이에 걸맞은 대접을 받지 못하고 있다. 네가 저 궁전에서 살기를 원한다면, 우리가 하느님께 당신을 다시 소생시키길 간구하여, 당신이 형으로부터 이 궁전을 살 수 있도록 하겠다. 궁전을 짓는데 쓴 돈을 형에게 돌려주려는 것인데, 형은 그 돈을 잃어버렸다고 여기고 있노라.'라고 말하였다. 왕은 이 말을 듣자마자, 도마를 가둔 감옥으로 달려가 쇠사슬을 풀어주고 도마에게 화려한 예복을 입으라고 간청했다. [풀려난] 도마가 왕에게, '당신은 하늘에 있는 것들을 다스리는 권세를 가지기 위해서는 세속적인 이 땅의 것들에 무관심해야 한다는 것을 모르셨습니까?'라고 말했다. 왕은 사도의 발밑에 엎드려 용서를 빌었다. 곤다포루스 왕과 왕의 동생이 세례를 받을 때, 도마는 '천국에는 태초부터 마련된 수많은 궁전이 있는데 이 궁전은 믿음과 자선이라는 대가를 치러야 살 수 있습니다. 당신의 부를 하늘에 쌓아두어, 부가 당신을 따를 수 없게 하시오.'라고 말하였다. 그 뒤에 사도 도마는 인도의 여러 왕국에서 복음을 전파하고 많은 기적을 행하며, 여러 나라를 예수 그리스도에게로 향하게 하였다. 마침내 도마는 메스데우스Mesdeus라는 왕에게 핍박을 받았다. 그가 도마에게 태양 신상에 절하도록 명하였기 때문이었다. 도마는 그 왕과 약속했다. 만약 그가 명했을 때 신상이 산산 조각나지 않는다면, 신상 앞에서 무릎을 꿇고 제물을 바치기로 동의한 것이다. 그런데 이러한 기적이 실제로 일어났다. 그 광경을 지켜보던 군중 가운데서 큰 소동이 일어났고, 그들은 대부분 도마 편을 들었다. 왕은 도마를 옥에 가두라고 명하고, 병사 넷을 그에게 보내어 가까운 산에 데려가 도마를 죽이라고 명하였다. 도마가 한참을 기도하던 중에 병사들이 그에게 다가와 창으로 찌르니, 이 순교자는 쓰러져 숨을 거두었다. 제자들은 그의 시신 위에 여러 개의 값비싼 향수를 부었고, 슬퍼하며 장사를 지냈다. 이후에 새로운 인도 교회는 시포루스Siforus 사제와 주자네스Zuzanes 집사의 지도를 받으며 발전했는데, 두 사람 모두 도마가 산으로 처형당하러 가려고 할 때 임명된 자들이다."

성 도마의 인도 선교에 대한 고고학적 증거와 문헌의 기록

비록 아브디아스가 이렇게 기록하기는 했으나 이 전설을 그대로 받아들일 수는 없다. 전설이란 입에서 입을 거치고, 멀리 전해지면서 그럴듯하게 윤색되기 마련이다. 하지만 아브디아스의 기록 가운데 일부분은 진실에 가까울 것이다. 도마가 인도 전역에서 복음을 전파했다는 상황에 관하여, 꽤 알려진 작가들이 많은 의문을 제기했다. 그러나 이를 뒷받침하는 증거들이 많으므로, 유명한 사가들이 보증한 사실을 어떤 선입견을 배제하고 믿지 않는다는 것도 어려운 일이다. 그리스어, 라틴어와 시리아어로 새겨진 많은 기념비에서 사도 도마를 신앙의 횃불을 멀리 인도까지 전하고 그곳에서 순교한 사도라고 분명히 기록하고 있다. 어떤 작가는 도마가 중국까지 가서 사도로서 살다가 박해를 받았다고 단언하기도 한다. 또 순교자 열전과 그리스도교 전통의 가장 순수하고 정확한 근본을 이루는 고대 예전들에서도 사도 도마의 인도 선교와 순교가 언급되고 있다.

시리아 정교회에서 7월 3일 드려지는 성 도마 축일 예배에서는 다음과 같은 말씀[50]을 읽는다. "도마 사도여, 오늘 우리는 당신을 찬양하는 미사를 올립니다. 주님께서 종으로 팔리게 하셔서 당신은 인도로 가셨습니다. 하느님께서 훌

50) (원주) Assemani, "Bibliotheca Orientalis," vol. ii., *passim*.

륭한 궁궐을 건축할 계획을 세우게 하셨고 당신은 그 궁궐을 하늘로 올리셨습니다. 당신께서는 그 뒤에 주님처럼 창에 찔리셨고, 사도로서 순교의 면류관을 얻으셨습니다." 이 말씀을 보면, 전설에서 가장 요체가 되는 부분이 언급되고 있는데, 이는 아브디아스의 기록과 일치한다. 동방교회에서는 성 도마 주일 저녁 미사 때 "오, 사도 도마여, 복음을 전해주신 것을 감사합니다. 인도인들은 영적인 삶의 향기를 향유하고 있으며, 이교도의 관습을 버리고 인도인들 속에서 순결함이 풍성해짐을 보고 있나이다."라는 찬송을 부른다. 그리고 미사의 마지막에 "사도 도마는 먼 인도까지 왔습니다. 이는 악마의 신전을 부수고 남녀 사이에 만연한 음탕한 생활을 없애기 위함이었습니다. 인도인들은 기후가 무더워서 발가벗고 다니는 것이 익숙했지만, 사도 도마가 옷을 걸친 것을 보고는 단정하게 몸을 감싸는 법을 배웠나이다."라는 찬송을 곁들이고 있다. 그레고리 바르 헤브라에우스는 저서 『시리아 연대기』[51]에서 다음과 같이 기록하였다.[52] "사도 도마는 동방의 초대 교황이다. 사도행전을 보면 주님 승천 이듬해에 사도 도마가 복음을 동방에 전했고 또 인도에도 전했다는 것을 알 수 있다." 마지막으로 우리는 가톨릭교회의 성무일도서에서 다음과 같은 내용을 발견한다. "디두모Didymus라는 성을 가진 사도 도마는 갈릴리 사람인데, 여러 곳에서 그리스도의 복음을 전했다. 그는 파르티아, 메데, 페르시아, 히르카니아와 박트리아에 사는 사람들에게 그리스도교를 전파하였고, 마지막에는 인도인들에게 가서 그리스도교를 전하였다.[53] 그 나라의 왕이 그에게 사형을 선고하였고, 칼라미나Calamina에서 화살에 맞아 죽었다. 이에 순교자의 왕관이 수여됨으로써

---

51) (원주) Chronicon Syriacum, 3부, 1장.

52) 그레고리 바르 헤브라에우스(Gregory Bar Hebraeus, 1226-1286)는 시리아정교회 페르시아 대주교였다. 철학, 문학, 언어, 역사, 신학에 관한 많은 저술을 남긴 인물이다.

53) 파르티아(Parthia)는 이란의 북동부 지역이다. 히르카니아(Hyrcania)는 지금의 카스피 해 남동쪽 지방으로 남쪽으로 알보르즈(Alborz) 산맥 남쪽이고 동쪽으로 코페트 다그(Kopet Dag) 산맥을 끼고 있는 지역이다. 박트리아(Bactria)는 힌두쿠스(Hindu Kush) 산맥의 북쪽과 아무 다리아(Amu Darya) 강 남쪽지역으로, 지금의 아프가니스탄, 타지크스탄, 우즈베키스탄 지역의 일부를 포함한다.

사도직을 영예롭게 하였다."

성 도마가 정말로 인도의 사도였다는 주장은 고대 교회의 대부분의 예전에서 나타나는 다양한 증거들을 통해서 분명 사실로 간주할 수 있다. 도마가 인도의 사도였다는 의견을 지지하는 그리스도교 초기부터 내려오는 전승들도 이러한 견해를 더욱 확증한다. [티레의 주교] 도로데우스는 사도들의 행적을 기록한 『부활절 연대기』에서 "사도 도마는 파르티아인들, 메데인들, 페르시아인들, 게르마니아인들, 박트리아인들과 동방박사들에게 복음을 전파한 후, 인도의 도시 칼라미나에서 순교하였다."라고 하였다.[54] 420년에 세상을 떠난 성 히에로니무스는 성 도마의 선교는 당시에 누구나 알고 있는 사실이라고 말한다.[55] 성 히에로니무스는 심지어 성문서 저자들의 목록에서 인도의 도시 칼라미나가 도마의 순교 장소라고 기록하고 있다.[56] 만약 이 구절을 성 히에로니무스가 직접 쓰지 않았다면, 그리스인들이 덧붙였을 가능성도 있다. 그 경우라도 소프로니우스가 가필한 것이 틀림없다. 이 때문에 앞으로도 소프로니우스와 그리스 작가들이 인도에서 성 도마가 복음을 전했다는 기록을 남긴 사실에 대하여 의문을 품는 일은 없을 것이다. 이것은 틀림이 없는 성 히에로니무스의 견해였다. 성 히에로니무스가 구세주가 하느님이라는 엄청난 말을 할 때, 그는 어느 누구도 차마 그 진정성에 대해 이의를 제기할 수 없을 것이라고 말한다. "하느님의 아들은 부활하신 후에 40일 동안 사도들과 함께 세상에 계셨고 동시에 아버지인 하느님의 품 안에서 천사들과 함께 있었다. 그리스도는 어디에나 모습을 드러내셨다. 인도에서는 도마와 함께, 로마에서는 베드로와 함께, 일리리아에서는 바울과 함께, 크레타에서는 디도와 함께, 아케아에서는 안드

---

54) 도로데우스(Dorotheus of Tyre, 255-362)는 티레(Tyre)의 주교였고, 니케아 공의회(325년)에 참석하였다.

55) 성 히에로니무스(Eusebius Sophronius Hieronumus, 347-420)는 니케아 공의회 이후의 신학자이며 4대 교부 가운데 하나였다. 예루살렘에서 라틴어 성경인 불가타의 번역에 참여하였다.

56) (원주) Sanctus Hier. Catal. Script. eccl. I. 120.

레와 함께, 또 사도들과 복음 전도자들이 가는 모든 곳에서 함께 계셨다."[57] 키로스 주교 테오도레도 히에로니무스와 같은 견해를 갖고 있었다.[58] 테오도레는 사도들의 설교에 대해 "사도들은 로마인들과 제국 안에 사는 사람들뿐 아니라 스키타이, 사마리아, 인도, 에티오피아, 페르시아, 중국, 히르카니아, 브리튼, 씨메리아에 사는 사람들과 게르만 인들에게까지 십자가에 달린 구세주의 법을 받아들이도록 하였다.[59] 요컨대, 모든 나라와 모든 계층의 사람들에게 복음을 전했다." 라고 적었다. 키로스 주교 테오도레가 사도들에 대해 일반적으로 언급한 것은 사실이지만, 특별히 성 도마에 관하여는 인도의 선교를 맡았던 유일한 사도라고 묘사하였다. 학문에 정통했던 바로니우스Baronius 추기경은 성 도마에게만 진정으로 인도의 사도라는 말을 사용할 수 있다고 보았다.[60] 니케포루스도 같은 입장에서 성 도마가 인도의 사도라고 밝혔다. 브레시아Brescia 주교 가우덴티우스도 소프로니우스(히에로니무스)처럼 성 도마가 인도의 칼라미나, 즉 마드라스Madras에 가까운 밀라포레Mylapore라는 마을에서 죽었다고 말한다.[61]

그리스도교 역사 초기의 저자들이 이렇게 분명하게 확신하면서 증언하고 있다는 사실 외에도 모든 시대에 걸쳐 변함없는 전승이 이어지고 있다는 사실을 덧붙여야만 한다. 7세기에는 프랑스 역사의 아버지이자 투르의 주교였

57) 일리리아(Illyria)는 발칸 반도 서쪽과 아드리아 해 동쪽 지역이다. 아케아(Achaia)는 고대 그리스 남부 지역이다. (원주) Sanctus Hier. Marcell, Epit. 148. v. 3. p. 144.

58) 키로스 주교 테오도레(Theodoret of Kyros, 393-458/466)는 키로스의 주교로 안티오크 학파의 신학자이자 성경주석가였다.

59) 씨메리아인(Cimmerians)은 소아시아 지역에 흩어져 살던 사람들로 기원전 8세기 아시리아 기록에 등장한다.

60) 바로니우스 추기경(Cesare Baronius, 1538-1607)은 이탈리아 출신의 추기경이자 교회사가였다. 저서로는 12권으로 된 『교회사 Annales Ecclesiastici』(1588–1607)가 있다. (원주) 그의 책, anno 44, No. 33 참조.

61) 니케포루스(Nicephorus, 758-828)는 그리스정교회 콘스탄티노플 총대주교(806-815년간 재임)이자 신학자 겸 역사가로 비잔틴제국의 역대기를 저술하였다. Hist. vol. ii. ch. 4. 가우덴티우스(Gaudentius,?-410)는 브레시아의 주교이자 역사가였다. Gand., Serm. 17.

던 그레고리우스는 테오도루스Theodorus라는 중요한 인물이 인도에 있는 성 도마의 무덤에 방문했다고 기록했다.[62] 833년 앵글로-색슨족의 알프레드 대왕도 셔본의 주교 시그헬름[63]을 인도로 보냈다.[64] 이는 성 도마가 개종시킨 그리스도인들의 후손을 도와야 한다는 서약을 지키기 위해서였다. 성 도마가 인도에서 사도로서 사역했고 순교했다는 공통된 믿음이 없었다면, 그렇게 먼 인도까지 매우 다양한 시대에 걸쳐 순례를 떠나는 것이 가능했을까? 게다가 두 명의 무슬림은 셔본 주교가 방문한 직후인 9세기에 인도 남동부 코로만델Coromandel 해안에 있던 성 도마 교회를 방문했다고 언급했다.

13세기에 동아시아를 횡단했던 유명한 베네치아인 마르코 폴로Marco Polo가 아라비아의 아덴Aden에 대해 언급했는데, 성 도마가 인도로 가기 전에 선교한 지역으로 알려져 있다고 말했다. 덧붙여 마르코 폴로는 "성 도마의 유해는 말라바르Malabar 지방에 있다. 이 곳은 교통이 불편해서 거주자나 장사꾼도 별로 없는 작고 한적한 마을이었지만, 도마의 헌신으로 많은 그리스도인을 그곳으로 끌어들였다. 사라센 사람들도 이 장소를 숭배하면서 도마 사도를 위대한 예언자라고 칭한다. 그를 '아바리아Avariia'라 불렀는데 그들의 언어로 '성자'聖者라는 뜻이다."라고 말했다.[65]

비슷한 시기에 한 도미니크회 선교사가 인도 전역을 돌아다녔다. 그는 복음의 빛을 몽골인들에게도 전했다. 이 소식을 도미니크 수도회의 수사들에게 전

62) 그레고리우스(Gregory of Tours, 538-594)는 프랑스 투르의 주교였고, 역사가였다.

63) (원주) Chronicon Saxonicum, anno 883, by Turner; De Gestis Regum Anglorum, p. 44., by William of Malmesbury. 이 주교의 이름은 시그헬름(Sighelm) 또는 시게헴(Sigehem, 932 또는 934 몰)이다. 알프레드 대왕의 이 일화에 등장하는 인물들의 활동 연대가 서로 맞지 않는다.

64) 알프레드 대왕(Alfred the Great, 871-899)은 영국 남부 웨식스(Wessex)의 왕(871-886)이었으며, 영국의 통일했다.

65) 마르코 폴로, 김호동 역주 『마르코 폴로의 동방견문록』 (사계절, 2000), 174장 참조.

하면서 "성 도마 사도는 인도 왕국에 그리스도교를 전파하였고 많은 왕족을 개종시켰다. 그러나 이제 이들이 신앙을 받아들였던 곳에서 너무 멀리 떨어져 살게 되면서 그들이 믿었던 그리스도교가 점차 힘을 잃게 되었다. 지금까지 그리스도교 신앙을 고백하는 지역은 조그마한 마을 하나만 남아있을 뿐이다. 그 밖의 모든 마을과 도시들은 신앙을 저버렸다."고 적었다.[66] 리콜드 신부Frere Ricold는 여전히 그리스도교를 믿고 있는 인도의 마을이 칼라미나가 확실하다고 말한다.[67] 칼라미나는 사도 도마가 순교했고, 도마의 유해를 다시 옮겨놓았던 곳이다.[68] 그 후로 이 마을은 공작새의 마을이란 뜻의 멜리아포어Meliapour라는 이름으로 알려졌다.[69] 이 마을은 때로 상 토메San Thomé라고 불렸다. 중세 아랍인들은 이 마을을 베타마Betama, 또는 베티-토마Beti-Thoma라 불렀다. 이는 '성 도마의 집' 혹은 '성 도마의 교회'라는 뜻이다. 이로써 유럽의 그리스도인뿐만 아니라 무함마드를 따르던 아랍인들까지도 성 도마가 인도의 사도였다는 사실을 모두 믿고 있었음을 알 수 있다. 특히 마두라Madura 왕국과 카르나틱Carnatic 왕국은 이러한 전승을 지속시켜왔다.[70] 그리고 많은 민족은 여전히 자신들의 조상이 도마를 통해서 깨달음을 얻었음을 자랑스럽게 여기고 있다. 말라바르에서는 대대로 성 도마가 마을 부근의 언덕에서 처형되었다고 믿으며 해마다 그의 묘소에 참배하고 있다. 폰스Pons 신부[71]는 브라만들이 캉기아포르Cangiapour 도서관에 보관하고 있는 아주 오래된 역사책에도 성 도마와 그의 순교, 묘소에 관한 언급이 있다고 주장하였다.

66) (원주) L'hystoire merveilleuse du Grant Cann, feuillet 8.

67) 리콜드(Ricold of Monte Croce, 1242-1320)는 이탈리아 출신의 도미니크회 수사로 중세 이슬람 역사와 바그다드 선교역사에 정통하였다.

68) 371년 시리아에 가서 25년간 살았던 뤼팽(Rufin)에 따르면, 사도 도마의 유해는 인도에서 옮겨져 에데사에 모셨다고 한다.

69) 지금의 밀라포어(Mylapore)는 인도 동남부 첸나이의 지역이름이다. 사도 도마 기념 성당이 있는 곳이다.

70) 카르나틱(Carnatic)은 인도 동남부 해안지방이다.

71) (원주) Lettres Edifiantes, vol. xxii. p. 205. édit. in=18.

포르투갈의 해외정복 시기와 관련된 여러 가지 사실들도 성 도마가 인도에서 사도로서 순교했다는 전승을 확증한다. 큰 공을 세워 자신의 성 앞에 '위대한'이라는 수식어가 붙은 알폰수 알부케르크Alfonso Albuquerque는 1510년 고아를 점령하고 새로운 요새를 만들어 강화했다.[72] 요새의 기초를 다지기 위해 땅을 파 내려가던 중, 십자가에 달린 구세주 형상이 새겨진 청동 십자가 하나를 발견했다. 그는 이 청동 십자가를 자신의 성공을 감사하기 위해 건축한 성당 안에 안치시켰다. 성 도마의 유골이 발견된 때는 1521년이다. 당시 유해는 밀라바르에 폐허로 변해버린 거대한 옛 성당의 밑바닥, 상당히 깊은 곳에서 발견되었다. 석회와 모래층 사이에서 백골이 발견되었고, 나무 손잡이가 일부 붙어있는 철로 된 창의 끝부분, 흙으로 채워진 진흙으로 만든 꽃병도 함께 발굴되었다. 이러한 발굴은 우연히도 성 도마의 유해가 밀라바르에 있다는 이 지방의 전승과 그의 무덤의 배열과도 일치했다. 따라서 포르투갈인들은 이 무덤이 성 도마의 무덤이라고 확신했다. 그들은 유해를 은으로 감싸 성소에 모셨다. 그리고 시간이 흐른 후, 고아의 성 도마 기념 성당으로 유해를 옮겨 안치하였다.[73]

마누엘 시대의 역사가이며 알가르베Algarve 지방 실베스Sylves 주교인 오소리오는 다음과 같이 기록하였다. [예수회 선교 역사를 쓴] 두 자릭Du Jarric에 의하면, 1543년 무렵 포르투갈 점령지의 부총독 마틴 알폰소 드 수자Martin Alphose de Sousa는 청동으로 만든 창 한 점을 얻게 되었다.[74] 창 위에 새겨진 고대 문자가 닳아서 흐릿하게 남아있었다. 그것을 해독할 수 있는 사람이 없었

72) 알폰수 알부케르크(Alfonso Albuquerque. 1453-1515)는 포르투갈의 군인이자 정복자, 정치인, 동양무역의 개척자로 인도양의 교역 루트를 장악하여 오토만 제국과 그 동맹국들을 압박하였다.

73) (원주) Maffei, Histoire des Indes Orientales, vol. I. p. 81-84.

74) 마누엘 1세(Manuel I, 1495-1521)는 포르투갈 왕으로 세례를 거부한 무어인들과 유대인들을 추방하였고, 인도와 브라질 식민지를 개척하였다. 오소리오(Jerónimo Osório da Fonseca, 1506-1580)는 포르투갈 태생의 가톨릭 주교 겸 역사가였다. 그의 조카가 그의 저술을 4권으로 찬집하여 『De Nobilitate』라는 이름으로 1592년에 출판하였다. 피에르 드 자릭(Pierre de Jarric, 1566-1617)은 프랑스 태생의 예수회 선교사이다. (원주) Histoire des Choses Memorables, etc. vol. I. p. 502.

지만, 마침 인도의 언어와 유물에 정통한 한 유대인이 나타나 그 내용을 밝혀냈다. 이 글은 토지의 기증과 관련된 것으로 보였는데, 그 토지 위에 인도의 왕이 성 도마를 기념하여 참 하느님께 바치는 성전을 지었다는 내용이었다. 두자릭은 다음과 같은 이야기도 덧붙였다. 장 데 카스트로Jean de Castro가 인도총독으로 있었던 1548년 무렵에, 말라바르에 살던 포르투갈 인들이 마을 부근의 언덕에 성당을 짓고자 하였다. 그런데 이곳에서 한 사도가 브라만들에 의해 살해되었다는 이야기를 듣게 되었다. 이때 포르투갈 인들은 비석을 하나 발견했는데, 비석 윗부분에 세로 60cm, 폭 45cm의 십자가가 새겨져 있었고, 네 모서리에는 꽃이 핀 백합 위에 비둘기가 앉아 있는 문양이 장식되어 있었다. 십자가 주위는 아치 모양이 3중으로 두르고 있었으며 그 바깥쪽으로는 해독할 수 없는 문자들이 새겨져 있었다. 포르투갈 상선의 선장과 신부는 이 문자가 무슨 뜻인지 알아내기 위해 나르싱가Narsinga 왕국의 뛰어난 학식을 지닌 브라만을 찾아갔다. 이 브라만은 그것이 상형문자이고 다음과 같은 뜻이라고 답하였다. “세상에 그리스도교가 나타난 지 30년이 지나, 성 도마 사도가 밀라바르에서 12월 25일에 죽었다. 그곳에는 하느님을 아는 지식이 있었고 종교가 바뀌었고 마귀들을 멸했다. 하느님이 성모 마리아에게서 태어나신 후에 30여 년 동안 어머니 마리아에게 순종하셨고 영원한 하느님이 되셨다. 이 하느님께서 자신의 법을 열두 제자에게 가르치셨으며, 이 제자 중 한 명이 순례자의 지팡이를 들고 말라바르에 와서 그곳에 교회를 하나 세웠다. 말라바르의 왕, 코로만델의 왕, 판디Pandi의 왕, 또 여러 나라와 종족들이 자발적으로 거룩하고 참회하는 사람인 성 도마가 전한 법을 따르기로 하였다. 성 도마가 브라만의 손에 죽었을 때, 그 흘린 피는 십자가 모양이 되었다.” 그러자 그들은 멀리 떨어진 다른 지방 출신의 또 다른 학자 하나를 불러들여 해석을 물었다. 그는 이것을 처음 해석했던 브라만과는 전혀 모르는 사이였고, 그가 이 문자를 어떻게 해석하였는지에 대해 전혀 몰랐으나, [앞의 브라만과] 동일하게 해석했다. 1562년 코친Cochin 주교가 후에 포르투갈 왕이 된 추기경 앙리Cardinal Henry에게 진본 증거자료를 보내어 이를 입증했다. 포르투갈 역사가인 오소리오가 직접 이것을 보며 확인했고, 이에 반대하는 의견을 낸 다른 포르투갈 역사가는 없었다. 전승을 뒷받침하는 이러한 변함없고 일관된 수많은 증거가 존재하기 때문에, 성 도마가 인도에서 복음을 전하고 순교했다는 사실을 부인하는 것은 매우 무모해 보인다. 이 아브디아스의 전설은 검토 결과, 역사에서 가장 믿을만한 사실이 필요로 하는 명백한 증거를 통해 근본적으로 사실임이 확인되었다.

최근에는 심지어 전설에 등장하던 곤다포루스 왕이 실제로 존재했다는 것이 거의 확실해 졌다. 이는 동양학자이며 학술원 회원인 레이나드M. Reinaud의 발견 덕분인데, 그의 저서들은 깊이가 있고 명쾌하며 정직한 것으로 유명하다.[75] 그는 1849년에 출판된 『회고록』에서 다음과 같이 기록하였다. “최근에 발견된 메달에는 카네르케스Kanerkès 이후 잠시 인더스강의 계곡 부근을 다스렸던 인도-스키타이 왕 가운데 몇 사람이 언급된다. 이 가운데는 특히 곤다포루스라는 이름을 가진 왕자의 메달이 포함되어 있었다. 파리국립도서관에도 같은 종류의 메달들이 소장되어 있다. 초기 그리스도교 시대의 전승에 따르면, 성 도마 사도는 인도에 복음을 전하러 갔고 코로멘달 해안에서 순교하였다고 한다. 현재 그리스어와 라틴어본으로 남아 있는 『도마 행전』에서는 곤다포루스라는 이름의 왕을 언급하고 있다. 『도마 행전』에 따르면, 예루살렘에 살았던 성 도마는 가장 가까운 항구에서 배를 타고 힌두스탄Hindostan 반도의 해안에 도착했다. 이후 도마는 내륙으로 이동하여 곤다포루스라 불리는 왕을 방문했고, 그 왕은 그리스도교를 받아들였다. 그 후 도마는 인도의 다른 지역으로 갔고 거기서 순교의 면류관을 받았다. 이 이야기는 전승을 통해 우리에게 전달되

75) 레이나드(Joseph Toussaint Reinaud, 1795-1867)는 프랑스의 동방학자로 파리 동방학회의 회장을 역임했다. 아랍과 중국의 접촉 과정에 대한 많은 사료를 편찬하였다.

었던 것들과는 전혀 다르며, 고고학적 가치가 있는 기념비들이 이 이야기가 사실임을 알려줄 것이다."[76]

[성 도마에 관한 이야기는] 확실히 허구가 아니다. 이는 기념비에 새겨진 내용과 전혀 상반되지 않을 뿐만 아니라, 오히려 완벽한 조화를 이룬다. 모든 내용이 성 도마가 틀림없는 인도의 첫 사도였음을 입증하고 있다. 코크베르-몽브레 Coquebert-Montbret, 1755-1831[77]는 이러한 일관된 내용의 전승을 지지하는 것이고, 가톨릭 신자 대부분이 이 견해를 지지한다고 말한다. 최근에는 개신교 신자들까지도 이에 대한 긍정적인 의견을 나타내고 있다. 예를 들어, 호흐렌버그Hohlenberg가 쓴 「인도 그리스도교의 기원과 운명에 관한 논문」과 클라우드 부케넌Claude Buchanan이 쓴 『인도 그리스도교 연구 Christian Researches in India』(2nd ed., p. 104)와 같은 책에 이 내용이 담겨있다.

사도 도마의 중국 선교 가능성

이제까지 언급해 왔듯이 인류는 태초부터 그리스도교의 기본 진리를 받아들일 준비가 되어있었다. 하느님께서는 당신의 이름을 중국 국경 너머로 알리시고 메시아를 위한 길을 예비하시기 위하여, 기원전 7세기 전쯤부터, 만방 가운데 흩어놓으신 중국인들과 이스라엘인들과는 별도로, 중국 땅에 유대인들을 거주하도록 하셨다. 가우빌Gaubil 신부의 말(그의 『중국연대기』 p. 267)에 따르면, 이 유대인들 대부분은 중국 군대에서 요직에 임명되거나 지방의 총독, 대신, 학자

76) (원주) Reinaud, de l'Institut. p. 95.

77) (원주) Recueil des Voyages et des Mémoires de la Société de Géographia, vol. iv. p. 25에 성 도마의 선교에 관한 설명이 있다.

가 되었다.[78] 이 진리의 전달자들은 중국에서 자신들의 임무를 충실히 수행했다. 그들은 많은 정보를 전달했고, 이를 통해 공자孔子는 그의 저서에서 3천 년 넘게 기다려왔던 한 성인이 서방에서 탄생할 것을 알릴 수 있었다.

> "하늘처럼 광대하시고 심연처럼 깊으시다. 그분은 모든 나라로부터 존경을 받으실 것이며, 온 세상이 그분의 말씀을 믿고 모든 사람이 그분의 하신 일을 높이리라. 그분의 이름과 영광이 온 제국에 퍼지고, 심지어 배와 수레가 닿을 수 있는 곳에 사는 남쪽과 북쪽의 야만인들에게까지 미치리라. 그분의 능력은 하늘이 덮은 곳, 땅이 지지하는 곳, 해와 달이 비추는 곳, 이슬과 안개가 비옥하게 하는 곳까지 미치리라. 생명을 지닌 호흡하는 모든 존재들은 그를 공경하고 사랑하라. 그분은 하늘(天) 같은 분이시다."

이러한 공자의 언급 이후, 인류를 구원할 자를 찾아서, 앞에서 이미 언급했듯이 한 중국 황제가 [서기 65년에] 서방으로 엄중한 사절들을 보내려 했다는 것이 놀라운 일인가?

성 도마는 우리가 증명하려고 노력해 왔듯, 인도에 복음을 전하였다. 그리고 많은 지식인들은 도마 사도가 그리스도교의 빛을 멀리 중국제국에까지 전했다는 그들의 믿음을 표현해왔다. 그들은 [우리가] 인도에서 찾아낸 칼데아 서적들을 통해 도마가 중국에까지 가서 복음을 전했다는 믿음을 더욱 정교하게 만들었다. 실제로 말라바Malabar 교회가 저녁 미사의 일과에 사용하는 성무일도서에는 다음과 같은 구절이 들어있다.

---

78) 가우빌(Antoine Gaubil, 1689-1759)은 예수회 중국 선교사로 중국명은 宋君榮이다. 『書經』을 프랑스어로 옮겼다.

"성 도마의 도움으로 인도에서 우상숭배의 망상이 사라졌나이다."

"성 도마의 도움으로 중국인과 에티오피아인들이 그리스도교로 개종하였나이다."

"성 도마의 도움으로 그들이 세례를 받았고, 성부, 성자, 성령을 믿고 고백 하였나이다."

"성 도마의 도움으로 그들이 오직 한 분이신 하느님에 대한 믿음을 지켰나이다."

"성 도마의 도움으로 경이로운 생명의 법인 복음이 인도 전역에서 소생하였나이다."

"성 도마의 도움으로 하느님의 왕국이 중국까지 확장되었나이다."

이와 동일하게 칼데아 교회의 성 도마 기념주일 미사에서는 다음과 같은 찬송을 부른다.

"인도인, 중국인, 페르시아인, 외딴 섬에 사는 사람들[79]이 성 도마를 기념하며 당신의 거룩한 이름에 경배합니다."

말라바 교회의 칼데아 성무일도서에는 성 도마가 중국에 있었다는 어떤 증거도 나와 있지 않다. 그러나 적어도 가장 멀리 떨어진 동방의 교회들은 도마가 자신들의 교회를 세웠다는 주장을 확정하고 있다. 인도, 페르시아, 박트리아의 그리스도인들은 중국을 자유롭게 오고 갈 수 있었고, 서방에서 온 복음의 빛을 멀리 중국까지 전했다. 성 도마가 인도의 갠지스 강에서, 성 바르톨로메오Bartholomew가 에티오피아와 아라비아 펠릭스(남부)에서 복음을 전할 때 전 세계는 그리스도교의 혁명에 충격을 받았다. 이 시대에는 여러 나라 사람들이 우

79) (원주) caeteri insulani.

리가 추측하는 것보다 훨씬 많은 교류를 나누었으며, 동양과 서양 사이의 교섭이 매우 잦았다. 오늘날에 비해 개인들이 훨씬 큰 활동력을 갖고 있었고, 사람들은 증기선의 도움이 없이도 길고도 위험한 항해를 떠났다. 갠지스 강가에 살았던 원주민들은 지금보다 훨씬 많은 사람이 서방세계로 흩어졌다.

초대교회 시대와 로마 시대를 전후한 동서양의 활발한 만남

『알치프론의 서간집』을 보면, 고대 그리스인은 흔히 힌두(인도인)인 남녀 가사도우미를 두고 있는 경우가 많았다.[80] 특히 콜키스Colchis로 이주한 힌두인들이 많았다.[81] 기원전 59년, 메델루스 셀러가 갈리아 총독으로 있을 때, 유명한 스웨이비족 왕 아리오비스투스는 그에게 게르만 해안에 좌초했던 힌두인들을 보냈다.[82] 이 힌두인들은 상인들이었는데 모험심 때문에 자신들의 나라를 떠나 그 먼 곳까지 온 것이었다. 또 7세기경까지 인도에서 로마와 콘스탄티노플 황제들에게 다양한 사절을 보냈다는 사실은 잘 알려져 있다. 하지만 이러한 교류는 이슬람교도의 세력이 대양의 파도처럼 밀려오기 시작하면서 이런 소통은 크게 방해받게 되었다.

---

80) 『알치프론의 서간집Letters of Alciphron』은 고대 그리스의 소피스트인 알치프론(Alciphron)이 남긴 서간집으로 다양한 사회계급의 감정을 표현한 116편의 시를 모은 것이다. 1499년 베네치아에서 1-2집이 출간된 이래, 2018년에는 영어로 최신판이 출간되었다.

81) 콜치스(Colchis)는 기원전 13세기부터 164년까지 흑해 연안(지금의 그루지야 서부)에 있던 고대 왕국이다.

82) 메델루스 셀러(Quintus Caecillius Metellus Celer, c.100 BC-59 BC)는 로마 공화정 시대의 집정관이다. 수에비족(Suevi 혹은 Suebi)은 엘베 강 유역에서 발원한 고대 게르만 민족이다. 마르코마니(Marcomanni), 콰디(Quadi), 헤르문두리(Hermunduri), 롬바르드(Lombards)으로 불리기도 했고, 후대에 접어들면서 알라마니(Alamanni)와 바바리아(Bavarians) 족으로 불리기도 했다. 카이사르의 기록에 최초로 등장한다.

이러한 사절들 가운데 가장 유명했던 것은 인도 포로스Porus 왕의 사절이었다.[83] 포로스 왕은 아우구스투스에게 서신을 보내, 자신은 휘하에 여섯 왕을 거느리고 있다고 자랑했다. 포로스 왕이 이 사절을 보낸 목적은 로마와 동맹을 체결하기 위함이었다. 당시 아우구스투스 황제는 마침 스페인에 있었기 때문에, 포로스 왕의 인도 사절들은 스페인까지 황제를 뒤따라갔다. 그러나 그들은 끝내 목적을 이루지 못했다. 몇 년 후 아우구스투스가 그리스의 사모스Samos에 있을 때, 다른 사절들을 그에게 보냈다. 포로스 왕의 사절 가운데는 인도 남부를 다스리던 왕, 판데온Pandeon이 보냈던 사절도 있었다. 그 수행원들 가운데는 한 브라만이 포함되어 있었는데, 그 브라만은 로마에 남아 아우구스투스 궁정에서 점성가 혹은 예언자로서 활동하였다. 클라우디우스 황제 때에도 실론Ceylon에서 로마로 사절을 보냈고, 기원후 103년 로마의 트라야누스 황제가 파르티아로 진격했을 때에도 인도 왕족들은 그에게 사절을 보내어 자신들과 이웃 나라 간에 발생한 분쟁을 중재해 달라고 간청하기도 했다.[84]

83) 인도 역사에 등장하는 포로스(Porus)는 인도 펀잡 지방에 있던 파우라바스(Pauravas) 왕조의 왕이었다. 알렉산더 대왕의 적이었다. 따라서 여기에 등장하는 포로스 왕은 아우구스투스 치세에 사절을 파견한 다른 포로스이다. 스트라보는 다마스커스의 니콜라우스가 안디옥 부근에서 이 사절을 만났다고 기록했다. 카시우스 디오와 수에토니우스의 로마사에도 이 사절에 대한 언급이 나온다.

84) 클라우디우스(Claudius, 41-54)는 로마 제국 4대 황제로 마르쿠스 안토니우스의 손자이며, 아우구스투스의 아내 리비아 드루실라의 손자, 또 티베리우스의 조카이며, 전임 칼리굴라의 친삼촌이다. 율리우스-클라우디우스 왕조에 속한다. 트리아누스(Trajan, c.53-117)는 로마 제국 13대 황제로 스페인 속주 출신으로서는 처음으로 황제에 올랐으며, 제국의 영토를 최대 판도로 넓혔다.

인도에서는 274년에 안토니누스 피우스, 디오클레티아누스, 막시미아누스, 데오도시우스, 헤라클리우스와 유스티니아누스 황제에게도 사절을 보냈다.[85] 아우렐리우스 황제는 팔미라Palmyra를 점령하고 제노비아 여왕을 포로로 사로잡았다.[86] 그는 팔미라에 인도인들이 있다는 것을 발견하고는 그들을 로마로 데려가 자신의 승전을 뽐내기도 했다.

초기 그리스도교 시대에, 많은 인도인들이 서방의 여러 나라로 이주하였다. 유럽인들도 고향에서 멀리 떨어진 곳, 특히 인도로 여행하는데 열렬한 관심을 보였다. 당시 복음의 사도들은 알려져 있었던 세계의 모든 지역을 돌아다녔다. 이는 거룩한 주님이 사도들에게 "가서 모든 민족을 가르치라"는 명령에 순종하기 위함이었다.[87] 동서양 사이에 생생한 교류와 융합이 있었다. 상인의 기질 또는 호기심이 많았던 수많은 캐러번들이 유럽과 인도 여러 나라를 쉬지 않고 돌아다녔다. 당시 중국은 그 이후 시대보다 훨씬 더 개방적이어서 낯선 이들이 그들의 거대한 제국을 자유롭게 돌아다니도록 했으며, 동시에 중국인 자신들도 이웃 나라를 교역을 목적으로 방문하곤 했다. 중국 상선들은 순다Sunda 해

---

85) 안토니누스 피우스(Antoninus Pius, 138-161)는 로마 제국 15대 황제다. 오현제 가운데 하나로 선제(先帝)였던 하드리아누스의 정책을 계승하여 평온한 치세를 보냈으나, 야만족에 대한 유화책을 취하여 후대에 화근을 남겼다. 전염병이 로마 전역을 강타했던 시기였다. 디오클레티아누스(Diocletian, 284-305)는 '3세기 위기'에 빠진 로마 제국의 혼란을 수습하고 황제 중심의 통치 체제를 회복시킨 황제로, 그리스도교를 탄압했다. 막시미아누스(Maximianus, 286-305)는 디오클레티아누스의 부제가 되어 로마제국의 서부를 통치한 황제였다. 사두 정치가 시작되자 293년 부제인 콘스탄티누스 클로루스에게 갈리아와 브리타니아, 히스파니아 지방을 넘긴 뒤, 이탈리아와 북아프리카를 다스렸다. 데오도시우스(Theodosius, 379-395)는 그리스도교를 로마 제국의 국교로 만든, 동로마와 서로마 모두를 통치한 마지막 황제였다. 그가 죽은 뒤 로마 제국은 동로마와 서로마로 분리되었다. 헤라클리우스(Heraclius, 610-641)는 동로마제국 황제로 사산조 페르시아와 여러 차례 전쟁을 벌인 끝에 평화협정을 체결하였다. 신흥 이슬람 세력에게 메소포타미아, 아르메니아, 이집트 등 많은 영토를 내어주었다. 단성론 교회들과의 화합을 시도하였으나 실패하였다. 유스티니아누스(Justinian, 527-565)는 동로마 제국 황제로 삼촌인 유스티누스 1세에 이어 제국을 통치하면서 제도를 개혁하고, 영토를 넓혔다. 하기아 소피아를 재건하는 공적을 남겼다. 교회에 대한 열정과 헌신으로 정교회로부터 성인의 칭호와 함께 '대제'의 칭호를 받았다.

86) 아우렐리우스(Aurelian, 270-275)는 로마 제국의 황제로 재위 초반에 반달족의 이탈리아 침공을 격퇴하였고, 통화 개혁을 통하여 경제를 안정시켰다. 북방과 동방의 방위선을 강화한 뒤에 시리아의 팔미라 제국과 서쪽의 갈리아 제국을 무너뜨리면서 제국 재통일을 이루었다. 태양신 신봉자로 275년 사산조 페르시아 원정 중 암살되었다. 제노비아(Septimia Zenobia, 240-274)는 시리아 지방에 있던 팔미라 제국의 여왕이었다.

87) 마태복음 18:19-20 참조.

협을 지나 말라카 해안을 머물렀고, 실론과 페르시아 만과 홍해에 있는 여러 항구에 배에 싣고 온 상품들을 실어 날랐다. 그리스인과 로마인들은 중국인들을 "세레스Seres"라는 이름으로 알고 있었다. 이는 중국에서 생산되던 비단을 일컬어 '세레스'라 불렀기 때문인데, 아시아의 대다수 지역에서는 이 이름으로 중국이 알려져 있었고, 지금도 여전히 거의 같은 이름으로 불린다. 로마와 중국 간의 교역에는 종종 파르티아가 개입할 때도 있었다. 사도들은 이집트를 통해 인도까지 갔고, 인도를 지나 중국까지 가서 동아시아에 복음을 전할 수 있었다.

불교와 그리스도교 교리의 유사성

수많은 이들은, 그리스도교가 동아시아에까지 빠르게 전파되었다는 내용의 그리스도교 전승이 실재했다고 주장했다. 많은 이들의 이러한 주장을 염두에 둬야만 하는 것은, 우리에게 특별한 목적이 있기 때문이다. 동아시아의 불교 제도를 연구하는 사람들은 불교의 교리, 계율, 예전을 그리스도교와 비교해 보고, 그 유사함에 종종 충격을 받는다. 불신자들은 이러한 유사점들을 보면, 크게 기뻐하며 즉시 그리스도교란 인도와 중국의 종교 제도를 모방한 것에 지나지 않는다고 추론하기도 한다. 두 종교의 유사성을 발견한 불신자들의 승리감은 소극적인 그리스도인들을 곤란하게 만들기도 한다. 하지만 이것은 신앙심이 부족하거나 무지하기 때문이라 할 수 있다. 만일 노아의 후손들을 통해서 인류의 원시 전승이 인도와 중국에 전해졌고, 유대인이 기원전 7세기에 이미 그 곳에서 살고 있었고, 성 도마가 이 유대인들이 존재했던 가장 첫 번째 시기에 그곳에서 복음을 전했고, 유대교, 그리스도교, 아시아의 종교들이 끊임없이 공존해 왔다면, 아시아의 종교들이 유대교와 기독교로부터 매우 많은 것을 빌려왔을 것이라 상상하는 것은 그리 어렵지 않기 때문이다. 그리스도교가 동방으로 전해지는 여러 모습을 살펴보면, 그런 일이 실제로 일어났으며, 또 불교가 자신의 모습을 그리스도교의 진리의 어떤 부분을 가지고 장식하여 수 세기 동안 많은 사람을 현혹해 왔다는 사실을 쉽게 알 수 있다. 본능적으로 인간들은 실수를 범하려 하지 않고, 실수하는 것을 매우 싫어한다. 그래서 사람들을 속이는 일에 쉽게 성공했을 때, 진리를 가장하여 그들에게 보여주는 것은 바로 이런 이유 때문이다.

우리가 수집한 다양한 증거를 살펴볼 때, 사도들이 복음을 전하던 시기에 성 도마는 복음의 진리를 인도 여러 지방에 선포한 것이 확실하다. 만약 사도 도마가 직접 복음을 전한 것은 아니라 해도, 적어도 그의 제자들에 의해 그리스도교가 동방 여러 나라로 급속하게 전파된 것이 틀림없다. 당시에 중국인과 인도인, 그리고 서양인들은 서로 관계를 맺고 있었기 때문에 중국인들과 인도인들이 베들레헴과 갈보리에서 일어난 불가사의한 사건이나 주님의 기적적인 부활 등을 그냥 지나쳤을 리 없다. 성 도마가 인도에서 사도의 직분을 갖고 있었는지를 인정하는 여부와 상관없이, 그리스도교가 시작되었던 초기부터, 메시아가 나타날 것이고 인류가 구속救贖될 것이라는 [복음의] 선한 물결이 동아시아에까지 전해진 것이 확실하다. 우리는 앞으로 영원한 생명의 말씀을 육지와 바다 너머로 전하기 위하여, 위험과 피곤을 극복하며 매우 위험한 장거리 여행에 도전했던 사도들과 선교사들의 이야기를 읽게 될 것이다. 동양인들에게 진리를 깨달을 기회가 부족하지는 않았지만, 그들은 여전히 가장 중대한 오류에 빠져있다. 우리[서방]에게 빛을 비추었던 바로 그 동방이, 매우 짙은 어둠 속에 있다. 그러나 이는 자신의 나이든 부모[동방인들]에게 [그 빛을 다시 비춤으로] 보답하고자 끊임없이 노력했던 서양인들의 잘못은 아니다. 가난하고 궁핍한 방탕한 아들[탕자, 동방인들]과는 달리, [서방인들은] 환하게 빛나는 얼굴로 두 손 가득 하늘의 선물을 들고 있다.

동방의 선교사 성 판테누스

성 판테누스St. Pantenus는 동아시아로 향했던 초기 사도들 가운데 한 사람이다. 그는 시칠리아에서 태어나 2세기 말까지 살았다. 수사학과 스토아 철학을 공부한 그는 그리스도교인이 된 후, 교회에 들어가서 자신의 재능을 그리스도교의 거룩한 신비를 설명하려는 데 사용하였다. 그는 겸손하게 살려고 했다. 세례를 받은 후에는 사실 거의 은퇴한 것처럼 생활했는데, 알렉산드리아의 클레멘트는 그를 오랫동안 찾으러 다녔으나, 찾지 못했다.[88] 반면, 그는 연구할 때는 마치 "숲속 구석구석을 뒤지는 사냥꾼처럼 열정적이었다."고 당대의 작가들은 말한다. 클레멘트는 마침내 성 판테누스가 이집트에서 기도와 명상, 그리고 성서 연구에 전념하면서 한적하고 고독한 삶을 살고 있는 모습을 발견했다. 클레멘트는 이제까지 여러 스승을 모시고 공부해왔다. 하지만 이제 판테누스와 친밀한 우정을 나누면서, 판테누스가 하늘의 풍성한 지혜와 같은 위대한 재능을 가졌음을 발견하게 되었다. 클레멘트는 자신을 그리스도교 철학의 정점에 이르도록 지도할 스승은 판테누스 밖에 없다고 생각했다. 그때부터, 판테누스는 알렉산드리아라는 도시를 비추는 영광스런 존재가 되었고, 율리아누스Julian 주교는 그에게 그 유명한 [알렉산드리아] 신학교에서 성서를 주해하는 일을 맡게 했다. 판테누스의 명성은 로마제국 너머로도 널리 떨쳤다. 179년경 이전에, 알렉산드리아로 장사를 하러 왔던 몇몇 인도의 상인들이 있었다. 이 상인들은 당시 신학교 교장을 맡고 있던 판테누스를 우연히 만나 친분을 쌓았다. 이들은 예수 그리스도의 복음으로 브라만의 교리에 대항하기 위해 판테누스에게 인도로 가기를 간청하였다. 그 시대에는 복음 전도자로 불리며, 하느님께 헌신하겠다는 거룩한 열정을 가진 사람들이 많았다. 그들은 사도들의 모범

88) 알렉산드리아의 클레멘트(Clement of Alexandria, 본명 Titus Flavius Clemens, c.150-c.215)는 초대교회의 교부이자 신학자였다. 고대 그리스 철학 즉 플라톤과 스토아 철학에 정통하여 복음을 철학화 한 인물이다.

을 본받아, 세상에서 누릴 수 있는 모든 것들을 기꺼이 포기하고, 그리스도교의 전파를 위해 온전히 헌신하려는 사람들이었다. 판테누스도 이들 가운데 하나였다. 그는 인도 사절의 간청을 받아들여, 189년 신학교 교장 자리를 내려놓고, 이집트를 떠나 인도라는 머나먼 나라로 출발하였다. 알렉산드리아 주교는 마지못해 그를 동방의 설교자로 임명하였다.[89)]

인도에 도착한 판테누스는 이미 인도에 복음이 전해졌던 흔적들을 발견했다. 그러나 그는 다시 인도의 브라만들과 철학자들에게 예수 그리스도를 전했다. 역사에는 그의 선교에 관한 자세한 내용은 기록되지 않았다. 다만 판테누스가 그곳의 그리스도교인들이 히브리말로 된 『마태복음서』를 가지고 있었음을 발견했다는 내용만 남아있다. 판테누스는 인도에서 여러 해 복음 전하는 일에 전념한 뒤, 다시 알렉산드리아로 돌아와 이전에 하던 일들을 다시 했으리라 추정된다. 오리게네스가 신학자로서 크게 명성을 날리고 있었을 때 판테누스가 생존해 있었다는 사실은 확실하지만, 그가 언제 세상을 떠났는지는 확실하지 않다.[90)] 판테누스는 일반적으로 세베루스 황제 치하 말년까지 혹은 카라칼라 황제의 즉위가 시작될 즈음까지는 살았으리라 추정한다.[91)] 그가 인도에서 알렉산드리아로 가져왔던 『마태복음서』는 성 제롬이 살았던 시대까지도 보존되어 있었다.[92)]

---

89) (원주) Eusebius Hist., lib. iv. ch. 10.

90) 오리게네스(Origenes Adamantius, c.185-c.254)는 알렉산드리아 학파를 대표하는 교부로 이단과의 논쟁을 불렀고, 극단적인 금욕주의자였다. 그리스 철학과 그리스도 신학 체계를 절충한 인물이다.

91) 셉티무스 세베루스(Septimius Severus, 193-211)는 로마 황제로 코도무스 황제 이후에 반란으로 집권했다. 197년 파르티아의 수도 크테시폰을 점령하는 등 국경선을 티크리스까지로 확장하였다. 카라칼라(Caracalla, 211-217)는 셉티무스 세베루스 황제의 아들이다. 로마 시민권을 모든 속주민들에게 허락한 '안토니누스 칙령'을 공포했다.

92) 성 제롬(St. Jerome, 본명은 Eusebius Sophronius Hieronymus, 347-420)은 알렉산드리아 출신이며, 니케아 공의회 이후 4대 교부 중 하나였고 불가타(라틴어성경) 번역에 참여하였다. (원주) Eusebius, lib. vi. ch. 14.

인도에 활동했던 대주교들

교회의 체계는 그리스도교 역사의 초기부터 빠르게 정비되었다. 예수 그리스도의 교회는, 몇 명의 신앙인들이 함께 모이는 곳이면 어디라도, 그들의 안위를 보살피고 염려하는 뜻에서 교회의 책임자인 주교를 임명하였다. 이들은 새 신자들의 신앙을 다지고, 처음 신앙을 가졌을 때의 열정을 다시 불러일으키는 임무를 맡았다. 성 판테누스도 인도로 떠나기 전 테메트리우스 대주교로부터 알렉산드리아의 주교로 서품되었다.[93] 성 판테누스가 [인도를] 떠나고 난 뒤에는 프루멘티우스가 동아시아 지방에 복음을 전파하는 임무를 맡았다.[94] 그는 티레tyre 출신으로 동생 아드헤시우스Adhesius와 티레 출신인 삼촌과 과학 방면에서 뛰어난 한 사람과 더불어 인도로 향했다. 그러나 이들은 생필품과 물을 구하기 위하여 한 항구에 진입해 발을 내딛자마자 토착민들로부터 공격을 당했다. 이 여행자 중 다수가 죽었고 더러는 포로가 되었다. 프루멘티우스의 삼촌도 이때 희생을 당했다. 살아남은 두 조카는 왕을 만나게 되었는데, 왕은 그들의 능력을 높게 평가하여 나라의 관리로 등용하였다. 프루멘티우스는 오랜 기간 인도에서 살았다. 그는 여러 해 동안 각료를 맡았으며, 왕들이 성년이 될 때까지 섭정을 맡기도 하였다. 그는 인도 남부에서 복음을 전했다. 프루멘티우스는 고위직에 있으면서 토착어를 능숙하게 구사해 그곳 사람들에게 큰 영향을 끼칠 수 있었다. 그의 선교는 매우 성공적이었다. 여러 곳에 교회를 세운 뒤, 그는 자신의 고향에 다시 방문해도 된다는 허락을 받았다. 그는 고향에서 주교로 서품을 받아 새로운 종교적 위엄을 부여받은 후 다시 인도로 돌아왔다.

갠지스 강 유역에서 이내 그리스도교가 크게 번창하여 인도에 대교구를 설

93) 테메트리우스(Demetrius, ?-232)는 알렉산드리아 12대 총대주교였다.

94) 프루멘티우스(Frumentius, ?-383)는 티레 출신으로 에티오피아의 악숨(Axum) 주교였다.

립할 필요성이 제기되었다. 초대 대주교라는 고위 성직자의 자리에 임명된 사람은 요한이라 불리는 사람이었다. 그는 325년에 열렸던 니케아공의회에 참석하여, 참석자 명단에 서명을 남긴 사람이다. 다음 해에는 프루멘티우스가 알렉산드리아에서 아타나시우스로부터 서품을 받고 그 뒤를 이었다.[95] 프루멘티우스는 인도에서 주재했고, 이후 인도의 그리스도교인들은 언제나 '인도 대주교'라고 부르는 지도자를 갖게 되었다. 그리스도교는 이 넓은 인도 지역에 빠르게 전파되었다. 그리스도교는 브라만과 불교신자들의 온갖 방해에도 불구하고 북쪽으로까지 전파되었다. 아비시니아Abyssinia(에티오피아) 국경인 아둘리Aduli의 주교 무사에우스Musaeus가 4세기 후반에 인도 북부에 복음을 전했다는 것은 잘 알려진 사실이며, 이 사역을 유명한 갈라티아Galatia의 고트족Goth 출신 팔라디우스Palladius가 함께 도왔다.[96] 이들은 홍해에서 상인들과 함께 배에 탔다. 당시에는 실론과 중국에서 오는 선박이 꽤 많았다. 하지만 팔라디우스는 그리 강한 체질이 아니었고 인도의 무더운 날씨를 견딜 수 없어서 고국으로 돌아가야만 했다. 그렇지만 무사에우스 주교는 여행을 계속해서 부하라 지역과 중국에 이르렀다. 이들의 자세한 여정은 밀라노의 주교인 성 암브로시우스가 남긴 책에 기록되어 있다. 이 책은 브라만의 관습에 관해 언급하고 있다.[97] 이 내용은 무사에우스와 한동안 동행하였던 팔라디우스가 전해준 내용을 바탕으로 기록한 것이라고 보여 진다. 암브로시우스는 이렇게 쓰고 있다. '친애하는 팔라디우스여. 그대의 마음은 지혜에 대한 사랑으로 가득하여, 언제나 새로운 것에 관한 지식을 추구하였고, 우리가 브라만의 생활, 관습, 나라에 관해 기술하는 새롭고 어려운 작업을 시작하게 했다.' 이렇게 이야기를 시작한 그는 다음과 같이 이어간다. '돌레니아인들Dolenians의 주교이며 나와 인척 관계인 무사에우

95) 아타나시우스(Athanasius, 328-373)는 알렉산드리아 주교였다. 정통 삼위일체설을 수호하였다.

96) 아둘리(Aduli)는 에리트리아 북쪽 홍해 연안 지역이다.

97) 암브로시우스(Aurelius Ambrose, c.340-c.397)는 밀라노 주교이자 법률가였다. 4대 교부 가운데 하나로 아리우스파에 맞서 정통 그리스도교의 전례와 성직을 개혁하였다. 성 아우구스티누스를 세례 준 인물이다.

스가 몇 해 전에 인도에 사는 브라만들을 만나러 갔던 일을 말해 주었다. 무사에우스는 중국을 거의 전부 돌아보았다고 한다. 수많은 나라와 지역을 방문한 후에 그는 인더스 강 근처에 있는 아리아남Arianam에 도착했다.'[98]

당시에 인도의 사도였던 팔라디우스는 데오필루스Theophilus의 주교였다. 팔라디우스는 나중에 아리우스가 이단이라는 의견을 고수한 것으로 유명해졌다.[99] 그는 인더스 강 어귀에 있는 디우Diu에서 태어났는데, 그곳은 캄보디아Cambodia 왕국의 속국이었다. 팔라디우스는 젊었을 때 콘스탄티노플로 가서 학문을 배우고 난 후 그리스도교를 받아들였고, 수도사로 살았다. 팔라디우스는 얼굴이 매우 검었기 때문에 '검은 수도사'라고 불렸고, 나중에 주교 서품을 받고 나서 아라비아로 파송되어 그곳에서 그리스도교의 이익을 보호하는 일을 수행했다. 당시 그 나라에 살던 수많은 유대인이 적극적으로 반대하였지만, 그는 세 개의 교회를 아라비아의 수도인 다르파르, 바벨만델 해협 근처의 아덴, 또 해마다 인도와 중국의 제품을 파는 전시회가 열렸던 페르시아 만 입구[100]에 세우는 데 성공하였다.[101] 팔라디우스는 여러 개의 교회를 세운 후에 고향인 디우로 돌아왔다. 이후 인도의 다른 지역에 방문하여 그리스도교인들이 가지고 있던 반대되는 의견이 나올만한 여러 가지 관습을 개혁하였다. 예를 들면, 복음에 대한 믿음을 고백하기보다, 이교도의 신탁神託을 찾아가는 관습 등이었다. 그러던 중, 불행하게도 데오필루스의 새 신자들 가운데 아리우스주의라는 이

98) (원주) St. Ambrose. De Moribus Brachmannorum, vol. iv. p. 1131. Ceuvres Complètes, Edition de Migne.

99) 아리우스(Arius, 250/256-336)는 알렉산드리아 교구의 장로로 첫 공의회인 니케아공의회에서 성부의 신성이 성자의 신성 위에 있다는 주장을 펴면서 삼위일체설을 부인하여 이단으로 정죄되었다.

100) (원주) Philostorge, vol. ii., No. 6., and 1-3, No. 4.

101) 다르파르(Darfar)가 어디인지 분명치 않다. 만약 이 도시가 다파(Dafar)라면 지금 이란의 파르스(Fars)에 있는 도시이다. 바벨만델(Babelmandel)은 예멘과 지부티 사이에 있는 바브엘만데브(Bab-el-Mandeb) 해협으로 홍해와 아덴만을 연결한다.

단의 씨앗들이 싹트게 되었다.[102)]

마루타Marutha는 힌두교 가정에서 태어났으나, 4세기 말에는 자기 나라에서 수페르담Sufferdam 주교의 임무를 맡았다.[103)] 성 크리소스토모스는 그가 쓴 글에서 마루타를 크게 칭송하고 있다.[104)] 마루타는 381년에 열린 콘스탄티노플 공의회에 참석하였고, [콘스탄티누스 2세가 소집하여 359년에 열린] 셀레우키아Seleucia공의회에서는 21개의 정경(신약성경 가운데 21권)을 말하기도 하였다. 383년 그는 팜필리아Pamphylia 지방의 시데Side에서 열린 주교회의에도 모습을 드러냈다.

중국에 그리스도교가 존재했을 가능성

앞에서 언급한 사실들은 복음의 씨앗이 초대 그리스도교 시대에 서방에서와 마찬가지로 동방에서도 열매를 맺었다는 의심할 수 없는 여러 가지 증거들이다. 겨자씨 한 알이 인도와 그 주위의 나라에서 큰 나무로 자라나서 많은 사람이 그 가지 아래에서 쉼터를 찾았다. 그리고 이 가지는 중국에까지 뻗어 나갔을 가능성이 매우 크다. 왜냐하면 성 암브로시우스는 무사에우스 주교가 중국 전역을 돌아다녔다고 증언하고 있기 때문이다. 당시 중국인들은 종교문제에 관하여 이후 시대의 중국인들보다 관심을 가졌기 때문에, 세계로 전파되고 있던 그리스도교의 두드러진 움직임에 대해 별 관심을 기울이지 않았을 가능

102) (원주) Nicephorus Hist. Eccl., vol. I. p. 719.

103) 마루타(Marutha of Martyropolis)는 시리아 출신의 수도사로 399년부터 410년까지 지금 터키 영토에 속한 마이페르카트(Maypherkat)의 주교를 역임했다.

104) 크리소스토모스(John Chrysostom, c.349-407)은 콘스탄티노플 대주교이자 교부였으며 명 설교가로 유명세를 떨친 인물이다. (원주) Epist. 14., ad Olympiadem.

성은 거의 없다. 왜냐면 중국 사람들은 인도, 페르시아, 아라비아의 새 신자들과 잦은 교류를 하고 있었고, 당시 중국 국경은 모든 외국인에게 개방되어 있어서 그리스도교 신앙을 전파하려는 사람들이 중국으로 들어가는 데 별다른 어려움이 없었기 때문이다. 3세기경에 살았던 아르노비우스가 이미 복음을 받아들인 많은 나라 가운데 중국을 포함시킨 것은 이 주장이 단순한 가정假定이 아님을 우리에게 보여준다.[105)]

이보다 조금 이후 시대인 585년 유스티니아누스 황제 때에는 유명한 이집트의 여행가 코스마스 인디코플레우스테스Cosmas Indicopleustes가 이런 나라들을 여러 차례 여행하고 『그리스도교 지리Christian Topography』라는 책을 발표했다.[106)] 그는 말라바르 해안과 인접해 있는 실론 섬과 힌두스탄(인도) 반도 북서쪽에는 예전을 온전하게 행하는 교회들과 사제들이 있다고 기록하였다. 그는 실론에 관하여 다음과 같은 기록을 남겼다.

> "이 섬에는 페르시아 그리스도인들이 자주 가는 교회가 하나 있다. 사제 하나와 부제 하나가 [이 교회를] 섬기고 있다. 그들은 페르시아 교회의 지시를 받으며, 완벽한 교회 예전을 유지하고 있다. 섬의 원주민들은 그들을 다스리는 왕을 포함하여 모두가 이교도이다. [이교도] 사원들이 널려 있는데, 그 중 으뜸이 되는 것은 언덕 위에 세워진 것이다. 그 사원 안에는 헤아릴 수 없는 가치를 지닌 보석이 하나 있다. 이 보석은 커다란 솔방울 크기의 루비다. 햇빛이 그 보석에 비치면 눈앞이 안 보일 정도의 광채가 뿜어져 나온다. 엄청난 수의 배들이 실론 섬에 온다. 특히 인도, 에티오피아 뿐 아니라 중국을 비롯한 동쪽에 있는 여러 나라에서

105) 아르노비우스(Arnobius of Sicca, ?-330)은 북아프리카 튀니지 태생의 그리스도교 옹호론자이다.

106) 코스마스 인디코플레우스테스(Cosmas Indicopleustes)는 '인도를 여행한 사람' 코스마스이다. 그리스 상인이며 동방교회 교인으로 유스티니아누스 황제(527-565) 때, 여행가로 여러 차례 인도양을 항해하였다. 나중에 알렉산드리아에 은거하였고 『그리스도교의 지형Christian Topography』 등의 저술을 남겼다.

이곳으로 온다. 실론에서 출발한 많은 배도 그런 나라들로 간다."[107]

코스마스 인디코플레우스테스는 실론보다 더 동쪽 지역에 그리스도교인이 있는지는 확실하지 않다고 고백했다.[108] 그러나 우리는 곧 중국에 그리스도교인이 존재하고 있었다는 확실한 증거를 보게 될 것이다.

사도 시대에 이미 중국에 복음이 전해졌을 가능성들

그리스도교가 세계로 널리 확산되는 동안, 악한 영들은 끊임없이 인류를 속이기 위해 애를 썼다. 즉 악한 영들은 그리스도교의 진리에 잘못된 생각을 뒤섞고, 악한 영의 어둠으로 복음의 빛을 모호하게 만들었다. 성 도마가 개종시킨 그리스도인들이 항상 사도가 전해준 신앙을 순전한 모습으로 보존하지 않았다. 인도인들은 예수 그리스도께서 종교의 핵심으로 세우신 도시이자 그분 교회의 중심인 로마보다도 이집트, 그리스와 더 활발하게 교류하였다. 인도인들은 이러한 미덥지 못한 사람들과 교류하면서 나타난 부작용을 서서히 깨닫게 되었다. 그 부작용은 바로 분파주의와 이단의 영의 지배를 받게 된 것이었다. 네스토리안주의는 페르시아에서 깊이 뿌리 내리고 있었다. 페르시아의 많은 교회는 이단적이었지만 매우 주도면밀한 성직자에 의해 다스려지고 있었다. 더욱이 이들은 자신들의 이단적 교리를 전하는 선교사들을 실론, 인도, 중국에까지 파송하여 참된 그리스도교 교리를 크게 변질시켰다.

앞으로 우리가 언급할 서안西安에 있는 비석을 근거로, 어떤 학자들은 중국

107) (원주) Cosmas Indicopleustes, Voyages de Thevenot, p. 20.

108) (원주) An ulterius etiam ignoro, Topographia Christ. vol. iii.

에 그리스도교를 처음 전한 것은 네스토리우스 교인들이라는 결론을 내려왔다. 그러나 이러한 주장은 매우 불확실하다. 왜냐하면 일단 중국인들이 성 도마나 도마의 제자들에 의해서 처음으로 복음을 들었다고 분명히 단언하는 사람들의 의견을 배제하더라도, 우리는 동아시아에서 그리스도교를 처음으로 전한 이들은 어떠한 이단의 나쁜 영향도 받지 않았던 정통 가톨릭 교인들이었다는 매우 정확한 증거를 갖고 있기 때문이다. 동방의 그리스도교 유물에 정통했던 시리아의 작가 에베드제수스는 『교회법정설Canonical Epitome』에 이렇게 기록하였다.[109]

> "가톨리코스 살리바-자카는 호라산의 헤리아Heria, 사마르칸트Samarkand와 중국에 대교구를 세웠는데, 아카키우스와 아하이나 실라스가 세웠다고 단언하는 사람들도 있다."[110]

따라서 에베드제수스에 따르면, 아카키우스와 실라스가 중국의 대교구들을 설립했다고 생각하는 사람들이 많았다는 것이다. 당시 셀레우키아 대주교인 아카키우스는 411년부터 415년까지 동방교회 총대주교를 지냈고, 실라스는 503년부터 520년까지 동방교회 총대주교를 지냈다. 살리바-자카는 714년부터 728년까지 동방교회 총대주교를 지냈던 인물이다.[111] 따라서 많은 사람이 이 의견에 반대하지만, 만일 살리바-자카가 중국 대교구를 세웠다는 견해가 수용될 수 있다면, 중국인들은 살리바-자카가 살았던 시대보다 훨씬 오래전에 그리스

109) 에베드제수스(Ebedjesu, ?-1318)는 아라비아의 시가라(Sigara)의 주교였으며, 1290년에 소바(Soba)의 동방교회(네스토리우스파) 주교로 서임되었다. 그리스어와 아라비아에 정통했고 20권의 이상의 신학 저서를 남겼다.

110) 살리바-자카(Saliba-Zakha, 재위 714-728), 아카키우스(Acacius, 재위 485-496), 아하이(Ahai, 재위 410-414), 실라스(Silas, 재위 505-523)는 모두 셀레우키아-크테시폰 계보의 동방교회(네스토리우스파) 총대주교를 역임한 인물들이다. (원주) Ebedjesus Sobensis in Epitome Canonum, par. 8. cap. 15.

111) 동방교회 총대주교들의 재위기간이 자료에 따라 약간의 차이가 있다. 각주의 재위기간은 동방교회 공식자료에 따른 것이다.

도교를 받아들여 왔다는 사실이 더욱 분명해진다. 실제로 어떻게 그리스도교가 많이 발전하지 않은 나라에, 그리고 이미 여러 개의 교구가 존재하지 않는 나라에 대교구가 세워질 수 있겠는가? 대교구가 만들어졌다는 것은 그 전에 이미 번영하는 교회들이 설립되었다는 사실을 전제로 하고 있다. 그리고 교회가 생기기 시작하고 상당한 세월이 흐른 다음에야 대교구가 만들어질 수 있는 것이다. 그러나 만일 우리가 에베드제수스가 참조했던 저자들 의견을 따라, 중국 대교구를 411년 경 셀레우키아 대주교인 아카키우스가 설립한 것으로 본다면, 그리스도교가 중국에 사도들이 살았던 시대부터 전해졌다는 전승은 확실히 믿을만하다. 따라서 3세기에 살았던 아르노비우스Arnobius가 당시에 복음을 받아들였던 나라를 열거하면서 중국을 포함 시킨 것은 놀라운 일이 아니다.

아세마니는 그의 매우 박식한 저술을 통해 중국에 그리스도교가 오래전부터 전파되었다는 결정적인 논거를 제시하였다.[112] 아세마니는 암루스Amrus로부터 셀레우키아 총대주교 산하의 대교구 목록을 인용했는데, 그곳에는 인도 대교구가 중국 대교구와 함께 나열되고 있다.[113] 따라서 인도와 중국의 대교구는 같은 시기에 세워졌다고 추측해 볼 수 있다. 왜냐면 에베드제수스는 "대교구의 지위는 대교구를 세운 대주교가 살았던 시대 순으로 결정한다."고 분명하게 언급하고 있기 때문이다.[114] 현재 인도의 그리스도교가 아주 오래되었다는 것은 매우 확실한 증거들에 기초한다. 살펴본 바와 같이, 성 도마가 동아시아의 사도였다는 사실은 교회에 변함없이 이어져 내려오는 전승들이 입증하고 있다. 그리고 그리스, 라틴, 시리아 작가들의 증언이 이를 입증한다. 또한 고대로

112) 아세마니(Giuseppe Simone Assemani, 1687-1768)는 레바논 출신의 동방학자로 바티칸 도서관장을 역임했다. (원주) Assemani, Bibliotheca Orientalis, vol. ii, p. 413.

113) 중국대교구는 13번째, 인도대교구는 14번째로 언급되었다.

114) (원주) Assemani. vol. iii, p. 346.

부터 전승되는 예전과 가장 확실한 고고학적 기념비가 존재한다.[115] 따라서 그리스도교의 전파는 중국과 인도가 비슷한 시기에 이루어졌다고 볼 수 있다. 왜냐하면 석학 아세마니가 『동방학문고 Bibliotheca Orientalis』에서 인용한 암루스의 목록에 따르면, 중국 대교구를 인도 대교구와 나란히 놓았기 때문이다. 초대교회 시대에 중국에 그리스도교가 전해진 이러한 증거들을 숙고해 보는 것은 중요하다. 왜냐면 만일 이러한 증거들이 7세기 이전에 인도와 중국에 복음이 전해졌다는 것을 입증한다면, 다음에서는 우선 서안 비석(大秦景敎流行中國碑)의 내용이 얼마나 확실한지 고찰할 것이다.

115) (원주) Mémoire de M. Reinaud, p. 95.

제 2 장

당대唐代의 그리스도교: 대진경교유행중국비大秦景教流行中國碑

제 2 장

당대唐代의 그리스도교: 대진경교유행중국비大秦景敎流行中國碑

서안 비석의 발견

1625년에 섬서성陝西省의 수도인 서안부西安府 성벽 밖에서 중국 일꾼 몇 명이 집터를 고르던 중, 땅속에 묻혀 있던 커다란 비석을 발견하였다.[116] 이 비석은 중국인들이 주목할 만한 사건과 유명인사에 대한 기억을 후대에 전하기 위해 세우곤 했던 기념비와 유사했다. 이 비석의 재질은 어두운색 대리석이었고, 높이 3m, 너비 1m 크기였으며, 한 면에 고대에 사용되던 한자와 중국에 잘 알려지지 않은 다른 문자들이 함께 새겨져 있었다.[117] 지방관과 백성들은 이 비석의 발견을 흥미롭게 여기며 큰 관심을 보였다. 이 비석이 대중에게 공개되자 궁금해 하는 많은 이들이 찾아왔다. 이 가운데는 당시 여러 사역을 하면서 중

---

116) 예수회 선교사 엠마누엘 디아즈(Emmauel Diaz)는 『唐景敎碑頌正詮』(1644)에서 서안비석이 1623년 발견되었다고 주장하고 있다. H. Havret, La Stèle chrétienne de Si-ngang-fou, 1897, 34 참조.

117) '어두운색 대리석'으로 기록되어 있지만 실물은 흑색의 석회석이다.

국에 흩어져 활동하던 예수회 선교사들도 있었다. 이 비석을 본 첫 예수회 선교사는 알바레스 세메도 신부였다.[118] 이어서 『중국지도 Novus Atlas Sinensis』라는 책을 저술했던 마르티노 마티니 신부와 폴란드 출신의 미카엘 보임 신부 등이 와서 중국학자들의 도움을 받아 비석의 내용을 해석하였다.[119]

흥미로운 비석을 발견했다는 소식에 명나라 조정에서는 이 비석의 탁본을 북경으로 보내라고 지시했다. 한편, 당시 중국 황제는 비석을 [발견한 장소에서] 1.2km 정도 떨어진 유명한 절[金勝寺]에 안치하라고 명했다. 지금도 그 절에 가면 비석의 실물을 볼 수 있다.[120] 이 비석을 본 예수회 선교사는 여러 장의 정확한 탁본을 만들어 이를 유럽으로 보냈다. 로마 예수회 본부의 도서관에도 최초의 탁본들 가운데 하나가 보관되고 있었고, 많은 이들이 이를 관람하였다. 후에는 실물 크기의 복제품 하나를 파리로 보내어 리슐리외 거리에 있는 도서관에 두었는데, 지금도 MSS 미술관[프랑스 국립도서관의 옛 인쇄물 보관 부서]에 가면 이를 볼 수 있다.

이 비석은 서안 부근의 쓰레기더미 가운데서 우연히 발견되어 큰 화제가 되었다. 왜냐하면 비석을 검토하고 새겨진 내용을 해석해 본 결과, 놀랍게도 7세기 초에 중국에 많은 그리스도교의 사도들이 존재해 왔으며, 또 [그 교회가] 오랫동안 융성했다는 사실이 밝혀졌기 때문이었다. 또 [비석의 좌측과 하단에 새

---

118) 알바레스 세메도(Alvares Semedo, 중국명 謝務祿, 1585-1658)는 포르투갈 출신의 예수회 선교사이다. 남경교안 때 추방되었으며 1620년 다시 중국으로 입국하면서 曾德照라는 중국명을 사용하였다. 저서로는 『字考』(중국어·포르투갈어 사전), 『중국통사』(포르투갈어) 등이 있다.

119) 마르티노 마티니(Martino Martini, 중국명 衛匡國, 1614-1661)는 이탈리아 출신으로 명말청초에 활동한 예수회 선교사이다. 중국역사에 관해 저술하였고 중국지도를 제작하였다. 미카엘 보임(Michael Boym, 卜彌格, 1612-1659)은 폴란드 출신으로 명말청초에 활동한 예수회 선교사이다. 중국과 인접국의 지도를 제작했는데, 조선을 '반도'라고 지도에 표시하였던 최초의 사람이다. 대표적인 저술로는 『중국의 화초Flora Sinensis』(1656년 비엔나에서 출간)가 있다.

120) (원주) 우리가 북경에 머물고 있은 때 중국인 친구들 몇 명이 金勝寺에서 비석 실물을 보았다고 확인해 주었다. (옮긴이의 주) 이 비석은 그 뒤 1907년 10월 보존상의 이유로 서안의 碑林으로 옮겨졌다.

겨진] 낯선 문자는 에스트란겔라Estranghélos라 불리는 문자라는 것이 밝혀졌다. 이는 고대 시리아인들이 사용했던 문자로서 8세기 이전의 시리아어 필사본 대부분은 이 문자로 기록되었다.

사람들은 중국이 최근까지지도 서양 나라들과의 전혀 접촉을 하지 않았다고 믿어 왔다. 1583년 마테오 리치Matteo Ricci 신부가 중국에 복음의 반가운 소식을 전했을 때, 사람들은 중국이란 고립된 나라에 예수의 이름이 처음으로 선포되었을 것이라 여겼다. 그러므로 사람들은 땅 깊은 곳에서부터 세상 밖으로 나온 비석의 음성이 선포하는 내용을 듣고 매우 놀랐다. 비석은 다음과 같이 말했다. "그리스도교가 처음부터 가장 먼 나라들에까지 전파되었고, 심지어 중국인들의 새벽에도 천상에서 (복음의) 빛을 비춰 왔다." 만약 중국인들이 여전히 어둠 가운데 있다면, 이는 하느님의 섭리로 그들에게는 참 빛을 볼 기회가 주어지지 않았기 때문이라 말할 수 없다.

논의가 되고 있는 이 비석에서는 "높은 덕"을 지닌 올로펜Olopen이라는 선교사가 서기 635년, 대진大秦 [로마제국]에서 [당나라의 수도인] 장안長安에 도착했다고 언급한다.[121] 이에 황제는 [장안의] 서쪽 근교에 관원을 보내 그를 만나 궁정으로 초청 하여, 그가 가져온 종교 경전을 번역하라고 명하였다. 황제는 이 [번역된] 경전을 검토하고 나서, 그 안에 좋은 내용이 포함되어 있다고 하면서 이 경전의 간행을 허락하였다. 비석에는 이러한 결과를 발표한 칙령이 인용되어 있었다. 그리고 비석에는 올로펜이 가르친 교리에 존경을 표하기 위해, 주周나라(기원전 1046-256)의 진리의 법이 쇠하자, 노자老子가 서쪽으로 갔었는데, 이제 다스리는 왕조[당나라]의 도가 빛나니, 그가 원래 있던 곳으로 되돌아왔다고 쓰여 있었다. 이 교리에서는 '엘로하'[하느님]가 만물을 창조했고, 사탄이 첫

121) 올로펜(Olopen)의 이름은 서안 비석에는 한문으로 아라본(阿羅本)으로 기록되어 있다.

번째 사람을 유혹하자 하느님은 인류를 그들의 원죄에서 구하려고 메시아를 보냈다고 선포한다.[122] 그리고 이어서 메시아는 대진大秦이라는 나라에서 한 처녀에게서 태어나셨고, 페르시아인들은 그러한 법과 예언이 성취 되도록 그에게 경배하러 갔다고 선언하고 있다. [이 비석에는] 시리아 문자로 90줄에 걸쳐 올로펜을 수행하여 중국에 온 시리아 사제들의 이름이 포함되어 있었다.

이것이 서안 비석에 새겨진 간략한 내용이다. 우리의 목적은 아시아 내륙에 그리스도교가 들어오고 전파된 모든 관련 자료를 수집하는 것이다.[123] 따라서 이 비석이 발견된 시기에 매우 열렬한 논쟁을 일으켰던 이 흥미로운 비문을 완전히 번역하려 한다. 우리는 매우 간결한 원래의 한문을 가능한 한 충실하게 번역하도록 노력하였다. 번역에는 제국도서관[프랑스 국립도서관]이 소장하고 있는 한문 원본을 사용하였으며, 이미 나와 있는 여러 번역본을 참고하였다. 비석의 위쪽 부분은 돌로 조각한 십자가 형상이 위에 놓여 있는데, 이 십자가는 몰타 기사단이 사용하던 십자가나 인도의 성 도마 묘소에 발견된 십자가와 닮았다.

대진사의 사제 경정이 쓴 "대진경교유행중국비" 전문[124]

1. 아! 하나의 진정한 원인으로 본질적으로 처음이시고, 시작도 없고, 매우 총명하시며 보이지 않는 분, 본질적으로 마지막이시고 모든 완벽함을 하나 되게 하

122) 알로하(Aloho 阿羅訶)는 시리아어로 '하느님'이란 뜻이다.

123) 지은이가 여기서 말하는 '아시아 내륙(High Asia)'은 아시아 내륙 산악지대, 즉 파미르 고원, 히말라야나 티베트를 가리키는 말로 쓴 것 같다. 지은이가 'Upper Asia' 로 표현한 지역은 옮긴이들이 '동아시아'로 번역하였다.

124) 정확한 번역을 위해, 황정욱의 『예루살렘에서 장안까지』(2005년 출간)의 pp. 161-179에 있는 번역본을 참고하는 것이 좋다. 정수일의 번역도 참고할 만 하다.

는 분이시다. 근본기초를 세워 만물을 만드셨다. 놀랍도록 거룩하시며, 모든 완벽함의 근원이시다. 이 기묘한 존재는 삼위일체이신 시작이 없는 참된 주님이신 알로하가 아닌가? 십자(十字)를 가지고 세상의 네 방향을 정하시고, 원초의 바람을 움직여 자연의 두 원리를 만드시니, 어두운 공허함이 바뀌어 하늘과 땅이 열리고, 해와 달이 움직여 낮과 밤이 생겼다. 만물을 지으신 뒤 첫 사람을 세우시고, (그에게) 특별히 선량하고 조화로운 성품으로 온 세상을 다스리도록 하셨다. 사람의 성품은 본래 순전하여 욕심이 없었으며 희고 물들지 않아 지나치게 바라고 좋아하는 것이 없었다.

2. 그러나 사탄이 거짓을 전하여 사람의 순수하고 거룩한 마음을 악의를 가지고 더럽히니, 진정으로 동등하게 중요함을 주장하여 모든 생각을 뒤엎었다. 그리하여 365종의 종파가 나타나 서로 도와서 긴 사슬을 만들어 이른바 종교의 망을 만들었다. 어떤 종파는 피조물로 영원한 분의 자리를 대체하기도 하고, 다른 종파는 존재들의 실존을 부정하기도 하면서[창조자와 피조물이라는] 두 가지 원칙을 파괴했다. 또 어떤 종교는 복을 얻기 위해 기도와 제물을 바치기도 하고, 어떤 종교는 사람들을 속이기 위해 그들의 종교가 신성하다고 선포하기도 했다. 인간이 최고선을 추구하고자 마음으로 애쓰고 이러한 열망으로 가득하나 이 열망은 짓밟혀진다. 끊임없이 떠돌다가 어느 곳에도 도달하지 못하고 모든 것이 악화 되었다. 어둠이 짙어졌고 사람들은 시력을 잃어, 오랫동안 그것을 다시 찾지 못하고 방황했다.

3. 이때 우리의 삼위일체 하느님이 자신의 본체인 매우 존경할만한 메시아와 소통하셨다. 이 메시아께서는 (자신의) 참된 권위를 감추시고, 사람과 똑같은 모습으로 세상에 나타나셨다. 천사들이 이 기쁜 소식을 전했고 한 처녀가 대진국[로마제국]의 땅에서 그 성인을 낳으셨다. 매우 밝은 별자리가 이 행복한 사

건을 알리니 페르시아인들[동방박사들]이 그 찬란함을 보고 와서 예물을 드렸다. 메시아는 24명의 성자들이 오래전에 말했던 내용을 성취하셨다.[125] 그는 자신의 계율에 의해 가족과 왕국을 조직하였다. 그는 삼위일체의 순전한 개념을 따라 새로운 종교를 만들었다. 그는 진정한 신앙으로 양심을 다스리도록 했다. 그는 세상에 8가지 계명[산상수훈, 8복]을 알리고, 세 가지 덕에 양심의 문을 열어서 오염된 인간성을 정화하도록 하셨다.[126] 그는 삶과 죽음에 두루 영향을 미쳤다. 그는 밝은 해가 어둠을 멸하게 하였다. 그는 빛의 궁전을 향해 자비로운 항해를 하도록 지도하시니, 지성을 가진 모든 피조물이 구원을 받았다. 이러한 권능의 사역을 완전히 마치시고 정오에 하늘을 향해 올라가셨다. 경전 27권[신약성경]이 남아있는데, 인류가 회심하는 은혜의 샘을 더욱 크게 넓혔다. 물과 성령에 의한 세례는 영혼을 정화하고 겉모습을 아름답게 하는 하나의 법도였다. 십자가의 표지를 가지고 모든 세상을 통합했다. 목종木鐘을 두드려 자비와 은혜의 소리가 울려 퍼지게 하고, 동쪽으로 예배를 드림으로써 생명과 영광의 길을 보여준다.[127]

4. 성직자들이 수염을 기르는 것은 이웃에게 헌신하고 있음을 나타내기 위함이고, 삭발하는 것은 세속적 욕망을 버렸음을 보여주는 것이다. 노비를 두지 않음으로 힘 있는 자나 힘없는 사람들 사이를 연결하는 사람이 되고, 재물을 쌓아두지 않고 자신의 가진 것을 가난한 이들과 나눈다. 금식은 지적인 힘을 더 강하게 하고, 금욕과 절제는 건강을 유지하게 한다. 하루에 일곱 번 예배를 드리며, 기도를 드려 살아있는 자와 죽은 자를 돕는다. 칠일에 한번 성찬식을 행하여 우

125) '24명의 성자'란, 예수 그리스도 이전의 성자로, 4명의 대선지자와 12명의 소선지자, 그리고 아브라함, 이삭, 야곱, 욥, 모세, 사무엘, 다윗, 세례자 요한을 말한다.

126) '세 가지 덕'이란 고린도전서 13:13의 "믿음, 소망, 사랑 이 세 가지는 항상 있을 것인데"에 나오는 덕을 말한다.

127) 목종(木鐘)은 그리스어로 Semantron, 시리아어로 Naqoša라 부르는 목판으로 동아시아 불교에서 목탁과는 모양이 달랐다. 유럽 성당에 있는 종의 역할을 하는 기구였다.

리의 마음을 정화하고 우리 죄를 용서받는다. 이 종교는 매우 완벽하고 훌륭하여 이름을 붙이기가 어렵지만, 훌륭한 교훈으로 어둠을 밝히므로 '경교(景敎)'라 부른다.

5. 거룩함이 없는 배움은 위엄이 없고, 배움이 없는 거룩함은 진보가 없다. 배움과 거룩함이 조화롭게 이어지면 그 분야는 돋보이고 눈부시게 빛난다. 당나라 태종 문 황제 때[626-648년] 그 제국을 설명하길, 그는 그러한 개혁을 펼쳤고, 백성들을 고결하게 다스렸다. 고결한 덕을 지닌 아라본阿羅本[올로펜]이라는 사람이 대진국으로부터 왔다. 그는 성경을 지닌 채, 푸른 구름의 인도를 따라, 바람의 규칙을 관찰하며 어렵고 위험한 나라들을 거쳐서 왔다. 정관 9년[635년]에 그가 장안에 닿으니 황제는 당나라 재상인 방현령房玄齡을 시켜 의장대와 함께 서쪽 교외로 보내어 이들을 맞이하여 궁정으로 모셔오게 했다. 황실 도서관에서 그들의 경전을 번역하게 했다. 궁중에서는 이 교리에 귀를 기울였고, 그것을 깊이 생각하고, 진리의 커다란 조화를 이해하였다. 이 경전의 간행과 보급을 허락하는 특별한 칙령이 반포되었다.

정관 12년 가을인 7월에 새로운 칙령이 다음과 같이 말해지길, 그 교리는 고정된 이름이 없고, 그 거룩함은 일정한 본체가 없다. 이 교리는 다양한 나라에 맞게 종교를 만들었고 많은 이들이 이 길을 따라 교리를 전달했다. 고귀한 덕을 지닌 대진사람 아라본[올로펜]은 성경과 성상을 가지고 와서 이것을 궁정에 바쳤다. 세밀하게 이 종교의 정신을 검토한 후에, 훌륭하고, 신비하고, 평화로운 종교임을 알게 되었다. 경교의 근본적인 교리를 깊이 살펴보니 완벽하고, 간결하고, 좋은 결과만 생각한다. 사람에게 유익하다. 따라서 온 세계에 널리 알리도록 해야 한다. 따라서 나는 관직자에게 명하여 수도의 의녕방이란 곳에 경교 교당[대진사]를 세우도록 하였는데, 21인의 성직자가 거기에서 취임하였다.

주나라의 존경할만한 덕이 사라져, [노자가 탄] 푸른 마차가 서쪽으로 가고 있었다.[128] 당나라의 도가 빛나게 되니 밝은 빛이 동쪽에까지 퍼졌다. 관직자가 명을 받아서, 그 통치자의 직접 쓴 글을 대진사 벽에 그대로 적어 놓았다. 화려한 색채의 천상의 아름다움으로 반짝이는 문을 비추게 하였다. 이러한 황제에 관한 성스러운 증언은 적절한 표현의 원천이 된다. 그것은 영원히 세상을 비출 것이다.

6. 서양의 지리학적인 기념비와 한나라와 위나라의 역사책을 살펴보면, 대진 왕국은 남쪽의 산호가 많이 나는 곳을 포함하고, 북으로는 값진 보석의 산이 둘러싸고 있고, 서쪽으로는 불멸하는 나라와 꽃의 숲을 바라보고 있다. 동쪽으로는 끊임없는 바람과, 달콤한 물이 밀려든다. 그 땅은 불로 씻어 낸다는 린넨을 만들고, 생생하게 만드는 향수와, 홍수정과 값진 보석들이 밤에 빛난다. 대진의 사람들은 도둑질과 살인을 하지 않는다. 그들은 행복한 평화를 누린다. 경교가 아닌 종교를 믿지 않는다. 덕스럽지 않은 일에 힘쓰지 않는다. 그 나라는 광대하고 넓다. 화려한 물품들이 모든 부분에 나타난다.

7. 위대한 고종 황제[649-683년]께서는 훌륭하게 선조들의 발자취를 따랐다. 그는 경교에 빛을 비추어 번영하게 하셨고, 모든 지역에 경교 교당을 세웠다. 고종은 아라본[올로펜]에게 새로운 칭호를 주었다, 그리고 그를 제국의 수호자와 큰 법의 주관자鎭國大法主로 임명하였다. 따라서 경교는 모든 제국에 널리 전파되었다. 이에 제국은 부유하고 평안하였다. 경교 교당은 수백 개의 도시에 가득 들어섰고, 경교를 믿는 가정은 놀라운 행복이 가득했다.

8. 성력연간[698-699년, 則天武后 시대]에 불자들이 세력을 행사하며 경교를 비방하는 말을 퍼뜨리니 동주東周(洛陽)까지 이르렀다, 선천 말년[713년, 玄宗 재

128) '푸른 가마가 서쪽으로 갔다'는 말은 노자가 검은 소를 타고 서역으로 갔다는 전설을 말한다.

위기]에는 하층계급의 문인들이 서호西鎬(長安)에서 경교를 비웃고 빈정댔다. 이 때 수도원장 나함羅含과 주교 급열及烈, 이 두 사람은 서방에서 온 매우 고귀한 출신으로 서방의 신사로서 모두 저명한 사제들이었다. 이들이 함께 힘써 경교의 교리를 되살리고 끊어진 끈을 다시 이었다. 현종은 숭고한 지혜라는 호를 가진 황제인데 영국寧國등 다섯 왕에게 명하여 복된 집인 경교 교당의 제단을 확실히 높여 보수하게 하니, 경교의 교리가 굽어졌다가 다시 바르게 되었고 교리의 기반이 기울어졌다가 다시 회복되었다.

9. 천보天寶 초[742년, 玄宗 30년]에 그의 군대의 총사령관이었던 고력사高力士에게 명하여 다섯 황제의 초상을 경교 교당에 보내어 안치하게 하였다.[129] 그리고 기쁨을 표시하기 비단 백 필을 하사하였다. 비록 황제는 멀리 계시지만 초상화를 보며 황제의 활과 검, 그리고 황제의 턱수염을 손에 닿을 듯 가까이 접할 수 있었다. 비록 멀리 있을지라도 활과 검에 의지할 수 있었고, 태양 빛이 황제들의 모습을 크게 비추었다.[130]

10. 천보 3년[744년] 대진국 사제 길화佶和가 별을 보고 사람들을 회심시키기 위해 해가 뜨는 동방으로 왔다. 그리고 길화는 황제를 만나 뵈었다. 황제가 사제 나함羅含에게 조서를 내려, 사제 보론普論 등 7명이 대덕 길화와 함께 흥경궁에서 완벽하게 경교 교리를 실행하도록 명하였다.[131] 황제가 직접 교당의 현판을 썼다. 황제가 쓴 글이 전면으로 보였다. 이 현판은 모든 면이 화려한 장식으로 빛났다. 이는 마치 태양이 빛을 내듯이 주홍색 구름이 멀리서 빛을 내는 듯했다. 황제의 호의가 남산의 높은 봉우리와 같았고 동해같이 깊었다. 이성은 모든 것을

129) 다섯 황제는 당나라의 古祖, 太祖, 高宗, 中宗, 睿宗 이다.

130) 『史記』「封禪書」 참조. 백성들이 세상을 떠난 황제들의 얼굴을 직접 볼 수는 없지만 초상화를 보고 그들의 위엄과 자비를 느낄 수 있다는 뜻이다.

131) 한문 원문에는 17인이라고 되어있다.

할 수 있다.[132] 모든 것이 가능하다고 말할 수 있다. 황제는 모든 것을 할 수 있고, 그가 하는 일은 사람들에게 알려졌다. 숙종 문명제[756-761년]는 영무靈武 등 다섯 개 마을에 경교 교당을 다시 세웠다.[133] 근본적인 선이 바탕이 되어 행운이 넘쳐났다. 기쁨을 주는 근엄함이 시작되었고, 그 제국은 큰 번영의 길로 들어섰다.

11. 대종 문무제[762-778년]는 학식이 있는 전사와 같은 황제였는데 경교를 널리 전파했다. 그는 평화와 고요함을 추구하였고 매해, [그리스도의] 탄생일이 되면 거룩한 은혜를 기억하며 하늘에 향을 태워 올리고, 황제의 잔치를 베풀어 수많은 경교 신도에게 존경을 표했다. 하늘은 확실히 좋은 것과 유용한 것의 원천이다. 따라서 모든 것을 만들고 유지할 수 있다. 이러한 하늘의 덕을 자신의 덕으로 만든 황제는 나라를 발전시키고 거룩하게 만들 것이다.

12. 매우 겸손하고 거룩하고 현인이며, 학식이 있는 전사인 우리의 황제는 여덟 가지 정사를 선포하셨다.[134] 이는 덕 있는 인재들을 관리로 임용하고, 악한 관리들을 쫓아내기 위함이었다. 그는 경교를 전파하기 위해 아홉 개의 규율九疇을 제정하였다.[135] 이에 신비로운 경교의 도가 제국을 새롭게 만들었다. 부끄러움 없이 그를 위해 주님께 기도를 드리자. 그는 또한 최고의 권세를 가지게 되었고, 항상 너그럽고 온화하고, 은혜가 넘쳤다. 그는 모든 사람을 도우려고 너그러움을 베풀었다. 이것이야말로 경교가 나아갈 진정한 길이고 밟아야 할 과정이다. 만일

132) 한문 원문에는 道라고 표현되어 있다.

133) 영무(靈武)는 甘肅省 靈州이다. 安史의 란 때 玄宗이 肅宗에게 양위하였고, 숙종은 이곳에서 즉위하였던 경사로운 장소였다.

134) 문무제가 건중 연간(780-783)에 8정을 편 것을 의미한다. 八政이란 『尙書』 「洪範」에 따르면, 食, 貨, 祀, 司空, 司徒, 司寇, 賓, 師 등을 말하며 九疇의 세 번째에 해당한다.

135) 九疇는 『尙書』 「洪範」에 따르면, 五行, 敬用五事, 農用八政, 協用五紀, 建用皇極, 乂用三德, 明用稽疑, 念用庶徵, 嚮用五福을 가리킨다.

비와 바람이 때에 맞추어 불고, 하늘이 고요하며, 사람들을 잘 통치하고, 제국의 상황이 좋으면, 만일 삶이 풍요로움을 누리고, 죽은 자가 달콤한 휴식을 누리면, 만일 성공이 경교가 전파되는 일을 동반 한다면, 만일 우리의 생각이 순전하고 우리의 행동이 거룩하다면, 이 모든 것은 우리 경교의 힘이 뛰어나고 일상적으로 하는 관습 때문이다.

13. 신앙심이 깊은 이사伊斯는 북방So Fan의 절도부사였고, 궁정 내부를 감찰하는 이였는데, 푸른 가사를 하사받았다. 이사는 자비롭고 온화했으며 이웃에게 선을 베풀었고 경교의 도를 부지런히 전했다. 그는 멀리 왕사지성에서 제국의 수도에까지 왔다.[136] 그의 재능은 3대에 걸쳐 높았고 예술과 과학에 대한 학식이 매우 뛰어났다.[137] 그는 처음에는 궁정에서 직책을 맡았다.

14. 중서령中書令이며 분양군왕汾陽郡王인 곽자의郭子儀가 북방에서 군대를 통솔할 때에, 숙종 황제가 이사에게 곽자의와 함께 원정을 하도록 명하였다.[138] 곽자의는 비록 이사의 거처에 드나들 정도로 가까웠지만, 마치 한 명의 일반 병사처럼 행동했다. 그러나 곽자의는 제국의 이빨과 발톱이었으며, 군대의 눈과 귀가 되었다. 그는 월급과 하사품을 집에 쌓아두지 않고 사람들에게 나누어 주었고, 집에 어떻게 부를 쌓아야 하는지를 몰랐던 인물이다. 그는 유리병과 금박을 입힌 카펫을 사람들에게 나누어 주었다. 그는 옛 경교 교당을 보수하였고 본당을 확장해 주었으며 지붕과 현관 지붕을 세우고 아름답게 장식하였으니, 마치 꿩이 날개를 펼쳐 나는 것 같은 양식이었다. 그는 경교의 가르침을 따라 너그

136) 왕사지성(王舍之城)은 지금의 아프가니스탄 발흐(Balkh) 지역에 있었다.

137) 肅宗, 代宗, 德宗, 즉 756-804년의 기간을 말한다.

138) 곽자의(郭子儀, 697-781)는 당나라의 장군이자 정치가였다. 玄宗부터 肅宗, 代宗, 德宗에 이르는 4대를 섬겼으며, '安史의 난'에서 큰 공을 세우고 그 뒤에도 잇따른 이민족의 침입을 막아냈다. 그의 손녀는 훗날 憲宗의 황후가 되었다.

럽게 자선을 베풀었으며, 해마다 사순절에는 네 교당에서 사제와 신자들을 불러 모았다. 그는 그들을 열심히 섬겼다. 맛있는 음식을 대접하고, 선한 일을 50일이나 지속했다. 배고픈 자들이 오면 먹이고 추위에 떠는 자가 오면 따뜻한 옷을 입혔다. 그는 병자들을 돌보고 치료해 주었다. 죽은 자들을 장사하여 안식하게 했다. 신심이 깊은 불교도 가운데에서도 아직 이보다 더 훌륭한 사람이 있었다는 이야기를 들어본 적이 없다. 백의를 걸친 경교의 종교인들은 이러한 저명한 사람을 존경하여 그의 숭고한 행위를 커다란 기념비에 새기고자 한다.[139]

15. 그 기념비에 다음과 같이 이르기를, 메시아는 참 주主이며 시작이 없으며 영원히 순전하고 한결 같으며 만물을 창조하시고 새롭게 하시는 분이다. 땅을 붙잡고 천체를 마련하신 분, 그 분이 무한한 구원을 이루기 위해 이 세상에 오셨다. 그는 태양처럼 오르시니, 어둠이 사라졌다. 그는 신비로운 진리의 심오함을 눈으로 볼 수 있게 해 주셨다.

16. 유명하고 학식이 있는 문황제[당 태종]이시여! 그의 지혜는 고대의 군주들보다 뛰어나고 유리한 때를 잘 이용하는 법을 알았고 난세를 바르게 다스렸다. 하늘을 확장하고 땅을 넓혔다. 경교는 그 제국에 당나라 때 들어왔다. 경교의 경전이 번역되고 경교 경당이 세워졌고 살아있는 것과 죽은 것이 그 경전 안에 들어있다. 수백 가지 행운이 동시에 나타났고, 만국이 평강 해졌다.

17. 고종 황제[649-683년]께서는 선조의 뜻을 이어받아 원래의 교당의 지붕들을 다시 올렸다. 화평이라는 경당이 중국의 중앙을 비추는 영광을 발했다. 경교의 교리를 널리 밝혔고, 교리의 법주를 임명하였고, 사람들은 다시 평화와 행복을 즐겼고, 더 이상의 불행과 재난이 없었다.

---

139) 백의를 걸친 경교의 종교인들은 경교(네스토리우스파) 재속(在俗) 성직자를 가리킨다.

18. 현종 황제[713-755년]께서는 참되고 올바른 도를 새롭게 여셨다. 현종은 황제의 현판이 경당의 앞에서 빛나도록 하셨고, 황제의 초상은 놀라운 영광의 빛을 발했다. 위엄있는 현판은 완전히 눈부시게 황홀하여 사람들이 이에 경의를 표했다. 왕국은 평화로웠고, 사람들은 매우 행복하게 살았다.

19. 숙종 황제(756-761)께서는 [안사의 난으로 황폐해진] 나라를 회복시키며 그의 위엄 있는 마차로 멀리서 지시를 한 후에 당나라로 되돌아왔다. 태양이 사방으로 빛을 발하고 행운의 바람이 밤의 어둠을 몰아냈도다. 하늘이 주시는 복이 황실로 돌아오고 재앙의 기운이 영원히 물러났도다. 소란이 그쳤고 먼지가 가라앉으니, 우리나라를 더욱 흥하게 하였다.

20. 대종 황제[762-778년]께서는 효심이 지극하고 의로우시니 그의 덕은 천지의 덕과 같았다. 그는 그가 시작한 일을 앞장서서 행하고, 그가 진척시킨 일을 완성했다. 그는 어떻게 모든 놀라운 이점을 얻어낼 수 있는지 알았다. 그는 추수감사의 행위로 향을 태웠다. 그는 자신의 너그러움을 온 세상에 베풀었다. 동쪽에 있는 계곡들에서 그에게 경의를 표하기 위해 찾아왔다. 달빛을 받고 있던 집들이 수리되었다.

21. 덕종 황제[779-804년]께서는 열정적이었는데, 아름답고 훌륭한 덕을 기르게 되었다. 그의 손으로 사해를 평온하게 다스렸고, 그는 만국의 체계를 세우고 문명화하였다. 인간의 숨겨진 불행에 빛을 비추었다. 그는 거울처럼 모든 물질의 색을 비추었다. 그는 세상을 회복시키고 되살렸다. 그는 수백 개의 미개한 나라들에 법을 부여했다. 가장 뛰어난 법은 확실히 모든 완벽함과 조화를 이루었다. 만일 우리가 그것에 이름을 붙인다면 우리는 그것을 삼위일체라 불러야 할 것이다. 통치의 행위, 그리고 통치의 주체가 그의 행동들을 널리 알린다. 그리고

우리가 이러한 기념비를 세운 것은 이러한 최초의 행복을 기념하기 위함이다.

이 비석은 대당 건중 2년[781년] 정월 7일 주일에 세웠다. 총대주교 헤나니쇼(寧恕)가 동방교회를 다스리고 있을 때이다.[140] 이 당시에 법주인 사제 녕서寧恕가 동방의 많은 경교도들을 다스렸다.

조의랑 전행대주사사참군朝議郎前行台州司士參軍 여수암呂秀巖이 글을 쓰고, 사제 행통行通이 비문을 교정하고 건립을 도왔다.

여기까지가 1625년 서안에서 발견된 유명한 비석의 내용을 번역한 것이다. 비석 왼쪽에는 시리아어로 다음과 같은 글이 새겨져 있다. "우리 사제들 가운데 으뜸가는 사제, 총대주교 가톨리코스 헤나니쇼 때의 일이다." 또 오른쪽에는 "부제이며 부주교인 아담"이라고 적혀있다. 그리고 비석 아래쪽에는 "그리스력 1092년[781년]에 왕도인 장안의 사제이며 부주교인 마르 이즈드부지드, 곧 타호리스탄(투르크스탄)의 수도 발흐 출신의 사제 고 밀라스의 아들이 이 비석을 세웠다. 여기에 우리 주의 섭리와 중국 황제들을 위한 우리 조상들의 설교 내용을 기록하였다. 아담, 부제이며 부주교 이즈드부지드의 아들, 사제이며 부주교인 마르 세르기우스, 사제 사바르-예수, 장안과 낙양 교회의 사제이며 대부제 가브리엘"이란 문구가 시리아어로 새겨져 있다.

140) 헤나니쇼(寧恕, Henanisho II, c.715-780)는 셀레우키아-크테시폰 계보(285-780년)의 동방교회 총대주교(773-780).이다. 아난제수(Ananjesu) 또는 카나니슈(Khnanishu)라고도 부르는데, "예수의 자비"라는 뜻이다. 서안 비석을 세운 때는 셀레우키아-크테시폰에 성청을 두었던 동방교회의 총대주교 헤나니쇼 2세가 이미 선종하고 디모데 1세(780-823)가 착좌한 다음이었으나, 이 소식은 뒤늦게 장안에 전해졌다.

중국 당나라의 문화적 발전과 대외 관계

서안 비석에서 언급된 시대의 중국에서는 매우 중요한 변화가 진행되고 있었다. 바로 중국을 통치했던 역대 왕조 가운데 가장 유명하고 화려했던 당唐 왕조가 들어선 것이었다. 당을 세운 태종은 겨우 23살의 나이에 중국의 땅 대부분을 지배하게 되었다. 그러나 태종은 자신이 권력을 전부 차지하는 대신 자신의 아버지를 황제로 옹립하였다. 이러한 효도로 그는 국민으로부터 열렬한 사랑을 받게 되었고, 627년 황제로 된 이후 중국 역사상 가장 위대한 황제들 가운데 하나로 기억되었다. 그는 제국을 통일하고 이웃 나라들로부터 조공을 받았다. 629년에는 몽골 전체가 그의 권위에 복속했으며, 족장들은 만장일치로 그를 천자天子라고 불렀다. 649년, 그는 황제가 된 지 23년이 지난 55세에 세상을 떠났다. 그의 뒤를 이어 여러 명의 뛰어난 황제들이 당나라를 통치하였고, 이들은 중국을 이전에 미처 도달하지 못했던 세계 문명의 정점에까지 올려놓았다. 일찍이 문학과 예술적인 측면에서 당나라 때와 비견할 만큼의 절정을 이룬 시기는 없었다. 심지어 오늘날까지도 중국과 유럽의 골동품상들은 열의를 가지고 당나라 시대 도자기, 청동기, 칠기와 서화들을 찾아다니고 있으며, 당나라 시기의 골동품을 구입하는데 돈을 아끼지 않는다.

중국 역사 속에서 이 시대는 중국인들이 특히 다른 나라와 수많은 관계를 지속했다는 점이 주목할 만하다. 오늘날[19세기 중반], 우리는 중국이 당연히 나라의 문을 빈틈없이 닫아 왔고 항상 그래 왔다고 너무 쉽게 믿는 경향이 있다. 또한 외국인에 대한 뿌리 깊은 반감 때문에 최대한 그들이 국경 지대에 가까이 오지 못하도록 했다고 생각해왔다. 그러나 이것은 커다란 오해다. 이와 같은 중국의 빈틈없는 배타주의적인 경향은 만주족이 다스렸던 청나라의 특징이었다. 중국은 만주족이 세력을 잡은 청대 이후에만 외국과의 교류의 문을 닫아왔다. 청나라 이전 왕조들, 특히 유명한 당나라 시대에 중국인들은 아시아 모든 나라와 교류를 하고 있었다. 아랍인, 페르시아인, 인도인들은 중국의 항구에서 아무 방해도 받지 않고 교역을 하고, 내륙을 자유롭게 드나들었으며, 지방도 자유롭게 누비고 다녔다. 이 주제와 관련해, 중국의 사서뿐만 아니라 아시아 여러 나라의 역사에서도 당시의 중국이 개방적이었음을 간접적으로 언급했다.

그중 하나의 기록을 살펴보면, 당시 페르시아와 중국과의 관계가 매우 밀접했음을 알 수 있다.[141] 호르미즈드나 야즈데게르드 3세는 중국 황제와 동맹을 맺고 있었다.[142] 644년 칼리프 오마르가 메디나의 모스크에서 칼로 암살을 당했을 때, 곤경에 빠진 호르미즈드가 당 황제에게 원군을 요청하는 사신을 중국에 보냈다.[143] 당시 무슬림 군대를 이끌었던 오마르의 후계자는 페르시아를 정복했다. 호르미즈드가 죽고 나서 [페르시아의 마지막 왕이며] 왕자인 페로즈는 중국으로 피신했다.[144] 페로즈는 중국에서 페르시아 왕으로 인정되었고, 중국의 황제에게 충성을 맹세했다. 중국 황제는 페로즈를 황제를 보좌하는 우두머리右武衛將軍로 임명하고 이후 왕국의 재건을 돕는 척하면서 이 직위를 페로즈 아들에게 물려주었다. 중국인들은 그를 좌위위장군左威衛將軍으로 임명하여 파병하였으나, 그들의 진짜 의도는 행군로에 사는 티베트인들을 놀라게 하려는 것이었다. 이 전략은 성공했고, 중국은 이 페르시아 왕자를 다시 장안으로 불러들였다. 왕자는 후손을 남기지 못한 채 장안에서 죽었다. 이 때 그리스[비

---

141) 『舊唐書』 84권.

142) 원문에 'Hormisdas'로 표기된 것은 지은이의 오기일 것이다. 호르미즈드(Hormizd IV)일 가능성이 높다. 그는 579-590년간 통치했던 사산조 페르시아의 황제이다. 야즈데게르드 3세(Yazdegerd III)는 역시 사산조 페르시아의 황제로 632년부터 651년까지 통치하였다.

143) 오마르(Omar ibn al-Khattab, 634-644)는 우마르(Umar) 1세라고도 부르는데, 라시둔 칼리프제국의 2대 칼리프였다.

144) 페로즈(Peroz III, 636-?)는 야즈데게르드 3세의 아들로 나라가 망하자 661년 당나라로 피신하여 왕권회복을 위해 도움을 요청하였다. 이에 당나라는 아프가니스탄에 파사도독부(波斯都督府)를 세웠고 670-674년간 페로즈가 도독(都督)의 자리에 있었다.

잔틴제국] 황제가 아랍인들에 대한 적개심을 부추기려고 중국 황제에게 사신을 보냈다. 차차 알게 되겠지만, 마니교와 조로아스터교 신자들이 소아시아 동쪽 지역에 널리 퍼져있었다. 중국 저술가들에 따르면, 이들은 심지어 중국에서 사원의 건축허가까지도 얻어내고 있었다. 당의 건국자들은 이처럼 외국 세력과 빈번하게 접촉을 하였으므로, 그리스도교인들에게도 다른 종교인들에게 허가했던 것처럼 제국 내에 경교의 교당을 세우는 허가를 내주었을 것이다.

서안 비석의 연구

서안 비석은 당나라가 개방정책을 취했다는 확실한 증거다. 왜냐하면 비석에 기록된, 전파 되었다는 종교의 교리는 그리스도교라고 할 수밖에 없기 때문이다. 이미 말한 것처럼, 우선 비석 위에는 십자가가 새겨져 있고, 그리스도교 교리가 간략하면서도 어느 정도 상세하게 설명되어 있다. 먼저 세 인격으로 존재하는 하느님의 현전을 기록하고 있다. 만물의 창조자는 시리아어 하느님의 이름인 엘로하Eloha를 글로 표기한 올로호阿羅訶라 불렀다. 사실 이 호칭은 히브리어 단어인 엘로하Elohah, 혹은 엘로힘Elohim과 동일하다. 이어진 기념비에서는 천지창조의 이야기, 사탄의 유혹에 빠진 인간의 타락과 이로 인한 인류의 보편적인 타락, 성육신의 신비인 예수 그리스도가 이 세상에 오심에 관해 설명한다. 이러한 교리해설을 한 다음에 비석에서는 선교사들이 도착한 것, 황제가 그들을 보호한 것, 복음의 전파와 새 신자들이 겪어야 했던 박해 등에 관해 말하고 있다. 이같이 서안의 기념비에는 기독교 교리의 간략한 요약과 더불어 중국에서 펼쳐진 초기 그리스도교 신앙 전파의 역사가 포함되어 있다. 이 고대 제국의 한가운데서 뜻밖에도 땅속에서 고대 가톨릭교회의 일부를 증명해 줄 비석이 발견된 것은 확실히 놀랄만한 일이었다. 즉 이 비석에는 삼위일체, 성육신, 구속, 은총, 원죄, 세례, 미사의 성찬, 사제들의 삭발 같은 내용 등이 들어있었다.

그렇다면 거대한 중국 전역에 흩어져 활동했던 이 신실한 선교사들은 누구일까? 비석에서 대진大秦이라고 기록된 먼 나라는 과연 어디일까? 아라본阿羅本[올로펜]과 그의 후임자들이 노자, 부처와 공자를 따르는 수많은 이들에게 복음을 전하기 위해 어디서부터 출발했을까? 오늘날 이러한 질문에 답하는 것은 비석이 발견되었을 당시에 이에 답하는 것만큼 어렵지는 않다. 많은 이들은 일반적으로 대진이 로마제국이라고 생각하고 있으며, 다른 이들은 고대 유대 나라라고 꼭 집어 말한다. 또는 옛날부터 오늘날까지 중국의 많은 책에서 대진大秦을 분명히 페르시아를 가리키는 파사波斯라는 말과 혼동해 왔기 때문에, 페르시아를 가리킨다고 생각한다. 중국 책에 나타난 몇 가지 증거에 의하면 대진은 아시아 서부지역에 해당하는 것으로 추측된다. 이 지역은 비잔틴 제국에 지배를 받았고, 아시아인들은 이 지역을 루마니아Romania라고 불러왔다. 따라서 대진은 비잔틴 제국, 유대, 또는 페르시아를 뜻한다고 볼 수 있고, 혹은 일반적으로 서방의 국가 모두를 칭한다고 볼 수 있다. 이는 오늘날 중국인들이 "서양(서쪽의 바다, 西洋)"이라는 단어를 영국, 프랑스, 스페인, 심지어 때로는 미국 등 유럽의 모든 나라를 가리키는 용어로 쓰고 있는 것과 같다. 중국인들이 쓴 책을 보면 그들은 지리적인 엄밀성에 별다른 가치를 두고 있지 않은데, 심지어 중국의 지리를 표현할 때도 그런 듯하다.

서안 비석에 새겨진 시리아 문자

그러나 서안 비석이 진본임을 입증하는 것은 대진이 어떤 나라를 가리키는 말인지 밝히는 일과는 별 상관이 없다. 만약 중국의 『제번지諸蕃志』라는 책에 나와 있는 것처럼 [대진을] 페르시아라고 본다면, 비석에 시리아 문자가 새겨진 이유가 설명된다.[145] 다음 내용은 『제번지』에서 발췌한 것이다.

> "대진왕국은 서쪽의 왕국들이 만나는 장소로, 그곳에 가면 낯선 아랍 상인들을 볼 수 있다. 현재 왕은 말로포Malo-Fo인데, 머리에는 금으로 새겨진 글자로 장식된 비단 스카프를 둘렀다. 그의 궁전은 성벽이 둘러싸고 있는데, 문이 일곱 개이며, 대문마다 삼십 명 정도씩 지키고 있다. 이 왕국에 공물을 바치려고 다른 왕국의 사신이 오면, 계단의 발치에 엎드려서 청원하고 물러난다. 이 나라 사람들은 키가 크고, 잘생겼고, 지적이다. 또 중앙의 왕국에 살고 있는 사람들을 닮았으므로, 대진이라고 불렀는데, 이 말은 '키가 큰 중국인'이란 뜻이다. 이 왕국 사람들은 왕의 얼굴을 거의 볼 수 없다. 왕이 밖으로 나갈 때는 말을 타는데 얼굴이나 말 위에 금, 진주와 다이아몬드로 장식한 파라솔로 가리기 때문이다. 해마다 술탄이라 불린 대진 왕국의 왕이 공물을 바치려고 사신을 보낸다. 왕국에 소란이 일어나면 왕은 아랍인들에게 창과 갑옷으로 무장하고 평온을 되찾으라고 명한다. 그들의 음식은 주로 떡과 고기 같은 것이다. 그들은 포도주를 마시지 않으나, 금은으로 만든 그릇에 음식을 먹고 수저를 사용한다. 식사한 후에는 황금 대야에 물을 부어 손을 씻는다. 이 나라에서는 청금석, 산호, 금실로 꽃을 수놓은 비단 제품과, 홍옥수, 진주, 코뿔소 등이 생산된다."

145) 『제번지諸蕃志』는 남송(南宋, 960-1278)의 관리 趙汝適(1170-1231)이 저술한 세계지리서로 당시의 외교, 무역, 대외관계 등을 설명하고 있는 책이다.

에르네스트 르낭은 당시(5세기) 시리아어는 페르시아 그리스도교인들의 언어였고 지금까지도 여전히 그 언어를 사용한다고 말한다.[146] 바흐람 5세는 여론의 압력과 점성술사의 간청에 못 이겨 그리스도교를 크게 탄압하였으며 시리아어를 사용하는 것을 금지하고, 페르시아어만 궁정에서 쓰고 학교에서 가르치도록 명령했다.[147] 그러나 이러한 반동은 최종적인 것은 아니었다. 당시 [페르시아 사산조] 점성술사들의 세력은 그리스도교의 이익을 대변하던 시리아와 그리스 제국이 함께 행사한 영향력에 맞설 힘이 부족했기 때문이다.[148] 페로즈 1세 때에 시리아 동방교회 교인들은 크게 번성하였고, 호스로우 1세 때 사산조에서는 그리스인들과 시리아인들이 앞장서 지적인 운동을 주도하였다. 많은 수의 이란인들이 에데사에서 교육을 받았는데, 이 때문에 이 도시는 페르시아인들의 학교라는 호칭을 얻게 되었다.[149] 니시비스와 곤데샤푸르의 학교 교육에서 원칙적으로 그리스어를 사용하도록 하였으나, 수업은 시리아어로 진행되었다.[150] 따라서 시리아어는 그리스어와 함께 페르시아에서 교육할 때 사용되는 언어가 되었다. 1 세기 후에 페르시아가 무슬림에게 정복을 당하자 절대적으로 셈족 정신의 영향 아래에 있었으며, 11세기에 페르시아 왕조가 들어선 이후에야 셈족의 영향에서 벗어날 수 있었다.

---

146) 에르네스트 르낭(Joseph Ernest Renan, 1823-1892)는 프랑스의 종교사가, 언어학자, 철학자이다. 『그리스도교 기원사Histoire de L'origine du christianisme』(전 7권, 1863~83)을 비롯하여 예수를 인간으로 묘사한 『예수전 La vie Jésus』의 저자이며, 『이스라엘 민족사』라는 명저를 남긴 인물이다.

147) 바흐람 5세(Bahram V, 420-438)는 사산조 페르시아의 왕으로 422년에 로마제국과 평화조약을 체결하였다.

148) (원주) Ibn-Makaffa는 궁정언어들 가운데에는 시리아어도 들어있었다고 하였다. Quatremere, Mémoire sur les Nabatiens. vol. I 참조.

149) 페로즈 1세(Piroz I, 459-484)는 사산조 페르시아의 왕으로 동방교회를 보호한 인물이다. 호스로우 1세(Chosroes I, 531-579)는 사산조 페르시아의 왕으로 조로아스터교 사제들이 조성한 사회적 혼란을 수습하고 개혁을 통해 왕권을 강화하였다. 에데사(Edessa)는 지금 터키의 우르파(Urfa)이다. 4세기부터 시리아 그리스도교의 중심지가 되었고 유명한 신학자들을 많이 배출하였다.

150) 니시비스(Nisibis)는 에데사와 함께 4세기부터 시리아 그리스도교의 중심지였다. 곤디샤푸르(Gondeshapur)를 지은이가 Gandisapor라고 잘못 적었다. 곤디샤푸르는 이란 남부에 있었으며, 사산 제국의 학문과 교육의 중심지였다. 7세기에 무슬림들이 파괴한 도시이다.

아르메니아Armenia는 페르시아보다도 훨씬 더 심각한 시리아의 영향을 받았다. 아르메니아가 시리아의 영향 받은 시기는 그리스도교가 시작된 이후부터 무슬림이 침범할 때까지였다. 페르시아와 마찬가지로 아르메니아에서 시리아어는 그리스도교의 영향이 컸음을 의미했고, 시리아어는 매우 오랫동안 성스러운 언어라고 여겨졌다. 아르메니아인이 번역한 성경과 중요한 그리스도교 작품들은 처음에는 시리아어로 집필되었다. 동방교회 교인들을 행동하도록 만든 개종의 정신과 그들을 동아시아까지 몰아낸 박해로 인해 시리아어의 영향은 널리 퍼져서 몽골, 티베트, 인도, 심지어 중국까지 이르렀다. 프톨레마이오스Ptolemaios 왕조 때부터 아랍인들과 시리아인들은 인도양 항해와 인도의 식민지화를 주도하였다. 이들이 끊임없이 이주해 오면서 인도 해안 지대에 셈족의 언어가 자리 잡게 되었다. 지금 남아있는 인도의 그리스도교 공동체(6세기에 코스마스가 이를 목격한 바 있다)에서는 시리아어로 된 종교 예전을 보존하고 있다.[151] 르낭은 "시리아어가 3세기에서 9세기까지 그리스도교 전파의 도구가 된 뒤로 아시아에서 매우 중요한 역할을 했음을 알게 될 것이다.[152] 그리스 동부에서 그리스어가, 서방에서 라틴어가 그랬듯이, 시리아어는 아시아 동부에서 그리스도교인과 교회에서 사용하는 언어가 되었다."라고 말한다.

그렇다면 우리는 다음과 같은 사실을 분명히 확인할 수 있다. 서안 비석에 한자로 새겨지고, 또 비석 옆면에 시리아 문자로 이름이 기록된 그리스도교 선교사들은 시리아 교회에 속해 있고, 그 교회는 알려진 대로 사도들이 처음으로 세운 교회들 가운데 하나였다는 사실이다. 논의가 되고 있는 시리아 문자는 8세기에 시리아인들이 사용했던 에스트란겔라 문자와 완벽하게 닮았다. (이름이 기록된 사람들의) 칭호도 시리아교회의 위계를 말할 때 늘 사용하여 잘 알려져 있었

151) (원주) Quatremere, Mémoire sur les Nabatiens. p. 140.

152) (원주) Renan, Histoire Générale des Langues Sémitiques.

다. 그러므로 새 신자들이 선교사들로부터 시리아어를 종교적인 언어로서 받아들였다. 신성한 예배를 드릴 때, 찬송할 때, 종교문서를 작성할 때 시리아어를 사용하였다.[153] 성 도마의 전도를 받았다고 여겨지는 인도의 그리스도교 개종자들에게도 시리아어를 종교 언어로 사용한 전통이 남아있다는 것은 이것이 매우 있을 법한 일임을 알려준다.

서안 비석에 나타난 동방교회의 교리

한자와 시리아어로 새겨진 서안 비석에서 그리스도교 교리를 요약한 부분을 읽어보면, 7세기에 동아시아에 복음을 전하던 사람들이 동방교회 교리의 오류도 믿고 있었음을 알게 된다.[154] 중국의 문체는 애매하고 이해하기 힘들 정도로 장황하게 서술하는 것이 특징이다. 우리는 이러한 양식을 이단의 우두머리가 모든 성인보다 뛰어난 은혜의 내재적인 충만함으로써 하느님과 인간의 융합을 허락했다고 말하는 부분에서 알아차리게 된다. 삼위三位(聖父, 聖子, 聖靈) 가운데 한 분이 우리가 잘 알고 있고 또 공경하는 메시아와 "그의 왕권을 감추시고" 직접 소통하셨다는 것은 분명한 동방교회의 교리이고, 바로 이 부분에 언급되어 있는 권위에 대한 이견은 없다.

---

153) (원주) 많은 동방학자들(M. Quatremere, Abel Remusat, Klaproth, Reinaud, Ernest Renan)이 위구르 문자에서 몽골 칼무크문자와 만주문자가 파생되었고, 그 위구르문자는 동방교회 교인들의 도움으로 에스트란겔라 문자에서 파생되었다고 본다. Quatremere, Mémoire sur les Nabatiens. p. 144. Abel Remusat, Recherches sur les Langues Tartares, vol. I. p. 29. Klaproth, Recherches sur les Langues l'Ecriture des Ouigours; Reinaud, Geog. d'Aboulfeda, Introd. p. 362; E. Renan, Histoire Générale des Langues Sémitiques, p. 268 참조.

154) "동아시아"는 지은이가 원문에서 "Upper Asia"라고 쓴 것을 번역한 것이다. 이 용어는 원래 터키의 할뤼스(Halys) 강을 경계로 하는 소아시아 동쪽의 아시아 전역을 가리킨다. 이 책의 내용이 중앙 아시아와 극동 아시아를 모두 역사의 무대로 삼고 있으나 중국, 몽골, 티베트가 주요 지역이므로 이하 "동아시아"라고 쓰기로 한다.

지금까지 줄곧 언급해 왔지만, 역사를 보면 동방교회는 무슬림들의 방해 속에서도 온갖 종류의 뇌물을 주고, 타협하고 양보하면서, 아시아 내륙에서 급속하게 교세를 확장하고 자신들의 기반을 유지할 수 있었다. 이 열정적이고 용감한 복음의 전파자들은 티그리스나 유프라테스 강변에서 출발하여 아마도 호라산(이란 북동부)까지 이르렀을 것이다. 그곳에서 다시 옥서스 강Oxus을 건너 롭 호수 쪽으로 방향을 틀어 섬서성을 통해 중국으로 들어왔을 것이다.[155] 아라본阿羅本[올로펜]과 그 뒤를 이어 중국에 온 시리아나 페르시아 태생의 선교사들은 이 동방교회가 파송한 사람들이었다. 아라본阿羅本[올로펜], O-lo-pen은 한자로 옮기면서 [음가音價]가 불완전해진 시리아식 이름이다. 조셉 드 기뉴스는 첫 두 음절을 분석하면서, 'Aloho'는 시리아어로 '하느님'을 말한다고 하였다.[156] 마론파 신자인 아세마니는 철자綴字의 순서를 바꾸어 야발라Yaballah 또는 야브-알로호Yabh-Aloho라고 읽어보았는데, 그 뜻은 "하느님이 주신"이란 말이었다.[157] [올로펜 때로부터] 6세기가 지나, 동방교회 중국 대교구에는 같은 이름을 가진 인물이 나타난다. 아벨 레뮈자는 "볼테르가 이 이름은 고대 스페인의 이름과 유사하다고 했을 때, 그가 무슨 생각을 하면서 그런 말을 했었는지 아무도 알 수 없었다"[158]고 말한 바 있다. 그리고 "또한 아라본[올로펜]이 푸른 구름을 점치고, 바람의 흐름을 살피면서 중국에 왔다고 하였는데, 번역하면 이상하게 들리는 이런 표현은 중국에서는 매우 일상적인 표현이지만, 그 의미를 알 수 없다"고 하였다.

---

155) 롭 호수(Lop Nur)의 중국명은 羅布泊이다. 신장 위구르족 자치구 남동쪽 타클라마칸 사막과 쿰타그 사막 사이의 지역으로 한 때 커다란 호수가 있었으나 지금은 말라버렸다.

156) 조셉 드 기뉴스(Joseph de Guignes, 1721-1800)는 프랑스 동방학자로 중국과 터키에 관한 전문가였다.

157) 마론파(Maronite)는 시리아에서 태동한 그리스도교의 종파로 단성론을 따르며 18세기 이후 동방 가톨릭교회에 습합되었다. 오늘날 레바논에서 가장 유력한 종교 집단이다.

158) (원주) 아벨 레뮈자(Jean-Pierre Abel-Rémusat, 1788-1832), Nouveaux Mélanges Asiatiques, vol. II, 1829, p. 192. 볼테르(Voltaire, 1694-1778)는 프랑스의 문학가, 계몽주의 철학자, 역사가였다.

볼테르의 서안 비석의 진위에 대한 견해에 대한 반박

볼테르는 서안 비석을 예수회 선교사들이 조작한 것이라고 보았다. 중국인들의 선조가 예전에 이미 그리스도교를 받아들였다고 속여서 중국인들을 설득하려고 만들어 낸 "종교를 빙자한 사기"라는 반론을 펴기로 결심한 것이다. 프랑스 철학계는 볼테르를 아끼는 마음에서, 그리고 한편으로는 예수회 신부들을 증오하여, 비석이 진품이라는 주장에 대해 의문을 제기하는 논쟁을 벌였다. 하지만 현재 이 문제는 확실하게 정리되었다. 학식과 양식이 있는 사람들이 비석을 진품으로 인정하기로 하였고, 또 아벨 레뮈자가 볼테르와 몇몇 개신교 작가들이 제기한 반론을 잠재웠기 때문이다. 특히 말라카에 선교기지를 세웠던 밀른Milne 같은 선교사들은 1820년에 발표한 글에서 문제가 되는 비석의 진위 여부를 가리는데 힘을 쏟았다.[159] 밀른 선교사는 말하길 "중국 사가들이 한 말과 관련해 두 가지 의견을 말하고자 한다. 첫째는 내가 읽은 중국 정사正史에는 이 종파(동방교회, 경교)에 대한 언급이 전혀 없었다는 점이다. 로마에서 온 몇몇 [가톨릭] 선교사들이 서안 비석에 대하여 말한 것을 제외하고, 중국 작가들이 어떤 기념비나 비문이 존재했다는 것, 혹은 고대 교회의 흔적에 관하여 알고 있었다는 사실에 대해 전혀 보거나 듣지 못했다. 둘째로 네스토리우스파 교회의 교리나 예전들이 중국의 이교도적인 제도와 혼합되었다는 주장의 단서를 찾고자 모든 노력을 다했지만, 아무런 단서도 찾지 못했다는 점이다"고 말했다.

이 두 가지 지적과 그로부터 비롯된 추론이 모두 근거가 없다는 것을 보여주기 위해 긴 논의를 할 필요는 없을 것이다. 첫째로, 종교의 언어와 기원, 교리의 본질이 서로 다른 두 종교가 수백 년간 아무것도 서로 모방하지 않았다는 사실

159) 윌리엄 밀른(William Milne, 1785-1822)은 런던선교협회(London Missionary Society)가 로버트 모리슨(Robert Morrison)에 이어 중국으로 파견했던 개신교 선교사이다.

은 전혀 놀라운 일이 아니다. 그 수백 년간 그들이 중국이라는 광대한 제국 땅 어디에선가 서로 만났을 가능성이 있었겠지만 말이다. 비록 무슬림이 이슬람이란 종교가 생겨난 거의 초창기부터 그들과 함께 살고 있었지만 중국인들은 무슬림의 어떤 것도 모방하지 않았다. 그러나 라마교에 매우 정통했던 중국인들은 라마교의 위계질서, 수많은 예전과 라마교의 수많은 교리가 불교에서 도입되는 것을 깨달을 수밖에 없었다. 이것은 동아시아의 동방교회가 부패한 결과였다. 밀른 선교사조차 그의 권위에 대하여 이의를 제기하지 않을 정도였던 열성적인 개신교 작가인 (중국의 영국 식민지에서 총독을 역임했던)존 데이비스 경[160]은 불교가 그리스도교를 모방했다는 주제에 관하여 다음과 같이 의견을 말했다.[161]

> "중국과 몽골의 불교 승려들이 행하는 예전과 로마교회의 예전 사이에는 호기심이 일 정도의 유사점이 있어서, 가톨릭 선교사들이 크게 경악하였다. 호기심을 불러오는 이러한 우연의 일치 때문에, 중국인들이 일찍이 몽골을 통해서 혹은 네스토리우스파 교인들의 도움으로 그리스도교에 관한 약간의 지식을 얻었을 것이라는 추측을 낳게 한다."

> "광동에서 날마다 볼 수 있는 금식, 독신주의, 죽은 이를 위한 기도 같은 관습을 지키는 것이 이에 해당한다. 그들이 성 유물에 참배하고, 성수를 사용하며, 기도하면서 염주나 묵주를 헤아리는 것도 비슷하다. 수도승들의 관습은 프란체스코회 수도사들의 관습과 닮았다."

데이비스 경은 이처럼 많은 유사점을 발견했으나, 데이비스 경과 같은 나라이며 같은 종교를 가졌던 밀른 선교사는 이를 발견할 수 없었다. 볼테르는 과

160) 존 데이비스 경(Sir John Francis Davis, 1795-1890)은 영국 식민지 홍콩의 총독을 역임한 정치가이다.

161) (원주) Sir John Davis, China, vol. ii, p. 87.

학 논쟁으로 골치가 아파지는 것을 좋아하지 않았고, 박식하기보다는 빈정대기를 좋아했던 인물이다. 볼테르는 선교사들이 "종교의 이름으로 사기"를 치려는 목적으로 서안 비석의 비문을 날조했다고 대대적으로 비판하였다. 이에 대해 아벨 레뮈자는 이런 반론을 제기했다.

> "그러한 날조는 서로 믿지 못하고 의혹이 난무하는 나라에서나 실현 가능할 것이다. 또한 행정관이나 일반인들이 모두 외국인, 그중에서도 특히 선교사들에게 악의를 갖고 대하는 나라에서나 실행될 수 있을 것이다. 그러나 중국이라는 나라는 모든 이들이 매우 사소한 일에도 관심을 가지고 바라보고, 당국자들이 역사적 전통과 오래된 기념비와 관련된 모든 것을 매우 열성적인 관심을 가지고 살펴보는 나라다. 이러한 중국에서 어떻게 선교사들이 감히 중국에 존재한 적이 없는 비문을 한자로 활자화해서 공개할 수 있었겠는가? 어떻게 선교사들이 중국의 문체를 모방하여 당나라 문장가들의 양식을 위조하며, 알지도 못하는 관습과 지방의 상황을 언급하고, 중국 점성학에서 따지는 신묘한 숫자를 계산하여 날짜를 말할 수 있겠는가. 잠시 자신을 속이지 않는다면 이 모든 것을 설명하기는 매우 어려울 것이다. 또 발견의 특이성 때문에 매우 숙련된 학자를 속일 수 있을 정도로 완벽하게 제작해야만 진위에 대한 논란에서 벗어날 수 있을 것이다. 또한 중국인들을 속이기 위해서는 아주 뛰어난 중국인 학자가 선교사들과 한패가 되어야만 가능한 일이었다."[162]

> "심지어 비석의 측면은 아주 훌륭한 에스트란겔라 문자로 쓰여진 시리아인들의 이름으로 덮여있다. 이 위조자는 이 문자를 잘 알고 있었을 뿐 아니라 [숙련된 솜씨로] 90줄을 정확하게 각인할 수 있어야만 했다. 이 고대 문자는 오늘날에도 아는 사람이 매우 드물다."

---

162) (원주) Abel Rémusat, Nouveaux Mélanges Asiatiques, vol. II, 1829, p. 35.

또 다른 정통한 동양학자인 펠릭스 네브는 레뮈자의 반론을 이렇게 지지했다.

> “레뮈자의 이러한 주장은 거부할 수 없는 설득력을 지니고 있다. 우리는 예전에 [프랑스 고고학자이며 예술사학자인] 퀘뜨레메레가 전적으로 신뢰하는 프랑스 고문헌학회가 비슷한 주장을 해왔다고 들어 왔다.[163] 따라서 이러한 의견에 관한 최고의 자격을 갖춘 한 판관(레뮈자)의 견해를 인용하려 한다. 지난 세기[18세기] 이전에, 유럽에서 많은 서아시아 그리스도인들의 이름과 직함을 위조하는 것은 절대로 불가능하였을 것이다. 아세마니가 그런 목적에 활용할 만큼 시리아어에 대한 충분한 지식을 갖고 수고했음에 대한 이러한 결실은 로마에 있는 그의 동료들이 그것을 공개한 이후에야 비로소 알려졌다. 또한 교황청이 소장하고 있던 필사본을 발간하면서, 네스토리우스파가 아시아의 중심에 어느 정도로 전파되었고, 페르시아 여러 지방에 네스토리우스파가 어느 정도 영향을 끼쳤는지 추정할 수 있었다. 7세기 초에 유럽에서 출발한 선교사들이 중국인에 대한 모호한 설명을 통해서가 아니라 원전을 읽어야만 획득할 수 있는 지식을 습득할 수 있었으리라고 추측할 근거는 없다.”[164]

세인트 마틴은 퀘트레메레의 오랜 동료였고 총명한 인물이었다.[165] 마틴은 자신의 특유한 박식함으로써 결코 무시할 수 없는 또 다른 특별한 증거를 제시하였다.[166] 세인트 마틴은 “비석이 진품이라는 의견을 지지하는 여러 주장 가운데, 아직 주목받지 못해왔지만 절대 잊지 말아야 할 것이 있다. 바로 비석을 세

---

163) 퀘뜨레메레(Antoine-Chrysostome Quatremère de Quincy, 1755-1849)는 프랑스의 고고학자이자 건축 이론가이며 미술평론가였다. Academy of Inscription and Belles Lettres는 1663년에 설립된 5개 프랑스 학술단체 연합 가운데 하나로, 유럽 및 다른 문명권의 고대, 중세, 고전시대의 기념비, 문서, 언어, 문화에 관심 있는 학자들의 연구 단체였다.

164) 펠릭스 네브(Fèlix-Jean-Baptiste-Joseph Nève, 1816-1893)는 벨기에 태생의 동방 학자이자 가톨릭 철학자였다. (원주) Revue Catholique de Louvain, Nov. 1846.

165) 세인트 마틴(Louis Claude de Saint-Martin, 1743-1803)은 프랑스의 철학자였다.

166) (원주) Hist. du bas Empire, vol. vi. p.69 (ed. de Saint-Martin, 1827).

웠다는 사제의 이름이다. '이즈드부지드'란 이 이름은 페르시아인의 이름이다. 이 이름을 지어내는 것은 불가능하다. 왜냐하면 페르시아인의 이름이 이곳에서 발견될 수 있었다는 연구결과가 전혀 없기 때문이다. 사실 나는 심지어 그 이후로도 아무도 그곳에서 페르시아 이름을 발견할 수 있었다는 발표를 하지 않았다고 생각한다. 그는 이어서 "이즈드부지드라는 이름은 아르메니아인들에게 널리 알려져 있으며, 이 이름은 페르시아 왕족 출신의 한 순교자의 이름에서 유래했다. 이 순교자는 7세기 중반에 죽었는데, 그의 이름은 동방의 그리스도교 국가들 가운데서 유명해졌다."라고 하였다. 세인트 마틴은 같은 글에서 이 유명한 비석이 진본인지에 대해 오랫동안 논의되면서 비석의 내용을 있는 그대로 검토한 것이 아니라, 그것을 발견했던 예수회 선교사들에 대한 적대적인 혐오로부터 시작되었다는 것을 밝혀냈다. 이제는 위에 언급한 모든 것[예수회의 조작설]은 의혹에서 비롯된 것임이 밝혀졌다.

실제로 왜 그런 의혹이 일어나야만 했으며, 어떤 목적 때문에 볼테르는 [예수회] 선교사들을 비난하고 계략을 썼다는 누명을 씌웠던 것일까? 앞으로 언급하겠지만, 선교사들의 의도는 아마도 가톨릭 교리를 지지하는 근거를 얻기 위해서 혹은 적어도 중국인들에게 오래전에 그리스도교가 중국에 전파되었다는 증거를 제시하려는 것이었다고 말할 수 있을 것이다. 왜냐하면 그들이 그러한 모험적인 계획의 위험을 무릅쓰게 할 만한 다른 동기를 생각할 수는 없기 때문이다. 현재 서안의 비석은 정통 가톨릭 교리가 아닌 네스토리우스파 교회의 교리를 담고 있다. 만일 선교사들이 비석으로 사람을 속이는 사기를 치려고 했다면, 비석에 서투르게 [네스토리우스 교단] 이단의 기록을 남겨서 스스로 곤란한 상황에 빠질 원인을 제공하지는 않았을 것이다. 이것은 선교사들이 [만약 그들이 조작한 것이라면] 비석에서 그리스도교 초기에 성육신의 신비와 같은 그리스도교의 기본교리에 매우 심각한 의견 차이가 있음을 굳이 중국인에게 밝힌 것을 말한다. 그리고 중국인들이 이 비석을 발견하면 깊은 인상을 받을 것이라고 선교사들이 예상했다는 사실을 중국인들은 아무도 몰라야만 한다. 이 비석이 제작된 시기를 8세기 이후로 추정하는 의견을 가진 사람은 별로 없었다. 이러한 의견을 가진 사람들은 가능한 가장 이른 시기로부터 자신들의 신앙과 전통의 유래를 찾기를 좋아했다. 이들은 또한 공자를 존경하고 숭배했는데, 공자를 고대의 중국을 회복시키고, 중국의 고대왕조를 창시한 이들의 원칙을 회복할 유일한 분이라고 여기고 있었다. 볼테르는 중국보다는 자신이 살던 시대와 나라를 더 잘 알고 있었기 때문에, 이 비문은 진본이 아니라는 주장의 논지를 다음과 같이 펼쳤다. "예수회 신부들이 우리에게 비석이 있다는 사실을 숙지하도록 했으므로 이 비석의 내용은 거짓이다." 이러한 추론의 방식이 당시 프랑스에서는 비록 유용했음에도 불구하고, 현재는 거의 설득력이 있는 의견이라 평가되지 않는다. [나는] 예수회 신부들에 대해 커다란 호의를 가지고 있는 것은 아니지만, 그들을 비난하기 위해 불합리한 행동을 하고 싶지도 않다.

서안 비석에 대한 중국인들의 견해와 기록

서안 비석의 진위를 파악하려고 할 때 유일한 어려움은 중국인들이 이 비석에 대해 철저하게 침묵을 지키고 있는 것처럼 보이는 것이다. 전혀 의혹을 제기하고 있지 않다는 점이다. 만일 비석이 정말 존재했다면, 사실 이런 중국인들의 침묵은 결코 비석 존재에 대한 부정이 아니다. 오히려 중국 역사가들이 외국인과 "오랑캐들"을 매우 무시했다는 사실을 알고 있는 사람들에게는, 전혀 새로운 일이 아닐 수도 있다. 하지만 실제로는 중국 작가들이 침묵하지 않았다. 중국인의 서적에는 그리스도교의 중국 전파에 관한, 그리고 서안 비석을 특별히 언급하는 귀중한 단서가 많이 포함되어 있다.

중국 문학에 조예가 깊었던 스타니슬라스 줄리앙은 비석과 관련된 아주 중요한 글들을 모았는데, 이는 우리에게 충분한 정보를 제공해 주고 있다.[167] 이 자료들은 중국의 식자들이 겸손하게 이 비석에 대한 관심을 보였다는 증거가 된다. 비석 탁본을 모아놓은 『금석췌편金石萃編』에는 이 비석의 발견과 관련된 내용이 언급되어 있다.

> "명나라 숭정연간(1628-1643)에 서안 부윤으로 있던 장張씨 성을 가진 사람에게 호아싱이라는 아들이 있었다. 하늘이 그에게 뛰어난 지혜를 주었으나, 불구라 거의 걷지 못했다. 그는 팔을 구부리는 것을 배우기도 전에 부처를 공경하였다. 열두 살이 되면서 공부에 전념했지만, 그의 눈에 반점이 생기더니 아버지에게 미소를 짓는 순간에 갑자기 세상을 떠났다. 그의 친구들은 이러한 그의 운세를 전문가에게 가서 물어보고 나서, 금승사金勝寺 남녘에 그의 시신을 묻고자 하였다. 땅을 몇 미터쯤 파 내려가다 보니 커다란 돌이 있었다. 이 돌이 바로 중국에 전파되었던 경교景教 비석이다. 천 년 전에 묻혔던 이 비석은 이렇게 세상에 빛을 보게 되었다. 이 비문은 어떤 탁본 모음집에 실려 있는데, 글자가 한 자도 훼손되지 않고 모두가 선명하였다. 비석 하단에 흔치 않은 문자가 새겨 있었는데 불경에서 본 문자와 같았다."[168]

당시 이곳에 유럽 선교사는 없었으나, 금석학자인 중국인이 비석의 발견에 대해 자세히 알려주었다. 어떤 중국 서책에는 더 자세한 내용이 실려 있고, 그 비석이 어떻게 발견되었는지를 말하고 있다.[169] 이런 증언에 따르면, 비석은 서

---

167) 스타니슬라스 줄리앙(Stanislas Aignan Julien, 1797-1873)은 프랑스의 저명한 중국학 학자였다. 장-피에르 아벨-레뮈자(Jean-Pierre Abel-Rémusat)의 문하생으로 19세기 유럽의 중국학을 이끌었다.

168) 『금석췌편金石萃編』을 쓴 중국인 저자는 불경 기록에 사용된 산스크리트와 시리아 문자를 구별하지 못하고 있다.

169) (원주) Universal Geography of China 1, 2판 및 Geography of the Province of Chen-si 참조.

안부의 금승사라는 절에서 발견되었다. 『대청속지大淸續志』에 다음과 같은 구절이 있다.

> "금승사라는 절은 서안 서쪽 근교에 있다. 이 절은 당나라 때 세워진 것으로 당시에는 청진사淸眞寺라고 하였는데, 그곳의 법사탑法師塔에는 백단목에 새긴 비문이 있었다. 또 '대진경교유행중국비'라는 비석도 있다. 천순연간(1457-1464)에 진秦에서 온 낯선 이들이 이 절을 수리하였다."

『대청속지』에 있는 이 마지막 구절을 주목해야 하는 이유는 15세기 중국에 그리스도교인이 남아 있었으며, 7세기에 그 선조들이 신앙심으로 세운 비석을 손볼 정도의 자유를 누렸다는 증거이기 때문이다. 만약 원한다면, 방금 인용한 저자들의 말이 진짜인지 의문을 제기할 수 있을 것이다. 또 신부들이 압력을 넣어 『대청속지』를 아무도 모르게 수정해 새로운 판으로 발간했을 것이라고 말할 수 있을지도 모른다. 당시 예수회 신부들은 권력도 있었고, 또 중국 식자들을 속일 만한 기술도 가지고 있었기 때문에, 중국인들의 경계심을 잠재우기 위해 관보 등에 자신들이 지어낸 자세한 내용을 출간하도록 설득할 수 있었을 것이다. 중국 작가들이 최근에 쓴 글에서 발견되는 비석에 대한 구절들은 모두 긍정적이지만, 동시에 예수회 신부들 때문에 낮게 평가되고, 가치가 인정되지 않았을 수 있다.

여기서 다시 송나라 시대 송민구宋敏求라는 저명한 작가가 남긴 기록에 대해 말하고자 한다. 송민구는 1060년경에 저술을 했는데, 이 시기에 그가 예수회의 영향을 받았다고 볼 수는 없다. 그러나 『장안지長安志』라는 책에서 그는 이렇게 적고 있다. "의녕방義寧坊에 가면 파사사波斯寺가 보인다. 정관 12년(638) 태종 황제의 명에 따라 대진大秦이라는 왕국에서 온 이방의 종교인인 아라본[올로펜]을 위해서 세운 것이다." 같은 책에서 다시 말하길 "그 전에 서안 예천방醴泉坊 동쪽에 파사사라는 사원이 있었다. 의봉儀鳳 2년(677), 독실한 페르시아인 셋이 또 다른 사원을 짓기를 원했다."라고 하였다. 송나라 때인 1005년에 발간된 중국의 백과사전에는 다음과 같은 황제의 조칙이 실려 있다.[170)]

"천보天寶 4년(745) 9월에 내려진 황제의 조칙이다. '대진에서 경교가 들어왔고 신자들이 사람들에게 경교를 전해 마침내 중국 전체에 퍼지게 되었다. 그러자 경교인들은 사원들을 세우기 시작하였고, 그 후부터 경교 사원을 대진사大秦寺라는 이름으로 부르게 되었다.' 경교인들을 사람들에게 알리려면, 그들의 출신을 밝힐 필요가 있었다. 따라서 중국의 두 수도에서 파사사라는 이름을 대진사로 바꾸는 것이 적절하고, 나라 전체에서 이 원칙에 따라 행하는 것이 마땅하다."

745년에 내려진 이 조칙은 1005년에 발간된 백과사전에도 수록되어 있다. 『장안지』는 1060년에 발간되었으므로 "예수회 신부들의 종교적 사기"라고 추측할 수 있는 이유가 되지 않는다. 앞서 말한 송민구와 동시대인 영종英宗 연간에 살았던 진철陳哲?도 1063년 『경교 교리의 탐구』라는 저서에서 이런 결정적 증언을 반복하였다.[171)] 진철은 백과사전이 발간된 시대에 살았던 송민구의 말을 인용한 후 다음과 같이 기술한다.

> "그렇다면 이 시기에 대진사들이 세워지기 시작했다. 비석에는 '대진이라는 왕국에 아라본[올로펜]이라는 덕이 높은 사람이 있었다. 그는 정관 9년(636)에 서안에 왔고, 638년 7월에 의녕방에 대진사를 세웠다'고 하는데, 아라본[올로펜]은 송민구가 말하는 올로세와 같은 사람이고 사원의 이름은 원래 파사사였다. 고종 황제(676-679) 때에도 같은 이름이었으나 천보 4년(745)에 대진사로 바꾸었다."

170) 중국의 백과사전은 『冊府元龜』을 말한다.

171) (원주) "Examination of the Luminous Doctrine," in Bibliotheque Imperiale, No. 574, vol. viii. lib. 108.

진철은 경교를 연구하면서 동시에 외국에서 들어와 중국에 전파되어 왔던 여러 외래 종교를 검토하였다. 그는 특별히 마니교, 조로아스터교 교인들에 대하여 비판적인 입장을 취하였다. 이 두 종교의 교리가 모두 거짓이며 사악하다는 점을 밝힌 후, 그는 이렇게 이어나간다.

> "강물이 흐르듯 전파된 경교에 관해서 말한다면, 그 전도자들은 앞서 말한 모든 오랑캐들 가운데 가장 지적知的이다. 그들은 한자를 이해하고, 그들의 언어를 과시하면서 많은 거짓말을 내뱉고 있다. 그러나 사실 그들은 마니교도나 조로아스터교(조로아스터교)도와 다를 것이 없다."[172]

이 글을 인용하는 까닭은 이 글은 중국의 저술가들이 예수회 신부들이 중국에 오기 오래전부터 서안 비석과 중국에서 그리스도교가 전파된 것에 대하여 잘 알고 있었음을 증명하기 때문이다. 현대 저술가들의 증언을 굳이 언급할 필요가 없다고 생각되지만, 어쨌든 현대 저술가들에게 이런 언급들은 일정한 권위를 부여하게 된 셈이다. 지난 세기[18세기]에 쓰여 진 많은 편지들을 보면, 모두 비석이 실재하고 그것이 얼마나 대단한 지에 관해서 말하고 있으며, 그 진실성에 의문을 던지는 말은 단 한 마디도 없다. 모든 중국 땅에서 특히 정부, 관리들과 백성들이 합세하여 그리스도교인들과 선교사들과 그리스도교에 대하여 반대하던 핍박의 시기에도 [그 비석을] 비난하는 내용은 전혀 찾아볼 수 없다는 점을 어떻게 이해할 수 있을까? 당대 작가들에게 이때가 "하늘에 계신 주님을 공경하는 자들"의 얼굴에 잘 만든 소책자를 밖으로 내던지며, 나라 전체에 그들이 사기꾼이며 협잡꾼일 뿐임을 입증할 수 있는 절호의 기회였을 텐데 말이다. 비록 중국인들이 수천 가지의 말로 선교사들을 비방하고, 심지어 선교사들이 아편을 만들기 위해 어린이를 삶아 죽이고 병자들의 눈을 뽑아낸다는

---

172) (원주) Tsien-chi-Khiao-Khao, vol. viii. lib. 18, fol. 8.

말까지 퍼뜨렸으나 그 누구도 서안 비석을 비난하지는 않았다. 그들은 서안 비석에 대해서 의심했던 적이 없다. 왜냐면 지금까지 공개된 그리스도교인들과 선교사들을 비난하는 가장 격렬한 중국의 성명서에서조차 서안 비석에 관한 아주 작은 암시라도 발견된 적이 없기 때문이다.

서안 비석에 관한 선교사들의 입장

서안 비석의 존재를 옹호하는 결정적인 증거는 수없이 많다. 그렇지만 굳이 한 가지만 덧붙이자면, 지금까지 말한 역사적이고 학술적인 증거보다 더 중요한 증거가 하나 더 있다. 비석을 발견하였을 때, 중국에는 여러 나라 출신의 많은 수도회들, 즉 프란체스코회, 도미니크회와 예수회 등에 속하는 많은 선교사들이 있었다. 그들은 포르투갈, 이탈리아, 스페인, 프랑스, 독일 등, 요컨대 유럽 모든 나라에서 온 사람들이었다. 이 선교사들은 자기 나라에 이별을 고하고 가진 것 전부를 내던지고 세계의 끝에 와서 많은 궁핍을 겪고 핍박을 당하고, 목숨이 위태로운 상황에서도 이교도들과 대화하려고 노력한 사람들이었다. 그들 가운데 서안 비석을 직접 보고 연구하고, 또 탁본을 만들어 유럽으로 보낸 사람들도 있었다.[173] 우리 입장에서는 이 문제에 관한 한 그들의 진정성을 전적으로 신뢰할 수밖에 없다. 이처럼 신앙심이 깊은 사람들이 가짜에 불과한 비석이 진본임을 입증하려는 음모를 만장일치로 꾸미려 한 것이 아니라고 믿는다. 또한 종교적인 삶에 헌신하면서, 언제든지 피를 흘려서라도 그들의 증거를 숨길 준비가 되어 있던 이들이 유럽, 중국, 또 전 세계에 뻔뻔하게 거짓말을 하지 않았으리라고 확신한다. 그들은 볼테르가 말한 "독실한 사기"라는 죄를 분명히

173) (원주) 당시 서안에 있던 알바레스 세메도 신부의 말이다. "나는 틈을 내서 이 비석을 살펴보고, 읽어내고, 숙고하였으며, 그것이 조금도 손상을 입지 않은 것이 놀라웠고, 여러 해가 지나고 나서도 글자가 완벽하고 솜씨가 출중했다는 느낌을 간직하고 있었다." Hist. Generale du Royaume de la Chine.

짓지 않았다. 그러한 사기는 누구라도 죄책감을 가지면 행할 수 없는 악행이고, 정직함과 종교를 버려야만 가능한 일이다. 중국에 있던 선교사들 내부에서 이러한 일련의 행위가 있었다면, 그들은 양심이 없을 뿐 아니라 분별력을 잃었기에 당연히 유죄로 인정되었을 것이다. 아무리 이성적인 동기가 있었다고 해도 그들이 이러한 아무런 목적도 달성할 수 없는 담대한 거짓말을 꾸며내도록 하지 못했을 것이다. 만일 이 음모가 만약에 발견된다면, 그리스도교 선교마저 파멸로 몰아갔을 것이다. 또한 그들에게서 복음을 들은 새 신자들은 물론이고 유럽의 그리스도교인들에게 수치와 경멸에 가득 찬 시선을 보냈을 것이다.

결 론

따라서 서안 비문의 내용은 사실이다. 이 비문의 진정성은 선교사들의 훌륭한 신앙, 명예와 이들의 종교에 바탕을 두고 있다. 역사적이고도 과학적인 증거들이 있으며, 여태껏 동서양 어디에서도 논쟁의 여지가 있는 반론이 제기되지 않았기 때문이다. 프랑스 학술원의 매우 신중한 회원 하나는 조금의 망설임도 없이 "이 유명한 비석은 오랫동안 그 진정성을 의심받아 왔다. 이러한 의심은 사실적인 조사에 기초한 것이 아니라 최초로 비석의 존재를 알렸던 예수회 선교사들에 대한 증오심에서 비롯된 것이었다. 그러나 이제 이의 없이 이러한 모든 의혹에서 벗어나게 되었다"고 선언하였다.[174)]

174) (원주) Saint Martin, "Hist. du bas Empire," vol. vi, p. 69.

제 3 장

몽골 케레이트 부족의 개종과 사제 왕 요한

제 3 장

몽골 케레이트 부족의 개종과 사제 왕 요한

중국에서 펼쳐진 세계 종교의 확산과 혼합주의적 성격

중국의 심장부에서 복음을 전파한 선교의 선구자들이 앞서 말한 놀라운 비석을 세웠던 시기에 동아시아에서는 대규모의 종교적인 움직임이 진행되고 있었다. 이러한 움직임에 앞장선 것은 서안 비석의 진정성에 이의를 제기하였던 이들이 아니었다. 이 선교사들이 동아시아의 인구 밀집 지역에서 복음의 씨앗을 뿌리던 시기에, 무함마드와 부처의 제자들도 열심히 포교 활동을 하고 있었다. 무슬림은 광적인 열정을 가지고 사람들을 이슬람으로 개종시켰다. 페르시아는 무슬림이 지배하게 되었다. 우리가 위에서 살펴본 것처럼, 쫓겨난 페르시아의 마지막 군주가 중국으로 피신했고, 생의 마지막을 티베트 산중에서 맞이했다. 무함마드 추종자들은 장사에 노련했고 교역할 곳을 개척하면서 무력을 사용할 수 없는 동아시아에까지 널리 퍼져있었다. 무슬림은 장사를 하면서 인도, 실론, 순다 해협, 중국 해안지대, 심지어 중국 내륙에도 아무런 방해 없이 코란의 교리를 전했다. 중국인들은 마니교도와 조로아스터교도가 떼를 지어 중국으로 몰려오고, 또 불교도들이 수많은 대상의 모습을 하고 자국으로 들어오는 것을 지켜보고 있었다. 인도에서는 무슬림들에 대한 강력한 반발이 있었다. 브라만교[힌두교]가 인도 전역에서 무슬림들을 추방하였다. 추방당한 사람들은 수천 명씩 무리를 지어 몽골, 티베트, 중국으로 숨어들었다. 노자와 공자의 제자들이 남긴 가르침을 믿던 그런 지역에 범신론과 불교의 신비스러운 철학이 상당한 영향력을 발휘하고 있었다.

서안 비석에서 언급하고 있는 기간은 유명한 당나라가 중국을 다스리던 시기로, 황제들은 대체로 계몽적이며 관용적이었다. 그들은 외국과 우호적인 관계를 유지하려고 노력하였다. 아랍인과 페르시아인이 육로와 해로를 통해 중국과 접촉하던 시기에 중국은 마침 이러한 군주들이 통치하고 있었다. 앞서 말한 것처럼, 태종은 경교에 대해 관용을 베푸는 칙령을 내렸지만, 그리스도교를 진리로 확신한다고 말하지는 않았다. 다른 종교에 대해서도 마찬가지였다. 그는 모든 종교를 자비심과 무차별한 마음으로 기꺼이 수용하는 절충적인 종교관을 가진 사람이었다. 그는 옹호해야 할 국가종교가 없었으므로, 모든 종교의 예배와 나라에 대항하지 않는 모든 종교를 보호하는 황제가 되기를 원했다. 그는 중국의 진정한 철학자처럼 말하면서, 때와 장소에 따라 모든 종교는 선하다고 믿었다.

이런 낯선 혼합주의는 황제의 특징일 뿐 아니라 당나라 전체의 특징이기도 했다. 중국에서 불교는 두 종교 즉 지식인 계급의 종교[유교]와 이성적인 학자들의 종교[도교]와 함께 깊게 뿌리내리고 있었다. 따라서 많은 사찰이 부처, 노자와 공자의 신상을 제단에 나란히 놓고 비슷한 예전으로 공경하여 세 개의 종교체계가 결합 되었다. 세 신상을 세울 때 공자의 신상을 중앙에 놓고 양쪽에 부처와 노자의 신상을 놓았으며, 서로 손을 잡은 모습을 하고 있었고, 신상들의 발치에는 초를 밝혔다. 이런 종류의 사원 정문에는 '삼교당三教堂'이라고 새겨놓았고, 내부에도 제단 위에 커다랗게 세 글자를 금빛으로 써놓았는데, "세 종교가 하나"라는 뜻이었다.

중국으로 퍼져나간 네스토리우스파 그리스도교

만일 중국에서 모든 종교가 똑같은 무관심이 아니라 똑같은 관심으로 받아들여졌다면, 왜 [그리스도교가] "신비하고 훌륭하며, 평화로운 종교"라고 엄숙하게 선언하면서 노자의 형이상학적인 종교와 비교하며 그리스도교를 옹호하는 관용적인 칙령을 내렸던 철학적인 황제의 진위를 의심할 수 있단 말인가? 왜 그리스도교도 사제들이 중국에서 자유롭게 복음을 전하며 교당을 세웠던 것에 대해 놀라야만 하는가? 서안의 비문은 동아시아에서 636년부터 781년까지 그리스도교가 전파된 정확한 정보를 우리에게 정확하게 제공하고 있다. 시리아교회의 전승에는 비석이 발견된 시기 이전에 이미 중국에 복음이 전파되었다는 흔적이 나타난다. 총대주교 살리바 자카는 [호라산 지역의] 헤라트Herat, 사마르칸트, 그리고 중국 대교구의 대주교를 임명했는데, 이것은 교회가 발전한 이후의 사후적 조치로서, 교회가 이런 행정 조직을 갖추기 전에 이미 번창하고 있었음을 보여준다.[175] 같은 자료를 보면, 781년 서안 비석을 세운 뒤에도 이러한 먼 나라에 대한 선교가 계속되었다는 것을 알 수 있다. 이것으로 서안 비문의 진정성을 재확인할 수 있다. 비석을 세우기 전후에 중국에 선교사들이 이미 와 있었다는 증거가 있는데 비석에서 말하는 그리스도교가 과연 그 전부터 존재하고 있었는지를 밝히는 것은 앞뒤

175) 살리바 자카(Salibe-Zakha, 714-728)는 셀레우키아-크테시폰 계보의 동방교회 총대주교였다.

가 맞지 않는다.

777년부터 820년까지 네스토리우스파교회[동방교회] 총대주교였던 디모데 1세Timothy I는 동아시아 여러 나라로 선교사를 파송하였다. 당시 아시리아의 베드-호베Beth-hobeh라는 유명한 동방교회 수도원에, 시리아어, 페르시아어, 아랍어에 능통한 수브찰-예수Subchal-Jésu라는 이름을 가진 수도사가 있었다. 디모데 총대주교는 이 수도사가 선교사역에 적격이라고 보고 주교로 임명한 후, 카스피 해 부근의 주민들에게 파송하였다. 총대주교의 기대는 헛되지 않았다. 수브찰-예수 주교는 많은 사람에게 진리를 가르쳤고, 여러 교회를 세우고 신부를 여러 명 서품하였다. 이런 성공에 고무된 주교는 동아시아로 선교지역을 확장하여, 몽골과 중국을 여행하면서, 가는 곳마다 복음의 씨앗을 뿌렸다. 이 선교사는 선교의 열매를 맛보는 위로를 받지는 못했다. 총대주교를 만나고 동료 사제들과 어울려 몸과 마음을 회복하려고 아시리아로 돌아가는 길에 강도를 만나 죽임을 당했기 때문이다.

총대주교는 카르다게Kardage와 야발라하Jaballah라는 두 사람을 [수브찰-예수 주교의] 후임으로 임명하였고, 베드-호베 수도원에서 15명의 수도사를 [선교사로] 더 선출하였다. 그리고 이들 가운데 도마Thomas, 자케Zaché, 셈Sem, 에프라임Ephraim, 시몬Simeon, 아나니아Ananias, 다비드David 등 일곱 명의 수도사를 주교로 축성하였다. 이들 가운데 몇 사람이 인도와 중국으로 파송되었는데, 이 당시 사람들은 중국을 '카타이Cathay'라고 불렀다.

야발라하는 선교지에 도착한 후 총대주교 디모데에게 편지를 썼다. "총대주교께서 기도로 도와주시고, 또 그리스도의 은총에 힘입어 많은 민족이 그리스도교로 개종하였습니다. 이런 나라들에 우리와 동행한 수도사들 가운데서 주교를 임명하여 교회를 다스리게 하는 일이 중요합니다." 총대주교는 다음과 같이 야발라하와 동료 사제들에게 답했다.[176)]

"주교 하나를 서품하기 위해서는 다른 주교 세 명이 필요하다는 것은 맞는 말이다. 그러나 당신들이 지금 이 사람들을 모두 모집하기에 불가능한 지역에 있으므로, 모든 것을 주재하시는 주님의 이름으로, 당신과 주교 카르다게에게 당신들이 뽑은 사람을 [새로운] 주교로 축성하는 권리를 부여하노라. 세 번째 고위성직자를 서품하려면, 제단 오른쪽 좌석에 복음서를 놓고 예전에 따라 하느님의 은총으로 첫 번째 주교를 축성할 것이다. [그러면 3 명의 주교가 선출되었으니] 나머지 주교를 차례로 축성하면 된다. 성령께서 이전에 사도들에게 하신 것처럼 당신들에게 축복을 내려 주시기를 간구하노라."

8세기 말에 『베드-호베 수도원의 역사』라는 책을 써서 매우 귀중한 편지들을 우리에게 전한 마르자의 주교 도마는 총대주교가 야발라하 주교에게 보낸 서신을 자신이 직접 보았다고 말했다.[177)] 그리고 덧붙이길, 총대주교가 새로 세운 주교들 가운데 하나인 다비드를 중국 대교구의 대주교로 서임했다는 내용도 자신에게 알려주었다고 하였다.[178)]

우리에게는 동아시아의 그리스도교 선교에 관한 자세한 상황에 대한 정보가 없는 것은 사실이다. 그러나 그곳의 교회들이 크게 융성하였고 새 신자들도 상당히 많았다고 단정할 수 있다. 실제로 6세기 초부터 [동방]교회의 위계가 완벽하게 세워져 있었고, 대주교직의 승계도 순조롭게 이루어졌다는 사실을 우

176) (원주) Thomas Margensis, in Historia Monastica, lib. iv. ch. xx.; Assemani, Bibliotheque Orientale. vol. iii. p. 491.; Mosheim, Hist. Tart. p. 14.

177) 마르자(Marjah, Marjeh Marajah)는 지금의 아프가니스탄 농촌지역이다.

178) (원주) Thomas Marg. Hist. Monas. lib. iv. ch. xx.

리는 알고 있다. 조직이 이렇게 잘 갖추어져 있었으므로, 그리스도교가 이미 크게 발전하고 있었다고 추측해 볼 수 있다. 850년에 총대주교 테오도시우스 1세가 소집하였던 주교 회의의 교회법을 살펴보면, 니케아공의회(325년)와 570년에 열렸던 에스겔 공의회(?)에 [동방교회의] 주교들이 참석했다는 내용을 기록하고 있다.[179] 여기에는 대교구에 속하는 모든 주교들은 4년마다 총대주교를 만나야 한다고 규정하고 있으나, 인도와 중국의 대교구는 거리가 멀기 때문에 이 규정의 적용이 면제되었다. 마론파 교도인 학자 아세마니가 간직하고 있던 이 교회법을 소개한다.

> "총대주교와 멀지 않은 곳에 있는 힐람Hilam, 프라드, 아슈르 등 6개 대교구에 속한 주교들은 4년마다 다른 주교들처럼 반드시 총대주교를 찾아뵈어야만 한다.[180] 인도, 중국, 페르시아, 사마르칸트처럼 아주 멀리 있는 대교구의 주교들은 강도들이 많은 험준한 산악지대에 살고 있거나 난파선이 끊임없이 생기는 폭풍의 바다를 건너와야 하므로 오고 싶어도 올 수 없다. 하지만 총대주교와의 연락을 끊을 수는 없으므로 6년마다 서신(보고서)을 보내야 한다. 또 멀리 있는 주교들은 교회법에 따라 모든 마을에서, 많건 적건, 정당하고 적정한 헌금을 받아 이를 성청의 운영비에 보태기 위하여 총대주교에게 보내야 한다."[181]

주교 회의에서 정한 이러한 부담금은 말할 것도 없이 십일조의 일종으로, 점차 커져가는 일정한 원칙에 따라 세워진 교회에 뿌리를 내린 제도이다. 당시에 동아시아에는 수도원이 여럿 있었고, 수도사들이 공동체를 이루며 살았

179) 테오도시우스 1세(Theodosius I, 853-858)는 바그다드 시대의 동방교회 총대주교였다.

180) 힐람(Hilam)은 할리히(Halih) 즉 카스피 해 연안 또는 트란스옥시아나에 사는 화이트 훈족에 속하는 돌궐, 몽골 후손 거주 지역이거나 이란 서부의 할완(Halwan) 지역으로 추정된다. 프라드는 프라트 드마이산(Prat de Maishan) 지역을 지칭하는 것으로 추정된다. 아슈르(Assur)라는 지명을 가진 대교구는 없으나, 티그리스 강 서쪽에 있던 아슈르는 고대 아시리아제국의 수도였다.

181) (원주) Assemani, Bibliotheque Orientale, vol. iii, p. 347.

다. 아세마니의 『동방문헌목록Bibliotheque Orientale』을 보면, 『중국의 수도사와 아브라함의 역사』라는 책이 눈에 띈다. 8세기 또는 9세기의 것으로 추정되는 이 책은 이렇게 시작된다. "어느 날 나는 중국 수도사들 가운데 하나가 사는 움막 근처를 지나다가 움막 건너편에 새로 움막을 짓고 같이 수행을 해도 되는지 물었는데 그는 허락했다." 바스라의 주교 한 명이 중국을 돌아다니며 그토록 먼 나라에 사는 그리스도교인들을 찾아다니고, 마침내 중국 수도사 옆에서 수도하기 위해 자리를 잡았다는 내용은 호기심을 불러일으킨다. 나는 바스라의 아브라함과 중국 수도사 사이의 대화에는 그런 나라들의 그리스도교 현황을 알려주는 큰 관심을 끌 만한 내용이 분명히 있을 것 같아서, 희귀한 아랍어 필사본을 구하려고 매우 노력했지만 안타깝게도 이를 얻지 못하였다.

아랍 문헌에 나타난 중국의 그리스도교 전교

아랍어 문헌은 실제로 동아시아로 복음이 전파된 경로를 알 수 있는 유일한 자료이다. 그런 문헌이 존재했기 때문에 우리는 몇 차례나 중요한 지적을 할 수 있었다. 또 그런 문헌이 있기에 우리는 서안 비석에서 말하는 아라본[올로펜]의 제자들이 어떻게 되었다는 것을 알게 되었다. 9세기에 중국에 그리스도교인들이 있었다는 것은 러너도가 아랍어로 된 인도 여행기에서 알아낸 것이다.[182] 이 여행기를 번역한 것은 러너도Renaudot였지만, 유명한 역사학자인 마수디Massoudi가 번역했다고 오랫동안 잘못 알려져 있었다. 이 부분은 아부-자이드 하산이라는 총명하고 정보가 많은 사람이 쓴 것이다.[183] 그는 바스라의 무

182) 러너도(Eusèbe Renaudot, 1646-1720)는 프랑스 신학자이며 동방학자였다.

183) 아부-자이드 하산(Abu Zayd Hasan ibn Yazid Sirafi)은 페르시아 태생으로 880년 상인들의 말을 근거로 『중국과 인도에 관한 이야기』를 썼다. Abu Zayd Hasan ibn Yazid Sirafi, Tim Mackintosh-Smith, trans., Accounts of China and India (NYU Press, 2017) 참조.

슬림 상인 이븐 바하브Ibn Vahab가 눈으로 직접 확인한 이야기를 옮겨 적었다. 바하브는 중국의 여러 항구를 가보았을 뿐 아니라, 해안에서 두 달 걸리는 곳에 있는 제국의 수도 장안까지도 가본 사람이었다.

아랍인 저자인 아부 자이드 하산이 들려주는 이야기에서 우리는 중국에 예수 그리스도와 사도들에 관해 전반적으로 정확한 지식을 가졌던 이들이 존재했음을 증명하는 매우 흥미로운 사건을 발견하게 된다. 저자는 이븐 바하브가 장안에서 궁궐로 안내되었다고 말한다. 황제는 이븐 바하브에게서 서방에 관한 정보를 얻고 나서, 통역에게 이렇게 말하라고 명하였다. “네가 만약 너의 스승을 본다면, 그를 알아볼 수 있겠는가?” 여기서 황제가 말하는 스승은 하느님의 사도였다. 하느님의 사도에게 하느님의 은총이 함께 할지어다! [기록은 이어진다.]

> “이에 나[이븐 바하브]는 지금 그분은 하늘에서 가장 높은 하느님과 함께 계시는데 어떻게 제가 그분을 볼 수 있겠습니까? 라고 답했다. 황제는 답하길, ‘내가 말한 것은 그런 의미가 아니다, 나는 하느님 사도의 얼굴을 보면 알 수 있느냐고 물어본 것이다.’ 나는 ‘예’라고 답했다. 그런 뒤에 황제가 한 상자를 가져와 그곳에서 몇 장의 종이를 꺼내고 통역에게 그의 스승을 보여주라고 말했다. 나는 이 종이들에 예언자들의 초상이 그려져 있다는 것을 알아챘고, 예언자들을 위하여 입을 우물거리며 기도했다. 황제는 내가 예언자들의 초상을 알아보았다는 것을 깨닫지 못하고, 통역에게 내가 입술을 우물거린 까닭을 물어보라 하였다. 이에 통역이 황제의 명을 따르자, 나는 예언자들을 위해 기도했다고 말했다. 황제가 예언자들을 어떻게 알고 있는지 물었다. 나는 이렇게 답하였다. ‘그 사람의 특징을 보고 알 수 있습니다. 여기 방주 안에 있는 것은 노아입니다. 가장 높으신 분[하느님]께서 물로 사람들이 사는 모든 땅을 덮으라고 명하셨을 때, 노아는 자신과 가족을 구했습니다. 노아와 가족만이 피할 수 있었습니다.’ 이 말에 황제는 그

> 제야 웃으며 말하기를 '네가 노아라고 말하였으니 바르게 알아보았다. 그러나 온 땅이 잠겼다는 말은 인정할 수 없다. 대홍수로 잠겼던 것은 세상의 한 부분이었고 우리가 사는 나라나 인도는 잠기지 않았다.'[라고 말했다.]"

이븐 바하브는 대홍수가 얼마나 무서운 것인지 황제가 모르고 있다고 생각했지만, 황제가 노아에 대해 잘 알고 있어 논쟁을 벌이기 두려워서, 반박하지 못하였다고 하였다. 그러나 그는 "이분들은 이스라엘 자손과 함께한 모세와 그의 참모들입니다."라는 말로 다시 말문을 열었다. 그러자 "그 말이 옳다."고 황제가 말하였다. 하지만 그림에서 모세는 매우 작은 연단 위에 서 있었고, 이스라엘 백성들은 그를 제대로 향해 서 있는 것처럼 보이지 않았다. 이븐 바하브는 "제가 다시 생각해보니, 이분은 나귀를 타고 사도들에게 둘러싸여 있는 예수입니다" 라고 말하였다. 이븐 바하브는 "황제는 예수 역시 연단에 모습을 드러낸 적이 거의 없었다고 말하였다. 그의 선교는 30개월 이상 지속 되지 못했다고 말하였다." 라고 당시의 상황을 설명했다. 이븐 바하브는 예언자들의 초상을 계속해서 살펴보면서 말을 이어갔지만, 여기에서는 그가 한 말의 일부를 마지막으로 언급하는 것으로 끝내겠다. 이븐 바하브는 각각의 예언자들의 이름, 출신지, 선교환경 등을 길게 설명하였다. 그 후에 그는 말하길[기록은 이어진다],

> "나는 예언자 무함마드의 얼굴을 보았다. 그분에게 평강이 있으리라! 그분은 낙타 위에 올라타고 있었고, 수행원들도 마찬가지로 낙타를 탄 채 그분을 둘러싸고 있었다. 그들은 모두 발끝까지 내려오는 덮개를 걸치고 있었고, 허리에는 주머니칼을 차고 있었다. 내가 갑자기 울기 시작하자 황제는 통역을 통해 나에게 눈물이 난 이유를 궁금해 하며 물었다. 나는 '[이 분은] 우리의 예언자이고, 주님이시며 저의 사촌이십니다.[184] 그분에게 평강이 있기를!' 라고 말했다. 이에 황제

184) 이븐 야하브는 자신이 무함마드의 인척이라고 주장하고 있다.

> 가 답하였다. '네가 바르게 말했다. 그와 그의 백성들은 매우 영광스러운 제국을 세웠으나, 오직 그분만이 자신이 세운 나라를 직접 눈으로 볼 수 없었느니라. 그 제국의 영광은 뒤를 이은 사람들만이 보았노라.' 나는 여러 명의 다른 예언자들의 초상화를 보았는데 어떤 초상은 엄지와 검지로 십자가 모양을 그리고 있어서, 마치 이런 동작으로 진리를 보여주려는 것 같았다. 서 있는 자세로 그린 초상들도 있었는데, 손가락이 하늘을 향하는 자세였다. 또 다른 초상들도 있었으나 통역관이 이것들은 인도와 중국의 예언자들 초상이라고 내게 말하였다."[185]

아랍인 이븐 바하브와 이런 기이한 대화를 나누었던 중국 황제는 틀림없이 874년에 황제에 등극한 당나라의 희종僖宗(874-887년)이었을 것이다. 번영을 구가하던 당나라는 이때부터 쇠락하기 시작했다. 때로는 중국을 무너뜨릴 수도 있는 대변혁의 기운이 가득하였으나, 항상 끝에 가서는 고대의 제도들을 가지고 같은 기반 위에서 중국을 재건함으로 마무리되었다. 아부 자이드의 이야기에 관한 소동이 말해지기 시작한 것은 희종 때였는데, 그 아랍인이 떠난 직후였다.

황소의 난으로 인한 피해에 대한 아랍의 기록

황하 이북인 북경, 천진, 호북, 산동에서 동시에 반란이 일어났다. 이 반란을 일으킨 우두머리는 황소黃巢였는데, 아랍 작가들은 그를 반쇼우아Banschoua라고 불렀다.[186] 그는 소금 거래로 부를 쌓은 상인 가문 출신이었다. 그는 공부하고 과거를 봐서 관리가 되려고 하였다. 그러나 그는 초시(생원)에는 합격하였

185) (원주) 이 상자 안에는 유대교, 그리스도교, 이슬람, 불교, 그 밖의 중국과 인도의 종교들의 성인들과 주요 인물들의 초상들이 모두 들어 있었다. 당나라 황제의 일반적인 생각은 관용과 무차별이었다. 제국이 때로는 그리스도교에, 때로는 불교에, 또 어떤 때는 도교에 기울었을 것이다.

186) 황소의 난은 당나라 말기(875-884)에 일어난 농민전쟁이다.

으나 전시(진사)에서 떨어졌다. 자존심이 상한 그는 비밀결사의 음모에 빠져들었다. 어디에서나 마찬가지이지만, 중국에서도 그런 곳은 야심만만한 불평분자의 피난처였다. 반란의 기운이 전국을 뒤덮었고 황소는 반란의 최고의 일인자가 되었다. 그러나 중국 중산층은 새로운 왕조의 탄생을 결코 바라지 않았고, 그를 단지 '충천대장군衝天大將軍'이라고 부를 뿐이었다. 879년 그는 혁명의 무리를 이끌고 복건福建과 절강浙江으로 진격하였고, 절강의 성도인 감포澉浦라는 유명한 항구와 가까운 항주杭州를 점령하였다. 그는 항주에서 끔찍한 학살을 명했는데, 이때 중국에 왔던 많은 외국 상인들도 살해되었다. 이상은 중국 사가들의 말을 요약한 것이다. 그러나 아랍 작가 아부 자이브 하산은 유명한 당나라가 멸망하고 송나라가 들어섰던 이야기를 다음과 같이 전하고 있다.

> "이전에 법과 정의를 계속 지켜오던 중국을 변하게 하고, [페르시아 만의] 시라프 항구로 가는 뱃길을 막은 것은 왕실과 거리가 먼 황소라는 이가 꾀한 반역 중에 일어난 일이었다. 이 사람은 여러 가지 교묘한 행동과 불복종으로 반란의 무리를 이끌기 시작해, 무장하고 민가를 약탈하는 것으로 옮겨갔다. 황소는 악한 마음을 품고 점차 주변 세력을 규합하였다. 사람들은 그의 이름만 들어도 공포를 느끼게 되었다. 세력이 커지자 그는 더욱 야망에 불타올랐다. 그의 공격을 받은 중국 도시들 가운데 감포라고 하는 아랍의 배들이 정박하는 항구가 있었는데, 이 도시는 민물이 흐르는 큰 강어귀에 있고 바다까지는 하룻길이었다. 감포 주민들이 성문을 닫아걸자 반란의 무리는 도시를 오랫동안 포위하였다. 이 일은 회교력 264년(서기 878년)에 생긴 일이었다. 마침내 도시가 함락되었고 주민들은 도륙을 당했다. 중국에서 생긴 이 사건을 알게 된 사람들이 전한 바에 따르면, 이때 교역을 하기 위해 여기에 머물던 무슬림들, 유대인들, 그리스도교인들, 조로아스터교도들 12만 명이 목숨을 잃었다. 살해된 중국인의 숫자는 헤아릴 수 없이 많았다. 살해된 것으로 전해진 네 개 종교의 신자 수가 알려진 것은 중국 정부가 이

들에게 인두세를 거두고 있었기 때문이다. 게다가 반란의 역도들은 이 도시 일대에 자라던 뽕나무를 모조리 베어버렸다. 우리가 뽕나무를 특별히 언급하는 이유는 누에가 고치를 만들 때까지 먹고사는 것이 뽕잎이기 때문이다. 이 때문에 아라비아와 다른 나라에 비단을 보낼 수 없게 되었다."

항주에 대한 마르코 폴로의 기록과 황소의 반란

이 뒤로 중국은, 옛날에 페르시아제국에서 알렉산더 대왕이 다리우스 왕을 죽이고 휘하의 장군들이 각 지방을 나누어 차지했던 모습과 비슷해졌다. 이 아랍인 여행자의 증언에 따르면, 감포에는 많은 그리스도인이 있었는데, 이들은 중국 해안을 따라 감포로 무리 지어 몰려든 많은 외국인과 함께 학살당했다고 한다. 400년 후 이 상업중심지를 찾았던 마르코 폴로Marco Polo도 이 사건에 대해 같은 말을 하고 있다는 점에서 이 아랍 작가의 말에 신뢰가 간다. 아래는 마르코 폴로의 글이다.

"그리고 나는 또한 당신에게 이 도시에서 북동쪽과 동쪽 사이로 40km를 가면 바다에 이르게 되는데, 그곳에 '감포Gampu'라는 아주 훌륭한 항구가 있다는 것을 알려주고 싶다. 많은 배가 이 항구로 인도와 다른 나라에서 엄청난 양의 귀중품을 싣고 온다."[187]

중국인들과 교역을 하기 위해서 온 수많은 외국인이 운영하는 공방들은 바다에서 내륙 쪽으로 조금 들어간 항주에 위치해 있었는데, 항주는 성도로서 상당한 요지였다. 감포에 관해서는 별 언급을 하지 않았던 마르코 폴로는 상업의

187) 마르코 폴로, 김호동 역주 『마르코 폴로의 동방견문록』 (사계절, 2000), 387.

중심지였던 항주를 킨사이Quinsay라고 부르면서 아름다운 도시로 상세히 묘사하고 있다.

"항주는 둘레가 160km 정도나 되는 큰 도시이다. 그 안에 큰 배들이 지나다닐 수 있는 다리가 12,000여 개나 있으나, 그 많은 다리를 보고 놀라워할 필요가 없다. 왜냐하면 이미 말했듯이 도시가 온통 운하로 연결되어 있고 호수로 둘러싸여 있으니 왕래하려면 많은 다리가 있어야 하기 때문이다. 도시 한 가운데 둘레가 48km나 되는 호수가 하나 있다. 호숫가에는 고관대작들이 사는 궁전과 저택들이 많다. 그곳에는 불교사원과 불당들도 많다. 도시에 있는 저택들에는 화재에 대비하여 귀중품을 넣어두는 높은 돌탑들이 있는데, 주거용 건물 모두가 목재로 만들어졌기 때문이다. 주민들은 불교 신자들이며 개고기와 다른 혐오스러운 동물의 고기를 먹는다. 그리스도교인들이라면 무슨 일이 있어도 먹지 않을 것들이다.

또 알아야 할 것은 도심에 있는 언덕 위에 탑이 하나 서 있는데, 그 탑 위에는 금속판이 하나 있다는 사실이다. 도시에 화재가 발생했거나 경고할 일이 생기면, 한 사람이 준비하고 있던 망치로 이 금속판을 세게 두드린다. 그 소리는 멀리까지 퍼진다. 그러면 사람들이 그 소리를 듣고, 화재인지 혹은 다른 곤란한 상황인지를 확실히 알 수 있다. 거리는 중국 남부의 도로들과 마찬가지로 모두 돌로 포장되어 있어서 아주 편안하게 말을 타고 달릴 수 있다. 이렇게 포장이 되지 않았다면, 지대가 낮고 비만 오면 많은 웅덩이가 생겨서 말을 타고 달릴 수 없을 것이다. 또 한 가지 알려주고 싶은 점은, 이 도시에는 모두 3,000개의 온천이 있는데, 이것들 때문에 사람들은 매우 즐거워하고 또 청결하게 산다는 것이다. 바다는 40km 정도 떨어져 있는데, 감포라는 마을 부근이다. 그곳에는 인도와 다른 외국을 오가며 도시에서 가장 값나가는 상품을 들여오고 가져가는 커다란 배들이 많이 정박해 있다. 항주에서 감포 쪽으로 커다란 강이 흐른다. 도시에는 또 궁궐이 있는데, 이는

> 세계에서 가장 큰 것이다.[188] 둘레가 16km나 되고 요새화된 높은 담장으로 둘려 있으며, 담장 안에는 세상에서 가장 멋진 정원이 있고 많은 분수와 물고기가 가득 찬 호수들이 있다. 한가운데는 궁궐이 있는데 매우 크고 훌륭하다."[189]

마르코 폴로가 남긴 위의 묘사는 매우 정확하다. 우리는 중국에 오래 거주하면서 항주에 가본 적이 있는데, 항주는 지금도 중국에서 가장 아름답고 중요한 도시들 가운데 하나다. 여전히 수많은 운하로 연결되어 있고, 그 운하 위를 밝게 칠하고 윤을 낸 정크 선박들이 절강성의 부유한 상인들과 기품 있는 선비들을 태우고 사방을 오간다. 틀림없이 마르코 폴로는 항주에서 온화한 날씨 아래 곤돌라가 떠다니는 자신의 고향 베네치아를 즐거운 마음으로 회상하였을 것이다.

아랍 여행자가 말한 학살이 일어난 곳도 이 도시였다. 그리고 항주의 그리스도교인들이 살아남지 못했던 것처럼, 다른 도시에 살던 그리스도교인들도 황소의 반란을 일으킨 무리의 손아귀에서 벗어나지 못했을 것이다. 황소는 남부의 여러 성을 파괴한 뒤, 거리에서 만났던 떠돌이들과 불평불만을 가진 자들과 함께하여 군세가 커져서 어느새 20만 명을 수하에 두게 되었다. 그는 자신을 '하늘을 공격하는 장군天助將軍'에서 '하늘이 돕는 장군衝天大將軍'으로 높여 부르게 하였는데, 이는 반란 성공에 대한 자신감에서 비롯된 것이었다. 그는 격문을 써서 전 중국에 공표하고 이후 대놓고 제국의 수도 장안으로 행군하였다. 행군 속도가 빨랐으므로 황제도 가까스로 티베트로 피신했다. 그러자 황소는 수도로 들어와서 황제라 스스로 칭하고 미처 피하지 못한 황족들을 모두 살해했다.

---

188) 항주는 여러 왕조들이 수도로 삼았던 곳이고, 특히 남송의 수도였다.

189) 지은이는 마르코 폴로 『동방견문록』에 기록되어 있는 항주에 대한 묘사를 발췌해서 옮겨 놓았다. 원문은 김호동의 번역본으로 약 12 페이지에 달하는 긴 내용(pp. 374-386)인데 본인이 관심 가진 부분만을 옮겼다. 개고기를 먹는다는 이야기와 그리스도인은 먹지 않는 동물이라는 표현은 폴로의 원문에는 없는 것이다. 19세기 당시에는 『동방견문록』의 요약본도 돌아다녔기 때문에 이를 참고했을 가능성도 있다. 마르코 폴로, 김호동 역주 『마르코 폴로의 동방견문록』 (사계절, 2000), pp. 374-386 비교 참조할 것.

당나라의 멸망이 그리스도교의 선교에 미친 영향

그리스도교는 아라본[올로펜]이 (복음의 씨앗을) 뿌렸고 당나라에서 오랫동안 번창했으나, 이러한 정치적 혼란기를 맞아 큰 타격을 입었다. 아마도 이때부터 중국 선교의 퇴조와 붕괴의 조짐이 나타나기 시작했을 것이다. 그러나 중국에서의 복음의 전파가 완전히 포기된 것은 아니었다. 앞서 말한 외국인의 대학살과 같은 투쟁해야 할 어려움이 증가하고, 중국과 페르시아, 아라비아와의 교역 관계의 단절에도 불구하고, 선교는 중단될 수 없었다. 골리우스가 알-파르가니의 천문학 논문에 역주를 달면서 인용하였던 아볼파라게Aboulfarage라는 아랍 작가의 글에 따르면, 10세기 후반 남부 아라비아에 살던 그리스도교 수도사 나드즈란Nadjran이 총대주교의 명을 받아 선교사 여럿과 함께 중국에 와서 그곳의 그리스도교인들을 도왔다고 한다.[190] 매우 총명했던 러너도는 이 유례없는 구절의 가치를 감지하였다.[191] 그는 골리우스가 말한 총대주교가 티그리스 강가의 셀레우키아 대주교라고 보았다. 셀레우키아는 후에 바그다드에 성청을 세우고 '가톨리코스'가 되어 페르시아, 인도와 중국의 네스토리우스파 교회들을 다스렸던 사람이었다. 러너도는 말했다.[192]

> "불행히도 골리우스의 말에는 모호함이 있으며 심지어 모순까지 드러난다. 그는 '아볼파라제'라는 이름을 가진 이 작가가 어떤 사람이며, 또 그의 이야기가 어떤 사람의 말에 근거하였는지를 밝히지 않았다. 여행하기 무척 어려웠던 그 시기에 선교사들이 어떤 길로 바그다드에서 중국에 닿을 수 있었는지도 의문이다.

---

190) 골리우스(Jacob Golius, 1596-1667)는 네덜란드의 동방 학자이자 수학자였다. 알-파르가니(Ahmad ibn Muhammad ibn Kathir al-Farghani, 800/805-870)는 이란의 천문학자. 천동설을 주장했던 프톨레마이오스의 주장을 담은 『아말게스트 제요The Compendium of the Almagest』를 저술했다.

191) (원주) Renaudo, Anc. Relation, etc., p. 269.

192) (원주) Note addressed to M. Charles Lenormand, and inserted in the Correspondent, vol. xv. p.761.

게다가 10세기 말에 이 성직자들이 중국에 갔었다면, 어찌하여 다른 성직자들에게는 그 뒤로 같은 임무를 부여하지 않았단 말인가?"

러너도는 이런 의문점에 대하여 자신 있게 답했다. 파리 동양어학원 교수이자 지치지 않고 진정한 학문의 발전을 추구하는 남다른 열정을 지녔던, 아랍문학 전공자인 이 교수는 한 귀중한 필사본 속에서 자신이 제기하였던 의문점인 골리우스 말의 근거를 확인할 수 있는 출처를 찾아냈다. 러너도의 말이다.

"프랑스 왕립도서관의 슬레인 남작의 도움으로, 콘스탄티노플에서 어떤 도서관이 만든 『만국서지목록Kitab-al-Fihrist』 제1권 사본을 입수했다.[193] 왕립도서관의 소장도서로 제1권만 남아 있는 이 책은 회교력 377년(987년)에 주제별로 정리된 아랍어 서지 목록들 가운데 하나다."

이 책에 게재된 책은 대부분 오늘날 전해지지 않는다. [하지만 이것만으로도] 현대의 동방서지학자들이 아랍 문학의 초기 400년간의 주요사항에 관해서는 거의 다 이 책의 내용에 의존할 만큼 중요한 자료이다. 저자인 페르시아 서지학자 무함마드는 이사크Ishac의 아들로, 성姓이 '아볼파라게'였다.[194] 그는 바그다드에 살았던 서적상이었다. 새 사본인 이 책 제2권 227장 왼쪽에는 골리우스가 말했던 사실을 언급하는 구절이 남아 있다. 이것이 바로 [학자들이] 그토록 오래 찾아왔던 그 서지목록의 사본이라는 증거였다. 그 내용은 다음과 같다.

---

193) 슬레인(Baron de Slane, William McGuckin, 1801-1878)은 아일랜드 태생의 프랑스 동방학자이다.

194) 아볼파라게는 이븐 알 나딤(Ibn al-Nadim, ?-995/998)이다. 바드다드에서 활동한 서지학자로 『만국서지목록Kitab-al-Fihrist』을 편찬했다.

"[회교력] 377년(서기 987년), 나는 성당 뒤편 그리스도교 구역에 나드즈잔이라는 수도사가 살고 있다는 것을 알았다. 그는 7년 전에 가톨리코스가 다른 다섯 성직자와 함께 선교 활동을 정리하라고 중국에 보냈던 사람이었다. 그 사람은 아직 젊고 매우 침착해 보였다. 그는 과묵했고 질문에 답하는 외에는 입을 열지 않았다. 나는 그에게 여행에 관한 내용을 물었고, 그는 중국에서 그리스도교가 사라졌다고 답하였다. 중국에 살았던 그리스도교인들은 [다른 곳과는] 다른 방법으로 사라져갔다. 그들을 위해 지었던 성당들은 파괴되었고, 중국에는 이제 그리스도교인이 한 명도 남지 않았다. 수도사는 그가 받은 소명대로 도울 수 있는 그리스도인을 단 한 사람도 찾지 못했으므로, [중국으로] 갈 때보다 더 빨리 돌아왔다."

아랍 작가는 선교사들이 오간 길에 대해 자세히 말하지는 않았다. 그들이 왔던 바닷길은 그들이 처음에 택한 바닷길과는 달랐고, 이 지역이 어디인지 아는 사람을 찾을 수 없어서 항해에 어려움을 겪었다. 그 수도사가 중국에 갔을 때 수도가 태원太原(?)이라 불리는 곳이었다. 제국[당나라]이 이미 둘[五代와 十國, 907-960년]로 나뉘었으나, 지배권을 다투던 두 세력 가운데 하나가 상대방에게 굴복하여 이제는 하나의 군주[北宋, 960-1127]만이 있다.[195] [여기서] 러너도는 이렇게 말했다.

"이런 복잡한 상황에 대해 생각하는 것은 잠시 멈추자. 중국은 서안 비석과 연관된 시기에는 당 왕조가 다스리고 있었다. 이는 중국 역사상 찬란했던 시기였는데, 당의 군주들이 일반적으로 개명되고 관용적이어서, 외국과 우호적인 관계를 유지하려고 했기 때문이었다. 아랍인들과 페르시아 인들이 해로와 육로로 중국과 활발하게 교섭하였던 바로 그 시기였다."

195) 당나라가 망하고 오대십국시대(907-960)를 거쳐 북송(960-1126)이 건국된 시기였다.

이때 중국에 그리스도교가 전파되었다. 그러나 10세기 초에 당나라는 내란이 계속되고 다른 재난들이 반복되는 무정부 상태가 이어지면서 [그리스도교가] 사라졌다. 여러 신흥세력이 서로 다투다가, 960년에야 송나라가 세워졌다. 나드즈란 수도사가 임무를 맡았던 때가 바로 이 무렵(대략 980년)이었다. 송나라가 세워지긴 하였지만 나라 전체에 영향력을 거의 행사할 수 없는 상황이었다. 그리스도교인들도 물론 이러한 혼란 속에서 중국의 다른 지역과 마찬가지로 고통을 당하고 있었다. 그러나 질서가 회복되자, 중국 고대 전통을 옹호하는 격렬한 반동이 일어났고, 이 때문에 불행히도 전쟁과 폭정이 시작되었다.

사제 왕 요한이 보내온 편지

이런 혁명적인 운동과 왕조의 교체는 중국에서는 매우 흔했으나, 중국에서 복음을 전하는 데에는 커다란 장애가 되었다. 그러나 중국에서 복음전파가 어려워지면서, 복음은 오히려 만리장성을 넘어서, 세계무대에서 중요한 역할을 하려고 준비하던 몽골 부족들에게 전해지는 계기가 마련되었다. 11세기가 시작될 무렵, 요한이라는 왕Prester John이 그리스도교로 개종하면서, 유럽, 아시아와 아프리카 대륙에 큰 반향을 불러일으켰다. 이 왕국의 명성은 12세기와 13세기에 더욱더 커졌다. 사실과 상상력에 기초한 한 인물(요한이라는 왕)이 도덕규범에 의존하지 않는 모습으로서 출현했기 때문이었다. 이러한 [이상적인] 인물은 여전히 [사람들의 상상 속에] 남아 있었고, 끊임없이 이야기가 부풀려졌다. 요한이라는 사제 왕이 가진 권력과 부는 지상의 어느 통치자도 가질 수 없는 것이었고, 이 점에서 아무도 이의가 없었다. 그러나 이 경이로운 성직자 같은 큰 부자이며 왕 같은 교황을 어디서 찾을 수 있을지에 관해서는 의견이 다양했다. 어떤 이는 아프리카의 에티오피아에 있다고 하였고, 다른 이들은 이 유일한 왕국이 아시아에 있다고 주장하는 사람들도 있었다. 그러나 [구체적으로] 인도, 몽골 또는 티베트 가운데 어디에서 그를 찾을 수 있을지는 알 수 없었다. 이 신비에 싸인 통치자의 국적, 칭호, 종교를 놓고 당대의 석학들과 이야기꾼들이 끝없이 논전을 벌였다. 터무니없는 우화와 반론이 엄청나게 쏟아져 나왔다.

중세 시대에는 사제 왕 요한에 관한 매우 많은 이야기가 사람들의 입에 오르내렸다. 그러나 수천 가지 이야기 중에서 어느 한 가지도 진실을 담은 이야기를 찾기는 어려웠다. [주교이며 역사가인] 프라이징의 오토Otho of Freisingen, 트로와 폰테인의 알버릭Alberic of Trois Fontaines, 트리폴리의 윌리엄, 보베의 빈센트Vincent de Beauvais, 비트리의 쟈크Jacque de Vitry, 마르코 폴로Marco Polo, 플라노 카르피니의 요한Plan-Carpin, 루브룩Rubruk, 세버락의 졸단Jordan de Severac, 맨더빌Mandeville (등이 했던 주장이 그러했다).[196] 한 마디로, 당시 여행가들과 작가들은 사제 왕에게 몰두했고. 그리고 그에 관한 매우 놀랄만한 사건들에 관해 이야기했었다. 하지만 사제 왕 요한이 자신에 대해 말했거나 혹은 콘스탄티노플[비잔틴] 황제에게 그가 써서 보냈다는 편지만큼

196) 프라이징의 오토(Otto of Freising, 1114-1158)는 프라이싱 주교로 중세철학과 역사에 관한 주요저술을 남겼다. 호엔슈타우펜(Hohenstaufen) 왕가의 일원으로 신성로마제국의 정치에 깊이 간여하였다. 그의 책 『두 도시의 역사Chronica sive historia de duabus civitatibus』는 아우구스티누스부터 1146년까지의 세계사를 신학적 관점에서 정리한 책이다. 트로와 폰테인의 알버릭(Alberic of Trois-Fontaines, ?-1252)는 벨기에 태생의 사학자 겸 수도사였다. 트리폴리의 윌리엄(William of Tripoli, c. 1220-1273 이후)은 도미니크회 수사였으며 십자군 점령지역에서 활동하면서 이슬람 신학에 정통하였다. 1249-51년 루이 9세가 몽골의 칸에게 보낸 롱쥐모 사절의 일원이었으며, 티레의 대주교로 서임되었다. 보베의 빈센트(Vincent de Beauvais, 1190-1264?)는 도미니크회 수도사이며 백과사전(Speculum Maius)의 편집자였다. 비트리의 쟈크(Jacques de Vitry, 1160/70-1240)는 프랑스 신학자이자 역사가였으며 아크레 주교로 활동한 추기경이었다. 저서로는 『동양사Historia Orientalis』가 있다. 플라노 카르피니의 요한(John of Plano Carpini, 1185-1252)는 이탈리아 출신의 외교관이자 대주교였다. 유럽인 최초로 몽골제국의 수도 카라코람을 방문하였고, 여행기를 남겼다. 여행기 우리말 번역은, 플라노 드 카르피니, 김호동 역, 『몽골제국기행』, 2015, pp. 37-161. 루브룩(William of Rubruck, 1220-1293)은 프랑드르 출신의 프란체스코회 수도사로 1253-1255년간 몽골제국을 여행하였다. 여행기 우리말 번역은 윌리엄 루브룩, 김호동 역, 『몽골제국기행』, 2015, pp. 165-447. 세버락의 졸단(Jordan of Severac, 1280-1330)은 카탈루냐 출신의 도미니크회 수도사로 인도에서 활동한 선교사였다. 맨더빌(Sir John Mandeville, 생몰연대 불명)은 14세기 여행가였다. 그의 여행기 우리말 번역은 존 맨더빌, 주나미 역, 『맨더빌여행기』 (오롯, 2014) 참조.

중요한 사료는 없을 것이다.[197] 아세마니[198]에게서 복사본을 받았던 모샤임은 그 편지가 위조라고 주장하였지만, 많은 비평가, 그 가운데서도 마르스덴은 그 편지가 진본이라고 주장했다. 이 편지가 진본인지는 매우 궁금하지만, 이는 그 시대의 정신을 보여주므로 기꺼이 이 편지 전체를 번역해 보겠다. [아래는] 비잔틴 황제가 [사제 왕 요한로부터] 받은 편지[이다.]

"사제 왕 요한은, 하느님과 우리 주 예수 그리스도의 권세와 덕에 힘입어, 콘스탄티노플의 군주가 하느님의 은혜로 건강과 번영을 누리길 원하노라. 당신이 나의 뛰어남을 높이 평가하고 당신의 나라에서 나의 위엄에 대해 말해왔음을 알게 되었노라. 당신의 대신으로부터 나에게 값지고 진귀한 선물을 보내고자 한다고 들었노라. 내가 바라고 또 알기 원하는 것은 당신이 우리처럼 참 신앙, 즉 우리 주 예수 그리스도에 대한 신앙을 가졌는지의 여부니라. 당신은 비록 언젠가 썩어 없어질 존재이나, 당신의 사랑스러운 백성들이 군주로 삼은 사람임을 아노라. 당신이 필요하고 마음에 드는 것이면 무엇이든지 나의 신하를 통해 내게 알려준다면, 내가 후하게 주리라. 당신이 우리나라에 오길 원한다면, 우리가 거하는 곳의 가장 크고 귀한 손님으로 맞이하고, 나의 풍족함을 함께 나누게 될 것이니라. 당신이 당신의 나라로 돌아가고자 한다면 엄청난 보상을 받고 돌아가게 되리라. 당신은 우리 왕가의 위엄과 탁월함, 우리의 세력과 영토가 얼마나 큰지 알고자 하는가? 내가 하느님의 종, 사제 왕이라는 사실과 재산, 권력, 덕망이 지상의 어떤 왕들보다 뛰어나다는 것을 확신하고 믿으라. 나에게는 62명이나 되는 왕들이 조공하느니라. 나는 열성적인 그리스도인이며, 나의 자비로운 나라에 있는 가난한 그리스도인들에게 구제품을 나누어주어 돕고 보호하노라. 나는 우리의 영광스

197) 수신인은 아마도 1118년에 서거한 알렉시우스 1세 콤네누스 황제였을 것이다.

198) (원주) Bibl. Orient. vol. iii. part ii. chap. ix. p. 490. 마르스덴(William Marsden, 1754-1836)는 영국의 동방학자이자 언어학자였다. 마르스덴이 그 편지가 진본이라고 주장한 것처럼 마르코 폴로도 사제 왕에 대하여 상세히 말하고 있다. 사제 왕 요한에 대해서는 마르코 폴로, 김호동 역주 『마르코 폴로의 동방견문록』 (사계절, 2000), 184-191.

러운 커다란 군대를 앞장서게 하여, 주님의 무덤을 찾아가려는 계획을 세우고 있으며, 그리스도의 십자가의 적들과 싸워서 이기길 원하노라. 그리스도의 존귀하신 이름이 은총과 높임을 받으실 지어다. 나는 인도의 세 왕국을 다스리노라. 나의 영토는 사도 도마의 시신이 놓인 인도의 끝에서부터 사막을 지나서 해가 솟는 곳까지, 그리고 그곳에서 다시 돌아서 바벨탑과 가까운 바빌로니아의 유적이 있는 지역까지 뻗어 있노라. 그리스도인이 거의 없는 62개 지방이 나에게 복종하고 있노라. 각 지방은 왕이 다스리고 있으며, 그 왕들이 모두 나에게 조공하노라. 나의 영토에서는 코끼리, 단봉낙타, 쌍봉낙타와 천하에 있는 모든 종류의 동물들이 있노라. 나의 나라에는 젖과 꿀이 흐르고 어디에도 해로운 것은 없노라. 이교도들이 사는 한 지방에는 인더스라는 강이 흐르느니라. 낙원에서 시작된 이 강물은 이 지방 전체를 관통해 흐르는데, 이 강에서 에메랄드, 사파이어, 다른 보석들을 발견하노라. 다른 지방에서는 후추가 매우 많이 자라고 있고, 그 땅은 뱀이 가득한 숲으로 덮여있노라. 이 숲은 올림포스 산기슭에 있는데, 마르지 않는 샘이 흘러나오고, 이 물은 다양한 향미를 머금고 있노라. 다음으로 건조한 모래 바다가 나타나노라. 광활한 사막으로 사흘 길을 가면 산악지대가 나오는데, 그곳에 가까이할 수 없게 만드는 급류가 흐르고 있노라. 이 급류가 큰 강을 이루고, 이곳에 사는 나의 백성들이 이 강으로 뛰어들어 매우 많은 양의 보석을 건져 올리느니라. 이 강 건너에는 유대의 여러 부족이 살고 있는데, 그들은 스스로 왕들을 세우기는 하였으나, 나의 노예이고 속국이니라. 내가 다스리는 다른 지방에는 건조한 지대 가까운 곳에는 우리말로 비단벌레라는 곤충들이 살고 있는데, 불 속에서도 살 수 있는 유일한 벌레니라. 이 벌레를 얇은 조직 같은 것이 감싸고 있는데, 마치 누에 속에 있는 벌레와 같도다. 궁녀들이 조심스럽게 이 누에같이 생긴 것으로부터 실을 뽑아내어 그것으로 나의 의복을 만드느니라. 이 의복은 센 불에 올려놓아야만 정결하게 될 수 있느니라. 나는 당신과는 격이 다르다고 믿노라. 왜냐면 부유한 정도나 백성의 수에서 모두 차이가 나는 이유 때문이니라. 내가 적들과 전쟁을 하겠다고 선포하면 13대의 전차와 13개의 금과 보석으로 장식한 크고 귀중한 십자가를 앞세우느니라. 한 개의 십자가를 만 명의 기병과 십만 명의 보병이 따르며, 이는 병참 일로 전쟁에 참여하는 사람의 숫자를 제외한 것이니라. 군대가 말을 타고 진군할 때, 내가 금이나 보석이나 다른 장식이 전혀 없는 십자가를 앞세우고 전진하는 것은 그리스도인이라면 언제나 주 예수 그리스도의 고난을 기억해야만 하기 때문이니라. 흙을 채운 금 그릇이 있는 것은 우리 육체가 온 곳인 흙으로 돌아가게 되리라는 것을 기억하려는 것이니라. 마지막으로, 금을 채운 은그릇이 있는 것은 모두에게 내가 주 가운데 주라는 것을 이해시키기 위함이니라. 나는 세상의 다른 왕들이 가진 재물을 합한 것보다 더 많은 재물을 가졌노라. 나는 해마다 바빌론 사막에 있는 예언자 성 다니엘의 묘소를 참배하노라. 내가 그곳을 향해 행차할 때는 뱀의 공격을 막기 위해 무장을 하느니라. 내 나라에서는 피를 보라색 염료로 사용하기 위해 물고기를 잡느니라. 나는 아마존Amazon들을 브라만들처럼 다스리노라. 내가 거하는 궁전은 인도의 왕 곤도포루스를 위해 성 도마가 지어준 궁전과 같은 것이니라. 궁전을 지은 목수의 솜씨가 가장 값진 것이고, 지붕은 화재를 피하려고 흑단으로 덮었노라. 궁전 꼭대기에 오르면 황금 지구본 두 개가 보이는데 그 꼭지에 홍옥을 꽂아놓은 것은, 황금은 낮에 빛을 발하고 홍옥은 밤에 빛을 발하게 하려는 것이라. 이 궁전에서 음식을 차릴 때 쓰는 식탁들은 금으로 만든 것도 있고 자수정으로 만든 것도 있는데, 식탁의 기둥을 상아로 만들었노라. 내 침실은 금은보석으로 장식하였고 언제나 발삼향을 태우는 향기로 가득하니라. 나의 침상은 사파이어로 만들었느니라. 내가 왜 사제라는 칭호를 받아들였는지 그 이유를 아는가? 이렇게 묻는 것은 당신은 신중한 인물이므로 놀라지 않게 하려는 것이라. 나의 궁전에는 많은 관리가 있는데, 그들의 품위, 역할, 호칭은 모두 교회의 위계를 본받은 것이라. 어떤 자들은 사제의 역할을 하기에 상좌에 앉기까지 하느니라. 따라서 창고지기가 대주교이며 왕이 되기도 하고,

술 따르는 자가 대주교이며 왕이 되기도 하고, 시종이 주교이며 왕이 되기도 하고, 장수가 대수도원장이며 왕이 되기도 하며, 주방장이 수도원장이며 왕이 되기도 하느니라. 그러나 나는 궁정에 가득 찬 이런 호칭들이 조금도 불쾌하지 않노라. 내가 낮은 호칭이나 계급을 가졌더라도 다 겸손함으로부터 나온 게 아니겠는가. 나의 나라는 한 방향으로만 가도 넉 달 길이며, 다른 방향으로는 어디까지 뻗었는지 아는 자가 아무도 없느니라. 그대가 바다의 모래알과 하늘의 별들을 헤아릴 수 있다면, 나의 영토가 얼마나 넓은지 헤아릴 수 있고, 내가 얼마나 큰 권세를 지녔는지 짐작하게 되리라."

여기까지가 사제 왕 요한이 [비잔틴의] 콤네누스 황제에게 보냈던 거만하고 과장된 편지이다. 비슷한 문체로 작성된 여러 장의 편지가 여러 시대에 걸쳐 비잔틴과 신성로마제국 황제들, 프랑스 왕에게, 심지어 포르투갈 왕에게까지 보내졌다.[199] 이런 흥미로운 문서들에는 앞서 본 것처럼, 사제 왕이 자신의 큰 능력에 대해 과시하는 이야기가 들어있다. 그러나 우리가 확인할 수 있을 만큼 그 영토의 위치를 알려주는 충분하고도 정확한 내용은 들어있지 않았다. 그럼에도 불구하고 모든 사람은 사제 왕 요한이라는 인물의 실재를 확신하고, 그가 세운 나라를 동경하는 것이 공통된 토론의 주제였다. 사람들의 흥미로운 상상 속에서, 사제 왕의 나라는 당대의 이상적인 낙원이었다.

교황 알렉산더3세가 사제 왕에게 보낸 서신

사제 왕의 명성이 날로 높아지자 교황 알렉산데르 3세는 [1177년에] 사제 왕

199) (원주) Alberic, Chronicon, p. 345.

에게 서신을 보냈다.[200] 이 서신에서 교황은 그를 "인도의 왕이며, 사제들 가운데 으뜸인 자"라고 불렀다.[201] 교황은 이 편지의 앞부분에서 자신이 성 베드로의 후계자로서 우위를 가지며, 교회의 업무를 관장하도록 그에게 부여된 권위를 과시하고, [가톨릭교회] 교리의 요점을 밝힌다. 그리고 교황의 주치의로 헌신하고 있는 '교사 필립'이라는 사람에 대해 말한다. 필립은 동방에 있는 권세 있고 뛰어난 사람들로부터 사제 왕 요한이 가톨릭교회의 교리를 배우고자 한다는 연락을 받았다. 따라서 교황 알렉산데르 3세는 스스로 그리스도교인이라고 부르는 사람들이 참된 가톨릭 신앙을 갖는 것이 매우 중요한 일임을 보여주고자 했다. 이에 교황은 사제 왕 요한에게 잘못을 회개하고, 교사 필립을 전적으로 믿으라고 하였다. 교사 필립이 회개가 없이는 "아무도 구원의 소망이 없다"는 그리스도교 신앙의 원리를 설명하여 줄 것이라고 말했다.

교황 알렉산데르 3세가 보낸 편지의 개요는, 사제 왕 요한과 그 방대한 제국에 사는 백성들이 [가톨릭교회의] 정통적인 신조를 고백하지 않는다는 사실을 알려준다. 실제로 당시의 모든 역사서는 사제 왕의 백성들이 네스토리우스파라는 이단에 오염되었다고 말한다. 일찍이 1143년 아르메니아 교회의 특사 가발라Gabala 주교가 교황 에우제니오 3세에게 다음과 같은 보고서를 올렸다.[202] 이 고위성직자는 "몇 해 전에 페르시아와 아르메니아 너머 동방의 끝에 사는 요한이라는 왕이, 네스토리우스파를 따르는 백성들과 함께 자신이 왕이며 사제라고 칭하며 메디아와 페르시아를 상대로 전쟁을 벌였다.[203] 그는 엑바

200) 알렉산더 3세(Alexander III, 1159-1181)는 볼로냐 출신의 제 170 대 교황이었다. 교황권이 신성로마제국과 다투던 기간에 재위했다.

201) (원주) 이 두드러진 인물을 어떤 나라에서는 속담에 나오는 인물로 표현하면서 기억하고 있었다. 예를 들면, 독일에서는 행복하게 살고 있는 사람을 말할 때 "Er lebt so vergnugt als wörre er in der Priestes Johannes Land"라고 표현하였다. 그 사람이 마치 사제 왕의 나라에 사는 것처럼 행복하게 살고 있다는 뜻이다.

202) 에우제니오 3세(Eugene III, 1145-1153)는 제 167 대 교황으로 에데사가 무슬림에 의해 함락되자 제 2 차 십자군 운동을 주창했다.

203) (원주) Othoni, Freising. Chronocon, ch. xxxii. p. 146. 프라이징의 이야기는 Chrinique d'Alberii, p. 307에도 실려 있다.

타나에서 적군을 포위해 완전히 무찔렀다"[라고 보고했다.][204]

한편 쟈크 드 비트리[205]는 "네스토리우스파는 그들의 교리로 동방의 반 이상을, 특히 저속하게도 사제 또는 사제 왕이라 부르는 강력한 왕이 다스리는 제국을 매우 오염시켰다."고 말했다. 마지막으로 매튜 패리스는 1237년 도미니크회 수도사들보다 먼저 팔레스타인에 갔던 필립 수사에게서 네스토리우스파가 사제 왕의 왕국인 인도와 더 멀리 있는 동방에서 위세를 떨치고 있다는 내용의 서신을 받았다고 말했다.[206] 이 모든 자료를 살펴보면, 유럽의 여러 그리스도교 왕국에서 지대한 관심을 가졌던 사제 왕 요한이 실존했던 인물이었다고 추론해 볼 수 있다. 그는 동아시아에 존재했던 강력한 왕으로 백성들과 함께 네스토리우스의 신앙을 고백했고, 이 네스토리우스교는 오랫동안 이 나라에서 활발하게 전파되었다고 여겨진다. 이러한 사실은 역사의 증언과 여행자들의 매우 정확한 기록이 존재하기 때문에 의심할 여지가 없다.

11세기 케레이트 부족의 집단개종과 '사제 왕 요한'의 전설

서양에서 사제 왕 요한에 관한 소문이 처음 돌기 시작하던 시기에, 동아시아에서 많은 사람이 그리스도교로 개종하는 일이 벌어졌다는 확실한 증거가 있다. 11세기 들어서 첫해에, 몽골의 칸 한 명이 그가 다스리는 20만 명의 사람들과 함께 세례를 받았다. 총대주교 마리에 따르면 이때의 상황은 다음과 갈

204) 엑바타나(Ecbatana)는 기원전 8세기부터 메디아의 수도였다. 아스티아게스 왕이 통치하던 기원전 549년, 페르시아 키루스 대왕이 점령하여 페르시아 제국의 영토가 되었다. 아스티아게스는 키루스 대왕의 외할아버지였다.

205) (원주) Hist. Hierosl., I, 1. c. lxxvi.

206) 매튜 패리스(Matthew Paris, 1200-1259)는 영국 베네딕트회 수도사이며 역사학자였다. (원주) Matthew Paris, Hist. p. 440.

다.[207] 중국 만리장성 북서쪽 고비 사막 너머에 몽골의 상당한 세력을 가진 케레이트Kéraite라는 부족이 살고 있었다. 어느 날 이 부족의 왕이 사냥을 하다가 눈으로 뒤덮인 험한 산중에서 오랫동안 노란색 양과 야크를 쫓다가 길을 잃었다. 한동안 애써 길을 찾았으나 찾아낼 수 없었다. 사람이 살았던 흔적도 없는 외딴곳을 헤매다가 낙심한 채 주저앉아 있는데 막연한 두려움이 몰려왔다. 이 순간 신비한 인물이 나타나 이런 말을 하였다. "네가 예수 그리스도를 믿겠다고 하면, 너를 이 위험에서 구해내어 길을 보여주리라." 케레이트 부족의 왕은 이런 유령의 출현에 매우 놀랐고, 그리스도교를 받아들이겠다고 약속하였다.[208] 당시에는 이미 그의 백성들 가운데 그리스도교 신자들이 상당히 많았다. 왕이 약속을 하자마자 이 신비스러운 인물은 왕을 올바른 길로 데려다주고는 갑자기 사라졌다. 자신의 캠프로 돌아온 왕은 당장 가까운 신하들에게 일어났던 일을 말하고 그리스도를 믿겠다는 약속을 지킬 거라는 결심을 알렸다. 당시 그 나라에는 서방에서 온 그리스도인 상인들이 많이 드나들었고, 왕은 그들을 불러 그리스도교에 관한 내용을 들려달라고 했다. 이 몽골 칸은 그리스도교의 교리를 살피고 나서 자기 백성 20만 명과 함께 세례를 받았다.

마리 총대주교는 자신이 쓴 연대기에 이렇게 덧붙였다. "그[케레이트 부족의 왕]는 제단을 만들고, 그 위에 십자가와 복음서를 놓은 후에, 제단을 성 세르기우스St. Sergius에게 바쳤다. 그는 주기도문 성가와 기도문을 배웠는데, 기도문은 '주, 만물의 주인이신 당신께'로 시작한다."[209] 우리가 총대주교 마리에게서 들은 이야기는 당시의 여러 기록에도 나오는 이야기이다. 이것이 바로 아볼

207) 마리(Mari II, 987-999)는 바그다드 시대의 동방교회 총대주교였다.

208) 이 '케레이트 부족의 왕'은 마르쿠즈 칸(Marghuz Khan)으로 알려져 있다. 1007년 부족과 함께 집단 개종한 마르쿠즈 칸의 손자 토그릴(Toghril, 1131-1203)이 유럽에서 '사제 왕 요한'으로 알려졌다는 설이 있다.

209) (원주) "Tibi Domine Universarum," etc. 이 기도문은 셀레우키아 대주교이며 순교자인 성 시메온이 작곡하였다. 이 곡은 지금도 칼데아교회 예배에서 사용하고 있다. Assemani, Bibl. Orient, vol. iii. part ii, p. 496.

파라게가 『동방 여러 왕조의 역사』란 책에서 주제로 삼은 내용이기도 하다.[210)]

동방교회 총대주교 요한 5세는 호라산의 도시 메르브Merv 대주교 에베드-예수Ebed Jesu에게서 다음과 같은 편지를 받았다.[211)] "터키 내륙 북동쪽에 사는 케레이트라 불리는 부족의 왕이 하루는 눈으로 뒤덮인 자기 영토 안에 있는 어떤 산에서 사냥을 하다 길을 잃었습니다." 이 몽골 칸이 놀라운 대화를 하였다고 하면서, 메르브 대주교는 말하길, "케레이트 부족의 왕은 제게 [편지를 보내] 직접 찾아와 달라고 말했습니다. 그리고 제가 직접 가서 그에게 세례를 줄 수 없다면, 다른 사제를 보내 달라고 적었습니다. 왕은 '저희에게는 젖과 고기 말고는 다른 음식이 없는데, 그렇다면 어떻게 금식을 해야 합니까?'라고 하며 금식에 관해서도 물었습니다. 그는 20만 명이 자기를 따를 준비가 되어있다고 말했습니다." 그러자 총대주교 요한은 답신에서 메르브 대주교가 그 왕에게 사제 둘과 부사제 둘과 함께 축성한 세례 용기를 딸려 보내어 개종을 원하는 모두에게 세례를 주고, 또 [그 부족에게] 그리스도교 예전을 가르치는 것이 바람직하다고 적어 보냈다. 그리고 대주교에게 그들은 [젖과 고기 말고는] 다른 음식이 없다고 하였으니, 그 부족에게 사순절 기간에 젖은 마시되, 육식을 먹는 것은 자제하는 방법을 반드시 알려주라고 명했다.

비록 아시아 내륙에 사는 많은 사람에게 복음을 아는 지식이 전해 진 역사에 대한 확실한 근거를 제시하지는 못했지만, 케레이트 부족이 11세기 첫해에 (앞부분에) 그리스도교로 개종한 것만은 확실하다. 그리고 이 점에 관한 한 동방학자들의 의견은 같다.[212)] 네스토리우스파는 지금까지 여러 차례 언급한 것처럼,

---

210) (원주) Chron. Sy. vol. ii, p. 445.

211) 요한 5세(John V, 1000-1011)는 바그다드 시대의 동방교회 총대주교였다.

212) (원주) d'Ohsson's History of the Mongols, vol. I. p. 48 참조.

심지어 이보다 앞선 시대에도, 몽골의 여러 부족에게 그리스도교를 전파하였다. 그러나 강력한 왕국에서 20만이나 되는 백성들이 장엄한 모습으로 세례를 받고 개종하는 멋진 일은 그리스도교 세계에서 굉장한 센세이션을 일으킨 사건이었다. 네스토리우스파는 아시아 전역에 이런 귀중한 개종에 대해 널리 알리고 그 중요성을 크게 과장하여 그들의 복음전파를 촉진 시킬 기회를 놓치지 않았다. 여행자들은 이 이야기를 듣고, 여기에 수천 가지 이야기를 임의로 덧붙여서, 긴 여행을 하면서 이곳저곳에 퍼뜨렸다. 십중팔구 300년이 넘는 세월이 흐르면서 실제로 있을 법한 사제 왕 요한과 그의 그리스도교 제국의 원래 이야기는 동서양 모든 민족이 흥미를 느끼면서 널리 퍼져 나갔다. 케레이트 부족은 그들에게 전해진 그리스도교 신앙을 오래 간직하였다. 그런 와중에 그들의 세력은 엄청나게 커졌다. 아시아 대륙을 전율 속으로 몰아넣은 혁명의 와중에서, 이 부족이 맡은 중요한 역할은 사제 왕 요한의 왕국의 엄청난 명성을 어느 정도 정당화해주는 일이었다.

1046년, 케레이트 부족의 왕이 개종한 지 45년째 되는 해에 후계자들 가운데 하나가 여러 이웃 부족을 지배하게 되었다. 이 승리한 군사들은 카슈가르 Kashgar까지 진격하였다. 몽골이라는 이름이 아시아 여러 나라에서 사람들에게 전해짐과 더불어, 이들에 대한 공포감도 확산되기 시작했다. 사마르칸트 대주교는 전투 현장에서는 좀 떨어져 있었으나 몽골 케레이트 부족의 군대가 아무런 저항도 받지 않고 행군하고 있다는 내용을 담은 급보를 동방교회 가톨리코스에게 보냈다.[213] 대주교의 이 편지는 바그다드 칼리프의 궁전에서 아랍 부족장들이 모인 가운데 낭독되었다. [아래는] 사마르칸트 대주교의 편지 내용이다.

213) 당시 가톨리코스의 성청은 바그다드에 있었고, 총대주교는 엘리아 1세(1028-49)였다.

"메뚜기 떼와 같이 헤아릴 수도 없이 많은 사람이 마음대로 티베트와 호탄의 경계인 산맥을 넘어 통로를 열었습니다.[214] 고대 역사가들에 따르면, 호탄은 알렉산더 대왕이 세운 문들이 있는 곳입니다. 이들은 호탄에서 카슈가르로 침투하였습니다. [이들의] 왕은 모두 일곱 명인데, 왕마다 70만 명의 기병을 거느리고 있습니다. 이들 가운데 첫째 왕을 나자라트Nazarath라고 하는데, '하느님이 임명한 부족장'이라는 뜻입니다. 이들은 인도인처럼 얼굴이 갈색입니다. 그들은 얼굴을 씻지 않고 머리를 자르는 대신 땋아서 정수리에서 왕관 모양으로 두 가닥으로 묶습니다. 이 머리는 투구의 역할을 합니다. 활 솜씨가 대단하며, 먹는 음식은 간소해서 몇 개 되지 않습니다. 이들은 무엇보다 정의와 인간애를 실천합니다. 이들은 말에게 생고기를 먹입니다."

이 내용을 듣고, 아랍 부족장들 사이에 큰 소란이 일었다. 족장 하나가 일어서더니 이 편지에는 믿을 수 없는 내용이 들어있어서 신뢰할 수 없다고 했다. 그러자 다른 족장이 자기에게 아랍 말이 한 필 있는데 그가 이 말에게 쇠고기와 양고기를 늘 먹이고 있으니, 결과적으로 사마르칸트 대주교의 주장을 의심할 이유가 없다고 답하였다.[215]

몽골 케레이트 부족이 아시아 서쪽으로 전진한 것은 앞으로의 세력 확대와 거대한 정복의 시작에 불과했다. 이 케레이트 부족은 계속해서 거칠고 힘센 부족들 속으로 침투했다. 이 그리스도인의 세력은 저항할 수 없는 큰 힘을 가지고 복음을 전했다. 이것은 심지어 광적인 열성을 지녔던 이슬람도 하지 못했던 일이다. 12세가 중반에 사제 왕 요한이라고 지목되었던 케레이트 왕들 가운데 한 명이 페르시아와 메디아의 군주들을 상대로 맹렬한 전쟁을 치른 끝에,

214) (원주) Aboulfarage, Chron. Syr. dans Assemani, vol. iii. part ii. ch. lx. p. 488.

215) (원주) 북경에서 티베트의 수도인 라사까지 가는 긴 여행길에서, 우리는 제 눈으로 말이 낙타의 생살 조각을 왕성한 식욕으로 게걸스레 먹는 것을 보았다.

두 제국의 수도인 엑바타나를 급습하였다.[216] 그리고 마치 급류가 밀려오듯 파괴적인 진격을 계속하여 마침내 티그리스 강가에 진을 치게 되었다. 왕은 그의 의기양양하고 지칠 줄 모르는 부대가 강을 건너도록 준비시키면서, 시리아와 팔레스타인의 그리스도교인들에게 도움을 청하러 왔다. 그때 갑자기 알 수 없는 장애물로 인해 진행이 막혀서, 가던 길을 멈추고 그의 군대를 몽골의 건조한 모래사막으로 후퇴시켰다.[217] 사람들은 이 왕이 교황 알렉산더3세, 프랑스 왕, [신성로마제국] 황제에게 매우 거만한 서신을 써서 보낸 인물이라 여긴다.

옹 칸[토그릴]Ung-Khan은 케레이트 왕국을 다스린 마지막 군주였다.[218] 그는 선왕들이 물려준 권력을 넓히고 강화한 뒤에 그 절대 권력을 몽골의 수많은 무리에게 행사하다 나중에는 테무진Temoutchin이라는 만만치 않은 부족장과 충돌하기에 이르렀다. 두 사람은 서로 경쟁을 하면 서로에게 상처를 입히거나 자신에게 치명적일 것이라는 점을 감지하고 동맹을 맺고, 자신들의 피를 섞은 마유주를 한 잔 나누어 마시는 의식을 통하여 이를 공고히 했다. 그렇지만 이들의 우정은 처음의 맹세처럼 오래가지 못했다. "달든지 쓰든지" 가리지 않고 나누겠다는 약속은 곧 깨어져 버렸다.[219] 실제로 두 사람 사이에 해묵은 경쟁의식이 되살아나 결국 큰 싸움을 준비하게 되었다. 양측의 군대가 싸울 태세를 갖추자, 테무진은 싸움판이 열리면 언제나 동반하는 점쟁이들을 불러 전투가 어떻게 끝나게 될지 물었다. 점쟁이들은 대나무 통을 가지고 반으로 쪼개어 한 조각 위에 테무진이라는 이름을 쓰고 다른 조각 위에는 옹 칸(토그릴)의 이름을 적은 후, 이 대나무 조각들을 무리의 한 가운데로 던졌다. 전하는 바에 따르

---

216) 메디아(Medes)는 이란 북서부에 있었던 고대 국가. 오늘날의 케르만샤 일부와 아제르바이잔, 하메단, 테헤란, 쿠르디스탄 지방을 가리킨다. 기원전 549년 경 페르시아의 키루스 대왕에게 복속 당했다.

217) (원주) Ottoni's Chron. ch. xxxiii. p. 146.; Alberni Chron. pp. 307-8.

218) 토그릴(Toghril, 1175-1203/04)은 옹 칸(王汗, Ung-Khan)으로 케레이트 몽골 부족의 마지막 부족장.

219) 몽골인들은 맹세할 때 "달거나 쓴 것"을 나눈다는 약속을 서로에게 한다.

면[220], 이렇게 두 대나무 조각을 던지고 나서 점쟁이들이 주술적인 기도를 드리자 곧바로 스스로 움직이더니 싸움 비슷한 것을 시작하였다고 한다. 몽골 부족장들은 마음 졸이며 그 과정을 지켜보았다. 마침내 테무진의 대나무 조각이 옹 칸의 조각에 가로질러 놓이면서 움직임을 멈추었다. 마르코 폴로는 이러한 상황은 테무진의 군대에게 좋은 징조라 하였다. 확신과 용기에 찬 테무진은 케레이트 군대를 향하여 진격하였다. 옹 칸은 패주하다가 테무진 휘하의 장교의 칼에 맞아서 목숨을 잃었다.[221] 1208년, 이것으로 사제 왕 요한의 왕국과 케레이트 부족의 권력은 사라져버렸다. 우리가 잘 알고 있는 대로 몽골의 주요 부족장들은 지금과 마찬가지로 칸이라는 칭호를 가지고 있었다. 칸은 후두음이어서 제대로 발음하기 어려운데, 몽골 부족장과의 관계를 말하고 싶어 하는 서양 여행자들이 이 발음을 하기 어려워했다. 이 여행자들은 번갈아 가며 찬Chan, 차안Caan, 간Ghan, 게한Gehan, 그리고 마침내 요한John이라고 적었는데, 거친 몽골어 발음이 만들어내는 마지막 소리(요한)가 그들에게 한층 편안한 느낌을 주었다. 중세에는 그리스도교로 개종한 지 얼마 안 되는 군주의 이름에 사도의 이름을 붙여주던 일이 흔했기 때문이다. 물론 케레이트 부족의 모든 칸은 같은 호칭을 썼으므로 '사제 왕 요한'이라는 변하지 않는 호칭이 믿기지 않을 정도로 장수를 누렸다고도 볼 수 있다. 유럽인 여행자들은 이때부터 적어도 2세기 동안 아시아 지역을 오가며 사제 왕 요한을 끊임없이 만나고 싶어 했다.

이런 왕들[케레이트의 칸 같은]이 사제 왕이라는 호칭에 어울리는 사제의 성품을 갖고 있었다고 여겨지지는 않는다. 이는 아마도 동방의 군주들 사이에 공통적인 관행이었던, 한 사람이 현세와 영적인 권위를 가지는, 동시에 국가 정치와 종교의 우두머리라는 뜻으로 주어진 호칭이었을 것이다. 아시아는 늘 왕

220) (원주) Voyages de Marco Polo, published by the Société de la Géographie, ch. liii. p. 349.

221) 토그릴은 테무진의 병사가 아니라 이웃한 나이만 부족의 병사에게 피살되었다. 크리스토프 바우머, 안경덕 역 『실크로드 기독교: 동방 교회의 역사』 (일조각, 2016), p. 358 참조.

궁의 사제들에 의해 다스려지는 나라들이었다. 따라서 이런 군주들이 자신을 '천자天子'라고 부르는 일은 매우 흔한 일이었다. 이들은 실제로 종교문제를 규제하고 신앙의 쟁점들을 해결하였을 뿐 아니라, 지방, 도시, 강, 산, 숲의 수호신을 임명하기도 했다. 케레이트의 칸들은 그리스도교를 받아들였기 때문에 아시아적인 관행을 수용하고자 사제의 위엄을 가진 명예직으로서 이 칭호를 사용하였을 것이다. 실제로 사제 왕 요한은 콘스탄티노플 황제에게 보낸 기이하기 짝이 없는 서신에서 사제 왕의 궁정 전체가 교회의 위계질서를 받아들여, 시종, 술 심부름꾼, 마부 등을 수도원장, 주교와 대주교라는 호칭으로 불렀다고 하였다. 또 비슷한 시대에 티베트에서 라마들의 위계 제도와 탈레-라나Talé Lana라는 신정체제가 등장하였다는 사실도 눈여겨 볼만한 일이다. 이러한 놀라운 사실들을 이성적으로 생각해본다면, 이 모두는 동아시아에서 전파된 네스토리우스파의 영향 때문이라는 결론에 도달하게 된다. 이 모든 일을 살펴보면서 우리는 유명한 사제 왕 요한이 바로 네스토리우스파 선교사들이 13세기 초까지 활발한 선교 활동을 펼쳤던 지역인 몽골의 케레이트 부족의 칸이라는 결론에 이르게 되었다. 우리는 이 부족이 사는 땅에서 다음 시대가 남긴 그리스도교의 흔적도 보게 된다. 사제 왕 요한의 왕국인 케레이트를 해체하여 흡수해버린 위대한 정복자 테무진은 [역사 속으로] 사라졌고, 유럽인들의 상상 속에서만 존재한다. 그렇지만 중세 시대 서방에서 온 여행자들은 열정적인 호기심으로 이 뛰어난 통치자인 사제 왕을 계속해서 찾아 나섰다. 그리고 그리스도교를 믿는다고 말하는 왕을 만날 때마다 그곳이 인도이건 아비시니아(에티오피아)건 가리지 않고, 자신들이 마침내 '사제 왕 요한'을 찾아냈다고 선언했다.

제 4 장

칭기즈칸의 등장과 중세 유럽의 몽골 대응

제 4 장

칭기즈칸의 등장과 중세 유럽의 몽골 대응

몽골의 군주 칭기즈칸의 등장

몇 해 전 한 프랑스 선교사가 몽골 대초원을 가로지르는 캐러밴의 뒤를 따라가고 있었다. 이 캐러밴은 중국산 물품을 잔뜩 싣고, 시베리아 접경에 있는 캬흐타Kiakhta로 가는 중이었다. 하루는 이 대열이 광활한 평원에서 가던 길을 멈추어 섰다. 그곳은 아무르Amur 강의 큰 지류 가운데 하나인 오논Onon 강의 발원지에서 그리 멀리 않은 곳이었다. 유목민 목동들이 찾아낸 야영장은 넓은 들판이었다. 그 위를 뒤덮고 있는 풀숲에 바람이 휩쓸고 지나가면서 술렁이는 모습은 마치 바다를 떠올리게 했다. 지평선에 걸린 산줄기들은 노랑 물감을 풀어놓은 듯 멀리서 사방을 둘러싸고 있었고, 만년설로 뒤덮인 봉우리들은 햇빛을 받아 반짝거렸다. 어둠이 깔리기 직전, 목부들이 들판에서 풀을 뜯던 수많은 낙타를 야영장으로 다시 끌고 왔다. 목부들은 낙타들을 나란히 앉혀서 야영장을 동그랗게 감싸는 모양새를 갖추었다. 그런 뒤에 관습에 따라 저녁 식사를 준비하기 시작하였는데, 차를 좀 더 제대로 만들려고 버터와 소금과 함께 기름 덩어리인 양 꼬리나 낙타의 혹의 조각을 넣었다. 몽골식 스프가 조리되기를 기다리는 사이, 고비 아이들은 중국 담배를 피워대면서 끝없이 좋아하는 수다를 떨었다. 캐러밴의 대장이 프랑스 선교사를 향해 입을 열었다.

> "수사님, 이 멋진 초원을 보세요. 초원을 둘러싸고 있는 저 험준한 산들을 보세요. 저 산에서 방금 우리가 낙타들에게 물을 먹였던 곳이 오는 강의 근원입니다. 이 모든 나라는 우리를 위한 영광과 성스러움을 되새기게 하는 것들로 가득합니다. 여기가 바로 몽골제국의 요람입니다. 박식한 라마교인 한 분이 시작은 미미하였던 우리 조상들이 어떻게 세계의 주인이 되었는지, 우리가 이름도 정확히 모르는 나라들을 어떻게 지배하게 되었는지를 즐겨 말씀해 주셨어요. 그러한 옛날에는 몽골족은 모두가 병사였고 그 숫자도 엄청나게 많았대요. 그러나 수사님. 지금은 보시다시피 사방에 커다란 고독만이 있는 곳에서 이 칭기즈칸과 티무르의 후예들이 유랑하는 목동 신세가 되었네요."

이 캐러밴 대장은 자신의 조상들이 겪었던 큰 전쟁의 대서사시와 같은 장엄함에 대한 묘사를 제대로 할 수는 없지만, 자기 나라가 예전에 권력을 가졌었다는 생각이 혼란스럽다고 말했다. 그러나 지금은 몽골인들이 아르갈을[222] 피어놓고 나른하게 누워 장죽을 빨고 있는 들판, 즉 낙타들이 사막의 풀을 평화스럽게 되새김질하고 있는 바로 이 장소가, 600년 전에 자신의 동족들이었던 지칠 줄 모르고 대담하고 충동적인 전사들이 한때 전장을 누비면서 세계정복을 꾀하던 바로 그 장소였던 것만은 완벽한 진실이라고 말했다.

1206년 봄, 옹 칸이 죽고 케레이트 왕국이 망하자 테무진은 부족장 회의인

222) 아르갈(argols)은 가축(주로 소)의 분비물을 말린 것으로 몽골에서는 연료로 사용한다.

쿠릴타이Quriltai를 소집하였다. 회의는 오논 강의 근원과 가까운 곳에서 열렸는데, 평원에는 수많은 천막이 드리어지고 부족을 표시하는 형형색색의 깃발들이 천막 위로 나부꼈다. 깃발 뒤로 수많은 몽골 기병들이 도열해 있었다. 험악하고 혈기 왕성해 보이는 전사들이 앞뒤로 내달리면서 쉰 목소리와 투박한 말투로 서로를 불러댔다. 이상한 복장과 강인하고 사나운 모습과, 회의에 대한 모든 면이 굴복하지 않는 오랑캐의 특성을 드러냈다. 군영 중앙에 긴 창 모양의 군기가 꽂혀 있었는데, 거기에는 흰색 야크의 꼬리 일곱 개가 잇달아 붙어 있었다.[223] 이 반쯤 야만적인 부족들의 총수인 테무진이 모습을 드러내자, 참석자들 모두가 숨을 죽였다. 이때 테무진의 나이는 44세였다. 누구도 거역하지 못하는 명령을 내리는 단호한 기질과 수많은 격렬한 전투에서의 경험 때문에 거무스름한 얼굴에는 거만하고 냉철한 표정이 깃들어 있었다. 강철 같은 의지, 오랜 가난과 고난으로 다져진 각진 얼굴과 무장한 모습은 군대에 있는 그의 동료들에게 존경심을 일으켰다. 테무진은 하늘이 내려준 뛰어난 지적 능력을 지니고 있었다. 그러나 사람들이 존경하는 것은 그의 강건한 모습이었다. 즐거운 기분으로 그가 춤추게 만든 이 야만족 무리는 그를 야수 같은 힘과 물리적인 능력을 지닌 군대의 지휘관으로 보았다.

테무진의 위업을 일찍부터 기리기 시작했던 몽골의 시인들은, 테무진의 군사로서의 천재성을 말하지 않고 오히려 그의 우렁찬 목소리와 사람의 몸을 화살 부러뜨리듯 두 조각내는 곰의 발같이 강한 그의 손의 힘을 노래했다. 시인들은 테무진이 밤에 큰 나무의 등걸에 불을 지피고 누었다가 자신에게 불붙은 나뭇가지가 덮친다고 해도, 이를 벌레의 침 정도로 여길 수 있는 까닭이 무엇이었는지를 노래하였다. 테무진은 바로 몽골 부족장 회의를 주재하는 사람이

223) (원주) 이런 군기를 한자로는 '旗'라 하며, 투르크어의 군기 'Toug'에서 파생된 것이다. Cuvier는 긴 털과, 말처럼 긴 꼬리를 가진, 작은 들소의 일종인 야크의 꼬리로 만들었는데, 야크의 원산지는 티베트이다. 이런 유의 군기는 투르크족이 처음 만들었고 지금도 사용하고 있다. Regne Animal, vol. I. p. 270.

었다. 테무진은 호랑이와 여우의 가죽으로 감싼 용좌와 비슷한 것에 앉았는데, 이는 마치 몽골의 군사들이 교묘하고 잔인하게 정복했음을 과시하려는 것 같았다. 그러자 노란색의 긴 옷을 입은 노인 하나가 앞으로 나왔다. 그의 얼굴에는 열정이 가득했다. 바로 '보우트 텡그리Bout-Tengri'즉 '신의 형상'이라는 뜻의 이름을 가진 유명한 점쟁이였다. 그는 오직 천신Khormusta에게서 받은 영감에 따라 입을 열었고, 그의 입을 통해서 나오는 말은 모두가 신탁神託이었다. 이런 인물이 테무진을 상대로 엄숙한 연설을 시작하였다. 그는 말하기를, 여러 왕국을 점령하고 파괴한 뒤에 테무진은 구르칸Gur-Khan, 즉 '칸 중의 칸' 또는 '우주적인 칸'이라는 호칭을 지니게 되었다.[224] 그러나 이 호칭은 영광을 가리고 그가 가진 능력을 제대로 표현하지 못하기에, 하늘은 그에게 '칭기즈칸'이라는 칭호를 갖도록 명하였다.[225] 곧 '강자들의 칸'이란 뜻이다. 보우트 텡그리가 말을 끝내자 엄청난 함성이 군영에 가득했고, 몽골인 모두가 한목소리로 "칭기즈칸, 만세"를 연호했다.

칭기즈칸, 곧 '강한 자의 왕'은 예전에는 몽골에서 가장 고지대인, 바이칼 호수 남동쪽, 바로 오논 강, 헤를렌 강, 토올 강이 발원하는 매우 혹독한 기후에서 가축 떼를 몰고 유랑하는 매우 가난한 부족의 족장이었다. 그랬던 그가 사나운 무리를 하나의 깃발 아래 모아서, 이들을 동원해 천하를 약탈하는데 걸린 시간은 기껏해야 몇 년밖에 되지 않았다. 칭기즈칸이 성공할 수 있었던 이유는 그의 강한 의지, 천부적인 기지, 모든 전략을 구사하였기 때문이었고, 이 때문에 그는 끝까지 성공을 향해 나갈 수 있었다. 그는 교활함과 배신으로 언제나 호전적인 활동을 보충할 태세를 갖추고 있었다. 칭기즈칸은 결코 인간성을 무시하지 않았고, 결코 군대를 자신의 계획을 수행하는 것 외에 일에는 야심적인

224) 구르(Gur)는 몽골어에서 "전체"라는 뜻이다.

225) 칭(Chin)은 몽골어에서 "강하다"란 뜻이고, 기즈(ghis)는 복수複數를 의미하는 접미사이다.

활동을 펼치지 않았다. 유목민의 무리가 항상 군인으로서 살아야 했기 때문에, 그들의 가재도구를 모두 가지고 다녀야 했고, 소와 말을 먹일 초원이 보이면 어디서든 먹고 살 수 있었다. 칭기즈칸의 군대는 그가 도입하였던 엄격한 훈련 때문에, 호전성과 기동성 면에서 다른 어떤 나라의 뛰어난 군대에 비해 모자람이 없었다.

무자비했던 칭기즈칸의 정복 전쟁

칭기즈칸이 몽골 여러 부족을 지배하는 데 성공하고 다른 제국들을 "풀을 갈기갈기 찢듯이" 전멸시켰던 것은 이런 [막강한 전력을 가진] 몽골군이 있었기 때문이었다.[226] 칭기즈칸은 전부터 몽골족이 조공을 바치던 중국 북부의 나라에 무릎을 꿇지 않고, 무수한 기병들의 말머리를 이 제국(금나라)으로 돌려 돌격해 내려가면서 황하강의 제방을 완전히 파괴하였다. 칭기즈칸은 엄청난 전리품을 챙긴 후, 중국을 공략하는 것을 잠시 중단했다. 이는 다른 정복 전쟁에 뛰어들기 위해서였는데, 결국 중앙아시아를 지배하게 되었다. 그는 트란스옥시아나, 호라산, 페르시아를 황폐화했다. 그의 군대 중 일부는 남송을 파괴했고 다른 부대들은 [인더스 강 하류의] 신드Sinde와 유프라테스 강 유역에서 약탈을 자행하면서, 그루지야를 거쳐 흑해 북쪽 해안까지 진출하였다. 그들은 크리미아로 쏟아져 들어갔으며, 러시아 일부는 잿더미가 되었다. 볼가 강 상류에 사는 불가리아 인들도 공격을 당하였다. 몽골군의 파괴적인 진격으로 서아시아 나라들 가운데 비잔틴제국도 공포에 휩싸였다. 니케아 황제 요하네스 3세 두카스 바다치스는 수비군을 재정비하였고, 몽골군이 매우 잔혹하다는 소문으

226) (원주) "역사가 시작된 이래 당시의 몽골제국만큼 강력한 나라는 없었다. 몽골은 풀을 헤집듯이 다른 제국들을 전멸시켰다. 하늘이 어찌 이런 일을 허용하였는가?" Toung-Kien-Kan-Mou, Annals of China.

로 공포에 사로잡혔던 비잔틴제국의 백성들은 이 정복자들이 개의 머리를 갖고 인육을 생으로 먹는다는 말을 믿었다.[227] 칭기즈칸의 흉포한 병사들이 야기한 공포감이 너무나 커서, 칭기즈칸의 병사들 자신들도 피정복자들이 시달린 끔찍한 공포에 죄책감을 느끼게 될 정도였다. 공격받은 도시들 중 특히 몽골군에게 오랫동안 저항했던 도시는 믿을 수 없는 만행을 당해야만 했다. 호스로우 Chosrau가 다스리던 호라산의 니샤프르Nishapur를 점령한 몽골군은 도시에서 발견한 모든 생명체, 심지어 개와 고양이까지도 전부 학살했다. 대학살은 나흘 동안이나 이어졌다. 칭기즈칸의 아들 툴루이Tolui는 메르브에서 학살이 자행되는 동안 시체 밑으로 숨어서 목숨을 건진 사람들이 있다는 말을 듣고는, 모든 희생자의 머리를 베라는 명을 내렸다. 시신이 산처럼 쌓였다. 남자, 여자, 어린애들의 머리를 각기 구분하여 쌓아놓았으며, 보름 동안 도시는 구석구석까지 남김없이 파괴되어 건물 흔적만 남았다.[228]

무조건 항복한 도시들에 대하여는 잔혹함의 정도가 조금 덜했다. 아랍 역사가들은 바그다드가 포위되었을 때, 이슬람 지도자들과 귀족들로 구성된 대표단이 칭기즈칸을 만나러 나와 경의를 표하고는 항복의 뜻을 전했다고 말한다. 몽골군의 총수가 바그다드에 입성하여 대大 모스크 앞을 지나갈 때, 그는 말을 탄 채 대 모스크 안으로 들어가 그곳이 술탄의 궁전이냐고 물었다. "아니오. 신의 집입니다."라는 대답을 듣자, 정복자는 제단 아래에서 말에서 내리더니, 두세 계단을 올라가 큰소리로 외쳤다. "온 나라가 초토화되었으니, 군마들에게 줄 사료를 대령하라." 도시의 창고에 있던 곡물 전부를 즉시 대령했다. 몽골군은 코란을 담았던 상자들을 모스크로 옮겨 말구유로 썼으며, 무슬림들이

227) 요하네스 3세 두카스 바다치스(John III Doukas Vatatzes (Ducas Vatatzes, 1193-1254)는 비잔틴 제국의 망명국 중 하나인 니케아 제국의 황제였다. 라스카리스 왕조에 속한다. (원주) Pachimeres, vol. I. p. 87. Stritter's Memoriae Populorum, vol. iii. p. 1028.

228) (원주) Tarikh-Djihankuschai, vol. 1.

가지고 있던 종교 서적은 말발굽으로 짓뭉개버렸다. 오랑캐들은 술 부대를 모스크 한가운데 놓아두고, 어릿광대들과 접대부들을 불러와서 떠들썩한 파티를 벌였는데 그 괴성이 성벽을 뒤흔들었다. 이들이 온갖 방탕한 짓에 몸을 내맡기고 있는 동안, 도시의 유지들, 법관들, 종교지도자들은 노예처럼 시중을 들어야만 했고, 몽골군의 병마를 돌보고 있었다. 몇 시간 뒤에 칭기즈칸이 도시를 떠나 기도처라고 불리는 곳으로 향했다. 이곳은 평소에는 주민들이 엄숙한 종교의식을 행하기 위해 며칠씩 머무는 장소였다. 무자비한 침략자의 명으로 주민들이 이 기도처로 소집되었다. 그는 그곳에 있던 연단 비슷한 것에 올라가 모인 사람들 가운데 부자들을 골라내라고 명했다. 280명이나 되는 부자들이 색출되었다. 칭기즈칸은 이들을 따로 불러 모아 연설을 하였다. 그는 자신이 술탄을 향해서 무기를 들게 된 동기는 적대감이었다고 밝혔다. 그리고 이어서 "너희들에게도 큰 책임이 있다. 그러나 백성을 다스리는 술탄이 가장 큰 죄인임을 알라. 내가 그 사실을 어떻게 알았느냐고 묻는다면, '나는 하느님의 채찍'이라고 대답하겠노라. 만일 너희에게 그러한 죄가 없더라도, 신은 너희가 나를 모욕하지 않도록 하리라."고 하였다.[229)]

칭기즈칸은 정말로 두렵고도 피할 수 없는 채찍이었다. 그는 자기가 벌인 전쟁의 불행한 희생자들에 대하여 동정심이나 자비심을 전혀 가지고 있지 않았다. 그는 학살과 파괴를 즐기고 있는 듯했다. 어느 날 칭기즈칸이 측근인 보오르추Bourgoul에게 사람에게 가장 큰 즐거움이 무엇이냐고 물었다. 이 장수는 "따스한 봄날, 준마를 타고 사냥에 나설 때 손 위에 앉았던 매가 날아올라 먹이를 찾아 하강하는 모습을 보는 것입니다."라고 답하였다. 그러자 칭기즈칸은 "아닐세. 내게 가장 큰 즐거움이란, 원수들을 쳐부수고 눈앞에서 이들을 몰아내고 그들이 가진 것 모두를 강탈하는 것, 그들에게 소중한 사람들이 눈물로

229) (원주) D'Ohsson, Hist. of the Mongols, vol. i, p. 231.

얼굴을 닦는 것을 보며 그들의 말을 빼앗아 타고 그 딸들과 아내들을 잡아 데려가는 것일세"라고 하였다.[230]

칭기즈칸의 죽음과 장례

이렇게 여러 나라를 약탈하던 사람에게도 마침내 죽음이 찾아왔다. 당시에는 탕구트Tangout 왕국을 초토화할 준비를 하던 때였다. 1227년 8월 18일, 그는 66세에 일주일 동안 앓다가 세상을 떠났다. 대 칸이 된 지 22년 만의 일이었다. 그는 아들들에게 세계를 정복하는 대업을 완수하라는 말을 남겼다. "아들들아, 나는 나라의 중앙에서 한쪽 끝까지 가려면 1년이 걸리는 광활한 제국을 세웠다. 이 제국을 하나로 보존하기를 원하노라." 칭기즈칸은 심지어 죽고 나서도 학살과 파괴를 주도하는 것 같았다. 시신은 비밀리에 고향 땅으로 옮겨졌다. 그가 사망했다는 소문이 퍼지는 것을 막기 위하여 시신의 운구를 맡은 부대는 먼 거리를 이동하는 동안 마주치는 사람들을 모조리 죽였다.[231] 그의 죽음을 일반인들이 알게 된 것은 장례행렬이 칭기즈칸의 고향인 헤를렌 강의 발원지 가까이에 있는 규모가 큰 오르도Ordou[232]에 이르렀을 때였다. 수많은 사람과 말을 함께 불태워 죽인[233] 장례식을 마친 후, 그의 시신을 오논 강, 헤를렌 강, 톨

230) (원주) D'Ohsson, Hist. of the Mongols," vol. i. p. 404.

231) 마르코 폴로는 이런 기록을 남겼다. "이 대 칸들의 시신을 그 산으로 운구하는 동안 , 심지어 그것이 40일 거리 정도나 떨어져 있는 경우에도, 도중에 부딪치는 모든 사람들은 그 시신을 옮기는 사람들의 칼에 베인다. 그러면서 그들은 '가서 저승에서 너의 주군을 섬겨라!'고 말한다. 그들은 정말로 자기들이 죽이는 사람들이 모두 저승으로 가서 주군을 섬긴다고 믿고 있다. 그들은 말에 대해서도 똑같이 행한다. 그래서 주군이 죽으면 그가 소유하던 최고의 말들을 모두 죽이는데, 그렇게 함으로써 주군이 저승에서 그 말들을 갖도록 한다는 것이다. 여러분은 뭉케 칸이 죽었을 때 그의 시신을 장지로 운구하는 동안 2만 명이상의 사람들이 모조리 죽음을 당했다는 사실을 알아야 할 것이다." 마르코 폴로, 김호동 역주 『마르코 폴로의 동방견문록』 (사계절, 2000), 192.

232) 오르도(Ordou 혹은 Ordo)는 투르크계나 몽골계 민족 군주의 숙영지를 말한다.

233) (원주) 이것은 오래된 몽골의 끔찍한 풍습이었으나, 지금(19세기)은 거의 사라졌다. 신분이 높은 사람들의 무덤에는 지금도 말을 희생물로 바친다. Souvenirs d'un Voyage en Tartarie à Thibet.

라 강의 발원지인 부르한 할둔Burkhan Khaldun 연산連山 어딘가에 묻었다. 몽골 역사가들은 칭기즈칸이 어느 날 이 지역에서 사냥하고 있을 때, 말에서 내려 커다란 나무 그늘 밑에서 잠시 쉬었다고 말한다. 그는 생각에 잠긴 듯 잠시 그곳에 머문 뒤, 그곳이 자신이 묻히고 싶은 장소라고 말했다. 아들들은 당시의 상황을 듣고 나서 칭기즈칸의 시신을 그곳에 매장하라고 명했다. 역사가들은 얼마간의 세월이 흐르자 이곳은 울창한 숲으로 덮여 버렸으므로 칭기즈칸의 시신을 묻었던 특정한 나무가 어떤 나무인지 이제는 알 수 없게 되었다고 덧붙인다. 그리고 "이것이 수많은 정복의 결과"라고 하였다. 지상의 왕국 모두를 소유하였다고 생각했던 진노의 정복자는 자기 나라에 무덤이라고 할 만한 것을 갖지 못했다.

칭기즈칸의 종교관

역사에는 칭기즈칸의 종교에 관해서는 자료가 남아 있지 않다. 이는 종교가 그의 주요관심사가 아니었기 때문일 것이다. 몽골군이 정복한 모든 나라에는 불교 신자들, 무슬림들, 그리스도인들이 있었다. 심지어 칭기즈칸의 아내들 가운데 하나였던 케레이트 부족 옹 칸의 질녀[234]는 세례를 받은 그리스도교인이었다. 그러나 칭기즈칸 자신은 그리스도인도, 무슬림도, 불교 신자도 아니었다. 그는 모든 종교를 차별하지 않았다. 그는 자기가 세운 정책과 이익에 맞는 종

234) 칭기즈칸은 케레이트 부족을 굴복시킨 뒤 옹 칸의 동생(Jaqa Gambus)의 세 딸을 왕실로 받아들였는데, 이들은 독실한 그리스도교인이었다. 큰딸(Ibaka Biki)은 자신의 아내로, 둘째딸(Bektumish Beki)은 자신의 큰아들 조치(Jöchi)의 아내로, 막내딸 소르각타니 베키(Sorqaqtani Beki)는 자신의 막내아들인 톨루이(Tolui)의 아내로 맞았다. 톨루이와 소르각타니 베키 사이에 아들 넷이 태어났다. 큰아들은 몽골제국 4대 대칸 뭉케(Möngke, 1251-1259), 작은아들은 몽골제국 5대 대 칸으로 원나라를 세운 세조 쿠빌라이(Kublai, 1260-1294), 셋째아들 이란 일 칸국을 세운 훌라구(Hülägü), 그리고 장차 쿠빌라이와 패권경쟁을 벌이게 되는 막내아들(Arikböge), 이렇게 네 명의 아들들이다. 비록 이 아들들은 그리스도교인은 아니었지만, 어머니 소르각타니 베키의 종교인 그리스도교에 대해 호감을 가지고 있었을 것이다.

교에 그때그때 호의를 나타냈다. 그는 후계자들에게 어떤 종교에도 호감을 갖지 말라고 강력하게 권했다. 그리고 여러 종교의 사제들로부터는 세금과 헌금을 거두어들이지 말라고 하였다.

칭기즈칸에게 초월적 존재에 대한 믿음이 있던 것으로 보이지만, 예배를 드리는 방법에 대해서는 그다지 중요하게 생각하지 않았으므로 그의 종교는 이신론理神論이라 불러야 할 것이다. 칭기즈칸은 몇몇 공적인 행사에서 공개적으로 기도하고 신의 보호를 간구하였다고 알려져 있다. 또 술탄 모하메드가 투르키스탄에서 몇 명의 몽골 사신을 사형에 처했을 때, 그 소식을 듣고는 분개하며 눈물을 쏟았을 뿐 아니라 산 정상에 올라가서 바닥에 엎드려 머리털을 흩날리며 얼굴을 흙에 묻고 허리띠를 목에 두른 채 사흘 밤낮을 기도와 고행으로 보냈다고 한다. 그는 다른 나라를 상대할 때, 신에게 호소하기를 좋아했는데, 한 나라를 공격하여 항복을 받고 충성하도록 하고 싶을 때 이렇게 한마디 내뱉었다. "너희들이 항복하지 않으면 무슨 일이 벌어질지 우리가 어찌 알겠는가? 신만이 아신다."[235] 칭기즈칸의 종교가 무엇이었는지 쉽게 단정할 수는 없다. 그러나 그가 종교에 있어서 매우 관대했음은 확실하다. 그는 신민들이 받아들이는 신앙이라면, 그리스도교에서부터 매우 난잡하고 터무니없는 미신에 이르기까지 모두 자유롭게 믿도록 했다. 그의 후계자들도 칭기즈칸의 무차별 관용 정책을 그대로 수용하였다. 이 후계자들이 모든 종교에 관용을 베풀고 또 어느 종교도 선호하지 않았는지, 즉 유명한 몽골제국 건국자의 유언을 얼마나 충실하게 지켰는지 앞으로 살펴볼 것이다. 칭기즈칸에게 마지막으로 경의를 표한 후, 칭기즈칸 가문의 칸들과 군대 지휘관들, 그리고 부족장들은 각기 자신들의 주둔지로 복귀하였다. 그로부터 2년이 지나자, 이 지도자들은 새로운 군주를 선출하는 부족장 회의 소집에 응했다. 이는 기나긴 권력의 공백이 가져올지도

235) (원주) Tarikh-Djihankuschai, vol. 1.

모르는 재앙이 두려웠기 때문이었다.

칭기즈칸의 후계자 오고타이

1229년 봄, 몽골제국의 모든 지역에서 부족장들과 장군들이 헤를렌 강가에 있는 대규모 숙영지로 모여들었다. 여러 나라로 흩어졌던 이 흉포한 약탈자들은 칭기즈칸의 세 아들[236], 즉 오고타이, 차가타이, 툴루이를 각각 [다음 군주로] 염두에 두고 있었다. 새로운 군주를 선출할 때까지는 툴루이가 섭정을 맡고 있었다. 쿠릴타이에서의 첫 모임을 축제의 분위기와 쾌락 가운데 마치고 사흘 뒤에, 참석자들이 대 칸을 선출하기 위한 토의를 시작했다. 많은 사람이 툴루이를 지지했으나, 그는 모두가 모인 자리에서 자진해서 형 오고타이를 후계자로 지명한 부친의 유언을 꼭 받들어야 한다고 분명히 밝혔다. 오고타이로서는 툴루이가 군주의 자리를 차지할 수 있도록 최선을 다했다. 그러나 칸들이 한목소리로 "칭기즈칸께서 당신(오고타이)을 후계자로 택하셨다고 하니, 저희가 어찌 그분의 유언을 거역할 수 있습니까?"라고 부르짖었다.[237] 그러자 툴루이는 오고타이에게 잔을 내밀었다. 쿠릴타이의 참석자들 모두가 한꺼번에 모자를 벗고 허리띠를 어깨에 내던지면서 오고타이 앞에 아홉 차례나 무릎을 꿇었다. 그리고 그를 대 칸이라고 부르면서 만세를 불렀다. 칭기즈칸 가문의 부족장들을 칸이라고 불렀는데, 대 칸은 그 가문의 다른 세 지파를 다스리는 군주를 가리키는 호칭이었다. 그들은 쿠릴타이의 모임을 해산하기 전에, 몽골제국의 수도를

236) 칭기즈칸의 맏아들 조치(Jöchi)는 이보다 몇 해 전에 죽었으나, 후손들이 몽골제국의 속국들 가운데 러시아를 포함하는 카스피 해와 흑해 북쪽의 광대한 영토를 수 세기 동안 통치하였다.

237) (원주) D'Ohsson, Hist. of the Mongols, vol. ii. p. 11. 오고타이를 대 칸으로 옹립하면서 왕족들은 다음과 같이 특이한 표현을 하면서, 오고타이 후손들에게 충성할 것을 다짐하였다. "저희들은 후손들이, 마치 풀 위에 내던져 가리어서 암소가 찾아 집어삼키기 어려운 살점 하나처럼 되더라도, 설사 그 살점이 비개 덩어리 속으로 던져져서 개들도 찾아먹기 힘들게 되더라도, 다른 지파의 왕자들을 왕좌에 앉히지 않겠습니다."

오론 강과 셀렝게 강 사이에 있는 케레이트 부족의 옛 도시 카라코람으로 정했다. 카라코람은 파리와 같은 위도 상에 있었다. 이때부터 새로운 대 칸이 우리에게 알려진 세상의 거의 전부를 점령했던 몽골제국을 다스리게 되었다. 무명의 유목민 부족장 한 명이 나라 하나를 세우는데 필요한 최소한의 기간보다 훨씬 짧은 기간에 도시 하나 정도의 인구만을 가지고 만들어낸 제국이었다. 보잘것없는 시작이었으나, 짧은 기간에 그렇게 거대한 제국으로 세력을 키운 경우는 결코 없었다.

13세기 교황들과 그리스도교 왕들, 특히 프랑스 왕들이 칭기즈칸의 후예들과 어떠한 정치적, 종교적 관계를 맺었는지 좀 더 자세히 살펴보기 위해서는 동아시아에서 몽골의 지배가 어떻게 시작되었고 진전되었는지 검토해봐야 한다. 당시 유럽과 아시아는 연이은 엄청난 전쟁으로 대소동이 일어났다. 모든 나라가 혼돈의 상태에 빠져든 것처럼 보였다. 역사 속에서 그 시대가 경험한 것 같은 갑작스럽고 광범위한 혁명은 찾아볼 수 없었다. 이 때문에 전에는 상대방의 존재조차 거의 무시하고 대륙 전체를 갈라놓았던 나라들이 종종 하나로 합치게 되었다. 이제 이러한 사건들이 동아시아에서 그리스도교의 전파와 유럽 문명의 확산에 어떠한 영향을 주었는지 살펴볼 것이다.

몽골군의 그루지야 침공

칭기즈칸이 세상을 떠나기 6년 전인 1221년 초, 메디아로 진격하라는 명을 받은 두 몽골 장수가 메디아로 향하는 중에 그루지야를 공격하였다. 그들은 결정적인 승리를 거두지는 못했다. 그리스도인들이 몽골군을 처음으로 목격한 때가 바로 그루지야 군대와 교전할 때였다. 그 다음 해, 몽골군 장수들은 군대를 이끌고 코카서스 산맥을 넘어 킵차크Kipchak족이라 부르는 유목민 투르크 부족들이 사는 광활한 평원으로 진입했다. 이 평원은 흑해, 코카서스 산맥, 카스피 해의 북쪽에서부터 다뉴브Danube 강과 자이크Jaik 강 하구까지 뻗은 지역이었다. 몽골군으로부터 뜻밖의 공격을 받은 이 평원의 점유자들은 차지하고 있던 지역의 끝으로 철수했다. 그렇지만 몽골군의 공격이 계속되자 그들은 여러 방향으로 흩어졌다가 결국에는 러시아로 침투했다. 다행히도 러시아에서는 저항이 없었다. 노보고로드Novororod의 주민들은 몽골군을 막아낼 능력이 없었으므로, 몽골군이 다가오자 십자가를 메고서 자비를 베풀어달라고 애원하며 이들을 맞으러 나갔다. 몽골군은 이들을 남김없이 학살했다. 이때 목숨을 잃은 자는 만 명이나 되었다. 그런 다음 몽골군은 러시아 남부 전역에, 이어서 드네프르Dnieper 강 유역에 불을 지르고 칼을 휘둘렀다. 또 아조프Azov 해 인근의 땅을 연달아서 유린하고 크리미아Crimea로 진입한 다음, 제노아인들이 통치하면서 투르크계 킵차크 부족에게 공물을 바치던 부유한 도시 수다크Sudak를 점령했다. 수다크는 흑해의 남쪽과 북쪽 연안 지역을 연결하던 상업의 거점지역이었다.[238)]

당시 그루지야는 가장 강력한 동방의 나라로 그리스도교 왕들의 지배를 받고 있었다. 그루지야는 중앙아시아 고원지대 쪽에서 산사태처럼 밀어닥치는 가공할만한 적들을 막아내기 위한 그리스도교 세력의 전진기지라고 할 수 있었다. 그때 그루지야는 루수단Rousoudan[239)]이 여왕으로서 다스리고 있었고, 왕국 군대의 총사령관은 요한John이었다. 이 여왕은 그리스도교 세계에 자신의 왕국을 위협하는 위험한 세력에 대해 경종을 울리며 경고한 최초의 인물이다. 여왕은 교황 호노리오 3세[240)]에게 사신을 보냈다. 그리하여 오랜 세월에 걸

238) (원주) Michel Scherbatoff, Hist. of Russia, vol. ii. pp. 509-521.

239) 루수단(Rusudan, 1223-1245)은 아르메니아와 그루지야를 통치한 바그라티오니(Bagrationi) 왕조의 여왕으로, 그루지야를 다스렸다. 바그라티노니 가문의 통치는 1801년 러시아 제국의 지배로 막을 내렸다.

240) 호노리오 3세(Honorius III, 1216-1227)는 제 177 대 교황으로 제 5 차 십자군 운동을 주창했다.

쳐 북쪽의 여러 나라에서 몰려온, 그리고 언젠가는 가톨릭 세계의 한 가운데서 터질지도 모르는 폭풍 같은 세력에 대해 주의를 환기했다. 이 여왕의 서신은 지금도 남아 있다.[241] 이 서신에서 여왕은 자신이 사라센을 무찌르기 위해 보내기로 약속한 지원군을 보낼 수 없게 되었는데, 그 이유는 그녀가 모집한 모든 병력을 야만인들의 갑작스러운 침입을 물리치는데 이용했기 때문이라고 밝혔다. 몽골군은 그루지야 군대를 속였다. 몽골군이 진격하면서 포로로 잡아둔 사제들에게 십자가를 군기 삼아 선두에 세우고, 그 뒤를 주력군이 따르게 한 것이다. 그루지야 군대는 이러한 계교에 넘어가 6천 명의 병력을 잃었다. 자신들도 놀랄 만큼의 큰 손실이었다. 여왕의 서신은 이렇게 이어진다. "그러나, 저희는 그들이 진짜 그리스도인이 아니라는 것을 알아차리자마자 싸움을 벌여 2만 명을 죽였습니다. 포로를 많이 잡았고, 나머지는 패하여 도망쳤습니다." 여왕 루수단은 황제가 시리아로 가서 사라센들과 전쟁을 벌일 예정이라는 것을 방금 알게 되었다는 말과 함께 이것은 대단히 반가운 일로 그녀가 그리스도교 군대를 돕기 위해 총사령관 요한과 왕국의 많은 유력인사에게 십자가를 들려 보낼 것이라고 하였다. 그리고 그들은 성묘를 지키라는 명령만 기다리는 사람들이라는 말을 덧붙였다. 여왕의 서신을 교황 호노리오 3세에게 전하는 일을 맡은 아니Ani 주교 다비드David는 총사령관 요한의 서신도 함께 지니고 갔다. 그 내용은 그루지야 여왕의 서신과 거의 같았다. 요한은 "주님을 위한 전투를 할 수 있도록" 교황의 축복과 기도의 도움을 구했다. 교황은 루수단과 총사령관에게 용기를 주기 위해 서신을 보내면서, 프리드리히 황제의 십자군 동원계획에 관한 정보도 보내 주었다. 교황은 백성의 열정을 불러일으켜서 성스러운 전쟁에 참여하도록 자신의 서한을 공개하라고 권했다.

중세 시대에 교황의 임무는 얼마나 위대하고 아름다운가! 당시는 많은 신생 그리스도교 국가들이 이교도의 제도에서 벗어날 방법을 찾고 있던 혼란한

241) (원주) Odor Raynaldi, Annales Eccl. Ann. 124, p. 535.

와중이었다. 이 기이한 기관[교황청]에 그렇게 막중한 역할이 주어진 것은 신생 그리스도교 국가에 신앙의 횃불을 비추고, 그들의 거친 태도를 부드럽게 만들고, 그들 마음에서 가장 악한 죄악을 꺼내고, 그들의 지성에서 가장 치명적인 잘못들을 부드럽게 끄집어내고, 또 강자로부터 약자를 보호하고, 독재자들과 압제자들에 대항해 투쟁하며, 십자군들에게 복음을 전하고, 왕들과 나라들에 무장하라고 요구하고, 이교도와 야만인의 침입을 물리치기 위함이었다. 심지어 아주 세속적인 관점에서도 교황청의 역할은 세상에 있는 다른 무엇과도 결코 비교할 수 없는 것이었다. 당시 교황은 교사이자 신앙의 수호자이고 문명의 개척자였다. 한마디로 교황은 모든 그리스도인 가정의 가장이었다. 아주 멀리 떨어진 지역과 나라들에서도, 위로와 용기와 조언을 얻기 위해 교황에게 의지했다. 우리는 곧 교황이 중앙아시아를 염려하는 시선으로 바라보면서, 군인과 선교사들을 교대로 활용하여 잔인한 몽골군을 제압하고, 개종시켜서 그들을 교회와 하느님의 자녀로 만들었음을 알게 될 것이다.

그루지야에 몽골군이 출현한 것은 일시적이었다. 루수단 여왕이 몽골군의 공격을 물리쳤다고 공언하였던 것을 제외하고는 별다른 중요한 소식이 들려오지는 않았다. 그 뒤로는 칭기즈칸이 세상을 떠나 사태의 진전에 변화가 생겼다. 그리스도인들이 잠시나마 숨 돌릴 여유를 갖게 된 것이었다. 그러나 칭기즈칸의 후계자 오고타이는 양자 강에 이르는 중국 땅을 몽골제국에 병합하면서 150만이나 되는 군사를 일으켜 아시아의 양쪽 끝에서 동시에 작전을 벌이고자 하였다. 따라서 아시아 변방에 잠시 나타났던 평화는 유럽에게는 치명적인 것으로 변했다. 조치의 아들 바투[242]는 전쟁을 준비 중인 천하무적 원정군의 대장이었다. 이 원정군 명단에는 여러 장수와 칭기즈칸 계보의 여러 왕자들이 이름

242) 바투(Batu Khan, 1227-1255)는 러시아와 불가리아를 약 250년간 통치했던 황금 군단(Golden Horde)의 창건자로 조치의 아들이며 칭기즈칸의 손자였다. 칭기즈칸 사후에 몽골제국의 장형 대접을 받았다.

을 올렸다. 몽골군은 먼저 쿠만[243] 족과 불가리아 부족을 복속시키고, 러시아로 진입하여 모스크바와, 블라디미르Vladimir와 야로스라브Jaroslaw 정부가 다스리던 주요 도시들을 점령하였다. 러시아 대공까지도 몽골의 대 칸에게 조공을 바치게 되었다.

몽골군의 아르메니아 침공

같은 시기에 다른 무리의 몽골군은 부인과 자식들과 함께 그루지야와 아르메니아로 진격하였다. 차르마간Tcharmagan을 비롯한 17명의 장수들이 이 군대를 지휘하였다. 칭기즈칸이 만든 법에 따르면 몽골군은 즉시 항복하는 왕과 나라에게는 도시를 되돌려주고 조공을 받게 되어 있었다. 항복하지 않은 도시는 병사들의 광포함에 내맡겨졌다. 그런 도시의 주민들은 남녀노소 가리지 않고 학살되었고, 동물들조차 죽임을 당했다. 이런 만행이 시작되면 몽골군과의 타협은 있을 수 없었다. 단 하나의 선택이 있다면, 몽골 제국을 인정하거나 죽음을 맞이하는 것이었다. 저항을 선택하여 황폐화된 도시의 옛터에서는 수많은 해골 더미를 볼 각오를 해야만 했다. 한참 지난 후, 여행자들은 여러 곳에서 이 무서운 야만인들이 지나갔던 길이 이제는 사막으로 변해버린 것을 공포에 질린 눈으로 바라보아야만 했다. 1235년과 1236년, 몽골군은 알바니아, 그루지야, 대大아르메니아의 많은 도시를 불태우고 파괴했다. 아르메니아 왕들은 이 무적의 침입자들에게 효과적으로 저항할 방법이 없다는 것을 깨달았다. 그들은 몽골군에게 복종하고 그들의 군대를 섬기는 방법을 택했다. 한번은 대 칸의 직접적인 요구에 따라 아르메니아 군대가 부상을 입힌 몽골 병사들에게 보상금을 지급하고

243) 쿠만(Cumans)은 쿠만-킵차크 연합의 서부 분파에 속하는 유목민 부족이다. 1237년 몽골군이 침입하기 전에 헝가리, 불가리아, 터키로 이주하였다.

자 아르메니아 왕이 직접 카라코람으로 찾아가기도 했다. 몽골 부상병들은 실제로 이런 방법으로 여러 나라로부터 보상을 받았다. 몽골 병사들은 로마 시대처럼 이런 왕들이 바치는 보상을 최상의 조공으로 여기게 되었다.[244)]

교황 그레고리오 10세와 그루지야 여왕, 그리고 계속되는 몽골군의 진격

자부심과 강한 성품을 가진 그루지야 여왕으로서는 자신의 부하들 같이 행할 수는 없었다. 여왕은 몽골군에게 복종하지 않고, 서방에 도움을 청하는 긴급 서신을 보내는 일을 지속하였다. 그중 교황 자리에 오른 그레고리오 9세[245)]에게 보냈던 서신이 하나 남아있다. [그 서신에서] 여왕은 그리스도교 군대를 통해 몽골군을 격퇴해 달라고 요청하고 있다. 여왕은 교황의 관심을 끌기 위하여 로마교회에 대하여 전적으로 복종하겠다는 말과 더불어, 그루지야 교회와 로마교회를 합쳐서 가톨릭 통일체를 만들겠다는 약속도 곁들였다. 교황 그레고리오 9세는 그루지야를 괴롭히는 사악한 세력에 대해 깊은 애도를 표했다. 그러나 현재로서는 어떤 도움도 줄 힘이 없다는 회신을 보냈는데, 이는 [신성로마제국] 황제 프리드리히 2세가 교회 안에서 폭풍우를 일으켰기 때문인데, 예를 들면 시리아에서 사라센들이, 스페인에서 무어인들이, 이탈리아와 독일에서 거짓 그리스도인 등의 황제의 열렬한 지지자들이 사방에서 교황청을 공격하고 있기 때문이라고 설명했다. 교황은 그루지야를 가톨릭의 통일체로 되돌려 놓겠다는 여왕의 제안에 찬사를 보냈고, 이 경건한 생각을 지지하기 위하여 도미니크회 수도사들을 그루지야에 보내어 전도하겠다고 말하였다. 루수단은

244) (원주) Mémoires d' Abel Remusat, p. 12.

245) 그레고리오 9세(Gregory IX, 1227-1241)는 제 178 대 교황으로 로마 종교재판소(Papal Inquisition)를 설치했다.

교황이 많은 군대를 우선적으로 그루지야에 보내주기를 원했지만, 영적인 위로만 계속하는 교황의 편지는 거의 가치가 없음을 깨닫고, 결국 그리스도교를 포기하고 무슬림이 되었다.[246]

몽골군은 그루지야에서 그루지야의 군대를 공포로 몰아넣으며, 북부의 그리스도교인들도 크게 위협하고 있었다. 몽골군은 러시아 남부를 약탈한 이후인 1240년, 비잔틴제국과 드네프르 강 유역과 흑해 연안과의 교역으로 크게 번창하고 있던 키예프Kiev로 진격했다. 키예프는 3세기 동안 러시아의 심장부였다. 몽골군은 곧 이 도시를 포위했다. 주민들은 드네프르 강의 수심이 깊어서 몽골 기병들이 건널 수 없다고 믿었지만, 이는 전부 잘못된 예상이었다. 이 야만인들은 강을 건널 때 다리나 배가 필요 없었다. 그들은 자신들의 관습에 따라 가죽으로 감싼 나뭇가지로 일종의 커다란 여행 가방을 만들고, 그 안에 자신들의 짐을 넣었다. 그런 뒤 아무렇게나 만든 이런 기구에 올라타고 사람은 물론이고 말 꼬리도 기구에 붙잡아 매고, 활을 노 삼아 저으면서 병사 전원이 아무런 사고도 없이 강을 건넜다. 사람과 말 모두가 이런 식으로 강을 건너는 데 매우 익숙했다. 러시아 심장부는 곧바로 몽골군의 수중에 떨어졌다. 관례대로 몽골군은 주민들을 학살하고 도시를 불살랐다.[247]

몽골군의 폴란드 침입과 성자 히야신스

몽골군이 침입했을 때, 키예프에는 사도의 사역을 수행하면서 널리 알려졌

246) (원주) Aboulfarage.

247) (원주) Nicetas, Choniates Mem. popul. ad Anu. 1154, vol. iii. p. 929. 비잔틴의 역사가 니케타스(Nicetas)에 의하면, 투르크족도 강을 건널 때 거의 비슷한 방법을 사용하였다고 한다. “다뉴브 강을 건널 때 그들은 가죽 부대에 콜크를 채우고 그것을 묶어서 물이 스며들지 못하게 하였다. 그리고 그 위에 앉아서 말꼬리를 잡고 동시에 안장과 무기를 챙기고는, 강폭이 넓은 다뉴브 강을 건넜다.”

던 히아신스Hyacinth라는 수사가 살고 있었다. 그는 크라카우Cracow 주교 코우스키의 이브Yves of Kouski의 조카였다. 그는 로마의 도미니크회에서 설교 수사의 자격을 받고 난 뒤, 폴란드로 돌아와서 동포들의 신앙을 되살렸다. 이어서 지칠 줄 모르는 열정으로 프로이센, 포메라니아, 덴마크, 스웨덴, 고틀란드, 노르웨이는 물론이고 흑黑루테니아, 적赤루테니아, 그리스 제도, 쿠만 족이 사는 지역에 있는 우상숭배의 잔재와 싸우기 위해 계속해서 돌아다녔다. 놀라운 열정으로 아시아 대륙을 감싸 안았던 이 사도는 나중에 몽골과 티베트를 거쳐 중국까지 갔다가 폴란드로 되돌아왔다. 그는 날마다 이교도, 무슬림들, 이단들, 분파주의와 싸워 승리하는 삶을 살았다. 성 히아신스는 몽골군이 피와 대학살에 굶주린 채 키예프에 난입했을 때, 자기가 세운 도미니크회 수도원에 있었다. 몽골군의 일부가 주민들의 목을 베고 있었다. 다른 병사들은 횃불을 가지고 건물에 방화하려고 날뛰고 있었다. 도시 전체가 이내 커다란 불길에 휩싸이면서 시체 더미와 강같이 흐르는 피를 무섭게 비추었다. 성 히아신스는 불길이 도미니크회 수도원 건물에 닿기 전에 사제복을 입고 성물들이 야만인들로부터 모욕을 당하지 않도록 하기 위해 예배실로 갔다. 전설에 따르면 그가 예배실에서 성찬을 위한 기구들을 조심스레 옮기면서 성당 끝에 있는 성모상 앞을 지날 때, 그는 "내 아들 히아신스야, 너는 악한 자들에게서 모독을 당하는 나(성모상)를 버릴 셈이냐?"하는 소리를 들었다. 이 성자는 온화하고 슬픈 눈길로 성모상을 바라보았다. 성상은 설화석고로 만들어져 상당히 무거웠다. 그때 "히아신스야, 히아신스야. 나를 버리지 말아다오. 용기를 내어라. 너는 성자와 성모를 충분히 구할 수 있느니라"라는 음성이 들렸다. 마음이 넓은 성 히아신스는 오직 열정과 경건함으로 팔을 뻗어 성상을 잡았는데, 성상이 쉽게 들렸다. 그는 다른 손에는 성찬을 위한 기구를 잡은 채 화염을 뚫고 도시를 빠져나와 기적적으로 드네프르 강을 건너갔다.[248] 나중에 이 성모상을 유명한 타우마투르구스

248) (원주) Fontana, Monumenta Dominicans, Ann. 1241.

Thaumaturgus가 크라카우로 옮겨졌고, 폴란드인들은 특별미사를 올려 [주님께] 영광을 돌렸다.

몽골군에게 패배를 당한 폴란드 군대

몽골군은 러시아의 심장부를 함락시키고 철저하게 파괴한 뒤 폴란드로 진격했다. 1240년, 그들은 루블린Lublin 지역을 파괴하고 전리품을 갈리시아Galicia로 옮겼다. 그러나 그들은 한겨울에 되돌아와서 산도미르Sandomir를 약탈한 다음, 별다른 저항도 받지 않고 크라카우에서 10km 못 미친 지점까지 진격하였다. 그리고는 1241년 사순절이 시작되자, 전리품을 가득 싣고 수많은 남녀 포로들, 폴란드 최고의 엘리트들을 줄로 묶어 한 줄로 세운 채로 마치 소떼를 몰듯 앞세워 두 번째로 철군하였다. 크라카우의 왕자 블라디미르가 군대를 이끌고 이들을 추격하여 첫 돌격에서 많은 몽골군을 죽였다. 그러나 돌변한 몽골군은 공격군을 맹렬하게 추격하여 모두 물리쳤다. 어쨌든, 이 교전으로 포로들은 전투 중에 사슬을 풀고 인접한 숲으로 도망칠 수 있었다.[249] 몽골군이 전력을 재정비하여 폴란드로 돌아오기까지는 그리 오랜 시간이 걸리지 않았다. 그러나 그들은 맹렬한 저항에 부딪혔으며, 양측 모두가 중대한 전투를 준비하고 있었다. 성姓에 '경건한'이라는 별명이 덧붙었던 실레지아 공작 헨리는 헨리와 헤드비그 사이에 태어났다.[250] 그는 곧 5개의 군단으로 구성된 3만 명을 이끄는 군대의 대장이 되었다. 바이다르 장군이 이끄는 몽골군도 같은 규모의

249) (원주) D'Ohsson, vol. ii. p. 124.

250) 경건한 헨리(Henry II the Pious, 1238-1241)는 폴란드의 공작으로 1238-41년 실레시아의 공작이었다. 1238-39년 산도미에시 공작이었고 오폴레-라치부시 공작의 섭정을 역임했다. 수염이 난 헨리(Henry I the Bearded, 1201-1238)는 1201-38년 실레시아 공작으로 독일인들의 폴란드 이주를 장려했다. 헤드비그(Hedwig of Andechs, 1171-1243)는 실레시아의 성녀였다. 안덱스 가문 출신으로서 1201년 실레시아 공작의 부인이 되었고, 남편은 1231년부터 대 폴란드의 공작이 되었다. 헤그비그는 1232-38년 폴란드의 대공비였다.

군단으로 이루어져 있었으나, 수적으로는 적군보다 조금 우세했다.[251)]

몽골군이 나타나자 엄청난 열의와 군사적 열정이 폴란드를 뒤덮었다. 아마도 이것은 원수에 대한 두려움 때문만은 아니었을 것이다. 폴란드인들은 자신들의 종교, 국가, 가정을 파괴하는 적들과 싸우고 제단, 부엌, 국토를 지키라는 부름을 받았다. 이 전쟁은 십자군 전쟁이자 성전이었다. 누구도 무관심할 수 없었다. 그들은 공적인 기도를 드렸고, 사제들은 성당과 군영에서 전사들을 격려했다. 심지어 헨리 공작의 어머니 성 헤드비그St. Hedwig도 은둔생활을 하던 수녀원을 나와 병사들 사이를 뛰어다니며 그리스도교와 폴란드를 위해 영웅적으로 싸우라고 독려했다. 헨리 공작의 어머니는 아들이 이번 전투에서 죽을 것이라는 하느님의 계시를 받았으나, 가슴이 찢어지는 이러한 고통을 이겨낼 불굴의 용기를 지니고 있었다고 전해진다. 이 숭고한 어머니는 아들이 전쟁터로 나가려는 순간에도, 아들에게 용기의 모범을 보이는 것이 그가 할 일이며, 하느님의 뜻이라면 선두에 서서 용감히 전사해야 한다고 말했다고 한다.

1241년 4월 9일, 헨리 공작과 여러 왕자들, 그리고 그리스도교의 지휘관들은 미사를 드리고 성체를 받은 후, 적들을 맞으러 리그니츠Liegnitz를 출발하였다. 양측 군대는 도시에서 약 5km 떨어진 나이세Neiss 강이 흐르는 평원에서 만났다. 당시 그곳에 발슈타트Wahlstadt라는 마을이 있었다. 헨리 공작은 십자군에게 먼저 공격해도 좋다고 허락했으나, 불행하게도 길을 터주는 척하는 전방을 지키는 몽골군의 계략에 빠져들어 이들을 뒤쫓게 되었다. 이 무장도 허술하고 반쯤 벌거벗은 보병부대(십자군)가 본대로부터 상당히 멀어지게 되었을 때, 몽골 기병들은 십자군을 포위해 화살을 쏘아서 몰살시켰다. 폴란드군은 완전히 패

251) 바이다르(Baidar)는 차가타이의 6남으로 몽골군의 유럽 원정(1235-1241)에 참전했다. 1247년 구육 칸(Güyük Khan)을 선출하는 쿠릴타이에 참석하였다.

했다. 헨리는 이 완패하는 과정에서 타고 있던 말이 죽자 다른 말에 올라탔다. 그리고 그가 적군의 기병대에 둘러싸이게 되었을 때, 그는 공격을 막기 위해 창을 들어 올리던 중 겨드랑이에 상처를 입고 말에서 떨어졌다. 몽골군은 그의 머리를 베어 창끝에 꽂고 피범벅이 된 이 전리품을 가지고 리그니츠 성 앞으로 가서 항복하라고 명했다. 폴란드군의 손실은 매우 컸다. 전해지기로 몽골군은 전쟁터에서 죽은 군사들의 수를 세고자 전사자들의 귀를 모두 베어서 이 야만적인 승리의 표시를 9개의 자루에 담았다고 한다. 몽골군에게 이런 일은 매우 흔했다. 1239년 러시아에서 칸이 이와 비슷한 명령을 내렸고, 몽골군은 27만 개나 되는 적군의 귀를 모았다고 한다. 이 리그니츠라는 도시는 십자군에 의해 전해진 불길에 휩싸이게 되었고, 몽골군이 이 도시의 외곽 전체를 폐허로 만들었다. 몽골군들은 이후에 모라비아Moravia로 진입하며 가는 곳마다 불과 피로 흔적을 남기면서, 보헤미아Bohemia와 오스트리아Austria 국경에까지 이르게 되었다. 보헤미아의 왕 벤세스라우스Vinceslas는 공포에 떨면서, 나라를 파멸시킬 폭풍이 다가오는 것을 바라보았다.[252] 그는 이러한 파멸을 거스를 능력이 전혀 없다고 확신하며, 요새를 지키는데 자신의 병력을 집중시켰고 또 몽골군이라는 공공의 적에 대항해서 이웃 나라의 왕들에게 연합체를 만들 것을 촉구하는 서신을 보내기로 했다. 그는 부라반트 공작에게 보낸 서신에서 "수많은 흉포한 만행을 일삼는 족속이 우리 국경을 침범하고 있다.[253] 성경에서 인간의 죄악에 관해 예언했던 그 불운이 사방에서 우리를 휩싸고 있다"라고 하면서, 그림을 그리듯 생생한 필치로 몽골군이 이웃 나라에서 저질렀던 만행을 열거했다. 그는 이 야만인들이 [1241년] 부활절 무렵에 보헤미아를 침범할 것이라는 말을 들었으므로, 장인에게 신속히 원군을 보내 달라고 간청했다. 그는 "북쪽과 남쪽의 백성들 모두가 세상이 생긴 이래 결코 존재하지 않았던 매우 잔혹

252) 벤세스라우스(Wenceslaus, 혹은 Vinceslas, 1230-1253)는 보헤미아의 왕으로 서양문물을 수용하여 문예를 진흥하였고, 독일인 이민을 받아들였으며, 유대인들을 환대하는 등 개방정책을 펼쳤다.

253) 부라반트 공작(Duke of Brabant and Lothier, 1235-1248)는 브라반트의 헨리 2세(Henry II of Brabant)이다.

한 재앙을 만났는데, 이 재난 때문에 고통 받고 있다"[254]라는 말로 서신을 끝맺었다. 이러한 설명은 전혀 과장되지 않았다. 몽골군이라는 이름만 들어도 사람들은 몸서리를 쳤다. 때로는 몽골군을 보기만 해도 매우 고통스러운 화를 당했다. 유럽과 아시아의 군주들은 왕좌가 위태롭다고 여겨 서로 사신들을 보내어 이 천하무적의 침략군을 저지하는 방법을 의논하였다.

프리드리히 바르바로사의 서신이 묘사하고 있는 몽골군

[신성로마제국] 황제 프리드리히 2세는 영국 왕에게 흥미로운 서신을 보냈다. 프리드리히는 이 서신을 통해 지나치게 자기만족을 느끼면서, 자신의 수사학적 취향을 만족시키기 위한 기회로 삼았다. 하지만 몽골군에 대한 그의 묘사는 바르고 정확한 것이었다.

> "세상의 저 끝, 혹독한 환경 속에서 숨어서 살던 한 부족이 갑자기 난폭하게 북쪽의 여러 나라를 차지하고는 거기에서 메뚜기처럼 세력을 키웠습니다. 이 야만족을 가리키는 '타르타르Tartar'가 어디에서 시작된 것인지 아는 사람은 없으나, 이들은 하느님께서 말세에 예비해 오셨던 바로 그 명백한 심판이 아니겠습니까! 아마도 그리스도교 왕국을 파괴하고, 인류의 죄악을 응징하기 위한 그런 심판이 아니겠습니까! 이 잔인하고 야만적인 민족은 인간의 법도를 전혀 모릅니다. 하지만 그들에게는 흠모하는 부족장이 있고, 그의 명령이라면 맹목적으로 복종하면서, 그를 지상의 신이라고 부릅니다. 이들은 키가 작고 몸집이 단단하나, 확고한 견고함을 지니고 있고, 부족장이 아주 작은 지시만 해도 대단한 용기를 가지고 모든 위험한 상황 속으로 뛰어듭니다. 그들의 얼굴은 넓적하고, 눈을 찢어

254) (원주) Odor Raynald, Annal. Eccl. ad Annum 1241.

졌으며, 괴성을 질러댑니다. 그들은 너무나도 직설적입니다. 걸친 것이라고는 예부터 지금까지 소, 당나귀, 말의 가죽 조각밖에 없고, 무기라고는 조잡하고 엉성하게 붙인 쇠 조각이 전부입니다. 한숨을 입 밖으로 내지 않을 수 없습니다만, 그들은 이미 그리스도인들에게서 빼앗은 전리품으로 더 훌륭하게 무장을 하게 되었습니다. 이제 곧 하느님의 진노 때문에, 우리 손으로 만든 무기로 수치스러운 대학살을 당하게 될지도 모릅니다. 몽골군은 가장 훌륭한 군마를 가졌습니다. 그들은 이 말들에게 온갖 좋은 것을 정성스럽게 먹이고 화려한 치장을 해줍니다. 몽골군의 활 솜씨는 매우 뛰어납니다. 그들은 가죽으로 된 가방을 가지고 다니는데, 솜씨 있게 만든 것이어서 그것을 이용해서 호수와 급류를 건넙니다. 그들이 타는 말들은 사료가 없을 때는 나뭇잎, 나뭇가지, 뿌리를 먹는데도 불구하고 생기 있고 용맹하며 민첩하다고 합니다."[255)]

몽골군에 대한 공포에 사로잡힌 유럽인들

[신성로마제국의 황제] 프리드리히 바르바로사가 이렇게 충실하게 몽골군을 묘사한 서신을 영국 왕 에드워드에게 보내고 있을 즈음, 유럽 전역은 이 무시무시한 몽골군이 침입한다는 소문을 듣고 불안과 공포에 떨고 있었다. 매튜 패리스에 따르면, 프랑스 왕의 모후이며 가장 존경받고 신실한 여왕 블랑슈 Blanche가 하늘의 진노를 전하는 사자인 몽골군이 모든 나라를 위협하고 있다는 말을 듣고 눈물을 흘리며 아들에게 서신을 보냈다. 이 서신에서 여왕은 이 무서운 위기를 어떻게 헤쳐 나갈 것인지 알려주길 간구했다. 그녀는 "내 사랑하는 아들아, 이 끔찍한 소문은 도대체 무엇인가? 정말로 몽골군이 침입해서 우리 모두와 성스러운 교회가 파멸할 조짐이 있는가?"라고 하였다. 루이 왕

255) (원주) Matthew Paris, History. Angl. p. 820. Odor Raynald, Annal Eccl. ad Ann. 1241.

은 비록 슬프지만 거룩한 어조로, "어머니, 하느님의 가호와 위로가 있으실 것입니다. 비록 몽골군이 쳐들어와도 저희는 그들을 몽골로 다시 쫓아 보낼 것입니다. 설사 그들이 저희를 하늘로 보낸다 해도 저희는 (하느님이) 택하신 자들에게 약속하신 복을 누릴 것입니다"[256]라고 답하였다. 매튜 패리스는 이 말이 프랑스와 이웃 나라의 귀족들에게 확신과 용기를 심어주었다는 말을 덧붙였다.

성 루이가 언급했다고 전해지는 이런 종류의 말장난은 당대에 쓰였던 글에서 볼 수 있는데, 아마도 서양인들이 몽골군의 이름을 빌려서 변조했을 것이다. 서양인들은 몽골군이 처음 출현했을 때부터 이들을 종종 "지옥에서 온 사람들"이라고 불렀다. 프리드리히 황제는 이와 같이 몽골군을 "지옥의 밑바닥, 던겔Tartari imo Tartarei"라고 불렀는데 많은 사람이 이에 공감하였다. 실제로 몽골군은 인류를 심판하러 보낸 악마, 또는 적어도 악마와 교접한 사람들이라는 것이 유럽의 가장 일반적인 인식이었다. "악마와 교접한 사람들"이라는 표현은 몽골군이 전투의 와중에 연기와 불꽃 구름을 일으키는 재주가 있다는 소문 때문에 사람들이 더욱 믿게 되었다.[257] 이 때문에 사람들은 몽골군의 침입이라는 무서운 재앙에서 벗어나고자 종종 간절한 기도와 금식에 의지하게 되었다.

몽골군의 헝가리 침입

모든 나라가 그리스도교라는 이름을 수호하고자 십자가 깃발을 나부끼며 연합하였다. 크게 분노한 몽골군이 격노하며 침입한 나라는 헝가리였다. 헝가

256) (원주) Matthew Paris, History. Angl. p. 747.

257) (원주) "이러한 일은 몽골군에게, 호주 원주민들처럼, 마른 풀과 수풀에서 불쏘시개로 쓰는 잡목에 방화를 하는 관습이 있다는 말로써 설명하는 관행이 있다. 그러나 이 경우에 그리스도교인들이 그런 것을 화재 원인으로 생각하기에는 너무 경미했다는 것이다. 화재는 대포나 가연성 화약 같은 것에서 시작되었을 가능성이 더 크며, 중국 역사에서도 당시의 몽골군이 총포나 화약에 대한 지식이 있었다고 단언하고 있다." A. Remusat.

리는 당시에 국토가 아드리아 해까지 뻗어 있었고 벨라 4세가 5년 동안 다스리고 있었다.[258] 몽골군 장수 바투는 벨라 4세에게 자신의 목숨이나 부하들의 목숨이 붙어있기를 원한다면 몽골 군주에게 항복하라는 서신을 보냈다. 서신의 전달은 고국으로부터 영구 추방을 당한 영국인으로 몽골군에게 봉사해 온 사람이 맡았다. 헝가리 왕 벨라는 온화하고 경건한 왕으로, 결코 전사는 아니었다. 그러나 벨라 왕은 헝가리의 국경선으로 몰려오는 급류의 방향을 스스로 막아낼 수 있으리라 생각했다. 따라서 몽골군에게 충성을 맹세하기를 거부했다. 그러나 그는 불행하게도 거절하면 생길 수도 있는 상황에 대한 대책 마련을 소홀히 했다. 그가 취했던 방어책은 카르파티아 산맥의 협로에 한 줌의 병사들을 보내어 동태를 관찰하고, 분대별로 목책을 쌓게 하는 것이 전부였다. 몽골군이 갑자기 헝가리의 세 지역에 오만 명의 군사를 이끌고 침입하였고, 나라 전체가 순식간에 야만인들의 손에 넘어갔다. 도시 전체와 농경지 모두가 불과 피로 뒤덮였다. 사람들은 공포와 경악 속에서 도망쳤다. 많은 사람이 거점 도시인 바라딘Varadin으로 피신하였는데, 바라딘은 폭넓은 해자와 목제감시탑으로 둘러싸인 성채였다. 몽골군은 이 도시를 손쉽게 점령하여 약탈과 방화를 했다. 남녀노소 구분할 것 없이 그들은 거민 전체의 목을 베어버렸다. 여인들이 성당으로 피신하자 몽골군은 성당 문을 부수지도 않은 채 성당에 불을 질렀다. 안에 있던 모든 사람은 불꽃이 되어 사라졌다. 몽골인들은 매우 혐오스러운 방탕함으로 신성한 교회를 모욕했다. 그들은 무덤을 파헤치고, 성물을 짓밟고, 성구聖具를 더럽히고, 신부들을 고문하였으며, 신부의 소유물을 모두 드러내도록 했다. 첫 번째 학살에서 살아남았던 나머지 주민들, 시민들, 성직자들, 군인들을 들판으로 내몰아 군도와 손도끼로 난도질하였다. 이런 참화가 그친 것은 시신이 부패하여 병이 나돌기 시작했기 때문이다. 몽골군은 자기네들이 황무지로 만든 땅을 떠날 수밖에 없었다.

258) 벨라 4세(Bela IV, 1235-1270)는 헝가리와 크로아티아의 국왕이었다.

헝가리가 점령당한 후의 상황을 알려주는 로저 수사의 경험담

바라딘의 성직자들 가운데 하나인 로저Roger는 몽골군이 헝가리를 침입하여 파괴한 이야기를 『비참한 카르멘Miserabile Carmen』이라는 제목의 책으로 남겼다. 이 비참한 사건에 관한 이야기는 애도의 노래일 수밖에 없었다. 로저 수사는 자신의 나라 헝가리에서 몽골군이 저지른 잔혹한 행위의 증인이면서 희생자였다. 그는 "차라리 [그때] 죽었더라면 더 위안이 되었을 텐데, 살아있는 것이 고통일 뿐이다"라는 말을 남겼다. 그의 모험담은 다음과 같다.[259]

> "몽골군이 바라딘에서 약탈하는 동안, [나는] 밤에 몰래 요새화된 섬으로 피신하였다. 그러나 그곳이 안전하다는 생각이 들지 않아 [다시] 가까이 있는 숲으로 피했다. 이튿날 아침, 몽골군이 섬을 점령하고는 거기에 있던 사람 모두를 죽였다. 이 학살에 관해 들으니 머리카락이 곤두서고, 살인자들의 군대를 생각하니 시체에서 식은땀이 나듯이 식은땀이 쏟아졌다. 나는 계속해서 숲속을 헤맸으나, 너무 배가 고파서, 어쩔 수 없이 밤중에 다시 섬으로 돌아갔다. 나는 그곳에서 시체 더미를 뒤져서 한 줌의 음식이나 밀가루를 몰래 가지고 나오는 모험을 해야만 했다. 나는 [이렇게 굶주림을 해결하면서] 동굴과 도랑, 나무 몸통에 뚫려 있는 구멍 속에서 20일을 지냈다. 몽골군은 숨어있던 곳에서 [자발적으로] 나오는 주민에게는 아무런 해치지 않겠다는 약속을 하였다. 나는 이 약속을 절대로 믿지 않았다. 나의 의심은 바로 들어맞았다. 하지만 이름도 모르는 동네에서 내 운명을 맞이하는 것보다는 그들의 군영으로 가는 것이 낫겠다는 생각이 갑자기 들었다. 그리하여 나는 몽골군에서 부역하고 있는 어떤 헝가리 사람을 스스로 찾아갔다. 그는 마치 대단한 은혜를 베푸는 것처럼, 나를 그의 많은 하인에게 데려갔다. 거의 옷도 걸치지 않고, 나는 마차를 돌보는 일을 맡았

259) (원주) Rogerii, Miserabile Carmen, p. 293.

다. 몽골군이 주변 마을에 사는 주민을 모두 죽였다는 것을 알고 있었기 때문에 죽음의 공포가 내게서 떠나지 않았다. 그렇지만 몽골군 지휘관들이 귀환하라는 명을 받자, 우리는 소 떼와 말과 약탈품을 가득 실은 수레들을 끌고 [헝가리를] 떠나기 시작했다. [몽골군] 군대는 느린 속도로 철수했다. 헝가리를 벗어나 쿠마니아로 들어서자 소를 잡아 포로에게 먹이는 일을 중지했다. 몽골군은 포로인 우리에게 그들이 먹던 동물들의 창자, 머리통, 발굽만을 내주었다. 통역하는 사람들은 그들이 우리를 곧 죽여 버리려는 의도라고 말했다. 그때 나는 그들로부터 어떻게든 도망쳐야겠다고 생각하게 되었다. 나는 그들이 가는 길에서 가까스로 벗어나서 내 하인의 뒤를 쫓아 숲속으로 뛰어들었다. 나는 좁은 동굴로 들어가 나뭇가지로 몸을 가렸다. 하인도 멀지 않은 곳에 몸을 숨겼다. 그렇게 우리 두 사람은 이틀을 무덤 속에 있는 것처럼 머리도 내밀지 못하고 가축을 찾아 숲속을 뒤지는 몽골군이 내는 무서운 소리를 들으면서 꼼짝도 하지 못하고 있었다. 마침내 굶주림을 참지 못하고 숨었던 곳에서 내가 나오자마자, 나의 눈에 한 사람의 모습이 들어왔다. 나는 다시 도망치기 시작했다. 하지만 그 사람도 달아나는 것이었다. 살펴보니 서로 아무런 무장도 하지 않고 있었다. 우리는 서로 신호를 보내 만나게 되었다. 그런 뒤에 우리는 서로의 서글픈 모험담을 나누었고 무엇이 최선일지 신중하게 생각했다. 하느님에 대한 신뢰로 용기를 얻어 우리는 마침내 숲의 끝자락에 이르렀고, 거기에서 높은 나무에 올라 주위를 살펴보았다. 오, 슬프도다! 나라는 온통 황폐해졌고, 우리가 지나가야만 하는 곳은 교회의 첨탑들만이 우리의 발길을 돌리게 만드는 그런 황무지와 같았다. 때로 폐허가 된 마을의 밭에서 완두콩, 양파나 마늘 같은 것들을 찾아내면 행복하다는 생각이 들었다. 그 외에는 나무뿌리로 목숨을 이어갔다. 숲을 벗어난 지 거의 한 주 만에 알바Alba에 도착했다. 그곳에는 해골만이 눈에 띄었고, 성당들과 궁전 벽에는 아직도 그리스도교인들의 피로 얼룩져 있었다. 19km 떨어진 곳에는 숲이 있었고, 그 가까이에 흔히 프라타Frata라고 부르는 농가 한 채가 있었다. 이 숲에서 7km 떨어진 곳에 높은 산이 하나 있었는데, 그곳에 많은 남녀가 피신하고 있었다. 우리가 그곳에 도착하자 그곳의 도망자들은 눈물을 글썽이며 우리를 반겼다. 그들은 우리가 마주쳤던 위험이 무엇이었는지 묻고 오크 나무껍질을 혼합한 밀가루로 만든 흑빵을 우리에게 권했다. 이 빵은 우리가 지금까지 먹었던 것들 가운데 가장 맛있는 음식이었다."[260]

교황 그레고리오 9세의 헝가리 십자군 호소

몽골군이 폴란드와 헝가리에서 저지른 끔찍한 파괴로 인해 신성로마제국 전역은 극도의 공포감에 휩싸였다. 교황은 그리스도교의 이름을 말살하려는 야만인들을 무찌를 십자군 결성을 촉구하는 설교를 했다. 그레고리오 9세는 사람들에게 성스러운 전쟁을 권유하는 여러 통의 편지를 보내면서 생생한 비탄과 경고의 메시지를 담았다.

"요즘 심각한 여러 가지 일들이 끊임없이 우리의 생각을 온통 지배하고 있습니다. 성지의 암울한 상황, 교회가 당하고 있는 시련, 신성로마제국의 처한 상황 등이 그것입니다. 그러나 몽골군이 저지른 죄악들을 생각할 때, 우리는 이 모든 충돌의 진정한 원인, 즉 우리가 당면한 최고의 관심사를 잊고 있었음을 고백합니다. 우리 세대에 그리스도교라는 이름이 없어질지도 모른다고 생각하면, 뼈가 바스러지고, 골수가 마르고, 살이 타들어 가며, 기력이 소진됩니다. 생생한 고통과 번민이 우리 속에 가득해 어찌할 바를 모르니, 어느 쪽으로 나아갈지 알지 못합니다."[261]

260) (원주) Rogerii, Miserabile Carmen.
261) (원주) Dlugoss, Hist. Polon., lib. vii. p. 682.

헝가리는 3년 동안이나 학살과 파괴의 거대한 무대가 되었다. 벨라 왕은 유럽 군주들에게 거듭하여 도움을 간청했다. 교황까지도 이 불행에 빠진 왕국을 돕기 위해 온갖 영향력을 행사하였다. 그러나 모두 소용이 없었다. 그레고리오 9세는 헝가리 방어를 위해 싸울 준비를 하는 이들에게는 성지에 간 것과 마찬가지로 면죄부를 주었다. 교황은 그리스도교 왕들, 왕족들, 훈작 귀족들, 판사들, 특히 대주교들과 주교들에게 서신을 보내, [헝가리로 가는] 십자군에게는 면죄부를 주고 교회가 내린 벌을 감면해 줄 것을 명했다. 즉 그들이 가진 모든 수단을 동원해서, 사람들이 몽골군에 맞서 싸우게 하라고 명했다. 벨라 왕에게 보낸 서신에서 교황은 참을 수 없는 잔혹한 범죄 때문에 하느님의 백성들에게 진노의 채찍을 휘두르고 계시는 하느님께서 이후에는 반드시 이 가혹함을 자비와 인자로 바꾸실 것이라고 위로하였다. 그는 하느님께서 징벌의 막대기를 휘두르신 뒤에는, 위로의 손을 내미실 것이니 하느님을 신뢰하라고 간청했다. 벨라 왕에게 용기를 잃지 말라고 설득하면서, 교황은 자신의 힘이 닿는 한 곧바로 도우러 가겠다고 약속하였다. 그는 이어서 "만약에 자신을 황제라고 칭하는 프리드리히가 겸손하게 회개하는 마음으로 교회에 다시 복종한다면, 교회는 황제와 화평할 것이며 이는 하느님의 영광을 드러내고 그리스도교에는 선한 일이 될 것입니다. 그리스도 세계가 평온을 회복하게 되면, 왕에게 좀 더 실질적인 도움을 드릴 수 있게 될 것입니다"[262]라고 하였다.

몽골군의 침략과 연관된 교황과 황제 사이의 분쟁

헝가리에서는 불행하게도, 교황과 황제 사이에서 일어난 싸움이 중재되기보다 오히려 격화되고 있었다. 교황 그레고리오 9세의 추종자들은 프리드리

262) (원주) 1241년 7월 1일 라테란 대성당에서 보낸 서신. Odor Raynaldi, Annal. Eccl., tom. ii. p. 259.

히 바르바로사가 그리스도교 세계에 재난을 불러온 것을 맹렬히 비판했다. 교황의 추종자들 가운데는 황제가 몽골군을 유럽으로 불러들여 은밀하게 가톨릭교회에 대항하라고 부추겼다고 비난하는 자들도 있었다.[263] 황제는 사실 그리스도교 왕들에게 무기를 들라고 간곡하게 요구하였다. 황제는 교황이 자신을 몽골군들 앞에서 군대의 수장인 그리스도교의 황제라기보다는 열변을 토하는 게으르고 거만한 논객처럼 행동했다고 심하게 비난한 것에 대해서 변명이라도 하듯이, 웅변조로 자신을 해명했다. 유럽을 그처럼 끔찍하게 만든 돌풍 속에서도, 프리드리히는 기지 넘치는 발언으로 스스로를 위로하려고 노력하는 듯했다. 몽골군은 어느 방향으로 이동하든지, 먼저 선발대를 보내어 왕들과 주민들에게 대 칸에게 항복하라는 요구를 했다. 그리고 이 요구를 거절하면 예외 없이 그 나라들에 수많은 재앙과 고통을 안겼다. 항복을 권유받고 나면, 조공을 바치기로 한 왕은 카라코람으로 가서 대 칸에게 경의를 표해야만 했다. 어느 날 프리드리히 황제는 몽골 군주의 이름으로 이와 비슷한 제안을 받았다. 황제가 자기 나라를 위하여 [대 칸에게] 경의를 표하면, 대 칸 궁정의 직책 중 무엇이든 고르는 대로 답례한다는 제안이었다. 몽골인들도 마찬가지였겠으나, 중국인들이 보기에 그러한 제안은 명예로운 것이었다. 프리드리히는 이 제안을 농담으로 받아들이면서, 자신은 제물이 되는 새의 운명을 잘 알고 있으므로, 매를 부리는 사람이 되겠다고 말했다.

서방 그리스도교 지도자들, 특히 교황과 황제의 사이가 멀어진 것은 중앙아시아 고원지대에서 몰려온 야만족 군대에 대항할 준비가 전혀 없었던 것에서 원인을 찾을 수 있다. 유럽이 그나마 두려워하던 대대적인 파멸을 면할 수 있었던 것은 대 칸 오고타이의 죽음으로 바투를 비롯한 다른 부족장들이 새로운 대 칸을 선출하려고 몽골로 귀환했기 때문이다. 이런 천만다행인 일이 벌어지지

263) (원주) Matthew Paris, Hist. Angl.

않았다면, 아마도 뛰어난 전술을 구사하였던 몽골군은 [유럽의] 다른 나라들을 지배했을 것이다. 그리고 다른 유럽의 나라들도 러시아인들, 헝가리인들, 그리고 폴란드인들이 당했던 것과 같은 비참한 운명을 만났을 것이다. 이러한 돌이킬 수 없는 패배는 적은 수의 무거운 갑옷을 걸친 기사들, 수많은 반 벌거숭이의 농민들, 즉 질서와 명령체계, 통합된 지휘권이나 군사 전술도 없는 이러한 군사들이, 호전적이고 잘 훈련된 몽골 경기병輕騎兵을 막아낼 수 없었음을 보여준다. 몽골군은 전략을 잘 세우고, 광활한 전쟁터에서 대규모 작전과 군사행동에 숙련되어 있으며, 모든 군사가 기병으로 상당히 먼 거리에서 활을 쏠 수 있었다. 반면 [유럽] 전사들은 창과 무거운 병기로 싸우는 데에만 익숙하였기 때문에 아예 몽골군의 상대가 되지 않았다. 유럽의 나라들은 이 잔혹한 정복자들의 침략을 받자마자 전멸되고 짓이겨졌다. 동방에서 그리스도교인들은 즉각적인 복종으로 안식과 평화 비슷한 것을 얻을 수 있었다. 그러나 몽골군이 침입하면서 그러한 평온함도 오래가지 못했다. 이는 몽골군들이 약탈과 살인을 일삼았기 때문이었다. 그리고 무슬림들도 끊임없이 몽골군을 자극하여 그리스도교인들에게 박해를 가하도록 했다. 무슬림들은 몽골군에게 신뢰받지 못했기 때문에 그리스도인의 박해에 관해서 암시하는 것만으로 충분하다고 생각했다. 그들은 그리스도교인들이 공개적으로 공적인 예배를 드릴 수 없을 때까지 공격했다.

몽골인들의 종교관

이때 몽골의 대 칸 궁정에 시메온Simeon이라는 시리아인 의사가 있었다. 그는 아시아 대륙의 끝으로 복음을 전하기 위해서 온 박식하고 열정적인 사람이었다. 그는 장점이 많고 덕을 지닌 사람이었기에 대 칸 오고타이에게 소개되었다. 대 칸은 그를 기꺼이 '아타Ata'라고 불렀는데 이 호칭은 '아버지'라는 의미다. 다른 사람들은 그를 '라반Rabban', 즉 선생님이라고 불렀다. 의사 시메온은 아르메니아, 그루지야, 알바니아의 그리스도교인들이 고난당하고 있다는 말을 듣고, 기회를 만들어 대 칸에게 이 문제를 지적했다. 시메온은 지금까지 한 번도 대 칸에게 저항한 적 없이 대 칸을 열성적으로 섬기며 조공을 바치는 이 충직한 백성들을 박해하는 것은 제국의 영광이기보다는 수치라고 지적하였다. 대 칸은 그의 항의를 받아들였다. 그리고 1241년 시메온을 그리스도교인에 관한 모든 일을 관장하는 행정관으로 임명하여 아르메니아로 보냈다. 대 칸은 시메온이 아르메니아로 떠날 때, 그 나라를 점령하고 있는 몽골 장수들에게 시메온의 권한을 보장하는 서류도 함께 주어서 보냈다. 시메온이 도착하자 그리스도교인들의 고통은 잠시나마 끝이 났다. 몽골의 지배를 받는 모든 나라에서 그리스도교인들은 자유롭게 종교적인 행사를 할 수 있었다. 많은 수의 몽골인들이 개종하고 세례를 받았다. 이 때문에 지중해 동부에서는 몽골족이 그리스도교를 받아들이고 부족장들이 세례를 받았다는 소문이 돌았다. 사람들은 이 공포심을 불러일으키는 야만인들을 무력으로 제압하기는 불가능하였으므로, 복음을 통한 도덕의 온화한 영향으로 이들이 인간답게 변화할 기회가 있으면 좋겠다고 생각했다. 몽골인들은 이슬람을 받아들이지 않았고 무슬림을 핍박했다. 당시 [유럽의 그리스도교인들은] 이 점만 보더라도 몽골군이 그리스도교로 교화되는 중간 단계에 있다고 생각했다. 몽골군이 폴란드와 헝가리의 그리스도교인들을 공격했을 때 이들을 마술사와 악마가 사람의 옷을 입은 것이라고 생각했다. 그런데 [이번에는] 몽골군이 투르크족과 사라센과 전쟁을 벌이는 것을 보고, 몽골군이 반쯤은 [그리스도교로] 개종했다고 여겼다.

당시 몽골인의 종교관을 살펴보면, 몽골인들은 다른 종교로 개종하는 것을 비판적으로 보지는 않았던 듯하다. 그들은 텡그리Tengri[264]라는 유일하고 전능

---

264) (원주) L'Histoire Merveilleuse du Grant Caan, fol. 296.

한 신을 인정하고 있었는데, 자신들의 기초적인 신앙에 세세한 장식하거나, 미신적인 관습을 덧붙이지 않았다고 알려졌다. 리콜드가 단순한 생각으로 기록한 『긴 여행Liber Peregrinacionis』이란 책에서 몽골인들의 생활방식과 신앙에 관하여 이렇게 말한다.[265] "그들은 세상에 존재하는 다른 나라 사람들과는 전혀 다른 종교에 대한 생각을 가지고 있다. 왜냐면 그들은 다른 나라 사람들이 거짓으로 말하듯 하느님이 세우신 어떤 법이 있다고 말하지는 않지만, 단순하게 본능이나 본성에 따르면서, 이 세상의 만물 위에 있는 어떤 통치자가 있고, 그분이 바로 하느님이라고 말하고 있다."[266] 루브릭, 플라노 카르피니, 마르코 폴로와 다른 모든 여행자도 몽골인들의 종교관을 같은 어조로 말했다. 아부 알-가지Abu al-Ghazi Bahadur는 몽골에서 [노아의 아들] 야벳 이후 처음 세대에서는 유일신에 대한 순수한 경배가 일반적이었다고 기록하였다.[267] 오구즈Oghuz가 출생하면서 이러한 경배는 중단되었지만, 오구즈는 자신의 나라에서 이를 부활시켰다.[268] 그리고 칭기즈칸은 유일신의 존재를 믿었으므로, 무슬림 학자들과의 대화에서 신적인 존재와 속성을 지지하는 주장을 반박하지는 않았으나 이슬람이라는 종교의 진실성에 대해서는 논쟁을 벌였다고 했다. 칭기즈칸은 몽골 법전을 만들면서 몽골인들의 정신에 모든 법률의 기초를 만들어 주는 것에 대체로 만족하였으며, 때와 장소에 따라 구체적으로 적용하게 하였다. 그는 만일 변치 않는 신앙이 있다면, 자신의 정벌 전쟁에 장애가 될 것이라고 염려했던 것으로 여겨진다. 실제로 몽골 사람들은 모든 종교를 차별하지 않

265) 『긴 여행Liber Peregrinacionis』은 리콜드(Ricoldus da Monte di croce, c. 1243–1320)가 1288–91년에 쓴 선교사들을 위한 종합안내서로 그가 방문했던 동방 여러 나라의 풍물을 담고 있다. 리콜드는 도미니코회 소속 신부로 피렌체 출생이다. 신학교수 일하다가 아크레(1286), 성지(1288), 모술(1289)을 거쳐 바그다드에 도착했고, 네스토리우스파와 신학적인 갈등을 겪었다.

266) (원주) Histoire Genealogique des Tartares, vol. I. p. 51.

267) 아부 알-가지 바하두르(Abu al-Ghazi Bahadur, 1643-63)는 키바(Khiva)의 칸이었다. 칸으로 옹립되기 전 페르시아에 살면서 차가타이 투르크 지방의 키바 언어와 문명에 대한 『Shajare-i Tarakime』 (Genealogy of the Turkmen, 1659). 『Shajare-i Turk』 (Genealogy of the Turks, 1665)를 썼다.

268) 오구즈(Oghuz Khan)는 투르크족 기원 설화에 등장하는 전설적인 칸이다.

고 서로 받아들였다. 그들은 정복한 나라들이 굴복할 때 부가적으로 요구하는 것들을, 표면적으로 [그들의 종교로] 개종함으로써 받아들이는 경향이 있었다. 칭기즈칸의 후예들은 나라를 세우는 어느 곳에서나 그곳에서 가장 지배적인 종교를 수용하였다. 따라서 그들은 중국에서는 불교도가, 페르시아에서는 무슬림이 되었다. 만약 독일이나 이탈리아였다면 그들은 틀림없이 그리스도교를 받아들였을 것이다. 그리고 그렇게 되었더라면 유럽은 무력으로는 물리칠 수 없었던 몽골 야만인들을 그리스도교에 의해 무장 해제시키고 문명화할 수 있는 두 번째 기회를 가질 수 있었을 것이다. 따라서 몽골인의 개종은 유럽의 그리스도교 왕들, 특히 교황의 커다란 관심사였다.

교황 인노첸시오 4세와 리옹 공의회, 그리고 몽골에 파송된 사절들

프랑스는 선교사들을 가장 먼저 파견한 나라였다. 이는 종교와 문명의 씨앗이 싹틀 때 프랑스가 그 어느 나라들보다도 가장 많은 혜택을 입은 나라였기 때문이다. 1245년 리옹Lyons에서 열린 공의회에서 교황 인노첸시오 4세는 몽골군의 침략에 대비하여 유럽의 방위문제를 긴급히 의논하기 위해 이 모임을 소집했다고 말했다.[269] 교황은 우선 "하느님의 진노를 가라앉히기 위한" 엄숙한 금식과 기도를 명했고, 이어서 몽골군의 침입을 받는 나라들은 도시들을 요새화하고 주요 도로를 차단하라고 권했다. 또 선교사들에게 야만인들의 족장들에게 보내는 교황의 서신을 전달하도록 했다. 서신에는 그리스도교인들의 피를 더는 흘리게 하지 말고 진정한 종교[그리스도교]로 개종하라는 간청이 적

269) 인노첸시오 4세(Innocent IV, 1243-1254)는 제 180 대 교황으로 볼로냐 대학을 졸업했고 교회법에 정통했다. 신성로마제국과의 갈등 속에서 프랑스로 교황청을 옮겼다고 로마로 귀환했다.

혀있었다. 리옹 공의회에서 그리스도교에 닥친 긴급한 위험을 막아보겠다고 나온 대책은 이 정도 수준이었다. 주어진 사명에 충실했던 교회는 언제나 교인들을 어머니의 마음으로 보살펴 왔고, 동시에 선교적 열정을 가지고 이교도들을 개종시키고 야만인들의 문명을 개조해 왔다.

인노첸시오 4세는 파리에 있는 도미니크회 수도원장에게 리옹 공의회의 결정을 알리는 서신을 보내면서, 수도회 소속 수도사들 가운데 몽골로 보낼 선교의 적임자를 선발하는 임무를 내렸다. 수도원장이 교황의 서신의 내용을 공개하자 수도사들은 자신이 가겠다고 서로 경쟁을 벌였다. 수도사들 가운데는 심지어 몽골에 보내 달라고 울며 매달리는 이들도 있었으며, 어떤 수도사들은 사랑하는 형제 수사들이 헌신하면서 직면할 극심한 피로와 갑작스러운 죽음을 생각하면서 슬픔에 빠지기도 하였다. 선발된 수도사들은 기쁨의 눈물을 흘렸고, 선발되지 못한 수도사들은 이웃의 구원을 위해 자신의 목숨을 바치는 일에서 제외된 것이 서러워 눈물을 흘렸다.[270] 수도회의 역사가가 전한 이러한 상황을 보면 도미니크회 수도사들의 열정과 헌신이 얼마나 대단했는지, 영혼을 구원하려는 열망을 얼마나 불태우고 있었는지, 가톨릭 신앙을 전파하려는 엄청난 활기를 가지고 있었음을 충분히 알 수 있다. 선발된 롬바르디아의 안셀무스Anselm of Lombardy, 생캉탱의 시몬Simon of St Quentin, 알베릭Alberic과 알렉산더Alexander 등 네 명의 도미니크회 수도사들은 교황 앞에 무릎을 꿇은 채, 몽골 부족장들에게 보내는 서신을 가지고 몽골군 장수 바이두의 군영이 있는 페르시아로 가라는 명을 받았다.[271] 당시의 한 역사가에 따르면, 인노첸시오 4세는 이 수도사들에게 "면죄를 받으려면, 몽골족의 관습을 꿰뚫어야만 한다"

270) (원주) Fontans, Monumenta Dominicana, Ann. 1245, p. 52.

271) 바이두(Baidu Khan, ?-1295)는 일 칸국의 6대 칸으로 창건자인 훌라구의 손자이다.

고 말했다고 한다.[272)]

이들 수도사 넷이 페르시아를 향해 가고 있을 때, 교황은 폴란드의 베네딕트Benedict of Poland, 포르투갈의 로렌스Laurence of Portugal와 플라노 카르피니의 요한John of Plano Carpini 등 프란체스코회 수도사 셋을 따로 몽골로 보냈다. 이 선교사들은 종교와 문명의 전파라는 두 가지 목적을 가지고 있었다. 교황은 언제나 그랬듯이 몽골족이 흉포하고 강인하다는 것을 잘 알고 있었기 때문에, 그들이 그리스도교로 개종하여야만 야만적인 습성을 버리고 부드럽고 인간적인 성격을 갖게 되리라 생각했다. 또 몽골족의 개종을 위해 노력하는 것은 서방 그리스도교 여러 나라를 지키는 방법이기도 했다. 따라서 교황은 아직은 초기 단계였지만 교회의 영광을 크게 드러내고 사회에 커다란 기여 하고자 도미니크회와 프란체스코회의 선교사들을 파송하였다. 교황들이 이교도들의 나라에 보내는 선교사절을 선출할 때는 이 두 수도회에서 뽑는 것이 관례였다. 이 수도사들은 청빈한 삶을 사는 데 익숙해서 긴 여정 중에 제대로 갖춘 숙박 시설이 거의 필요하지 않았다. 이들은 굶주림, 목마름, 온갖 궁핍을 견디며 긴 여행을 아주 적은 비용으로 할 수 있었다. 그리고 이들은 수도회의 학구적인 삶과 성경을 잘 구사하는 설교에 익숙했기 때문에, 다른 사람들보다 선교지의 사람들에게 더욱 확신을 줄 수 있었다. 그들은 활력을 주는 열정적인 신앙, 교회를 위한 무한한 헌신, 영혼들의 구제라는 덕목을 가지고 있었기 때문에 자기 자신을 내려놓고 주어진 성스러운 목적에만 전념할 수 있었다. 당시에는 다른 어떤 계층에서 뽑은 사절들보다도 능력과 자제력, 열성과 충실함에서 이들보다 더 뛰어난 사람들은 없었다.

272) (원주) Chron. de France, Man. de la Bibl. Imp., No. 939. fol. 384.

제 5 장

중세 유럽과 몽골 제국의 초기 접촉

제 5 장

중세 유럽과 몽골 제국의 초기 접촉

플라노 카르피니의 요한과 바투 칸의 만남

1246년, 프란체스코회 수도사 플라노 카르피니의 요한과 동반자 스테판 Stephen은 대사의 임무를 띠고 보헤미아와 실레시아를 지나는 몽골 여행길에 올랐다.[273] 두 사람은 브레슬라우에서 '폴란드의 베네딕트'라는 또 다른 동료를 만나게 되었다.[274] 베네딕트는 이 둘과 고생을 함께 하며 통역을 맡게 되었다. 그들은 렌치에서 몽골군의 장수나 부족장을 만나려면 선물을 미리 준비해야 한다는 것을 알게 되었다.[275] 구호금으로 살아가는 탁발수도사들에게는 선

273) 플라노 카르피니의 요한(John de Plan Carpini, c. 1185-1252)은 이탈리아 움브리아 페루자 인근 출생으로 성 프란체스코와 동시대 인물이었다. 독일의 작센과 쾰른, 그리고 스페인에서 프란체스코 수도회를 대표하는 공직에 있었다. 1241년 몽골의 동유럽 침공 이후, 교황 이노첸치오 4세에 의해 몽골의 사절단 대표로 파견되었다(1245).

274) 브레슬라우(Breslau)는 폴란드어로 브로츠와프(Wroclaw)이다. 폴란드 남서부인 실레시아 지방의 도시로 오데르 강이 도심을 지난다.

275) 렌치(Lenczyc)는 폴란드 중앙에 있는 유서 깊은 소도시이다.

물로 줄 것이 하나도 없었으나, 다행스럽게도 콘라드Conrad 공작 내외와 렌치 주교의 도움으로 그들은 몽골인들에게 선물할 모피를 구했다. 세 명의 선교사들은 크라카우Cracow에 이르러, 러시아 왕자이며 블라디미르의 공작인 바실코Vassilko를 만나게 되었다. 바실코는 일행을 자신의 영지로 데려가 잠시 머물게 하였다. 이 열정적인 선교사들은 이 기회를 놓치지 않고 공작, [러시아 정교회의] 주교들, 그리고 그곳 주민들에게 가톨릭교회와 재결합해야만 하는 이유를 설교했다. 그러나 사절 일행은 그러한 중요한 문제에 대해 그들이 어떤 구체적인 결정을 하도록 할 수는 없었다. 사절들이 떠날 때가 되자 바실코는 자신의 부하 하나를 사절들에게 붙여주었다. 그리하여 사절단이 리투아니아인들이 약탈하는 지역을 통과할 때 그들을 보살펴 주도록 하였는데, 그는 키예프까지 동행하기로 예정되어 있었다. 키예프는 러시아의 심장부였지만, 당시에는 몽골군이 장악하고 있었다. 하지만 요한 수사는 키예프에 닿기 전 다닐로프Danilow라는 곳에서 큰 병에 걸리고 말았다. 그는 임무에 지장을 주지 않으려고 혹독한 날씨에도 눈길을 헤쳐 가며 이동했다. 보헤미아의 스테판 수사는 기진맥진하여 여행을 계속할 수 없게 되었다.

플라노 카르피니의 요한과 폴란드의 베네딕트, 두 수사는 드네프르 강가에 있는 몽골군 전진기지에 이르러 변방의 몽골군 사령관의 숙소로 안내되었다. 그러나 라틴어로 쓴 서신을 제대로 읽을 수 있는 사람이 없었으므로, 몽골 사령관은 사절들을 칭기즈칸의 손자인 바투의 궁정으로 보냈다. 그들은 사순절 첫날을 보낸 뒤에 기장과 눈 녹인 물만 먹고 마시면서 5주 동안을 하루도 쉬지 않고 어떤 때는 하루에 일곱 차례나 말을 갈아타면서 달렸다. 그들은 마침내 볼가 강가에 있는 바투의 군영에 당도하였다. 그들에게는 천막이 배정되었는데 본영에서 5km나 떨어진 곳이었다. 언제 바투를 만날 수 있는지 물었더니, 바투의 수석보좌관은 그에게 무엇을 선물할 것이냐고 되물었다. 그러나 수사들은 자신들이 아주 위험한 지방을 지나야만 하였고 그들이 목적지에 닿을 수 있는지 확실치 않았기 때문에, 그들의 주인인 교황이 자신들에게 선물을 맡기지 않았노라고 답했다. 그러나 드릴 선물을 자기네들이 알아서 마련하였다고 하였다. 수사들이 이 물건을 군관의 손에 건네자, 그는 바투에게 그들을 소개하고자 그의 천막으로 데려갔다.

몽골군 병사들은 프란체스코회 수사들을 불더미 사이로 지나게 하였다. 이는 귀기鬼氣를 막고, 또 수사들이 [바투를] 바로 대면하였을 때 그들에게 붙어서 왔을지도 모르는 악령을 없애려는 생각에서였다. 불더미 가까이에는 창 두 자루가 꽂혀 있었고 그 사이에는 천 조각들이 매달린 줄이 걸려 있었다. 양쪽에 동시에 여자가 한 명씩 서서 그들에게 물을 뿌려대며 알 수 없는 주문을 중얼거렸다. 두 수도사는 바투의 천막 앞에서 세 차례나 왼쪽 무릎을 꿇어야만 했고, 특히 천막 안으로 들어갈 때 문지방을 건드려서는 안 된다는 주의를 받았다. 이런 관습은 오늘날까지도 몽골 천막으로 들어갈 때 지켜야 할 사항으로 남아 있다.

칭기즈칸의 장손 바투는 대 칸 다음가는 권력자로 매우 민첩하고, 술수에 능하며, 행동이 거칠어 동족마저도 두려워하는 사람이었다. 그의 군영은 사치스럽고 호화스러운 것들로 장식되어 있었다. 그곳에는 각급 경비병들, 관리들, 헝가리 왕에게서 빼앗은 아름다운 천막들, 금은 그릇으로 뒤덮인 식탁 뿐 아니라, 식사 중에 노래 부르고 연주하는 사람들도 있었다. 바투의 머리 위에는 붉은 색 파라솔이 있었고, 무릎을 꿇지 않고는 그에게 말을 건넬 수 없었다. 수사들은 이 모든 궁중 예절을 눈여겨보았다. 바투는 아내 중 한 명을 곁에 대동하고 높은 단 위에 있는 긴 의자에 앉아 있었다. 그의 가족, 주요 부족장들이 천막 중간에 앉아 있었다. 그들 뒤편으로 급이 낮은 평민들이 바닥에 앉아 있었다. 남자는 오른편, 여자는 왼편에 앉아 있었다. 선교사들은 무릎을 꿇어야만 했으며, 가져온 서신을 바투에게 바치면서, 통역에게 그것을 통역해달라고 간청했다.

교황 인노첸시오 4세가 몽골 칸과 몽골인들에게 보낸 서신은 1245년 3월 3일 리옹에서 쓴 것이었다. 그 가운데 한 서신에서는 먼저 그리스도교의 주요 교리, 즉 하느님의 아들이 희생함으로써 인류에게 가져다준 구속, 하느님 아들의 부활과, 지상에서 영혼들을 관리하고 천국의 열쇠를 맡은 대리자(성 베드로)의 임명에 관해 언급한 후 하느님의 아들의 승천에 대해서도 이야기 했다. 교황은 자신이 비록 이 미약한 대리자이지만, 몽골 칸과 몽골인들이 구원을 받기 원하며, 자신이 직접 모든 곳에 갈 수는 없기에, 선물을 가지고 가는 수도사들에게 그리스도교의 교리를 알리는 권한을 위임하였다고 말했다. 결론적으로 인노첸시오 4세는 몽골족에게 자신의 사절을 친절히 맞이하고, 혹은 오히려 자신의 사절에게 경의를 표하라고 요구한 것이다.[276] 다른 서신에는 이런 구절이 있다.

> "사람뿐 아니라 이성이 없는 동물들, 심지어 우주의 구성요소들까지도 일정한 연관성의 법칙에 따라 하나가 되기 때문에, 이후 만물의 창조주가 영원한 조화 속에서 전형적인 하늘의 영들의 합창단을 만들어 왔습니다. 그런데 우리가 매우 놀랐던 것은, 당신들이 그리스도교 나라들과 그 밖의 많은 나라를 침략하여, 당신들이 지금까지 그래 왔던 것처럼 그 나라들을 끔찍하게 파괴하여 사람들이 살 수 없게 만들었다는 사실입니다. 당신네 약탈자들은 사방을 노도처럼 헤집고 다니고, 자연의 연관성이라는 매듭을 끊어버리고, 남녀노소를 가리지 않고 무차별로 살육하고 있습니다. 그러므로 모든 인류가 주를 경외함으로 하나 되기를 바라며, 평화의 하느님이 모범을 보이신 것처럼, 우리는 당신이 그리스도교인들에

276) (원주) Oder. Raynald. Ann. 1245. No. 16. p. 338. Wadding. Annales Minorum, vol. 3. p. 116.

대한 박해를 단호히 멈추고, 그 많은 공격으로 생겨난 하느님의 진노를 가라앉히고, 적절한 회개를 하기를 경고하고 또 간원 합니다. 비록 이제까지는 전능하신 하느님께서 당신의 손과 당신의 군대의 맹렬한 공격에 많은 나라가 무릎 꿇도록 허락해 오셨지만, 이것이 이후에도 당신이 무모한 잔악 행위를 허용하는 것은 아니기 때문입니다. 하느님께서는 어떤 때에는 교만한 자들을 꾸짖지 않고 잠시 놓아두시지만, 그들이 겸손히 행하지 않으면 현세에서라도 그들의 부당한 행동을 반드시 벌하실 것입니다. 그리고 그 죄악에 대한 더 완전한 복수는 앞으로 다가올 심판에 맡기실 것입니다."

인노첸시오 4세는 이 서신을 끝내면서, 요한 수사와 그와 함께 한 자들을 칭찬하면서 몽골군이 이들을 잘 맞아주고, 먹을 것을 공급해주며, 되돌아올 때 잘 경호해 주길 부탁한다고 밝혔다. 또한 인노첸시오 4세는 그들이 어떤 이유로 다른 나라를 멸망시키게 되었는지 그리고 앞으로의 계획이 무엇인지 알려주길 간구했다. 며칠 후, 이 서신들은 몽골어, 러시아어, 아랍어로 번역되었다. 바투는 수사들을 동쪽으로 보냈다. 수사들은 그들의 신속한 여정을 도우라는 명을 받은 두 명의 몽골인들과 함께 부활절에 출발했다. 이 선교사들은 매우 용감했지만, 매우 지쳤던 탓에 말을 타기도 어려웠고, 눈에는 붕대를 감아야만 했다. (그 지역에서는 심하게 말을 달리는 경우 발생하는 고통을 줄이기 위해 여행자들이 흔히 이런 예방책을 썼다.) 일행은 7월 22일 드네프르 강 근처에서 몽골 영토로 들어온 지 약 다섯 달이 지나 마침내 황궁에 도착했다.

대 칸의 선출 과정에 함께 한 수도사들

교황 사절은 제국의 수도에 도착하여 대 칸 오고타이가 세상을 떠났고 미망인 토레케네Törekene가 섭정하고 있다는 사실을 알게 되었다.[277] 그리고 그녀가 쿠릴타이에서 아들 구유크 Couyouk가 후계자로 선출되도록 애쓰고 있다는 것도 알게 되었다. 구유크는 선출되기 전이어서 표면상 공무에 참여할 수 없었으므로 사절을 접견하지는 못하였다. 그러나 그는 수사들에게 숙소를 내주었고 며칠 동안 휴식을 취하도록 한 뒤에, 그들을 섭정 중인 어머니에게 보냈다. 토레케네는 하얀 비단으로 된 화려한 천막을 거주하고 있었다.

대 칸을 선출할 날짜가 정해지고 70개의 언덕이 있는 지역의 호수 인근에서 쿠릴타이가 열렸다. 아시아에 있는 몽골족의 왕자들이 모두 모이는 이 회의 때문에 대륙의 모든 곳에서 몽골 수도로 가는 길이 여행자들로 뒤덮였다. 같은 혈통에 속한 왕자들이 수많은 호위병을 거느리고 나타났다. 우추켄Utjuken은 80명의 아들을 거느리고, 툴루이의 미망인[소르각타니 베키]은 자녀들과 함께, 오고타이, 조치, 차가타이의 후손들은 제각기 부족장들을 대동하고, 중국, 코카서스와 모술의 몽골 점령지의 장수들과 행정관들이, 페르시아, 투르키스탄과 트란스옥시아나의 총독들이 그 지역의 왕자들과 귀족들을 대동하고 나타났다. 또 롬록우딘Roum-Rok-ud-din의 술탄, 러시아 대공 야로슬라프Yaroslav, 그루지야의 왕위를 주장하는 다비드라는 두 왕자와 알레포 군주의 왕제, 바그다그 칼리프, 이스마일, 모술, 카스와 케르만의 왕자들이 보낸 사신들이 모두 진귀한 공물을 가지고 자신의 치장이 화려함과 외양 면에서 제일이라고 뽐내면서 등장했다. 온갖 아시아풍의 화려함으로 둘러싸인 이 저명한 사람들의 모임 가운데, 단순한 복장과 단정한 행동으로 눈에 띄는 두 사람이 있었다. 바로 아시시의 성 프란체스코의 두 명의 영적인 자녀들로, 그들은 이 험악한 야만인들에게 복음을 전하고 무엇보다 "하느님의 나라와 그의 의"를 구하라는 것을 가르치

277) 쿠릴타이(Quriltai)는 몽골의 정책 결정 최고기관이다. 한자표기는 忽里勒台이지만 『원조비사(元朝祕史)』에는 忽鄰塔로 기록되어 있다. 쿠릴타이의 기능은 대 칸의 선정이나 즉위, 세계 각국으로의 원정 계획 수립, 그리고 몽골 법령 제정이었다. 물과 목초지가 있는 장소에서 겨울을 피해 개최되었다.

기 위해 보냄을 받은 사람들이었다.

이 장소는 시라 오르두였다.[278] 당시 그곳에는 2,000개의 흰 천막이 모여 있었지만, 새로운 군주에게 경의를 표하려고 기다리는 왕자들, 귀족들, 사신들을 모두 수용하기에는 부족했다. 건너편에는 페르시아, 인도와 중국에서 온 수많은 상인이 동방 여러 나라의 가장 진귀한 물건들을 가지고 무리 지어 있었고, 대 칸의 군영 근처는 인파로 가득 차 있었다. 이러한 소란과 혼란은 쿠릴타이의 가공할만한 성격을 드러냈다. 같은 혈통의 왕자들과 장수들이 2,000명을 수용할 수 있는 천막으로 모여들었다. 일정한 거리를 두고 채색 난간이 둘러 있었다. 점심 무렵까지 공무를 논의하고 난 후, 참석자들은 마유주를 엄청나게 들이마셨다. 참석자들은 날마다 대 칸이 하사한 다른 색의 겉옷으로 갈아입었다. 심지어 어느 날은 수사들까지도 비단에 금실로 수놓은 겉옷을 받았는데, 수사들은 이것을 서지Serge로 만든 사제복 위에 걸쳤다. 대 칸 선출권자들은 마침내 섭정 토레케네의 뜻에 못 이겨, 만장일치로 구유크를 대 칸으로 선출하였다.

구유크는 선출의 관례에 따라 처음에는 대 칸이 되는 것을 극구 사양하며 버티다가, 자신의 후대를 보장해 준다면 제국을 맡겠다고 선언했다. 이에 선출권자들은 "당신 부족의 혈연이 하나라도 이 세상에 남아 있는 한, 설사 그가 풀 위에 던져져 소조차 거들떠보지 않는 사람이라 해도, 우리는 그 외에 어떤 다른 이에게도 위엄 있는 대 칸의 자리를 내어주지 않겠습니다."라고 말했다. 이 맹세가 끝나자마자 엄청난 환호가 하늘을 찔렀다. 붉은 천들로 감싼 장대들이 구유크를 향하여 그 위를 숙이고 쿠릴타이 참석자들은 그에게 구배九拜를 올렸다. 대 칸의 군영 담장 밖에 있던 속국의 왕자들, 외국 사신들, 들판을 덮고 있던 허다한 군중이 땅바닥에 엎드려 그에게 절했다. 구유크는 군영을 나와 태양

278) 시라 오르두(Syra-Ordou)은 "황색의 宮帳"이라고도 하는 화려한 대형 천막을 가리킨다.

을 향해 삼배三拜를 올렸다. 새로운 대 칸이 선출되자, 쿠릴타이 참석자들은 모두 시라 오르두를 떠나 말을 타고 15km에서 10km정도 떨어진 군영으로 옮겨갔다. 그곳은 몽골 이름으로 '황금 군단'을 뜻했다. 그 천막은 구유크의 대관식이 열리기로 되어있었는데 금으로 도금된 기둥이 지탱하고 있었다. 대관식은 본래 8월 15일에 열릴 예정이었으나, 우박으로 24일로 연기되었다. 대관식 전후에 있었던 여러 의식은 조잡함과 장엄함이 묘하게 뒤섞여, 야만적인 상태에서 문명의 영역으로 들어온 사람들의 특징을 잘 보여주었다. [아래는] 플라노 카르피니의 말을 매우 단순한 자기네 말로 통역하였던 베르게론Bergeron의 기록이다.

> "모든 군주와 귀족들이 모여서, 황금 의자를 한가운데로 가져다 놓았다. 그들은 황금 의자에 구유크를 앉히고는 '우리는 당신께서 우리 모두를 지배하는 권력과 영토를 가지심을 명하고, 기원합니다'라고 말했다. 구유크는 '너희들이 그렇게 원한다면 내가 왕좌를 받아들이겠다. 너희 각자는 내 명령이라면 모두 행할 것을 합의하고 결심하였는가? 내가 부르면 오고, 내가 보내면 어디든 가겠는가? 또 내가 죽이라는 사람은 가리지 않고 죽이겠는가?'라고 물었다. 그러자 모두 '예'라고 답하였다. 이에 구유크가 '이제부터 내 말 한마디가 나의 칼이 되어 나를 도울 것이다.'라고 하자 모두가 이 말에 동의하였다. 이렇게 하고 나서, 그들은 펠트 조각을 바닥에 펴고 구유크를 그 위에 앉게 하였다. 그리고 '우러러보며 신을 인정하시면서 당신이 앉아 있는 펠트 조각을 잘 주시해 보십시오. 당신이 만일 나라를 잘 다스린다면, 또 당신이 관대하고 선을 베푼다면, 또 당신이 정의로 다스린다면, 또 당신이 왕자들과 부족장들을 각기 계급과 품위에 따라 영예롭게 대한다면, 당신은 매우 탁월하고 훌륭하게 모든 것을 다스릴 것이고 온 세상이 당신의 통치에 따를 것입니다. 그러나 당신이 이 모든 것을 거슬려 행한다면, 당신은 비참하게 손가락질과 경멸을 받게 될 것이며, 또 가난하게 되어, 앉아 있는 펠트

> 조각조차도 갖지 못하게 될 것입니다.'라고 말했다. 그 뒤에 부족장들은 구유크의 부인을 부군 옆에 있는 같은 펠트 조각 위에 앉게 하고는 부부를 한꺼번에 일어서게 하여 그들이 모든 몽골족의 황제와 황후라고 큰 소리로 외쳤다."

이 의식이 끝나자 왕자들, 공주들, 제국의 고관들이 모두 참여하는 큰 잔치가 벌어졌다. 차린 것이라고는 다량의 중국산 미주米酒를 곁들인 육류와 말 젖으로 만든 '쿠미'라는 독주가 전부였다. 손님들은 자정까지 악기와 군가가 연주되는 가운데 술을 마셔댔다. 칠일동안 날마다 새로 차린 잔치가 하루도 거르지 않고 벌어졌다.

플라노 카르피니의 대 칸 알현

8월 말에, 구유크가 대 칸에 즉위한 지 며칠이 지난 후에야, 프란체스코회 수사들은 그를 알현하게 되었다. 이때 많은 왕자와 사신들도 함께 알현이 허락되었다. 재상 친카이Chinkai가 큰 소리로 이들의 이름을 외쳤다. 이들은 엄청난 양의 선물을 들고 나타났는데, 비단과 금으로 만든 허리띠나 귀한 모피와 같은 사치품들이었고 철과 가죽으로 된 갑옷을 입힌 말도 있었다. 구유크는 작은 체구에 나이가 사십쯤 된 남성으로 그 태도가 사뭇 엄숙하였다. 그는 항상 재상을 중간에 두고 듣거나 대답했고, 그에게 가져온 사안들은 모두 번복할 수 없이 선언하였다. 그에게 말할 때는 모두가 무릎을 꿇었다.

수도사들은 황금 군영에서 다른 곳으로 숙소를 옮겼다. 새 숙소에 머무는 두 사람에게는 대 칸의 군영을 찾아갈 기회가 여러 번 주어졌다. 대 칸의 황금 군영은 중국에서 만든 것으로 진홍과 황금색 천으로 이루어져 있었다. 둥근 모습의 긴 옥좌 위에는 황금보석으로 장식된 정교하게 조각된 상아가 놓여 있었다. 이것은 러시아의 금세공인 코메Côme의 작품이었다. 그러던 어느 날 여러 명의 대 칸의 관리가 수사들에게 와서 별도의 명이 있을 때까지 궁정에서 떠나 있으라고 말했다. 그리고는 수사들을 그동안 몽골을 섭정했던 토레케네의 장막으로 보냈다. 수사들은 이 조치가 선교사들에게 앞으로 일어날 어떤 일을 보지 못하게 하려는 의도라는 것을 알아차렸다. 그것은 구유크가 서방을 상대로 대규모의 군사를 일으키는 일이었다. 그리고 이 조치를 널리 알려, 행군로行軍路에 위치하면서도 그의 권위에 불복하는 모든 나라를 불과 칼로 다스리겠다고 위협하는 일이었다. 이 일이 끝나자, 수도사들은 먼저 있던 곳으로 되돌아올 수 있었다. 그러나 그들은 어떠한 일이 있었는지 전혀 알아채지 못했다. 그리고 먹을 것이 부족하여 꼬박 한 달을 고생했던 그들에게 한 사람당 주어진 음식은 겨우 나흘 분이었다. 곤경에 처한 그들에게 다행히도 러시아 금세공인 코메가 도움을 주었다. 코메는 수도사들에게 칸과 신하들에 관한 정보도 기꺼이 알려주었다. 수도사들은 또 여러 해를 몽골족과 함께 살고 있던 러시아인들과 헝가리인들 중에 라틴어와 프랑스어를 구사할 수 있었던 사제들과 신도들로부터 많은 정보를 얻었다.[279)]

마침내 대 칸이 모든 사절의 엄숙한 알현을 받는 자리가 마련되었다. 교황 사절들은 이 알현을 통해 주어진 사명을 완수하고자 다짐하였다. 사절들은 대 칸에게 그의 군대가 세계를 파괴한 까닭을 물었다. 그러자 대 칸은 "신께서 나와 내 선조들에게 죄를 지은 나라들을 전멸시키라고 명하셨다."라고 답하였다. [이어] 수도사들은 대 칸이 그리스도교를 받아들였는지 교황이 알고 싶어 한다고 전했다. 이런 대화가 이루어졌다는 소문이 서방에 널리 퍼졌으며 아볼파라제는 이를 기정사실로 받아들였기 때문이었다. 대 칸은 이렇게 대답하였다.

279) (원주) Narrative of Plano Carpini, passim.

"그것은 신이 아신다. 교황도 이를 알기 원한다면 직접 와서 보라고 하라." 섭정 토레케네가 그리스도인임을 공언했고, 대 칸이 많은 그리스도교인과 예배를 드렸다는 것과 그 예배에는 특히 대 칸의 유명한 대신 중 하나와 보좌관 하나도 동석하였다는 것은 확실한 사실이다. 프란체스코회 수사들은 대 칸에게 그리스도교인들을 보호해 달라고 설득하려고 몽골에 와 있었다. 그러나 플라노 카르피니는 "우리는 대 칸이 속국들과 연합하여 로마교회와 그리스도교 왕들을 상대로 군사를 일으킬 거라는 사실을 받아들여야만 했다"고 말한다. 대 칸의 서방 원정계획은 그의 갑작스러운 죽음으로 실행되지는 않았다.

칭기즈칸의 후계자들은 특정 종교를 믿지 않았다. 불교를 수용하였던 쿠빌라이 때까지는 신하들에게 자신을 본보기로 삼으라고 강요하지도 않았다. 따라서 구유크가 그리스도교인을 수용했다는 사실에 놀랄 필요는 없다. 틀림없이 구유크는 무슬림과 라마도 똑같이 대했을 것이다. 그것은 종교를 차별하지 않는다는 그의 평소 태도를 입증하는 것이었다. 앞으로 보게 되겠지만, 북경의 만청滿淸 황제들도 유교의 선비들처럼 하늘, 땅, 공자를 섬기는 공적인 의식을 거행하는 동시에 도교에서 경배하는 신령들에게 기도했으며, 동시에 고위 라마들을 부처의 현신으로서 숭배하였고, 또 예수회 선교사들이 세운 성당에도 휘호를 보내기도 하였다. 그들은 위의 행사들이 서로 모순된다는 점에 대해서는 전혀 개의치 않았다.

프란체스코회 사절들의 유럽 귀환

교황청의 사절들은 자신들이 떠날 때가 되었다고 생각했고, 대 칸의 궁정에서도 사절들이 다시 가져갈 서신을 준비하기 시작했다. 그들은 교황의 주위에 몽골어, 아랍어, 혹은 러시아어를 이해하는 사람이 혹시 있는지 물었는데, 당연히 없다고 대답했다. 유럽에는 사라센들이 있었으나, 교황이 거처하는 곳과는 떨어져 있었다. 프란체스코회 수사들은 먼저 몽골어로 편지를 쓴 뒤 서신의 내용을 한 단어씩 그들에게 풀이해주면, 자신들이 직접 라틴어로 충실하게 번역하겠다고 청했다. 11월 11일, 대 칸의 보좌관들이 대 칸의 답신 내용을 꼼꼼히 설명하려고 사절들을 찾아왔다. 보좌관들은 [수사들이 옮긴] 라틴어로 번역한 서신을 두 차례나 더 꼼꼼해 읽더니, 단어 하나하나를 몽골어로 다시 옮겨 [몽골어] 원본과 틀림없이 일치하는지 확인했다. 그리고 수사들에게 아랍어 번역본도 함께 내주었는데, 혹시라도 아랍어를 아는 사람이 있을 경우에 대비하기 위한 것이었다. 우여곡절 끝에 완성된 구유크의 답신은 오랫동안 그 내용이 알려지지 않았으나, 폴란드의 베네딕트의 장황한 이야기에 부록으로 들어 있는 콜베르Colbert의 필사본 속에서 마침내 발견되었다. 다음은 구유크가 교황에게 보낸 서신의 번역이다.

> "신의 권세로 만민의 칸이며 황제인 구유크가 교황에게. 당신과 서방에 사는 모든 그리스도교인들은 사신을 통해 여러 통의 진본 서신을 보내어 나에게 평화 조약을 맺자고 하였느니라. 당신이 보낸 사절과 서신에 따르면, 당신은 짐과의 화평을 원하고 있느니라. 당신이 화평을 원한다면, 너희 교황과 서방의 황제들, 왕들, 도시의 수장들, 지방의 총독들은 지체하지 말고 나에게 와서 평화를 확립해야 하느니라. [그리하면] 우리의 대답을 듣고 우리가 기뻐하는 것을 알게 될 것이다. 당신이 보낸 여러 서신에서는 우리가 세례를 받고 그리스도교인이 되어야 한다는 취지를 밝혔노라. 이 문제에 대해 우리가 왜 그런 일을 해야만 하는지 이해할 수 없다고 답하노라. 또 당신은 서신에서 우리가 인간, 특히 그리스도교인들, 자세하게 말하자면 헝가리인들, 폴란드인들, 모라비아인들을 학살한 것에 경악했다고 말했다. 그것 또한 우리는 이해할 수 없노라. 그렇지만 우리가 이 점을

> 조용히 넘기지 않는 것은, 이런 대답을 네게 주는 것이 합당하다고 생각했기 때문이라. 그들을 쳤던 이유는 그들이 신과 칭기즈칸의 명에 복종하지 않았기 때문이니라. 또 잘못된 조언을 받아들여 우리가 보낸 사신들을 살해한 연고니라.[280] 그 결과 신께서 나에게 그들을 학살하라고 명하시며 그들 모두를 내 손에 맡기셨느니라. 신께서 하시는 일이 아니라면, 사람이 어찌 다른 사람을 해할 수 있단 말이냐? 그러나 너희 서방에 사는 자들은 신을 경배한다고 말하며 너희들만이 그리스도교인이라고 하면서 다른 사람들을 경멸하고 있느니라. 신이 누구에게 은혜를 베풀지 너희가 어찌 안다는 말인가? 우리도 신을 경배하고 있다. 그리고 우리가 모든 나라를 파괴하는 것은 신의 능력과 권한 안에 있는 것이니라. 신이 사람에게 능력을 주지 않으셨다면, 사람이 과연 무슨 일을 할 수 있겠는가?"

몽골의 대 칸은 프란체스코회 수사들이 귀환할 때 몽골 사신이 동행하여 교황에게 직접 답신을 전하겠다고 제안하였다. 그러나 수사들은 자신들에게 동행이 붙는 것을 염려해 이를 만류했다. 카르피니는 이에 대한 이유를 이렇게 설명하고 있다.

> "우리는 구유크의 사절과 동행하는 것이 여러 가지 이유로 바람직하지 않다고 생각했다. 첫째, 이들 사신이 유럽에 가서 유럽의 여러 세력 사이에 전쟁과 불화가 있다는 것을 알게 되면, 우리를 더 공격할지도 모른다는 걱정이 되기 때문이다. 둘째, 그들이 유럽에 이미 너무 많은 밀정을 심어 놓았기 때문이다. 셋째, 유럽인들은 상당히 자존심이 강하고 오만하므로 몽골 사신들이 자칫 모욕을 당하거나 심지어 살해될 수도 있다는 우려가 되기 때문이었다. 현재 몽골의 관습에 따르면, 사신을 살해한 자들과는 복수하기 전까지 절대로 화평을 맺거나 휴전하

---

280) 칼카(Kalka) 강의 전투(1223년 5월 31일) 전에 러시아인들이 몽골 사신들을 살해한 사건을 말한 것이다. (원주) Karampir, History of Russian Empire, vol. iii. p. 286.

> 지 않고 반드시 앙갚음을 해왔기 때문이다. 네 번째 이유는 사신들이 강제로 유괴되는 일이 생길지도 모른다는 걱정이었다. 마지막으로 사신들은 교황과 다른 유럽의 왕들에게 전하는 서신만을 가지고 갈 것이므로, 실질적으로 우리에게 맡은 일과 매우 같아 이것 말고는 아무런 다른 방문 목적이 없었기 때문이다."

그해 11월 18일, 교황 사절이 황제에게 작별을 고하는 만남이 허락되었다, 대칸은 그들에게 옥새가 찍힌 답서를 건네주었다. 플라노 카르피니에 따르면 옥새에는 제명題銘이 있었는데, 이를 러시아인 금세공인 코메가 다음과 같이 번역해 주었다고 한다. "하늘에는 신, 땅에는 구유크 대 칸, 신의 권세. 만민의 황제의 인印." 이 만남을 마친 뒤에 사절은 태후[토레케네]를 알현하였다. 태후는 그들에게 털 안감을 댄 여우 가죽 외투와 다른 짐승 털로 만든 예복을 각각 선물로 주었다. 수사들은 왔던 길로 되돌아[유럽으로 돌아]왔다. 당시는 겨울이어서 불쌍한 수도사들은 대부분 눈 위나 땅바닥에 움푹 파인 구덩이에서 잠을 잤다. [당시 상황에 대한 묘사이다] "나무 한 그루 없는 황량한 고장이었고 아침에 깨어보면 바람에 불려온 많은 눈이 우리를 덮고 있었다."[281] 그들은 1247년 6월 9일 키예프로 돌아왔다. 플라노 카르피니는 자신이 러시아의 몇몇 왕들과 주교들에게 제안했었던 로마교회와 [동방 정교회와의] 재결합 제의가 받아들여진 것을 알고 크게 기뻐했다. 이 일이 있은 다음, 그들은 러시아, 폴란드, 보헤미아, 독일을 지나, 쾰른Cologne에서 라인 강을 건너 리에주Liege와 샹파뉴Champagne를 거쳐, 마침내 리옹에서 몽골 황제가 보낸 답서를 교황에게 전했다. 교황은 자신이 준 임무를 달성하고자 지칠 대로 지치고, 수많은 위험에 처했던 용감한 프란체스코회 수사들을 석 달 동안이나 곁에 두었다. 살림베니Salimbeni 수사는 플라노 카르피니가 프랑스에 돌아온 지 얼마 되지 않아 그를 처음 만났다. 그는 카르피니가 "재치가 넘치고, 설득력 있게 말하고, 배운 것이

281) (원주) Bergeron, p. 133.

많고 모든 일을 잘 해내는, 예의 바른 사람"이라고 평가했다. 카르피니는 타타르 지역과 그 밖의 지역을 다니면서 본 사건에 관한 두꺼운 책을 썼다. 사람들이 그가 본 것을 자꾸 물으며 괴롭히자 그들이 자신의 이야기를 읽도록 했다는 말을 덧붙여 놓았다.[282)]

안티바리 대주교가 된 요한과 로렌스

요한 수사는 때마침 비어있었던 달마티아 지방의 안티바리 대주교 자리로 승진하게 되었다.[283)] 교황 인노첸시오 4세는 "주님과 그분의 대리자인 내가 그대를 축복하노라. 그대 안에 다음과 같은 현자의 말씀이 실현된 것을 내가 보았노라. '믿음직한 심부름꾼은 그를 보낸 주인에게는 무더운 추수 때의 시원한 냉수와 같아서 그 주인의 마음을 시원하게 해 준다.'[284)] 선하고 충직한 종이여, 잘하였노라. 네가 적은 일에 충성하였으니, 더 많은 일을 네게 맡기노라"고 말하였다.[285)] 이 신임 대주교는 그 뒤에도 루이 왕의 사신으로 잠시 일했으나 동방에서 귀환한 이후로 오래 살지는 못하였다. 그가 위험한 사신으로 몽골로 갔을 때 나이가 이미 65세였고 또 비만으로 고생했다는 점을 고려하면, 고초와 궁핍을 겪었던 그런 장거리 여행 중에 쓰러지지 않았던 것이 오히려 놀라울 따름이었다. 안티바리의 대주교 자리는 그와 함께 몽골에 사신으로 갔던 포르투갈의 로렌스Lawrence가 이어받았다.

---

282) (원주) Sbaraglia, p. 452.

283) 달마티아(Dalmatia)는 아드리아 해 동부 연안에 있는 크로아티아의 지역을 말한다. 기원전 168년부터 로마 제국의 속지가 되었다. 동로마의 지배를 받다가 슬라브족의 유입으로 비잔틴과 슬라브 지역(크로아트족)으로 나뉘었다. 1241년 몽골군의 헝가리 침입으로 달마티아에 대한 헝가리의 지배가 종식되었고, 헝가리 왕 벨라 4세도 이곳으로 피난하였다. 몽골군은 여러 차례 달마티아 점령을 시도하였으나 실패하였다. 안티바리(Antibari)는 현재 몬테네그로의 도시 바르(Bar)이다. 북쪽으로 크로아티아, 동쪽으로 코소보, 남쪽으로 알바니아가 있다.

284) 잠언 25:13.

285) 마태복음 25:21.

도미니크회 수도사들과 바이두 장군의 만남

리옹 공의회를 마친 후, 교황 인노첸시오 4세는 몽골에 사절을 보내면서 페르시아에도 함께 사절을 보냈다. 프란체스코회 수사들이 중앙아시아의 대 칸의 궁정으로 가는 길에, 안젤무스, 생캥탱의 시몬, 알렉산더와 알베릭 등의 도미니크회 수사들은 가장 가까운 몽골군 군영이 있는 페르시아로 가라는 [교황의] 명을 받았다. 이 사절단은 카스피 해의 남쪽 해안을 따라 1247년 8월 바이두 장군의 군영에 도착했다. 이 몽골 장수는 아마 와전訛傳된 지명으로 전해지고 있을 시티안Sitian 성의 가까이 있는 화레즘Khwarezm에 부대들을 거느리고 주둔하고 있었다.[286] 안젤무스 수사는 아크레Acre에서 이곳까지 오는데 59일이 걸렸다고 했다. 도미니크회 수사들이 임무를 달성하기 위해 바이두 장군을 만나겠다고 하자, 부하 장교들이 그들의 신분을 물었다. 사절단의 단장인 안젤무스 수사가 모두를 대신하여 "나는 교황의 특사인데, 그는 그리스도교인들이 다른 모든 이들보다 뛰어나다고 생각하는 분이십니다."라고 답했다. 이 말에 몽골 군관들은 갑자기 발끈하더니 "왜 당신들은 교황이 모든 사람 위에 있다고 거만한 말을 하는 것이요? 우리 칸이 하늘의 아들이시고 바이두 장군은 그 바로 아래 사람이라는 것을 모르시오? 온 세상이 두 분의 이름을 당연히 알고 있단 말이오."라고 하였다. 안젤무스 수사는 교황이 칸이나 바이두를 몰랐고, 그런 이름을 들어본 적도 없다고 답하였다. 교황이 들은 것은 동아시아에서 유래한 '타타르'라고 부르는 나라가 많은 나라를 정복하고 많은 사람을 살해하였다는 것이 전부라고 말했다. 그리고 그는 만약 교황이 칸이나 그 직속 부하의 이름을 알았다면, 교황이 자기들에게 부여한 임무를 기록한 서신에 그들의 이름을 빠뜨리지 않았을 것이라고 말했다. 그는 교황이 지금까지 일어난 대학살, 특

286) 화레즘(Khwarezm)은 아랄 해와 북쪽 지역을 맞대고 있던 중앙아시아의 오아시스 지역이었다. 이란의 화레즘 문명의 본산이었다. 현재는 우즈베키스탄과 투르크메니스탄으로 분할되어 있다.

히 수많은 그리스도교인이 피살된 것을 괴로워했으며, 그들이 찾아낼 수 있는 첫 몽골군의 군영에 가서 즉시 이 잘못을 바로잡도록 명했다고 답했다. 또 교황의 이름으로 군대의 대장과 그의 명령을 따르는 모든 군사에게 앞으로 학살, 그중에서도 특히 그리스도교인들에 대한 학살을 중단하고 또 몽골군이 저질렀던 잔혹한 범죄를 속죄받기를 명하고, 또 간원했다고 답했다. 이것이 교황이 수사들에게 맡긴 서신의 취지였다.

이 같은 말을 듣고 자신들의 발끝에서 땅에 엎드려 있는 사람들을 보는 데만 익숙했던 이 흉악한 정복자들은 크게 경악했다. 군관들과 통역들이 바이두에게 설명할 수 없는 이 말을 전하기 위해 물러났다. 잠시 뒤에 그들이 되돌아와 사절들이 어떤 교황의 선물을 가지고 왔는지 물었다. 안젤무스 수사가 답했다. "아무것도 가져오지 않았소. 교황은 선물을 보내는 법이 없소. 오히려 그분은 그리스도교인들과 이교도들로부터 봉헌물을 받으시오." 몽골군은 이 대담한 사람들이 아시아 사절들이 모두 지키는 관례를 무시하고 빈손으로 나타났다는 사실에 매우 놀랐다. 그들은 "뭐라고! 감히 빈손으로 우리 바이두 장군 앞에 나타났다고? 이제까지 그런 사람은 하나도 없었다"라고 말했다. 안젤무스는 만일 이러한 이유로 바이두를 만날 수 없다면 자신들은 몽골 군관들에게 편지를 남기고 떠날 수밖에 없다고 답했다. 그러자 군관들은 다시 바이두의 명령을 받으러 갔다. 그들은 갔다 올 때마다 새 옷을 걸치고 왔다. 그들이 다시 왔을 때, 그들 가운데 우두머리가 안젤무스 일행에게 말했다. "당신들이 우리 주인의 얼굴을 보고 싶다면, 하느님의 아들 대하듯이 그분에게 경의를 표하며 삼배를 해야만 한다. 이는 온 세상을 다스리시는 대 칸의 명이오." 수도사들은 이러한 경배가 몽골의 대 칸에게 교황과 교회가 굴복하겠다는 표시로 간주 되거나, 혹은 아시아에 있는 교회의 많은 원수가 크게 승리하는 기회를 만들어줄 것을 염려했다. 그래서 수도사들은 자신들의 주인에게 경의를 표하는 방식으로 몽골 장군에게 절하고 싶지만, 지금 말하는 제안에 동의하는 것조차 그리스도교에는 수치가 될지도 모른다고 말했다. 그리고 그리스도교에 수치가 되는 예의를 차리기보다는 죽음의 고통을 당하는 것이 더 나을지도 모른다며 그들의 제안을 거절했다. 하지만 수사들은 자신들의 자존심 때문에 절하기를 거절하는 것이 아님을 보여주기 위해서, 만약 바이두와 장교들이 그리스도교인이 된다면 조금도 망설이지 않고 곧바로 그들 앞에 절하겠다고 말했다. 그리고 참되신 하느님께 경의를 표하며, 장군의 신발의 바닥에 입을 맞추겠다고 장담했다. 이 말에 몽골인들은 격한 감정에 빠져들었다. 그들은 "뭐라고! 우리 보고 그리스도교인이 되고 너희나 교황과 같은 개나 되라고 충고하는 것이냐?"라고 소리 질렀다. 이후 심한 독설을 퍼부으면서 수도사들을 당황하게 하고서, 크게 분노하며 물러났다.

바이두는 선교사들의 답변을 전해 듣고 그들을 단칼에 죽이려고 하였다. 군관들 가운데 하나가 사절단 단장의 피부를 산 채로 벗기고 그 껍질을 짚에 싸서 수행원들 손에 들려 교황에게 돌려보내자는 새로운 제안을 했다.[287] 그러나 바이두의 여섯 아내 가운데 첫 번째 아내와 선교사들과 소통을 맡았던 군관은 이런 야만적인 행동을 하지 말자고 만류했다. 첫 번째 아내는 "당신이 만일 이 사절을 죽인다면, 그 잔학한 행동을 전해 듣는 모든 사람의 증오를 한 몸에 받게 될 것입니다. 당신은 사신을 접견하는 또 다른 기회를 잃게 되어, 결과적으로 그들이 가져올 선물도 함께 잃게 될 것입니다. 또 사람들은 당신이 보내는 사절들에게 반드시 복수할 것입니다."라고 말하였다. 군관은 "전에 장군께서 저보고 사신을 죽이라고 하셨을 때, 저는 사신의 가슴을 열고 심장을 찢어서 그것을 제 목에 둘렀습니다. 그 때문에 대 칸께서 제게 얼마나 크게 화를 내

287) (원주) Chron. Monas. Franc. fol. 393.

셨는지 기억하십니까?[288] 만약에 제게 이 사신들을 죽이라고 명하신다면, 저는 그 일을 하지 않을 터이니, 그리 아십시오. 저는 차라리 [카라코람으로] 돌아가 대 칸을 뵙고 배신과 만행의 혐의로 당신을 고소하겠습니다."라고 말하였다. 이러한 격렬한 반대의견에 바이두는 선교사들을 살려두기로 하였다. 그리고는 통역을 보내어 수사들이 그들의 군주에게 어떻게 예의를 갖추는지 물었다. 안젤무스 수사는 두건을 조금 뒤로 젖히고 머리를 숙였다. 몽골인들은 수사들이 하느님께 어떻게 경배를 하는지도 물었다. 안젤무스는 때로는 무릎을 꿇고, 때로는 절을 하는 등 여러 방법으로 신께 경배를 드린다고 답했다. 그러자 몽골인이 거친 어투로 "너는 그리스도교인으로서 나무와 돌에 경배하면서, 바이두에게 경배하는 것은 마다해야 하는 필요가 있느냐? 하늘의 아드님께서 자신에게 하듯이 자기 직속 부하에게도 똑같이 경의를 표하라고 명하셨느니라."라고 하였다. 안젤무스 수사는 그리스도교인들이 나무와 돌을 경배하는 것은 그것이 신을 상징하기 때문이고, 또 교황은 그런 요구를 할 수 없었다는 점을 설명하려고 애썼다. 그러자 군관은 도미니크회 수사들에게 대 칸의 위엄과 영광을 보이고자 시라 오르두, 즉 '대 칸의 궁정'으로 가게 될 것이라고 귀띔하였다. 안젤무스는 대 칸에 관해서는 교황이 자신들에게 아무 말도 하지 않았고 처음 찾을 수 있는 몽골군에게 가라는 명만 내렸기 때문에, 자신은 교황의 이런 지침만 달성하는 것으로 충분하다고 답하였다. 군관이 "그렇다면 너희 그리스도교인들은 감히 교황이 다른 누구보다도 최고의 위엄이 있다고 주장하는 것이냐? 너희 교황의 이름이 우리 칸의 위엄처럼, 두루 퍼져 온 세상의 존경과 두려움을 받고 있다는 말을 들은 사람이 있느냐? 천자가 신의 은총으로 많은 왕국을 차지하고 있는 것처럼, 너의 교황이 많은 왕국을 소유하고 있단 말을 들은 사람이 있느냐? 대 칸께서는 저 멀리 동방의 끝에서 지중해와 흑해까지 다스리시는 분이 아니냐? 그러니 대 칸께서는 너희 교황과 다른 누구보다도 영광과

288) (원주) Chron. Monas. Franc. fol. verso.

권세가 높으신 분이시다."라고 하였다. 안젤무스 수사는 "우리 주인이신 교황께서는 모든 사람의 위에 계신 분이다. 이것은 하느님께서 세상 끝 날까지 온 세계의 교회를 다스릴 권한을 성 베드로와 그 후계자에게 주셨기 때문이다."라고 답하였다. 이어서 몽골인들에게 가톨릭교회의 이 조항을 설명하고자 수도사가 말을 시작하자마자, 곧바로 바이두 부하들이 무례하게 고함을 질렀다. 이 때문에 수도사의 말은 중단되었고, 안젤무스는 다른 주제에 대하여 말하는 것도 저지당했다.

도미니크회 수사들이 몽골군 군영에 머무는 동안 교황과 대 칸의 권력을 두고 양자 사이에 길고 진솔한 토론을 이어졌다. 교황 사절은 십자가와 복음에 따르는 영적인 통치만을 말하는 한편 몽골인들은 군사력을 사용하지 않으면 아무것도 아니라고 생각했기 때문에, 논쟁하면서 서로를 이해함에 큰 어려움을 겪었다. 대화하는 과정에서 몽골인들은 프랑크 십자군이 시리아로 다시 진입하려고 하는지를 알아내기 위하여 매우 노련하게 논지를 이끌어갔다. 몽골군은 소문을 통해 이러한 상황들을 알고 있었다. 그들은 용감무쌍하고, 무장과 훈련이 뛰어나고, 투르크족과 아랍족을 상대로 전쟁을 계속하고 있었기 때문에 터키, 이집트, 시리아에서는 오랫동안 몽골군이 천하무적이라고 여기고 있었다. 또 이 나라들에 몽골군이 군사원정을 한 적도 없었으므로, 프랑크인들은 지원군의 편에서 몽골군과 마주한 적이 없었다.

두 프랑스 포로들의 영웅적 행위와 바이두의 서한

몽골군이 에르주룸Erzurum을 점령할 때 잡았던 포로들 가운데 프랑스인이 둘 있었다.[289] 이 포로들의 용맹함은 남달랐기 때문에, 몽골군은 이 프랑스인들을 상당히 높게 평가하게 되었다. 낭기스의 윌리엄 수도사가 이 상황을 이야기했다.[290]

> "몇 명의 몽골 군인들은 프랑스인들이 매우 용감하고 숙련된 전사라는 이야기를 들었다. 이 병사들은 포로 중 두 사람이 프랑스인이라는 말을 듣고는 지휘관에게 그들이 서로 싸우게 해달라고 간청하였다. 몽골 병사들은 프랑스인들이 싸우는 법도 구경할 수 있고, 만약 서로를 죽이게 되면 매우 흥미로울 것이라 기대하고 있었다. 그리하여 두 사람에게 최상의 무장을 하라는 명이 떨어졌고, 두 사람은 준마 두 마리에 올라탔다. 그러나 두 그리스도인이 무장하고 말에 올라타자마자 몽골인들이 원했던 것처럼 상대방에게로 향하지 않고, 창과 칼을 높이 들고 몽골군을 향해서 돌진하는 것이었다. 그들은 15명의 몽골군을 죽였고, 30명이 넘는 병사들에게 중상을 입혔다. 그리고 다시 몽골군에게 잡히기 전에 스스로 목숨을 끊었다. 이 두 그리스도교인 덕분에 그 뒤로 몽골과 투르크의 병사들은 프랑스인을 크게 두려워하게 되었다."

낭기스의 윌리엄에 따르면, [에르주룸] 포위 작전에서 생겼던 이 사건으로 모든 몽골 병사들이 지금까지도 프랑스인을 두려워한다고 한다. 이를 계기로 적어도 몽골군이 속국 사람들을 자기 군대에 편입하지 않게 된 것은 확실하다. 따라서 몽골군이 이렇게 대단한 프랑스인들과 접촉하기 위해 [프랑스] 도미니

289) 에르주룸(Erzurum)은 아나톨리아(터키)의 동부에 있는 산악 도시로, 6세기의 비잔틴과 페르시아의 전쟁 이후 그리스도교 국가인 아르메니아에 속했던 도시다. 당시에는 테오도시오폴리스(Theodosiopolis)라는 이름을 사용했다.

290) 낭기스의 윌리엄(William of Nangis, ?-1300)은 프랑스 출신의 중세 역사가가 생드니 수도원 도서관장이었다. 그는 1113-1300년 기간의 역사를 기술하였고, 후계자가 1368년까지를 기술하여 "Chronique latine de G. de Nangis de 1113 a 1300 avec les continuations de cette chronique de 1300 s, 1368" (2 vols., Paris, 1843)라는 제목으로 출간하였다. (원주) Annales du Règne St. Louis, p. 188.

크회 수사들을 심문한 것은 그리 놀랍지 않다.

많은 시간이 지난 후에야 그리스인과 투르크인 번역가들은 교황의 서신을 페르시아어로 번역했다. 그리고 이 페르시아어 번역본을 바이두의 번역가들이 다시 몽골어로 옮겼다. 그 후, 일행 가운데 둘은 [카라코람의] 궁정으로 가고 나머지는 귀환을 기다리라고 제안하였다. 그러나 안젤무스는 앞서 말한 이유로 이 제안을 거부하였다. 서로 만족하지 못하는 협상으로 시간이 덧없이 지나자 수도사들은 단식을 이어가며 그들에게 배당된 천막으로 돌아왔다. 그들의 천막은 바이두의 군영에서 1600m 정도 떨어진 곳에 있었다. 나흘이 지나 수도사들은 바이두 군영으로 돌아와서 장군에게 답신을 받고 떠나는 것을 허락하길 간청했지만 허사였다. 수사들은 이 요구를 하루도 빠짐없이 9주간이나 이어갔다. 6월의 태양의 열기 속에서 몇 시간씩 버티기도 했지만 몽골 쪽에서는 그들에게 눈길도 주지 않았다. 그들에게 말을 거는 사람도 없었고 먹을 것이라고는 검은 빵 조각과 한 모금의 물이 주어질 뿐이었다. 그들은 이따금 해질 때까지 금식했는데, 그럴 때면 마유나 우유를 조금씩 받았다. 몽골인들은 포도주, 쌀술, 마유주를 한 방울도 수사들에게 권하지 않았다. 가끔 식초 몇 방울을 뿌린 물을 줄 뿐이었다. 생캥탱의 시몬은 "몽골인들은 선교사들을 인간 이하로 비참하게, 마치 대답할 가치조차 없는 개처럼 다뤘다. 바이두는 진솔한 수사들의 말에 감정이 상해서 분노를 표출했다. 실제로 그는 화를 못 이겨 선교사들을 죽이라는 명령을 세 차례나 내렸다."라고 말했다. 마침내 이 선교사들은 바이두로부터 교황에게 보내는 서신을 받았고, 물러가도 좋다는 허락을 받았다. 서신의 내용은 이러하다.

> "칸의 신성한 명령을 따라, 바이두의 말을 전하노라. 교황은 당신의 사자들이 우리에게 와서 서신을 전했다는 사실을 아는가? 당신의 사자들이 대단한 말을

했는데, 우리는 당신이 이들에게 과연 그렇게 하라고 명령한 것인지, 혹은 그들이 스스로 그렇게 행하였는지 모르겠노라. 무엇보다도 당신은 서신에서 '당신들은 많은 사람을 죽이고, 학살하고 파괴한다.' 고 말했다. 변함없는 신의 명령, 또 온 세상을 다스리시는 대 칸의 명령은 이러하다. '우리에게 복종하는 자는 누구나 자기 토지, 우물, 재산을 그대로 소유할 것이다. 군대의 경우에만 우주의 주인이신 대 칸께 돌려드리도록 한다. 그러나 신과 대 칸의 명령에 불복하는 자는 누구나 파괴와 학살을 면치 못한다.' 우리는 당신에게 이 명령을 전한다. 이 명령에 힘입어 당신이 자신의 토지, 우물, 재산을 지키기를 원한다면, 교황이여, 당신은 몸소 우리에게 온 다음 대 칸에게 가서 온 세상의 주인이신 그분을 직접 뵈어야만 하리라. 만약에 당신이 변함없으신 신의 명령, 또 온 세상을 다스리시는 대 칸의 명령에 복종하지 않는다면, 우리조차 무슨 일이 벌어질지 알지 못하노라. 신만이 아시리라. 당신은 사신을 보내서 언제 올 수 있는지 혹은 오지 못하는지를 우리에게 알려라. 그러면 당신이 우리의 벗이 될지 적이 될지가 결정되리라. 우리는 아이베그Aybeg와 사르기스Sargis 편에 대 칸에게 전갈을 올리려 하니, 당신의 빠른 답신을 원하노라. 7월 20일, 시티안Sitians 지역에서 작성됨."[291]

유럽으로 전달된 대 칸의 외교 칙서

이 무례한 서신을 보내기 며칠 전, 바이두는 대 칸으로부터 외국을 상대하는 규정에 관한 일반적인 명을 받았다. 이 문서는 지금까지 전해지는데, 오만하고 경멸하는 어조로 쓰였기 때문에 진본이라고 여겨진다. 대 칸은 자신이 세계의 주인인 것처럼 말하고 있고, 자신의 명령에 불복하는 모든 군주를 죽어 마땅한 반역자로 여겼다. 이러한 사고방식은 여전히 중국 공법의 기초다. 이 문서

291) 시티안(Sitians)은 위구르 신장지역에 있는 도시이다.

는 오직 천자만을 세상의 유일한 군주로 인식하고, 모든 독립을 주장하는 것을 반란으로, 자신들의 제국과 전쟁을 벌이려는 나라는 모두 강도로 간주하고 있다. 논의가 되는 이 문서에서, 문체의 많은 특성은 확실히 중국에서 빌려왔다. 왜냐면 번역자가 어쩔 수 없이 행하게 되는 수정한 흔적들이 눈에 많이 들어오기 때문이다. 바이두는 대 칸의 칙서 사본을 교황에게 전달하는 임무를 맡았는데, 그 내용은 다음과 같다.

"살아계신 신의 명에 의해, 자애롭고 공경을 받아 마땅하신 천자인, 칭기즈칸은 신이 만물 위에 계심을 선포하노라. 신은 영원하시며, 세상의 유일한 통치자는 칭기즈칸이라. 나는 이 칙서가 짐에게 복종하고 있는 만국 백성과, 여전히 복종하지 않고 있는 자들의 귀에 도달하길 원하노라. 그러므로 너, 바이두는 이 칙서가 살아있고 영원한 신의 명령이라는 것을 그들에게 반드시 알려야 하느니라. 공문을 보낼 때 사자가 갈 수 있는 곳이면 빠뜨리지 말고 이 명령도 함께 보내야 하느니라. 이에 항거하면 누구든지 멸절되고 그 나라는 파괴되리라.

네게 맹세한다. 이 명령을 듣지 않는 자는 정말 귀가 먹었고, 이에 복종하지 않는 자는 정말로 눈이 멀었으며, 이 명령을 알면서도 행하지 않는 자는 절름발이가 확실하다. 나의 이 명령을 배운 자와 배우지 못한 자를 가리지 말고 모두가 알게 하라. 이 지시를 듣고도 따르지 않는 자는 뼈를 부서뜨리고, 파멸시키고, 죽여버려라! 그래서 오 바이두여! 천하 만민에게 이를 알게 하라. 내가 명하노니, 집안이 평안하기를 바라는 자, 나를 기꺼이 섬기려는 자, 살아남아 영예롭게 되려는 자라도, 나의 명령을 지키지 않는다면 네가 원하는 대로 엄하게 벌하라."

이처럼 무례하고도 터무니없이 오만한 서신을 전달한 것은 몽골인들이었다. 그들은 교황에게 대 칸의 통치에 복종하라는 요구를 하러 온 것이었다. 교황 인노첸시오 4세는 신중하고도 온건한 정책을 제안한 부분에만 귀를 기울이면서 몽골의 사절들을 매우 특별하게 맞이했다. 그리고 그들에게 진귀한 모피로 테를 두른 붉은 색 겉옷을 하사하라고 명하였으며, 종종 통역을 통해서 그들과 친밀한 대화를 나누었다.[292] 당대의 사가들은 이러한 기이한 외교 관계의 정치적 목적에 관해 다양한 추측을 하고 있다. 매튜 패리스에 따르면, 이 몽골 사절의 진짜 목적은 서기관들과 공증인들은 물론이고 교황청과 긴밀한 관계에 있는 교황 가족들에게조차 수수께끼로 남아 있었다.[293] 교황이 몽골군에게 최초로 보냈던 이 사절은 기대했던 결과를 내지 못했다. 사절로 갔던 프란체스코회와 도미니크회 수사들은 모두 푸대접을 받았고, 무례하고도 모욕적인 대접을 받았다. 그들이 받아 가지고 온 답신에는 모든 나라에 전쟁을 선포하는 하는 것 같은 내용도 포함되어 있었다. 그렇지만 몽골군 장수들은 이 사절들을 통해 프랑크족에 대해 잘 알게 되었다. 또한 그들은 무슬림이라는 공동의 적에 대처하는 것과 동방문제에 대한 관점이 얼마나 중요한지를 이해하게 되었다. 따라서 몽골은 얼마 지나지 않아 서방과의 관계를 모색하기에 이르렀다.

1248년 8월 25일, 루이 9세가 거느린 군대는 에그모르드Aigues-Mortes 항구에서 출발했다. 왕은 키프로스Cyprus 섬의 수도인 니코시아Nicosia에 도착하자마자 이집트로 갈 준비를 하고 있었다. 이때 다비드David와 마가Mark 두 사람이 나타나 자신들을 페르시아 주둔 몽골군 사령관이자 바이두의 후임인 일지기데이Eljigidei가 보낸 사자라고 소개하면서, 루이 왕을 뵙고자 하였다. 이들은 프랑스군이 계획하고 있는 무슬림 원정이 몽골군의 이해와 완벽하게 일치할 것이라고 여겼던 몽골군 사령관이, 프랑스군과 협공을 하기 위해 자신들

292) (원주) Matthew Paris, p. 1001.

293) (원주) Ibid.

을 보냈다고 말했다.[294] 두 사자는 페르시아어에서 라틴어로 번역된 서신을 루이 왕에게 전달했다. 몇 해 전에 알젤무스 수사와 함께 바이두의 군영에 왔을 때 다비드를 만났던 도미니크회 수도사 앙드레 드 롱쥐모가 번역을 맡았다. 일지기데이는 서신에서 대 칸이 그리스도교로 개종한 열렬한 신자이고, 모든 일에서 그리스도교인들을 우대한다고 밝혔다. 루이 왕은 대 칸이 그리스도교를 수용하게 된 전후의 사정을 물었다. 이에 사절들은 대 칸이 그리스도인인 구유크의 모친[소르각타니 베키]과 말라시아Malassias라는 주교의 간절한 권유로 개종하게 되었다고 답했다. 그리고 대 칸이 공현대축일에 17명의 왕자와 많은 궁정의 귀족과 함께 세례를 받았다는 소식을 전해주었다. 두 사자는 몽골인들 가운데 세례를 받지 않은 사람들이 매우 많다는 것을 인정하면서도, 일지기데이는 오래전부터 그리스도교인이었다고 단언했다. 그리고 비록 일지기데이가 칭기즈칸의 혈통은 아니지만 대단한 권력자라는 말도 덧붙였다. 루이 왕은 두 사람에게 바이두가 교황청 사절을 박대하였던 동기가 무엇이라 짐작하느냐고 물었다. 그러자 그들은 바이두가 그리스도교인이 아니라 이교도이고, 무슬림 자문관에 둘러싸여 있었기 때문이라고 답했다. 그리고 바이두는 그 뒤로 권한이 크게 줄어들어 이제는 일지기데이의 휘하에 있다고 말했다. 이상이 이 두 사자가 전한 소식의 줄거리이다. 이제부터는 비록 부분적으로 진실한 것이 포함되기는 했지만, 과장과 거짓이 많은 내용을 전하고자 한다. 일지기데이가 프랑스 왕에게 보낸 서신도 자세히 살펴보면 이러한 종류의 편지에 속한다. 그 내용은 다음과 같다.

> "온 세상의 왕이신 대 칸의 부관인 일지기데이는 가장 높으신 분으로부터 권한을 위임받아, 많은 지역을 다스리는 위대한 왕, 세계의 용맹한 방어자, 그리스도교 왕국의 승리의 검, 복음의 아들, 가톨릭교회의 수호자인 프랑스 왕께 보내

---

294) (원주) Joinville, "Hist. de Saint Louis," p. 25.

는 편지입니다. 하느님께서 당신의 영토를 넓히시고, 당신의 왕국을 오래 보존하시고, 당신의 뜻을 이루어 주시기를 기원합니다. 그리고 법과 말씀[성경]에 따라, 지금부터 영원까지 하늘의 진리로 사람들, 예언자들, 사도들의 안내자가 되기를 기원합니다. 아멘. 수많은 경례와 축복을 드립니다. 하느님께서 멀리 바다를 건너오신 위대하고 훌륭한 왕을 뵙는 은혜를 제게 허락하시길, 또 우리가 만나서 서로를 긍휼히 여기며 연합하기를 바랍니다. 폐하께서는 제가 무엇보다 그리스도교의 안녕을 위해 이 서신을 썼다는 점을 알아주시기 바랍니다. 저는 하느님께서 그리스도교인에게 승리를 주시고 또 십자가의 원수들을 전부 물리쳐 승리의 노래를 부르게 하시길 기원합니다. 우리는 권력을 가지고, 사슬에 매여 고통당하고 착취당하는 그리스도인들을 구하라는 명령을 받고 왔습니다. 그리스도인들은 공경 받고 존경받아야 하며, 또 아무도 그리스도인의 선함에 비기지 못할 것입니다. [핍박받았던] 그리스도인들의 성당이 재건되고, 황동판이 소리를 내며, 하느님을 어디서나 경배하며, 앞으로는 대 칸이 통치하는 평화 속에서, 그리스도교인들이 하느님께 기도하는 일이 방해 받지 않게 될 것입니다. 전능자의 은혜에 힘입어 우리[몽골군]는 그리스도인들의 안녕과 보존과 구원을 위해 전진하고 있습니다. 이에 덕망 있고 충직한 두 사람, 다비드와 마가를 보내어 이 기쁜 소식을 전합니다. 따라서 부디 그들을 아들과 같이 여기시어, 그들의 말을 듣고, 그들을 통해 보낸 서신이 진실함을 믿어주시기 바랍니다. 높임을 받으실 이 세상의 왕께서 세상을 다스릴 때, 가톨릭교인, 정교회 교인, 아르메니아교회 교인, 네스토리우스 교인, 시리아 정교회 교인 등, 십자가를 경배하는 사람들을 하느님의 법에 따라 아무런 차별 없이 대하십니다. 그들 모두가 우리 눈에는 하나이기 때문입니다. 우리는 또 폐하께서 그리스도교 종파에 따라 차별하시지 않기를 간구하며, 폐하의 경건함과 관대함이 모든 그리스도교인에게 확장되고 지속되길 기원합니다.

전혀 의심 없이 이 서신을 받았던 루이 9세는 자신의 특사인 유드 드 샤토 라울Eude de Chateau Raoul 추기경을 통해 이 편지의 사본을 모후 브랑쉐Blanche와 교황 인노첸시오 4세에게 전달했다. 당시 그리스도교인들은 몽골인들이 그리스도교를 받아들일 준비가 되어있거나, 혹은 무슬림과의 전쟁에서 그리스도교인을 지지해 줄 것이라고 믿지 않았다. 따라서 그 어떠한 내용도 성급하게 믿지 않았다. 하지만 몽골군이 루이 왕에게 전한 서신과 정보는 매우 놀라운 것이었다. 이 기이한 사절들을 정말 몽골군 사령관이 보낸 것일까? 혹은 어느 대담한 모험가들이 이 위험한 기획을 한 것인가? 대 칸과 그 속국의 왕들, 또 일지기데이의 믿기 어려운 대화는 과연 진실일까?

우선 서신의 양식을 살펴보면, 몽골 특유의 거만하고 과묵한 태도와는 크게 다르다는 사실이 눈에 띈다. 이 편지는 상투적인 존경과 겸손한 어투로 쓰여 있었다. 이 서신은 당시 지상 최강의 군주가 매우 하찮은 몽골 부족장에게 받을만한 것이 아니었다. 더욱 자세히 살펴보면, 몽골 쪽에 유익한 내용은 거의 없었다. 그리고 몽골인들로서는 이해하기 어려울 만한 가톨릭교회, 그리스 정교회, 아르메니아교회, 동방교회, 시리아 정교회 등의 그리스도교 종파 간의 차이점을 강조하고 있다. 로마가톨릭과 동방 여러 종파 간의 차이를 모르는 몽골인이 프랑스 왕에게 한 이러한 요청은, 교회를 분열시켰던 불화에 관해 전혀 알 수 없는, 혹은 설사 이를 알고 있더라도 큰 관심을 가지지 않았을 듯한, 개종했다고 여겨지는 한 장수의 요청이라기보다는, 분열된 동방교회의 요청이었을 가능성이 더 커 보인다. 어쨌든, 서신에서 암시하고 있는 몇 가지 사실이 정확하다는 것은 인정할 수밖에 없는 사실이다. 예를 들어, 몽골군이 그리스도인에게 베푼 특전과 사신이 말한 자신들의 파견 목적 등은 있을 법한 일이다. 왜냐면 이는 몽골군이 프랑크족과 무슬림과의 관련성을 필연적으로 지속해야만 했던 몽골의 정치 체제와 완벽하게 일치했기 때문이다. 몽골군은 칼리프를 공격할 계획을 세웠고, 루이 왕에게 이집트로 진군할 것을 요청하였다. 이는 이집트군이 몽골군과 교전 중이던 적을 지원하려는 움직임을 막기 위한 것이었다. 이렇게 주의를 딴 데로 돌리게 하는 전술은 몽골군의 관점과 관심에 완전히 부합한다. 또 한 가지 염두에 둘 것은 사절의 우두머리가 알려진 인물이었다는 점이다. 앙드레 드 롱쥐모 수사는 그 우두머리[다비드]가 몽골군 장수[바이주]와 함께 있는 것을 본 적이 있었다. [몽골군의] 현직에 있던 사람이 아무런 임무도 없이 와서, 프랑스 왕 앞에서 주제넘게 나설 정도로 뻔뻔하지는 않을 것 같았다. 만약에 그가 사기꾼이었다면 조만간 꼭 들키기 마련이며, 그가 사기를 쳐서 모욕한 프랑스군이나 그 이름에 먹칠을 한 몽골군으로든 망명할 곳을 찾을 수 없었을 것이다.

그러나 매우 단순한 추정만으로도 이러한 모순들을 해결할 수 있다. 즉 무슬림들과의 전쟁을 앞둔 일지기데이가 실제로 다비드와 그 동료를 보내어 프랑스군과 조율하기를 원했다는 추정이다. 이 두 사신은 신임장, 혹은 대 칸의 부하 장수들이 교신하고자 하는 왕들에게 습관적으로 보내는 거만한 어조의 칙령도 가지고 있지 않았다. 그러나 설령 그들이 신임장이나 칙령을 가지고 왔다고 하더라도, 그들의 목적을 달성하는 데에는 별다른 효과가 없었을 것이다. 그래서 이들은 그리스도인들을 기쁘게 할 만한 표현을 손쉽게 삽입하는 방식으로 위조를 해서 그들이 몽골군 편에서 싸우게 하려고 했을 것이다. 그러나 대 칸의 개종과 같은 문제는 감히 문서로 남길 수 없는 것이었기에, 두 사절이 말로 전달하는 것으로 만족해야 했을 것이다. 이것이 이 사건에 대한 설명이라고 추정한다면, 이 사건은 그 후로 몽골군 장수들이 협상할 때 사용하는 방법을 첫 번째로 적용한 예라고 볼 수 있다. 사절들이 전달한 서신이 읽는 이들에게 좋은 의도로만 이해되지는 않을 것이므로, 사절들은 이를 변조하고 내용을 덧붙여서 그 내용을 자신들의 방식으로 해석하였다. 이 때문에 이 서신의 번역본은 원본과는 많은 차이를 보이는데, 이것은 때로는 요지만을 남기고 나머지는 [수신자인] 유럽 왕들의 취향에 맞게 온갖 방법을 사용해 과장하고, 윤색하고, 꾸몄기 때문이다. 루이 왕이 키프로스에서 몽골군 사절을 만나고 있을 때, 몽골 지역을 여행했던 아르메니아 대신이 키프로스의 왕에게 보낸 서신이 도착하였다. 이 서신의 기이한 내용은 일지기데이의 서신과 어느 정도 일치하였다. 베르게론Bergeron이 이 서신을 다음과 같이 옮겼다.

"하느님의 은혜에 힘입어 키프로스의 왕이신 뤼지냥Lusignan의 앙리 전하, 왕비 전하, 그 녀의 형제 이브 드 이벨린Yves de Ibelin 귀공께 아르메니아의 대신이 안부와 더불어 인사를 올립니다. 저는 하느님의 영광을 드러내고 그리스도교의 유익을 위하여 이번 여행을 하였습니다. 그런데 이 여행이 예수 그리스도를 기쁘시게 하여 저를 사마르칸트로 이끌었음을 전하께 알려드립니다. 저는 여러 나라를 방문한 후, 인도를 뒤로하고 샤다Shadah에 있는 여러 나라를 여행하였습니다. 그곳을 여행하는 데 두 달이 걸렸습니다. 나는 몽골군이 파괴한 여러 도시를 목격했는데, 이전에는 그 장려함과 부요함이 매우 뛰어났을 것입니다. 저는 몽골군이 살해한 사람들의 뼈가 커다란 산을 이룬 것을 여러 개 보았습니다. 만약 하느님께서 허락하지 않으셨다면, 이교도들을 쳐부순 몽골군은 나타나지도 않았을 것입니다. 또 [그랬다면 지금은 망해버린] 이 모든 나라가 바다 너머에 있는 나라들을 정복하고 침략했을 것이라는 생각이 들었습니다. 몽골군에 관하여 전하께서 아셔야 할 것은, 그 숫자가 너무 많아 헤아릴 수 없다는 것입니다. 형형색색의 얼굴로 사납게 생긴 그들은 명궁수들입니다. 그들의 생활방식과 자세를 전하께 설명을 드리기는 매우 어렵습니다. 저는 여덟 달 동안 밤낮으로 행군했지만 몽골의 대 칸이 사는 곳까지는 아직 반도 도달하지 못했습니다. 저희는 현재 대 칸의 아버지가 되는 구유크가 승하한 지 5년이 지났다는 사실을 알게 되었습니다. 그러나 몽골의 귀족들과 부호들이 너무 넓게 흩어져있는 탓에, 지난 5년 동안에 저들은 황제를 뽑기 위한 모임을 가질 수 없었습니다. 인도와 중국에, 그리고 다른 나라에 모두 펴져 있었기 때문입니다. 저희는 동방에 많은 그리스도교인이 흩어져 살고 있으며 높게 지은 오래된 성당들이 많이 있었는데, 몽골군이 이들을 파괴하였다는 것을 알게 되었습니다. 비록 그리스도교인들은 칸으로부터 환영을 받고 자유를 얻기는 했으나, 그들에게는 무거운 벌금이 부과되었고 누구도 말이나 행동으로 그들을 옹호하는 것이 금지되어 있습니다. 우리가 지은 죄로 인하여 예수 그리스도의 종교를 전파할 수 있는 사람이 아무도 없게 되는 일이 벌어졌으나, 그리스도께서는 많은 기적을 통하여 이곳에서 당신을 드러내는 일로 영광을 받으셨습니다. 그리하여 이제는 여기에 사는 모두가 그리스도를 믿고 있습니다. 복자이신 성 도마가 복음을 전파하여 많은 개종자가 생겼던 인도라는 나라에는 여전히 그리스도교인 왕이 한분 있습니다. 이웃한 사라센 왕들이 그에게 심한 압박을 가하고, 끊임없이 공격하였습니다. 그때 몽골군이 이 나라들을 공격하여 그들을 몽골군의 휘하에 넣고, 그의 군대를 몽골군에 편입시켰습니다. 그리고 이 왕의 적인 사라센들을 공격하여 궤멸시켰습니다. 그리하여 그는 인도 대부분을 정복하게 되었고, 지금 인도는 무슬림 노예들로 가득 차 있습니다. 그가 포로로 잡은 5천 명이 넘는 노예들이 시장에서 팔리고 있는 것을 제 눈으로 보았습니다. 전하께서 또 아셔야 할 것은, 교황 성하께서 사신들을 대 칸에게 보내시어 대 칸이 그리스도교인인지 아닌지를 알려고 하셨습니다. 또 교황 성하께서는 대 칸이 군대를 보내어 세상을 파괴하는 그 까닭을 물으셨습니다. 대 칸의 대답은 신이 그의 조상들과 자신에게 그리하라고 명하셨다는 것이 전부였습니다. 전사들을 보내어 악하고 비뚤어진 나라들을 전멸하라는 명령 말입니다. 대 칸이 그리스도교인인지 아닌지에 대한 물음에 대한 답은 하느님께서만 아신다고 답했습니다. 만약 교황이 이를 알기를 원한다면 몸소 찾아와 보라고 하였습니다."

이상이 아르메니아 대신의 이야기다. 대 칸이 그리스도인에 대하여 호의적이 된 이유에 관한 내용은 일지기데이의 서신과 상당 부분 일치한다. 몽골의 대 칸과 프랑스 왕은 무슬림에 적대적이라는 점에서 이해관계를 함께했다. 그리하여 루이 왕의 원정에 몽골군이 함께 임무를 맡게 되리라는 기대감이 생겨났지만, 루이 왕과 몽골군의 동맹이 어떤 결과를 가져올지를 예상하기는 어려웠을 것이다. 어쩌면 무슬림 세력이 완전히 무너지고 말살되었을 수도 있지만, 유럽이 몽골군에게 지배당해서 완전히 몰락했을 가능성도 배제할 수는 없다. 그리고 만약에 몽골인의 특성에 야만적인 요소가 매우 많은 것을 생각하면, 유럽이 지금 어떤 모습일지는 신께서만 아실 것이다.

루이 왕의 답신 내용과 사절단의 활동

프랑스 루이 왕은 몽골 장군 일지기데이가 보낸 서신이 진짜든 혹은 가짜든지 이 서신에 답하기 위해 서둘러 도미니크회 수사 셋을 보냈다. 앙드레 드 롱쥐모, 장 드 카르카손Jean de Carcassonne과 윌리엄이 그들이었다. 쟁빌Joinville에 따르면, 아랍어에 능통하였던 롱쥐모는 안젤무스Anselm 수사를 따라 바이두의 군영을 방문한 적이 있었다.[295] 일행에는 서기 둘과 왕의 신하 둘이 추가되었는데, 그중에는 샤르트르 성당 운영 책임자Sub-chanter였던 로베르Robert[296]도 포함되어 있었다. 지오바니 콜로나는 그가 쓴 『역사의 바다』라는 책에서 자신이 매우 늙어서야 그가 로베르라는 것을 확신하게 되었다고 하였다.[297] 다비드는 루이 왕에게 몽골 대 칸에게 보낼 선물로 가장 적합한 것은 천막 모양의 성당일 것이라고 넌지시 말해주었다. 왕은 그런 천막 하나를 대

295) 쟁빌(Jean de Joinvill, 1224-1317)은 중세 프랑스의 연대기 작가로 제 7차 십자군을 이끈 루이 9세의 전기를 남겼다.

296) (원주) Mare historiarum mon. Lat., fol. 412.

297) 조반니 콜론나(Giovanni Colonna, 1295–1348)는 아비뇽 교황청 시대의 추기경이었다.

칸에게 선물로 보냈다. [그 내용이 아래글에 보고되고 있다.]

"붉은 천에 가브리엘 천사의 수태고지, 그리스도의 탄생, 세례 받음, 고난, 승천, 성령의 임재 같은, 그리스도교의 상징들을 하나하나 수놓은 매우 화려하고 솜씨 있게 만들어진 천막이었다. 루이는 서책, 성배, 장식물, 미사를 올리는데 필요한 일체의 물품도 함께 선물로 보냈다. 이는 몽골 대 칸과 백성들을 그리스도교로 인도하려는 노력이었다."[298)]

루이 왕은 심지어 몽골 군주와 일지기데이 장군에게 고귀한 성물, 즉 예수가 달렸던 십자가의 조각까지도 헌정하였다. 어떤 사람들은 루이가 그들에게 보낸 서신에, 그때까지 이교도였던 대 칸에게 그의 모친과 조부의 예를 따라 그리스도교를 수용하라고 제안하는 내용을 담고 있었다고 말한다. 대 칸이 이미 개종했다고 생각하는 다른 사람들은 그 서신이 대 칸이 그에게 부여된 의무를 지킬 것을 대 칸과 일지기데이에게 권고하는 내용이라고 말했다. 그들은 하느님의 은혜로 대 칸이 백성들에게 이 거룩한 이름을 알고 그 신앙의 열정이 보존되도록 백성들을 불렀다고 말한다. 교황의 특사도 대 칸, 그의 모친, 페르시아의 [몽골군] 사령관에게 서신을 보냈다. 교황은 로마교회가 그들이 개종했다는 소식에 기뻐하였으며, 그들을 교회의 사랑하는 자녀로 받아들이며, 로마교회가 모든 교회의 어머니이므로 그 수장[교황]을 예수 그리스도의 대리인으로 인정하여 그리스도교 신앙을 고백하는 모든 사람이 거기에 복종케 만들려고 했다.

1248년 1월 27일, 수도사들은 카라코람 궁정을 깜짝 놀라게 할 만한 이 서류를 지참하고 키프로스에서 출발하였다. 여기에는 몽골 사절이 동행하였다. 사절 일행은 페르시아를 가로질러 일지기데이의 군영으로 가서, 몽골 궁정으로

298) (원주) Joinville, Hist. de St. Louis, p. 25.

갈 예정이었다. 연말이나 그 이듬해 초가 되어서야 목적지에 도달할 수 있었다. 쟁빌은 "출항한 일행은 안티오크에서 하선하였다. 그곳에서 몽골 대 칸이 있는 곳에 도달하기 위해 1년이 걸렸다. 그들은 하루에 약 50km 씩 이동하였다. 그들은 발길이 닿는 곳이 모두 몽골족이 차지한 땅이라는 것을 알게 되었다. 그리고 한때 마을이나 도시가 있었던 많은 곳에 폐허 더미가 놓여 있었고 사람의 뼈가 산을 이루고 있는 것을 보았다."고 기록했다.[299)]

루이 왕의 사절이 대 칸의 궁정에 닿았을 때는, 대 칸 구유크가 사망한 이후였다. 아직 후계자가 정해지지 않았던 때이기에 섭정 오굴 키미시Oghul Qimish가 일행을 맞았다. 섭정과 그 아들[뭉케]이, 루이 왕의 선물을 살핀 후 수도사들을 극진하게 맞이했다. 이어서 그들은 몽골에 복속한 프랑스 왕에게 감사를 표한다는 말을 덧붙였다. 즉 그들은 지상의 모든 군주 위에 군림하는 대 칸의 권위에 복속한다는 표시로 루이 왕이 선물을 보내온 것이라고 이해했던 것이다. 쟁빌에 따르면, 그 뒤에 대 칸은 자기에게 복속하기를 바라는 다른 왕들에게 그 천막을 보여주며, 프랑스 왕이 자신에게 충성을 맹세하고 그 증거로 보내온 것이라고 말하였다고 한다. 프랑스 왕의 선물은 실제로 여러 왕을 복속시키기 위해 사용되었다. 섭정 오굴은 그녀가 받은 선물에 대한 보답으로 사신들에게 여러 가지 물건을 주었다. 그 가운데는 중국의 관습에 맞게 비단으로 만들어진 것들도 포함되어 있었다. 그 후 섭정은 예를 갖추어 사신들을 물러나게 하였다. 그러나 루이 왕의 사신들은 그들이 떠나온 여행의 주목적, 즉 몽골 칸들의 [그리스도교로의] 개종에 대한 확실한 답변을 얻지 못한 상태였다. 그들은 오히려 루이 왕이 해마다 금은으로 조공을 바쳐야 한다는 대 칸의 요구를 담은 답서를 받았다.[300)] 답서에는 만약에 루이 왕이 이 요구를 거절하면 칸이

299) (원주) Joinville, Hist. de St. Louis, p. 90.

300) 새로운 대 칸이 즉위하기 전이었으므로 여기서 '대 칸'은 아마도 섭정 오굴 곁에서 보좌했던 어떤 왕자를 가리킬 것이다.

이미 다른 왕들과 그 백성들을 파멸시켰던 것처럼 루이 왕의 목을 베겠다는 협박까지 곁들여져 있었다. 다음이 쟁빌이 전하는 대 칸의 답신이다.

> "평화는 좋은 것이라. 평화로운 땅에서는 [가축들이] 네 걸음을 걸어가서 평화롭게 풀을 뜯고, 두 걸음을 걸어가 밭을 간다. 사람들은 평화롭게 과일을 거두어들인다. 내가 경고하노니, 너희는 내가 주는 평화가 아니면 평화를 얻을 곳이 없을 것이니라. (여러 왕의 이름을 꼽으면서) 그에 관해 말하자면, 나는 그들 모두의 목을 베었다. 그러나 짐이 명하노니, 네가 해마다 많은 금은을 짐에게 보낸다면 짐은 너의 벗이 될 것이다. 만약에 그리하지 않는다면, 거명한 왕들에게 내가 행했던 것처럼 나는 너와 네 백성을 파멸시키리라."

이런 위협하는 편지는 카라코람에 거하는 무리가 매우 통상적으로 사용하는 문체였고, 중국인들에게도 여전히 이러한 문체가 꽤 많이 남아있다. 루이 왕이 사절을 보내면, 루이 왕은 [프랑스가 몽골의] 속국임을 스스로 인정하는 것이고, 그가 보낸 선물은 몽골에 굴복한다는 증거였다. 이것이 천자의 궁정에서 언제나 택해 왔던 추론의 방식이었다. 몽골인들은 확실히 이 추론방식을 사용했다. 루이 왕이 사절을 보낼 때는 전혀 이런 결과를 기대하지 않았으리라고 쉽게 짐작할 수 있다. [실제로 그는] "사절을 보낸 것을 크게 후회했다."[301]

몽골에 갔던 사절이 2년 만에 돌아왔을 때, 왕은 아크레Acre에 머물고 있었다. 사절이 [몽골에서 대 칸과] 나눈 이야기나 설명은 십자군의 호기심을 자극할 수밖에 없었다. 십자군도 비슷한 경험을 많이 했기 때문이었다. 그들이 루이 왕에게 말했던 믿기지 않는 이야기 가운데는 사절이 몽골에서 만난 어떤 몽골 부족 왕자 이야기도 있었다. 그 왕자는 기적을 경험하고 그리스도교

301) (원주) Joinville, Hist. de St.Louis, p. 102.

로 개종한 사람이었다. 이 유치하게 꾸며낸 우화 같은 이야기는 모샤임이 들려준 것이다. 이 왕자는 심한 열병을 앓고 있었다. 어느 날 밤 그는 정신착란에 사로잡혀 자신의 천막에서 나왔는데, 주위는 모두 깊은 잠에 빠져있었다. 그는 사막을 방황하며 사흘을 보냈다. 나흘째 되던 밤에, 여전히 같은 증세에 빠져있던 그는 자신이 어둠 가운데서 알지 못하는 장소에 있음을 깨닫고 크게 당황했다. 무엇을 해야 하는지, 혹은 어느 길로 가야 할지 알 수 없었다. 그런데 갑자기 어둠이 흩어 없어지면서 산의 정상에서 눈부시게 비추는 빛을 보았다. 그는 그 빛을 향해 손과 무릎으로 기어서 올라갔다. 그곳에는 수많은 사람이 모여 있었다. 그들의 얼굴은 아름답고 복장은 매우 화려했다. 한가운데는 천상의 왕이 높은 보좌에 앉아 있었다. 그의 얼굴은 다른 누구보다도 더욱 아름다웠고, 그분의 예복에서는 찬란한 광채가 흘러나왔다. 그의 오른쪽에는 여왕이 말할 수 없이 아름답고 영광스럽게 앉아 있었다. 천상의 왕은 이 몽골 왕자에게 그리스도교를 받아들일 것을 권했다. 왕자는 자기 백성에게 돌아오자마자 자신이 본 것을 말해주고, 그대로 행동에 옮겼다. 르노[302]와 쟁빌 두 사람 모두 이 이야기를 반복하면서, 이 이야기는 아르메니아 대신이 키프로스의 왕 앙리 드 뤼지냥에게 말한 내용, 즉 예수 그리스도가 몽골에서 많은 기적을 행하면서 자신을 드러내셨다는 내용과 유사하다고 분명히 말하였다. 모샤임은 다음과 같은 말을 덧붙였다.[303]

> "이성적인 사람이라면 이 우스꽝스러운 모험담이 루이 왕의 사신이었던 수도사들이 지어낸 것임을 금방 깨달을 것이다. 이 이야기에서 성모 마리아를 하늘의 여왕으로 대신해 말하고 있음이 확실하다. 예수 그리스도는 한 번도 마리아를 그렇게 부른 적이 없다. 만일 수도사들이 자신들이 꾸며낸 이야기를 더욱

302) (원주) Odor Raynald, Annales, vol. 13. No. 39. p. 588.

303) (원주) Mosheim, p. 43.

믿도록 하고 싶었다면, 마리아를 오히려 성자들의 자리에 놓는 것이 더 지혜로웠을 것이다."

모샤임은 개신교 역사가이다. 그러나 모샤임이 예수 그리스도가 하늘의 거룩한 성모 여왕에 관해 말하지 않았다는 단순한 이유만으로 이러한 기적을 절대적으로 부인한 것을 우리가 반드시 믿어야 할 이유는 없다. 훌륭한 수도사들은 그들이 들은 바를 아주 단순하게 전했다. 13세기 초, 그들은 미래에 어떤 일이 일어날지 알 수 없었을 것이다. 300년 후, 루터는 교회를 개혁할 목적으로 가톨릭 신앙을 공격했다. 루이 왕의 사절에 관한 이 단순한 이야기를 통해 이 박식한 역사가인 모샤임이 가톨릭을 지나치게 혹평했음에도 불구하고, 그가 혹평한 것처럼 그렇게 터무니없는 이야기는 아니라고 생각된다.

제 6 장

루브룩의 몽골제국 여행

제 6 장

루브룩의 몽골제국 여행

몽골 선교를 위한 루이 왕의 열정

루이 왕이 몽골에 보냈던 사절들은 몽골의 수많은 그리스도인들은 불행히도 매우 무지하고, 도덕성이 약하다는 것을 알게 되었다. 그들 대부분은 네스토리우스파 교인들이었지만, 네스토리우스파라는 종파에 속했다는 것도 알지 못했기 때문에 기독교의 다른 종파에 배타적이지 않았다. 그들은 가톨릭 신자들이 자유롭게 성찬에 참여하도록 했고, 로마교회를 망설임 없이 모든 교회의 어머니로 인정했다. 이들은 심지어 만일 로마로 가는 길이 열려 있다면, 자신들은 교황이 보내는 총대주교를 받아들여야만 한다고 말했다. 몽골족과 대 칸은 예수 그리스도의 이름에 커다란 존경을 나타내며 기꺼이 십자가에 경의를 표했다. 구유크로부터 대 칸의 자리를 이어받은 뭉케Mangou는 그리스도교인에게 큰 호의를 베풀었다. 그는 자신을 거의 그리스도교인이라고 여길 정도였다.

아르메니아의 헤툼Hethum은 이를 아주 긍정적으로 확언했다.[304] 이 문제에 대해서는 다음에 논의하게 될 것이다. 적어도 몽골족이 큰 존경을 받았던 뭉케의 어머니(소르칵타니 베키)와 궁정에서 크게 영향력을 행사하면서 종교인에 대한 면세조치를 얻어냈던 대 칸의 재상이 그리스도교인이었다는 점은 확실하다.

몽골인들은 그리스도교가 그들에게 전파되었기 때문에, 어쩔 수 없이 그리스도교를 받아들인 것 같지는 않다. 교인 수에 비해서 주교의 수가 크게 모자라거나 특정 지역의 교인들은 주교를 한 번도 본 적이 없다고 전해지기도 한다. 또 네스토리우스파 주교들은 이 사람들을 참된 그리스도교인으로 개종시킬 능력도 없었다. 이 주교들은 아무런 거리낌 없이 몽골인 성직자를 임명했다. 어떤 때는 심지어 나이 어린 소년들까지 성직자의 자격을 주기도 하였다. 그리스도교의 확장을 열망했던 루이 왕은 이러한 자세한 내용이 서방에 알려지자, 도미니크회와 프란체스코회 수도사들에게 주교의 권위를 부여해서 몽골에 복음을 전해야겠다고 생각했다. 왕은 이 문제로 교황에게 서신을 보냈고 교황은, 1253년 2월 20일, 프랑스 궁정에 파송한 교황특사인 투스쿨룸Tusculum의 주교에게, 프랑스에 이익이 된다고 생각하는 일을 하라고 했는데, 이 주교가 다른 누구보다 프랑스의 상황을 잘 알고 있었기 때문이었다.[305]

그리스도교를 받아들인 몽골인 중 바투의 아들인 사르타크Sartak 왕자에 관한 이야기가 많이 남아있다.[306] 그의 군영은 타나이스Tanais 해와 볼가Volga

304) 헤툼 1세(Hethum I, 1226-1270)는 아르메니아의 헤툼 왕조(1226-1341)를 연 왕이다. 몽골 제국과의 외교관계 때문에 제국의 수도 카라코룸을 방문하였고, 동행하였던 아르메니아의 역사가 키라코스 간드자케시(Kirakos Gandzaketsi)는 이 여행에 대한 기록을 남겼다. 이 책의 영어 번역본이 있다. Emil Bretschneider, trans., 『The Journey of Haithon, King of Little Armenia, To Mongolia and Back』 (Elibron Classics, 1888).

305) 당시의 투스쿨룸 주교는 오도 드 샤토루(Odo [Eudes] de Châteauroux, c. 1190-1273)였다. 그는 프랑스 신학자이며 스콜라 철학자였다. 투스쿨룸은 로마 인근의 도시이다. (원주) Odor Raynald, ad ann. 1253. No. 49. p. 635.

306) 사르타크(Sartak 혹은 Sartaq)는 바투 칸의 아들이며 부친 사망 후부터 황금 군단을 짧게 통치했다. 독일과 스웨덴의 침공을 막았던 키예프의 알렉산더 넵스키(Alexander Nevsky) 왕자와 같은 시대를 통치했다.

강 사이에 있었다. 어느 날, 스스로를 사르타크의 사제라 칭했던 요한이라는 사람이 로마에 있는 교황 인노첸시오 4세를 만나서 한 몽골의 장수가 우상을 버리고 성스러운 세례를 받았다고 확실히 말했다. 그는 어떤 서신도 가져오지 않았는데, 이는 자신이 시칠리아에서 콘라드에게 체포되어 감옥에 갇히면서, 신분증을 포함해 가진 것을 전부 잃어버렸기 때문이라고 설명했다. 그리고 콘라드가 죽었기 때문에, 자신이 풀려났다는 말로 [아무것도 가져오지 못한] 상황을 설명했다. 교황은 이 말을 믿고 사르타크에게 서신을 보내 그가 개종한 것을 축하하면서, 담대하게 자신의 신앙을 전파할 것을 권면했다. 그리고 그의 신민들이 복음 전파자들의 말을 듣도록 허락해주길 청했다. 1252년에, 사르타크가 개종했다는 소문이 팔레스타인 전역에 퍼졌다. 이 소식에 모든 그리스도인 그중에서도 루이 왕이 크게 기뻐했다. 이에 루이 왕은 섭정 오굴이 루이 왕의 이전 행동을 사실이 아닌 것으로 판단해 모욕을 준 사실에도 불구하고, 위험을 무릅쓰고 새로운 시도를 하기로 했다. 그는 사르타크에게 평화와 우호의 편지를 썼다. 이 편지에서 그는 신앙의 내용을 가르치고, 그리스도교와 관련된 일에 관해 조언했으며, 그리스도인들의 친구가 되어주고, 그들의 원수에게는 원수가 되라고 간청하며 이 모든 일이 거룩한 십자가의 영광을 드러내는 일이라고 했다. 자신과 신민들의 생명이 성지를 회복하기 위해 위태로움에 처한 것에 자족하지 않고, 또다시 그리스도교를 전파하기 위해 이렇게 먼 곳까지 선교사를 보내는 일에 앞장섰던 위대한 군주를 보는 것은 아름다운 일이다.

루이 왕이 몽골로 보내는 새로운 사절단의 임무는 두 명의 프란체스코회 수도사인, 루브룩의 윌리엄William of Rubruk과 크레모나의 바돌로메 Bartholemew of Cremona가 맡게 되었다.[307] 루이 왕의 존엄성을 보호하기 위

307) 루브룩의 윌리엄(William of Rubruck, 1220-1293)은 플랑드르 출신의 프란체스코 수도회 신부로 13세기에 중앙아시아와 몽골의 수도를 방문했다. 이번 장은 그의 몽골 여행기를 요약, 발췌한 것이다.

해서, 그들은 자신들이 다른 사람에게서 이러한 명을 받은 것이 아니라, 수도회의 상급자로부터 명을 받았다고 말했다. 아크레에서 출발한 사절단은 당시 프랑스군이 장악하고 있던 콘스탄티노플로 먼저 향했다. 루브룩은 성 소피아 성당에서 강론할 때, 그가 말하기로 동의했던 대로, 자신은 프란체스코회 규약에 따라 이교도들에게 복음을 전하기 위해 몽골로 가게 되었다고 말했다. 이것은 그가 여행하는 내내 자신에게 주어진 일에 최선을 다하는 모습이었다. 루이 왕의 사절단은 1253년 5월 7일에 출항하여 솔다이아Soldaia에 도착했다.[308] 그들을 앞질러온 콘스탄티노플 상인들 몇 명이, 루브룩이 성 소피아 성당에서 했던 말에도 불구하고, 그들이 외교업무를 맡고 있다고 말했다. 그러나 프란체스코회 사절들은 그곳의 주민들에게 그들이 사절의 임무를 부여받은 적이 없다고 열심히 설득했다. 솔다이아에서 루브룩은 그가 수행해야 할 길고 위험한 앞으로의 여행을 준비하며 캐러밴을 꾸렸다. 그는 덮개가 있는 수레 여덟 개를 마련하였다.[309] 그 가운데 두 개는 침대로 사용할 예정이었다. 안장을 얹은 말도 다섯 필을 준비했는데, 두 필은 수도사가 탈 말이었고, 나머지는 각각 통역과 안내인과 하인이 탈 말이었다. 루브룩은 프랑스에 돌아온 후에 루이 왕에게 바친 보고서에서 "사흘째 되던 날, 저희 일행은 솔다이아를 떠나 몽골족을 만났습니다.[310] 몽골족을 보고 그들의 생활양식을 관찰해보니, 마치 제가 새로운 세상에 들어온 것 같다는 생각이 들었습니다. 제가 할 수 있는 한 그들의 사는

---

308) 솔다이아(Soldaia)는 라틴어로는 Solghat로 표기되었고 무슬림들은 Sudaq/Sughdaq 혹은 al-Qiram이라고 표기했다. 흑해 연안의 항구도시이다. (원주) Ibn Battūta, tr. Gibb, p. 471. 루브룩이 말한 흑해의 해상무역에 관해서는 W. Heyd, F. Raynaud, trans., Histoire du commerce du Levant au moyen âge (Leipzig, 1886), I, 298와 G. I. Brâtianu, Recherches sur le commerce génois dans la Mer Noire au XIIIe siècle (Paris, 1929) 참조.

309) William of Rubruck, P. Jackson, trans., The Mission of Friar William of Rubruck, pp. 68-69. 여기에서 루브룩은 6대의 수레를 사용했고, 그 가운데 4대가 포장 수레이고, 나머지 2대는 침대로 쓸 것이라고 하였다. 8대로 된 것은 지은이의 착오이다. 이들 다섯 명 외에도, 상인들이 내어준 두 명의 잡역부가 더 있었다.

310) 원전에는 "이틀이 지나서"이다. (원주) Paul Pelliot, 'Mélanges sur l'époque des croisades', Mémoires de l'Académie des Inscriptions et Belles-Lettres, XLIV (Paris, 1951), pp. 40-43 및 Recherches, pp. 54-56 참조.

방식과 풍속에 관하여 폐하께 자세하게 말씀드리겠습니다."라고 적었다.[311] 13세기에 몽골의 대초원지대를 횡단했던 프란체스코회 수도사들이 묘사한 기록과 현대(19세기)의 선교사들이 전하는 몽골 여행길을 비교해 보는 것은 흥미로운 일일 것이다. 이제 루이 왕의 사절의 자세한 설명을 통해 그들을 따라가 보겠다.[312] 아래는 루브룩의 말이다.

루브룩이 전하는 몽골인들의 관습

"몽골인들에게는 정해진 거주지가 없습니다. 따라서 다음날 그들이 어디에 있을지는 알 수 없습니다. 비록 모든 무리의 우두머리는 계절에 따라, 그가 관할해야만 하는 목초지의 경계를 알고 있습니다. 겨울이 되면 그들은 따뜻한 남쪽 지역으로 내려가고, 여름이 되면 북쪽의 서늘한 지역으로 올라갑니다.[313] 그들이 거주하는 집은 수레 위에 일종의 나무 격자를 만듭니다. 텐트 위에 뚫린 곳은 굴뚝으로 사용합니다. 이 나무로 된 틀을 흰색 펠트로 덮습니다. 펠트 위에는 다시 석회나 백토, 뼛가루를 칠하는 경우가 많습니다. 또한 검은 천막도 있습니다. 출입구 앞에는 온갖 꽃과 나무, 새들과 짐승들을 수놓은 펠트를 매달아 놓습니다. 이런 천막은 굉장히 큰 규모로도 짓는데 지름이 9m나 되는 것도 있습니다. 한번은 이러한 천막을 스물두 마리의 소가 끄는 것을 본 적이 있습니다. 하지만 이런 커다란 천막은 수령들을 위한 것이고, 평민들은 훨씬 작은 원뿔 모양의 천막에 삽니다. 이러한 천막들도 네 바퀴 달린 수레에 얹어져 있기는 마찬가지입니다. 부족이 진군할 때는 소나 낙타 한 마리가 끄는 수레들이 서로 앞뒤로 붙어 움직이

311) William of Rubruck, P. Jackson, trans., The Mission of Friar William of Rubruck, pp. 70-71.

312) (원주) Bergeron, Relation des Voyages en Tartarie.

313) (원주) 이 장면은 몽골인들이 규칙적으로 계절적 이동을 한다는 증거이다.

므로, 아무리 긴 캐러밴이라도 한 사람이 끌고 갈 수 있습니다. 몽골인들이 집을 세울 때 출입구는 반드시 남쪽으로 향하게 하고, 주인의 침대는 북쪽, 여인의 침대를 동쪽 방향으로 놓습니다. 누구라도 천막으로 들어갈 때 반드시 머리를 숙여야 하며, 여인의 공간을 기웃거리면 안 됩니다. 가장자리 상단에는 작은 상 위에 펠트로 만든 인형 같은 것이 놓여 있습니다. 이 인형을 '집 주인의 형제'라고 부릅니다. 그리고 맞은편에 다른 상 하나가 같은 방식으로 놓여 있는데, 그 위에는 '여주인의 자매'라고 부르는 인형이 놓여 있습니다. 두 인형 사이의 위쪽으로는 세 번째의 아주 작고 볼품없는 인형이 하나 더 있습니다. 보통은 이를 집의 수호신이라고 합니다. 여인들의 공간 가장자리에는 암소 형상이 하나 있습니다. 이것은 소젖을 짜는 것이 여인들이 담당하는 일이기 때문입니다. 남성을 상징하는 것은 말인데, 말 젖을 짜는 것은 남자들이 해야 하는 일이기 때문입니다.

몽골인들의 축제가 열리는 날에 '쿠미Kumys'(마유주)라는 술을 마시기 위해 사람들이 모이면, 그들은 먼저 주인의 머리 위쪽으로 놓아둔 이 형상에 술을 흩뿌립니다. 다른 형상에도 정해진 순서에 따라 똑같은 행동을 합니다. 그런 다음에 사내아이가 술잔을 들고 밖으로 나가 남쪽으로 세 차례 무릎을 꿇고 술을 뿌립니다. 남쪽을 향해 절하는 이 의식은 불을 숭상한다는 뜻입니다. 이어서 동쪽, 서쪽, 마지막으로 북쪽으로 절을 합니다. 이는 각각 공기, 물, 돌아가신 조상을 숭상한다는 뜻입니다. 술을 마시기 전, 집주인은 술잔에 손가락을 살짝 담가 술 몇 방울을 바닥에 뿌리거나 그가 말을 타고 있다면 말갈기에 뿌립니다. 몽골인들이 즐겨 마시는 술은 '쿠미'라고 불리는데, 말 젖으로 만든 것입니다. 갓 짠 말 젖을 모아 커다란 가죽으로 된 부대 안에 넣은 다음에, 막대로 빠르게 두드리면 갓 담근 포도주처럼 부글부글 끓은 후에 결국 발효됩니다. 상당히 시큼한 맛이 나는데, 이때 계속하여 세게 두드려서 응고된 것은 걷어냅니다. 발효된 유장을 가지고 일종의 상큼한 술을 만드는데, 기분 좋은 아몬드 향이 납니다. 이 술을 별로 마셔보지 않은 사람은 빨리 취합니다.[314] 몽골인들은 또 염소젖으로 버터 같은 것을 만들어, 이것을 끓여서 겨울에 먹으려고 염소 가죽 부대에 넣어 보관합니다. 이 버터는 소금을 안 넣어도 상하지 않습니다. 버터를 만들고 남은 것을 다시 끓여 햇볕에 말리면, 강철처럼 딱딱하게 굳은 치즈가 만들어지는데 이것 또한 겨울철에 먹기 위해 자루에 보관됩니다. 겨울철에는 우유가 부족해서 사람들은 이 신맛이 나는 가죽 자루에 두었던 응유에 더운물을 붓고 완전히 녹아들 때까지 힘차게 휘젓습니다. 이런 시큼한 액체를 그들이 즐겨 마셔서인지, 한 해 중에서도 겨울이 되면 몽골이 유목국가라는 느낌이 강하게 듭니다.[315] 몽골인들은 주로 가축을 키우고, 가축으로부터 얻는 것을 가지고 먹고 살아갑니다. 사냥하러 가는 날에는, 이 소식을 들은 이웃들이 사냥할 장소에 모두 모여 커다란 원을 만듭니다. 그리고 원을 차츰 좁혀서 사냥감을 망 안에 있는 것처럼 에워싼 다음, 활로 쏘아 죽입니다. 초겨울은 왕실의 사냥철인데, 마치 대규모 군사훈련이 행해지는 것 같습니다. 사냥하는 무리는 먼저 사냥감이 가장 많은 곳을 탐색하러 떠납니다. 이들의 보고에 따라 한 달 정도 여행할 반경 안에 야영하는 모든 부족에게 일정한 숫자의 남자들을 동원해 원을 만들고 사냥감을 정해진 장소로 몰아오라는 명령이 떨어집니다. 이들 부대는 우군, 좌군, 중군으로 나뉘는데, [점차 포위망을] 좁혀 들어가는 행군을 하며 발견된 사냥감과 그들이 몰아오는 장소에 대하여 장교들이 칸에게 보고합니다. 사냥꾼들이 만든 원은 처음에는 어마어마하게 크지만, 차츰 좁혀져서 사냥꾼들이 서로 어깨를 맞닿고 서 있을 정도로 밀착하게 됩니다. 원의 지름은 10km에서 15km 정도로, 펠트 조각으로 만든 줄로 매어 그 구획을 표시합니다. 사냥꾼들은 사냥감이 도망가지 않도록, 서열을 지키기 위해 매우 조심합니다. [서열을 지키는 일에] 조금이라도 소홀하면 곤장을 맞게 됩니다. 대 칸이 가장 먼저 왕비들을 거

---

314) William of Rubruck, P. Jackson, trans., The Mission of Friar William of Rubruck, p. 81. "처음 마시면 신 맛이 도는 포도즙 찌꺼기 맛 같은 강한 맛, 즉 저질의 포도주 같은 맛이 혀에 감돕니다. 다 마시고 나면 아몬드 유액 같은 맛이 혀에 남고 흥겨운 기분이 들며 또 취기가 올라 머리가 빙 돌게 되고 심하게 오줌이 마렵습니다."

315) (원주) 몽골인들 생활에 이런 관습이 지금도 남아 있다.

느리고 사람이 만든 울타리 안으로 들어가 사냥을 즐기는데, 온갖 짐승을 수도 없이 잡습니다. 대 칸이 도륙하는 일에 싫증이 나면 울타리 안에 마련된 높은 망대에 올라가 쉬면서 왕자들과 장수들이 사냥하는 모습을 지켜봅니다. 그런 뒤에야 서열이 낮은 군관들이 사냥놀이를 즐기게 되고, 평민들의 차례는 마지막에 주어집니다. 이 놀이는 며칠이고 이어지는데, 노인들이 대 칸에게 사냥감의 엄청난 살육을 피하자는 탄원을 할 때까지 계속됩니다. 이러한 탄원이 올라가면, 사냥이 중지되고 나머지 짐승들은 도망을 칠 수 있게 됩니다. 그리하여 [도망친 짐승들이 후에] 번식하여 미래의 사냥감이 됩니다.

몽골인들이 기르는 가축에는 양, 염소, 소, 낙타, 특히 말이 있습니다. 이것들은 몽골인들의 주식이므로, 중요한 재산이 됩니다. 몽골인들은 모든 짐승의 생고기를 먹으며, 그 고기를 얇게 저며 바람에 말리거나 훈제하여 오랫동안 보존합니다. 몽골인들은 끊임없이 이동하며 생활하는데, 이것은 가축을 먹일 새로운 초원을 찾기 위함입니다. 가축들이 야영지의 풀을 다 뜯어 먹고 나면, 그들은 가재도구와 가족과 함께 가축들을 데리고 새로운 초원을 찾아 어느 방향이든 가리지 않고 떠납니다. 봄철에는 산 쪽으로 가고, 겨울에는 평지로 돌아옵니다. 가축들은 먹을 것이 없어지면, 발로 눈을 헤쳐 가며 먹을 것을 찾습니다. 서리가 많이 내려 땅이 녹았다가 지상이 온통 얼음으로 뒤덮이면, 이 얼음을 깰 수 없는 가축들은 굶어 죽게 됩니다. 말은 발의 힘이 세서 이런 위험에서 벗어날 가능성이 매우 큽니다. 따라서 몽골인들이 기르는 가축들 가운데 말의 숫자가 가장 많고, 말을 돌보는 것은 몽골 경제의 주요한 부분입니다.

금은으로 수놓은 면직물과 견직물은 부유한 몽골인들이 여름철에 걸치는 것으로, 중국과 페르시아에서 만든 것입니다. 겨울철에 몽골인들이 입는 값비싼 모피는 주로 러시아와 불가리아에서 들여옵니다. 겨울용 외투에는 두 종류가 있습니다. 하나는 안감으로 털을 사용한 것이고, 다른 하나는 겉감으로 털을 사용한 것입니다. 외투가 있어야 겨울철의 눈과 바람을 이겨낼 수 있습니다. 가난한 사람들은 양이나 염소 가죽으로 만든 외투를, 부자들은 여우나 늑대 가죽으로 만든 외투를 걸칩니다. 부자들이 입는 외투에는 비단이나 솜, 또는 양모를 충전재로 사용하는 경우도 있습니다.[316] 가장 따뜻한 양모는 주로 펠트를 만들기 위해 보관됩니다. 그러나 양모는 그 용도가 다양하기 때문에 그것으로 양탄자, 게르 덮개, 비와 눈을 피하는 망토를 만들기도 합니다.[317] 몽골인들의 옷은 투르크인들이 왼쪽을 여미는 것과는 달리 튜닉 모양을 하고 있으며 늘 오른쪽을 여밉니다. 여자들의 복장은 남자들의 복장과 크게 다르지 않습니다만, 여자들은 높이 솟은 머리쓰개를 착용합니다."

이에 관해서 루브룩은 다소 지나치게 자세히 설명한다.[318] 그는 "멀리서 여러 여인이 함께 말을 타고 있는 것을 보면, 마치 머리에 투구를 쓰고 손에는 창을 든 남자들 같습니다. 특히 그들이 양다리를 벌리고 있을 때는 더욱 그렇습니다."라는 말을 덧붙였다. [몽골 여성의 관습에 관해 루브룩은 이어서 말한다.]

"여인들은 천막을 치고 해체하는 일도 합니다. 우유를 짜고, 가죽을 만들고, 낙타나 야크의 털로 손수 만든 실을 가지고 가죽을 꿰매는 것은 물론입니다. 온

316) William of Rubruck, P. Jackson, trans., The Mission of Friar William of Rubruck, pp. 85-86 참조.

317) William of Rubruck, P. Jackson, trans., The Mission of Friar William of Rubruck, p. 86 참조.

318) William of Rubruck, P. Jackson, trans., The Mission of Friar William of Rubruck, pp. 88-89: "여자들은 나무껍질이나 찾아낼 수 있는 다른 가벼운 재료로 만든 보카(bocca)라고 부르는 머리장식을 얹습니다. 두툼하고 둥근 모양이고 둘레는 양손으로 두를 만합니다. 높이는 한 큐빗은 넘고 꼭지는 기둥머리처럼 네모난 모양입니다. 아주 비싼 비단으로 겉을 싼 이 보카는 안쪽은 비어있고, 각진 곳의 중간이나 각진 곳 위에 깃털 뭉치나 가는 갈대 줄기를 꽂는데 그 길이 또한 한 큐빗이 넘습니다. 꼭대기를 장식한 이 뭉치에는 공작새의 깃털을 꽂았고 위쪽 둘레로는 청둥오리 수컷 꼬리 깃과 또 보석을 둘렀습니다. 부잣집 마나님들은 이런 장식을 머리에 꽂고 이것을 모피 두건으로 꽉 조여 움직이지 못하게 합니다. 두건 꼭대기로 이런 용도로 만든 구멍이 있고, 안쪽에는 머리카락을 매듭 모양으로 머리 위 뒤쪽으로 한데 모아 가득 채우고 그것을 보카에 끼어 놓았습니다. 그러고 나서 여자들은 보카를 목에 단단하게 묶습니다."

갖 구두, 장화와 의복을 만드는 것도 여인들의 일입니다. 그들은 절대 옷을 빨지 않으려 합니다. 만일 옷을 빨면 신이 노해서, 빨래를 널어 말리는 동안 천둥이 치게 될 거라고 말하기도 합니다. 그들은 천둥을 유별나게 두려워합니다. 천둥이 치면 여자들은 펠트 양탄자 밑으로 숨어 천둥이 멎기를 기다립니다. 남자들은 활과 화살, 또 등자와 재갈, 안장을 만듭니다. 그들은 여행에서 낙타를 돌보고 짐을 싣는 일을 합니다. 소 떼를 돌보고 가죽을 무두질하는 것은 남자들이 맡은 일입니다. 남자들은 여인들만큼 청결하지 못합니다. 남자들은 입안에 물을 가득 머금었다가 조금씩 내뿜어 손을 닦는 식으로 세면을 합니다. 몽골인은 고기를 삶을 때를 빼고는 집안에서 쓰는 도구를 닦는 법이 없습니다. 가끔 사용한 그릇을 항아리에 담가 물에 헹구고는 그 물을 다시 가마솥에 부어버립니다."

루브룩이 남긴 세세한 묘사는 지금(19세기) 몽골에 사는 유목민들의 사는 모습과 매우 유사하다. 이 천하무적의 유목민들은 온 세상을 침략하고 파괴한 후에, 다시 광활한 대초원 한복판, 조상들이 살았던 방랑자의 삶으로 돌아갔기 때문이다.

플라노 카르피니의 요한이 전하는 몽골인의 외모

중세 선교사들이 몽골인들의 외양적 특성을 묘사한 초상화를 보면, 그 외양적 특징을 오늘날 몽골인들 가운데서도 찾아낼 수 있다. 플라노 카르피니의 요한은, 몽골인들이 중간 체격에, 얼굴이 넓적하고, 광대뼈가 불거졌으며, 짧고 펑퍼짐한 코에, 양날이 솟은 째진 눈에, 미간은 넓으며, 턱수염이 거의 없거나 턱이 매끈하다고 묘사했는데, 아르망 디부 에이크[319]에 따르면, 현대의 아무리

319) (원주) Marie Armand Pascal d'Avezac (1800-1875), Relation des Monghols ou Tartares, p. 524. 감탄을 자아내는 에이크의 책에는 귀중한 묘사가 많이 들어 있는데, 특히 사제 왕 요한의 잘 알려지지 않은 내용도 들어있다. 이 박식한 지리학자는 중세시대의 몽골을 철저히 연구했다.

뛰어난 자연주의자라도, 몽골인의 외모를 그렇게 잘 묘사할 수는 없을 거라고 말했다. 다른 수도사가 남긴 묘사를 보면, 좀 덜 두드러지고 약간 풍자적이긴 하지만, 카르피니의 묘사보다는 못하다. 리콜도 신부는 이런 재미있는 기록을 남겼다.[320]

"우리 일행이 터키에서 출발해서 몽골 땅에 도달해서 바로 근사하고 무시무시한 몽골인들을 만났는데, 풍모와 태도와 생활방식이 세상 그 어떤 나라 사람들과도 달랐다. 그들은 크고 넓적한 얼굴에, 눈은 작고 째진 것이 마치 얼굴에 세로로 짼 작은 상처가 있는 것처럼 보였으며, 모두 턱수염이 없었고, 대부분이 서서 다니는 늙은 개코 원숭이와 매우 닮아 있었다. 몸가짐도 다른 나라 사람과 달랐는데, 예의도 없고, 단정하지도 않고, 사랑도 없어서 마음에 드는 면이 하나도 없었다. 그들은 자기들이 모든 도시와 건물과 거주자들의 주인이라 여기는 듯했고, 어디서든 건물과 사람들을 발견하면, 그것을 부수고, 그들 앞에 무릎 꿇는 사람들을 크게 해하려 한다. 모든 이들이 그들에게 모든 영예와 존경과 경의를 표하길 원하지만, 이런 것을 표할 때조차 그것을 잘 받아들이지 않으면서도, 모두 남의 탓이라고 한다. 그들은 자신들이 세상의 진정한 주인이며, 신이 세상을 그들이 다스리고 즐기도록 하기위해 만들었다고 말한다. 그들은 공중의 새들과 들판의 짐승들도 그들 황제의 허락을 받아야 먹고 마신다고 말한다. 언젠가 프랑스인 하나가 몽골의 칸에게 온 적이 있었는데, 칸이 무슨 선물을 가지고 왔느냐고 물었다. 프랑스인은, '폐하, 폐하의 크신 능력을 깨닫지 못하고 아무것도 가져오지 못했습니다.'라고 답했더니, 황제는, '이 땅 위를 날아다니는 새들이 어찌 너에게 나의 권세를 말하지 않았겠느냐?'라고 하였다. 이에 프랑스인이, '폐하, 아마도 새들이 말했을 것입니다만, 제가 새들의 언어를 이해하지 못해서 그 말을 깨닫지 못했습니다.'라고 답하니, 황제가 그제야 누그러졌다."

320) (원주) Peregrinacion de Frere Ricold l'Ordre des Frères Pescheurs. Feuillet, 36.

이처럼 거만한 몽골인들이 15세기[13세기?]동안 세상의 운명을 그들의 손으로 쥐고 있었던 것이다. 루브룩은 이렇게 묘사했다.

루브룩이 여행 중에 만난 몽골 병사들

"저희 일행이 이런 야만인들 가운데로 들어서자 저는 마치 다른 세상에 들어왔다는 느낌이 들었습니다. 저희가 그들을 처음 만났을 때, 한참 동안 기다리도록 하고는, 자기들은 검은 수레의 그늘에 앉아 있다가, 갑자기 말을 타고 저희 일행을 둘러쌌습니다. 첫째로 저희에게 이전에 자기들에게 온 적이 있는지 물었습니다. 그런 적이 없다고 답하자, 저들은 무례하게도 저희가 가진 음식을 내놓으라고 요구했습니다. 저희는 가져온 비스킷과 포도주를 조금 내놓았습니다. 포도주 한 병을 비우더니, 한 병 더 달라고 하면서, '사람이 한 다리로 집에 걸어 들어갈 수는 없지!'라며 소리 내서 웃으며 말했습니다. 그들은 저희가 어디에서 왔으며 어디로 갈 거냐고 물었습니다. 저는 사르타크 왕자가 그리스도교인이라는 말을 들었고 그를 찾고 싶다고 대답했습니다. 그 말을 듣더니 그들은 제가 스스로 왔는지, 아니면 누군가가 보내서 왔는지 물었습니다. 저는 아무도 제가 이곳에 오도록 강제한 일이 없으며, 제가 원하지 않았다면 오지도 않았을 것이라 말하면서, 물론 윗분이 알고 나서 이를 허락하긴 했지만, 자발적으로 온 것이라고 답했습니다. 제가 폐하(루이 왕)의 사신이라는 말은 절대 하지 않으려고 무척 조심했습니다. 그러자 그들은 '수레에 실려 있는 것은 무엇이냐, 혹시 금이나 은인지 혹은 사르타크에게 줄 화려한 의복인지'를 물었습니다. 저희가 사르타크를 만나면 우리가 가져온 것을 그분이 직접 보게 될 것이니, 그들이 상관할 일은 아니라고 답했습니다. 그들은 저희를 사르타크에게 데려가기 전에 한참을 기다리게 하면서 끊임없이 선물을 요구했습니다. 그들 자녀에게 줄 비스킷, 칼, 장갑, 허리띠, 인식표 등 저희가 지닌 모든 것을 탐냈습니다. 그래서 저는 앞으로 갈 길이 멀어서 생필품을 줄 수는 없다고 하며 거절했더니, 그들은 저더러 거짓말쟁이라고 했습니다. 무엇이든 눈에 들어오는 것이면 무례하고 끈질기게 요구하는 것이 그들의 습성이었습니다. 저희가 놓여났을 때, 마치 진짜 악마에게서 벗어난 것 같았습니다."

그들은 솔다이아를 떠나 사르타크의 군영에 닿을 때까지 두 달간 여행하면서 집은커녕 천막에서 자본 적도 없었고, 겨우 야외나 또는 수레 아래서 잠을 잤다. 그들이 가는 길에는 마을 하나, 집 한 채도 없었고, 수많은 사람의 뼈를 쌓아놓은 무덤들만 있었다. 일행은 가끔 몽골군 군영에서 멈추었는데, 가는 곳마다 강제로 물건을 빼앗으려는 시도가 반복되었고, 대장에게 줄 선물을 강요당했으므로, 가난한 사절들이 가져온 비스킷과 포도주는 안타깝게도 빠르게 바닥이 났다.

사르타크의 군관인 스카카타이Scakatay 혹은 Scacatai의 군영에 도착해보니, 그는 손에 기타를 든 채 긴 의자에 앉아 있었고, 아내가 옆자리에 앉아 있었다. 루브룩의 말이다. "제가 보기에 그의 코는 확실히 잘려나가 얼굴이 펑퍼짐했고, 잘려나간 부분과 눈썹에 검은 연고를 바르고 있어서 매우 섬뜩했습니다."[321] 몽골인들은 선물에 관심이 많았던 것처럼, 새로운 소식을 듣고 싶어 했으며, 스카카타이는 루브룩이 사르타크에게로 가지고 가는 서신의 내용을 알고 싶어서, 루브룩을 귀찮게 했다. 하지만 이 신중한 외교관은 '서신은 봉인되어있지만 틀림없이 좋은 내용만 들어있을 것'이라고 답했을 것이다. 그러자 군관은 사절들이 사르타크를 만나면 무슨 말을 할지 알고 싶어 했는데, 수도사들은 그에게 오직 그리스도교에 대해서만 말하겠다고 답하니, 군관은 그 내용을

---

321) 코가 잘려나간 얼굴을 가진 것은 그 군관이 아니라 그의 아내였다. William of Rubruck, P. Jackson, trans., The Mission of Friar William of Rubruck, p. 100 참조. (원주) Bergeron, p. 43.

한번 들어보자고 했다. 루브룩이 이를 설명했다. "그래서 나는 그에게 그리스도교의 신앙에 관한 것을 선포했으나, 전혀 우리말이 유창하지 않고 오히려 어리석은 통역사를 통해서 전달할 수밖에 없었다. 그는 그 내용을 모두 듣더니, 고개를 저을 뿐 아무 말도 하지 않았다."

루이 왕이 보낸 사절은 신중한 외교관이었으나 동시에 열정적인 선교사이기도 했으므로, 여행하는 도중에도 이 야만인들에게 최선을 다해서 그리스도교 진리를 전파하였다. 수사들은 여러 곳에서 그리스도인들을 만나기는 하였지만, 그들은 대부분 매우 무지하여 어리석은 미신에 빠져 있었다. 예를 들어, 러시아나 헝가리 그리스도교인들은 마유주를 마시면 구원받을 수 없다고 믿고 있었는데, 음주가 배교행위에 해당한다고 여겼기 때문이었다. 프란체스코회 수사들은 러시아나 헝가리 그리스도인들에게 이 부분을 바로 알려주려고 노력했으나, 성공하지 못했다. 그들은 그리스도교인이라면 술을 마시면 안 된다고 확신하였고, 루브룩이 개종시키려 했던 한 사라센은 바로 이 때문에 세례받기를 포기했다.[322] 그 사라센이 그리스도교 진리에 관한 가르침을 받고 나서 신자가 되겠다고 고백하였기에, 세례의식을 행할 만반의 준비를 하고 있었는데, 말을 타고 달려오더니, 갑자기 집에 가서 아내와 의논해야 한다는 말을 남기고 사라졌다. 그는 이튿날 돌아와서 선교사들에게 자신이 세례를 받을 수 없게 되었는데, 세례를 받으면 마유주를 마실 수 없고, 그렇게 되면 이런 황량한 땅에서 살아갈 수 없다고 하였다. 몽골에 있는 많은 러시아인은 이런 고정관념을 다른 사람에게 심어주었고, 프란체스코회 수사들은 이 편견을 없애려고 끊임없이 노력했다. 루브룩 일행은 고된 여행길 내내 굶주리고 목말라 크게 고생했지만, 돈을 주고도 살 것이 하나도 없었고, 먹으라고 주는 것이라고는 쉰 맛이 나는 우유뿐이었는데, 그것도 어떤 때는 완전히 상한 것이었다. 길목에 있는

322) William of Rubruck, P. Jackson, trans., The Mission of Friar William of Rubruck, p. 104.

우물도 말발굽으로 짓밟아서 악취가 나고 진흙 덩어리가 물에 들어가 마실 수 없었다. 루브룩은 "그래서 저희가 가져간 비스킷과 우리를 도우시는 하느님이 없었다면, 우리는 굶어 죽었을 것입니다."라고 말했다. [루브룩의 경험담이 이어진다.]

"저희 일행은 동쪽을 향해 계속 이동했는데, 보이는 것이라곤 하늘과 평원뿐이었고, 10km쯤 떨어졌다고 여겨지는 곳 여기저기에 쿠만족의 무덤들만이 눈에 띄었는데, 이들은 온 가족을 한 곳에 매장하는 풍습을 가졌습니다. 일행이 사막지대를 지나는 동안은 때론 힘들었지만, 몽골인들의 야영지에 들를 때마다 당해야 했던 커다란 고통에 비하면 훨씬 나았습니다. 언젠가는 7월이어서 매우 더웠기 때문에 저희가 수레 그늘에 앉아 있으면, 그들은 저희 가운데로 비집고 들어와 못살게 굴었고, 저희가 가져온 물건을 모두 보여 달라고 괴롭혔습니다."[323]

일행은 많은 어려움과 시련을 이겨내고 군영이 있는 곳을 따라 여행을 재촉하여 마침내 타나이스Tanais 강(돈 강)에 이르렀고, 이 강을 건너야만 했다. 다행히도 작은 배를 찾아서 두 척을 묶어 그 위에 수레를 하나씩 얹어 안전하게 강을 건넜으나, 건너편 강둑에 도달하고 보니 안내자가 그들에게 괘씸한 속임수를 썼음을 알게 되었다. 안내자는 반대편에 건너가면 말을 쉽게 구할 수 있다고 장담하면서, 타고 왔던 말들과 빌려온 소들을 모두 돌려보낸 것이었다. 이런 사정 때문에 일행은 아무것도 구하지 못한 채 강둑에서 꼬박 사흘을 기다려야만 했다. [루브룩의 경험담이 이어진다.] "강에는 물고기로 가득했으나 몽골인들은 물고기 잡는 법을 모르고, 또 물고기를 잘랐을 때 덩어리가 양의 몸통 정도로 크지 않으면 관심도 가지지 않습니다."[324]

---

323) (원주) Bergeron, p. 56.

324) William of Rubruck, P. Jackson, trans., The Mission of Friar William of Rubruck, p. 109.

마침내, 선교사들은 여행을 지속할 방법을 찾아냈는데, 일행은 걷기로 하고, 겨우 사들인 소들은 수레를 끌게 했다. 일행은 꼬박 사흘을 인적도 없는 길을 걸었는데, 사람이나 소들이 모두 탈진해 있을 때, 말 두 마리가 그들이 가는 방향에서 나타났다. 그러자 안내인과 통역이 [주인 없는 그] 말에 올라타고는, 인적이 있는 곳을 찾아서 길을 떠나 사흘이 지나고 나서야 마침내 몽골인 야영장을 발견하여, 소와 말을 구해 선교사들이 있던 곳으로 돌아왔다. 마침내 7월 마지막 날, 일행은 사르타크의 군영에 도착했다.

사르타크의 군영으로 간 루브룩

사르타크의 부관이며 네스토리우스 교인이었던 코이아크Coiac 또는 Coyat가 일행을 맞이하면서 수사들에게 던진 첫 질문은, 서방의 프랑스인이나 그리스도인 중에서 가장 위대한 군주가 누구냐는 것이었다. 이에 루브룩이 독일[신성로마제국] 황제의 이름을 말했으나, 코이아크는 그가 아니라 프랑스 왕이라고 하였다. 루브룩은 루이 왕에게 바친 보고서에서, "그는 폐하에 관하여 에노우Hainaut의 영주 볼드윈Baldwin에게 들은 말이 있었던 것입니다.[325] 저는 또 키프로스에서 볼드윈과 함께 있었던 성전기사단에 소속된 기사 한 명을 만났는데, 이 기사가 키프로스에 있을 때 자신이 본 것을 말했습니다."라고 하였다.[326] 베르게론은 『몽골 여행기』 서문에서, "나이 많은 수도사들이 이번 여행을 통해서 프랑스의 명예와 영광을 크게 높인 것은, 지상의 모든 나라에 자신들이 가장 무시무시하다고 자랑했던 몽골군이, 오직 우리 프랑스군만은 몹시 두려워했다는 점이다."라고 하면서 확실히 이것을 암시했다. 우리는 앞으로 이

325) 루브룩은 콘스탄티노플에서 볼드윈(Baldwin of Hainaut)을 만난 적이 있다. William of Rubruck, P. Jackson, trans., The Mission of Friar William of Rubruck, pp. 42-43.

326) William of Rubruck, P. Jackson, trans., The Mission of Friar William of Rubruck, p. 115.

야기하면서, 몽골인들이 수도사들에게 보여준 존경심과 몽골군이 궁금해 했던 프랑스군의 군사규율을 그들이 어떤 부분에서 높게 평가했는지 살펴보게 될 것이다. 이는 프랑스군은 세계 최고의 병사들과 노련하고 예의를 갖춘 기사들로 구성되어 있기 때문이다. 프리드리히 바르바로사 황제까지도, 프로방스어로 작사했고, 당시에 모든 그리스도교 왕국에서 유행한, 유럽 여러 나라를 찬양한 노래를 통해 이를 증언하고 있는데, 그 노래는 다음과 같이 시작한다.

"기사를 가진다면 프랑스인 기사를 가지리...."

동방에까지 사르타크가 그리스도인이 되었다는 소문이 퍼졌지만, 루브룩은 그런 표현을 쓰지 않았는데, 사르타크에게는 그리스도교란 종교가 우선이 아니었고 몽골이라는 나라가 우선이었기 때문이었다. 그러므로 그리스도인이 (특정한) 나라의 사람을 지칭하는 것으로 오해했던 이런 실수는 선교사들을 매우 혼동되게 만들었고, 결국 선교사들은 사르타크의 개종을 당면과제로 고민하게 되었다. 사르타크는 확실히 루브룩과 함께했지만, 몇몇 네스토리우스파 사제들은 자기 종파의 특정한 교리에 따라 그리스도교 의식을 행했다. 사르타크는 프란체스코회 수사들과 면담을 할 때, 책과 성찬을 위한 용기를 반드시 가져오고, 이에 따라 수도사들이 경우에 맞는 값비싼 제의를 걸칠 것을 요구했다. 루브룩은 루이 왕에게서 받은 아름답게 장식한 성경과 왕비가[327] 하사한 삽화가 있는 매우 값비싼 시편 집을 손에 들고, 그의 동료는 기도서와 십자가를, 서기는 향로를 손에 들고 사르타크의 텐트로 나아갔다. 텐트의 입구 앞에 드리워진 펠트를 걷어 올리자, 안에 있던 사람들도 일행이 웅장한 모습으로 다가오는 것을 볼 수 있었다. 몽골인들은 들어올 때 문지방을 밟지 말라고 조심시켰고, 왕

327) 여기서 왕비는 프로방스의 마가렛(Margaret of Provence, 1221-1295)을 가리킨다. 여기에 언급된 성경은 William of Rubruck, P. Jackson, trans., The Mission of Friar William of Rubruck, p. 258에서 언급된 성경과는 다른 것이다.

을 위해 축복하는 찬양을 부르라고 권했다.[328] 세 사람은 '성모찬가Salve regina'를 부르며 입장했고, 사르타크와 그의 아내들은 큰 호기심을 가지고 수도사들이 가져온 책과 의복을 살펴보았다. [루브룩의 경험담이 이어진다.]

> "왕자(사르타크)는 성경을 들고 그것이 복음서인지 물었고, 저는 그 안에는 거룩한 경전의 내용이 모두 들어있다고 답했습니다. 사르타크는 십자가 위에 새겨진 형상을 보고, 그분이 예수 그리스도인지 물었습니다. 저는 그렇다고 답했는데, 그런 질문을 하는 것을 보면서 네스토리우스파와 아르메니아교회 교인들은 십자가 위에 절대로 (예수의) 형상을 얹어놓지 않는데 이는 그들이 하느님의 아들이 고난받았음을 믿지 않거나 부끄럽게 여기기 때문이라는 것을 깨달았습니다."[329]

루브룩이 사르타크를 접견하면서 아랍어와 시리아어로 번역된 루이 왕의 서신을 전달하자 왕자는 내용을 살펴보고는, 루브룩에게 만일 몽골에 더 머물길 원한다면, 아버지인 바투의 허가를 받아야만 되기 때문에, 그들을 바투의 궁정으로 보내겠다고 말했다.

바투의 군영으로 간 루브룩

그리하여 선교사들은 볼가 강에 있는 몽골군의 병영으로 가야만 했는데, 루

---

328) 문지방을 밟지 말라는 이러한 금기에 관하여는 William of Rubruck, P. Jackson, trans., The Mission of Friar William of Rubruck, pp. 194, 196 참조.

329) 동방 교회에서 사용하는 십자가는 심판의 날에 재림하시는 그리스도의 승리를 뜻하는 파루시아(Parousia) 십자가이다. G. P. Badger, The Nestorians and Their Rituals (London, 1852), II, pp. 132-6, 414 참조. 따라서 루브룩의 의구심은 잘못된 것이다. F. S. Drake, "Nestorian Crosses and Nestorian Christians in China under the Mongols", Journal of the Hong Kong Branch of the Royal Asiatic Society, II (1962), pp. 1-15에 동방교회 십자가 삽화들이 들어 있다.

브룩은 병영이 15km나 20km 정도 원을 그리며 펼쳐져 있고, 사람들이 북적여 [그곳이] 마치 대도시 같아서 매우 놀랐다. 한가운데 바투가 거하는 천막이 있었는데, 남쪽으로 입구가 나 있었고, 그 방향의 앞쪽에는 어떤 천막도 들어서지 못하도록 했으나, 바투의 천막 좌우로는 동쪽에서 서쪽까지 천막이 꽉 들어차 있었다. 바투가 거느리고 있는 16명의 아내가 사는 천막은 모두 왼쪽에, 서로 매우 가깝게 붙어있었다. 이 천막들 부근에는 칸의 아내들에게 시중드는 많은 여인과 소녀들이 사는 천막들이 있었고, 물품을 저장하는 헛간들도 있었는데, 이것들은 비를 막기 위해 양 기름과 양젖을 발라놓은 펠트로 덮어놓았다. 이 조그만 집들은 모두 바퀴가 달린 손수레 위에 고정되어 있었는데, 야영장을 옮길 때 소나 말을 붙여서 끌기 위한 것으로, 이러한 거대한 평원에 있는 매우 평평한 땅에 알맞은 운반수단인 셈이었다. 수도사들은 바투의 궁정으로 인도되었는데, 천막이 엄청나게 커서 나무로 만든 저택에 견줄 만한 크기였다. 루브룩은 "저희에게 천막의 줄을 만지지 말라고 다시 한 번 경고했습니다. 몽골인들은 줄 만지는 것을 문지방을 밟는 것과 같이 여겼기 때문입니다.[330] 저희는 한동안 겉옷은 입고 신발과 모자를 벗은 채 서 있었고, 모인 사람들 모두가 깊은 침묵 가운데 있었습니다.[331] 플라노 카르피니의 요한 수사도 우리보다 먼저 이곳에 온 적이 있습니다."라고 말했다. [루브룩의 경험담이 이어진다.]

"바투는 침대만큼이나 넓고 긴 대좌에 앉아 있었는데, 대좌는 모두 금박을 입힌 것이었습니다. 대좌까지는 세 계단을 올라가야 했는데, 아내들 가운데 한 명이 바투의 옆에 앉아 있었고, 천막 입구의 긴 의자에는 마유주와 보석이 박힌 금은으로 만든 커다란 잔 3개가 놓여있었습니다. 바투가 저희를 찬찬히 쳐다보았고, 저희도 그를 주의 깊게 살폈습니다. 제가 보기에 바투의 키는, 제가 모시는

330) William of Rubruck, P. Jackson, trans., The Mission of Friar William of Rubruck, 116-117 참조.

331) William of Rubruck, P. Jackson, trans., The Mission of Friar William of Rubruck, p. 132에 나와 있는 내용과 조금 차이가 난다. "바투 앞에 서서 '하느님, 나를 불쌍히 여기소서'라는 시편 51편을 낭송하는 동안..."

보몬트의 영주인 요한과 비슷했고, (부디 그분의 영혼이 평화 속에 안식하시기를), 얼굴은 붉은 반점으로 뒤덮여있었습니다.[332] 마침내 그가 저희에게 말하라고 명했고, 안내인은 저희에게 무릎을 꿇으라고 했습니다. 제가 남자들 앞에서 하는 것처럼 한 쪽 무릎을 꿇었더니 제게 양쪽을 다 꿇으라는 몸짓을 보냈고, 저는 감히 따르지 않을 수 없어서 시키는 대로 하면서, 이런 말로 열변을 토하기 시작했습니다. 이런 자세를 하고 있으니 제가 마치 하느님께 기도하는 것 같은 느낌이 들었습니다. '전하, 모든 선한 일을 행하시는 하느님께서, 전하께 지금의 모든 좋은 것을 주셨듯이, 앞으로도 하늘의 좋은 것을 기꺼이 주시길 기원합니다. 이 땅의 좋은 것들이 하늘의 좋은 것으로 채워지지 않으면 헛된 일이기 때문입니다.' 바투는 그 말을 매우 주의 깊게 들었는데 그때 제(루브룩)가 덧붙이길, '전하께서는 그리스도인이 되지 않으면, 하늘의 좋은 것들을 가지실 수 없다는 사실을 명심하셔야 합니다. 왜냐면 하느님께서, '믿고 세례를 받은 사람은 구원을 받을 것이요, 믿지 않는 사람은 영원한 벌을 받을 것이다.'라고 말씀하셨기 때문입니다.'라는 말을 덧붙였습니다.[333] 그가 이 말에 미소를 지었고, 다른 몽골인들이 손뼉을 치기 시작하자, 제 통역은 크게 두려워했는데, 이는 제가 두려워하지 않도록 저를 안정시켜야 했기 때문입니다. 다시 조용해지자, 저는 바투에게 제가 그의 아들(사르타크)이 그리스도교인이라는 말을 듣고 찾아왔고, 또 프랑스의 왕인 나의 통치자(루이 왕)가 바투에게 보내는 서신을 가져갔다고 말했습니다. 그 말을 듣고는 바투가 저를 일으켜 세우더니, 폐하의 성함과 제 이름, 또 제 동료와 통역의 이름이 무엇인지 물었고, 이것을 모두 적어 달라고 했습니다. 그런 뒤에, 그는 폐하께서 전쟁을 위해 어떻게 군대를 거느리고 출정하셨는지에 들은 적이 있다고 말했습니다.[334] 저는 [폐하께서] 출정하신 것은 사실이지만, 거룩한 도시인 예루살렘을 탈

---

332) 보몬트의 요한(John of Beaumont)는 십자군에 동행했던 루이 왕의 총신 가운데 한 명이다.

333) 마가복음 16:16.

334) 프랑스의 루이 9세(성 루이)의 십자군 출정에 관한 정보는, 일지기데이가 같은 해 5월에 편지를 쓴 것으로 보아, 1248년 루이 9세가 프랑스를 출발하기 전에 이미 몽골에 전해졌을 것이다.

환하고 성전을 더럽히는 사라센과 싸우기 위해서라고 답했습니다. 바투는 다시 폐하께서 자신에게 사절을 보내신 적이 있는지 물었고, 저는 전혀 없었다고 답했습니다. 그러자 저희에게 앉으라고 하고는 우유(마유주였을 것이다)를 마시라고 권했는데, 이것은 커다란 호의를 베푼 것이었습니다. 제가 눈을 아래로 향하자 얼굴을 들라고 하였습니다. 저를 자세히 살피려는 것이었겠지만, 미신적인 이유 때문일 가능성도 있습니다. 몽골인들은 어떤 사람이 그들 앞에서 슬픔에 잠겨서 얼굴을 떨어뜨리고, 특히 손을 얼굴에 대고 앉아 있으면 흉조라고 여깁니다."[335]

루이 9세는 [루브룩이 전한] 서신에서 수도사들이 몽골 땅에 남아서 그리스도교를 전파하게 해달라고 간구했지만, 바투는 자기에게는 그런 허락을 내릴 권한이 없다고 했다. 이런 문제는 1250년에 대 칸의 자리에 오른 뭉케에게 부탁해야만 한다고 말했다. 그래서 바투는 선교사들에게 여행을 계속하라고 간청했고, 여행을 위해 필요한 교통수단과 생필품을 주겠다고 약속했다.

대 칸 뭉케의 궁정으로 가는 길

프란체스코회 수사들은 볼가 강을 따라 이 힘든 여행을 대부분 걸어서, 그리고 음식이 부족해서 거의 굶어가며 5주나 더 지속해야만 했는데, 이 때문에 루브룩의 동료는 눈물을 흘릴 수밖에 없었다. 9월 16일, 일행은 볼가 강에서 벗어나서 우랄산맥 쪽으로 향했다. 이제 혹독한 추위가 몰려왔고, 캐러밴을 이끌 책임을 진 안내자가 수도사들에게 뭉케 칸의 궁정에 도달하려면 넉 달이나 남았고, 가는 동안 많은 서리가 내리고 나무와 돌을 쪼갤만한 추위가 기다리고 있다고 겁을 주었다. 그러고 나서는, 그런 어려움을 이겨내며 여행할 자신이 있

335) William of Rubruck, P. Jackson, trans., The Mission of Friar William of Rubruck, pp. 131-133 참조.

느냐고 물었다. 그러자 이 용감한 선교사들은 다른 사람들이 견딜 수 있었다면, 하느님의 은혜로 자신들도 견뎌낼 수 있다고 대답하였다. 그러자 매우 혹독하게 추운 날씨에 알맞은 방한복 같은 것을 주었는데 이것은 양가죽으로 만든 두꺼운 외투와 속바지, 펠트로 만든 장화와 정강이 보호대와 그리고 커다란 망토 등이었다. 여행 내내 주로 물과 마유주에 탄 기장으로 끼니를 때우며 지냈다. 어떤 때는 저녁에 고기 몇 점이 나오기는 했지만, 땔감이 없어서 거의 날것으로 먹을 수밖에 없었다. 루브룩은 "밤이 되어 여행을 멈추게 되면, [어두워서] 말똥이나 소똥을 주울 수 없었고, 다른 땔감도 구할 수 없었다."고 말했다.[336] 여행자들은 지금(19세기)도, 몽골 사막을 횡단할 때, 이 같은 어려움을 겪는다.

루브룩은 이렇게 고독한 가운데 노새를 닮은 당나귀를 보았다고 언급하는데, '헤미온Hemion'이라는 동물을 말하는 것 같다, 이 동물은 우리가 북경에서 라사로 가는 길에 몽골 대초원을 지나면서 보니 떼를 지어 살고 있었다. 당나귀의 일종으로 크기가 노새만 하지만 노새보다는 좀 더 날씬하고, 동작이 아주 빠르며 우아하게 생겼고, 겉모습을 보면, 등은 발그스레한데 배 쪽으로 가면서 색이 엷어져서, 배꼽 부근은 새하얗다. 머리는 크고 볼품이 없어서 몸과는 전혀 어울리지 않는다. 움직일 때 커다란 귀를 바로 세운 채 머리를 들고 달리면서 머리를 바람이 부는 방향으로 돌리는데 꼬리는 들려있다. 울음소리는 크고 맑아서 듣기에 좋다. 또 아주 민첩해서 몽골이나 티베트의 마부들도 이를 따라잡지 못한다. 사냥꾼들은 이 동물이 물을 마시러 오는 부근에 숨어 있다가 총을 쏘아 잡는다. 고기는 아주 좋은 식량이고, 가죽은 장화를 만들 때 사용한다. 암컷은 번식력이 좋아서 종자가 바뀌지 않으면서 계속해서 번식한다. 그러나 이 동물을 길들이기는 거의 불가능하다. 루브룩은 야크라는 동물에 관해서도 설명한다. "몽골인들은 소의 일종이며 힘이 세고 긴 털로 덮여 있으며 꼬리는 말

336) William of Rubruck, P. Jackson, trans., The Mission of Friar William of Rubruck, p. 141 참조.

총처럼 생겼고 다리가 짧은 가축을 기르고 있습니다. 그들은 사나운 이 동물을 주로 커다란 이동식 가옥을 끄는 데 이용하고 있습니다." 이 묘사가 정확한지는 파리 식물원에 가서 티베트 야크를 보면 증명이 될 것이다.

수도사들은 여행길에서 여러 불교사찰을 보았는데, 루브룩은 우상을 숭배하는 승려들의 의식과 복식에 관해 말하고 있다. 긴 황색 가사와 승려의 모자, 삭발한 모습과 염주 같은 것들에 대한 것이다. 이처럼 이른 시기부터 위구르족 가운데 있었던 불교조직이 몽골군의 병영 안으로 침투하기 시작했고, 유목민의 무리 가운데로 혼란스럽게 들어온 모든 종교 가운데 불교의 세력이 점차 커지게 되었다.[337] 반면에 무지하고 부도덕한 네스토리우스파 교인들만 그리스도교를 믿고 있었으므로 큰 영향을 끼치기는 어려웠을 것이다. 또 그 주교들도 넓게 퍼진 교구들을 상당한 시간을 들여서 찾아다녔으므로, 수사들이 왔을 때는 이미 사제의 권위가 무너져 있었다. 심지어 요람에 누인 아기들도 사제로 임명하였으므로, 남자이기만 하면 누구나 성직자가 될 수 있는 상황이었다. 몽골 귀족들은 이런 사람들에게 자녀교육을 맡겼고, 그들[자격미달의 사제들]이 학생들에게 그리스도교 신조의 요체를 가르쳤으나, 부족 전체를 개종시키는 데 큰 어려움이 없었다. 그러나 사제들의 악행과 지나친 탐욕 때문에 이러한 교육이 좋은 결과를 낳지 못하였다.[338] 루브룩는 이런 기록을 남겼다. "네스토리우스파 사제들은 시리아어로 쓴 성경을 가지고는 있으나, 내용을 전혀 이해하지 못하고 있습니다. 그들은 또 라틴어를 모르는 우리 수도사들처럼 [뜻도 모르며] 찬송을 불러왔기 때문에, 나중에는 가장 부패하고 악해졌으며, 주로 고리대금업자나 술주정뱅이가 되었습니다."[339]

---

337) William of Rubruck, P. Jackson, trans., The Mission of Friar William of Rubruck, p. 150 참조.

338) William of Rubruck, P. Jackson, trans., The Mission of Friar William of Rubruck, pp. 163-164 참조.

339) (원주) Bergeron, p. 117. (역주) William of Rubruck, P. Jackson, trans., The Mission of Friar William of Rubruck, pp. 163-164 참조.

네스토리우스교 성당에서 만난 아르메니아 수도사

프란체스코회 수사들이 뭉케의 궁정에 도착한 날, 루브룩은 궁정에서 그리 멀리 떨어져 있지 않은 한 건물에 십자가가 달린 것을 보았고, 이런 기록을 남겼다.

> "그때 저는 그리스도인들이 모이는 장소를 찾았다고 확신하면서 건물 안으로 들어갔는데, 아름답게 꾸민 제단이 있었고, 그 위에 금빛 천에 구세주, 성모, 세례 요한의 성상과 보석으로 장식한 옷을 입은 두 명의 천사의 형상이 수놓아져 있었습니다. 거기에는 은으로 만든 커다란 십자가도 놓여있었는데, 가운데와 네 모서리에 진주가 박혀 있었고, 또 다른 장식들도 많이 달려 있었습니다. 또 제단 앞에는 불을 밝힌 여덟 개의 등잔이 놓여있었습니다. 성전 안에는 거무스름한 얼굴에 매우 여윈 아르메니아인 수도사 한 명이 앉아 있었는데, 그는 무릎 정도만 내려오는 상의를 입고, 철로 잠가 서 고정하는 검은 모피 망토를 입고 있었습니다.[340] 저희는 안으로 들어가, 그 수도사에게 인사하기 전에 엎드려 '하늘의 여왕 마리아Ave regina celorum' 찬송을 불렀습니다. 그러자 그는 일어나서 저희와 함께 두 손을 모았습니다. 그런 뒤에 서로 인사를 나누고 불을 켜진 조그만 등잔 가까이에 우리와 함께 앉았습니다. 이 아르메니아인 수도사는 예루살렘과 가까운 성지에 수도하던 은자로서 자신이 성령의 감동으로 몽골에 오게 되었다고 말했습니다. 하느님께서 그에게 대 칸에게 가서 개종시키라고 명하셨고, 그는 카라코람에 도착하자마자 뭉케를 만나 그리스도교인이 되라고 권유하면서, 하느님께서 대 칸이 그리스도교를 받아들이면 온 세상이 그에게 복종하고, 심지어 프랑스 왕과 교황까지도 무릎을 꿇게 하실 것이라고 약속하셨다고 말했습니다."

---

340) 이 아르메니아인 수도사의 이름은 세르기우스(Sergius)였다. William of Rubruck, P. Jackson, trans., The Mission of Friar William of Rubruck, p. 187 참조.

이 존경할 만한 수도사는 루브룩에게 [자기와] 같은 취지로 대 칸에게 말하라고 간청했으나, 루이 왕의 사절은, "형제여, 나는 뭉케에게 그리스도교인이 되라고 기꺼이 말할 것입니다. 왜냐면 제가 여기에 온 목적이 바로 그것이기 때문입니다. 그리고 저는 그가 세례를 받으면 교황과 프랑스인들이 크게 기뻐하면서, 대 칸을 형제이자 친구로 대할 것이라고 약속하겠습니다. 하지만 그들이 [대 칸의] 신하가 된다거나 조공을 바친다는 약속은 할 수 없는데, 그 이유는 제 양심에 어긋나고 또 제가 맡은 임무에 반하기 때문입니다."라고 답했다. 아르메니아인 수도사는 이 대답이 확고함을 깨닫고 더는 강요하지 않았고, 또 루브룩도 대화 가운데 이 몽골인들에 관해 다음과 같이 말했으므로 전혀 양보한 것이 아니었다. "이 자존심 강하고 오만한 사람들[몽골인들]은 온 세상이 그들의 자비를 바란다고 믿고 있지만, 제 사제직을 걸고 사실대로 말한다면, 그들이 어떤 사람들인지 알기 때문에 나는 오히려 그들과 전쟁을 하며 최후까지 싸우라고 충고할 것입니다."

대 칸 뭉케를 만난 루브룩 선교사

1254년 1월 4일, 선교사들에게 대 칸을 알현해도 좋다는 허락이 내려졌다. 루브룩은 이렇게 기록했다.

"우리가 들어설 때, 호화로운 천막의 문 앞에 있는 펠트 가리개를 위로 젖혀졌습니다. 아직은 크리스마스의 계절이었으므로, 저희는 찬송을 부르기 시작했습니다. '해 뜨는 곳에서부터, 심지어 땅 끝까지, (찬양하라) 우리 왕 그리스도가 성모 마리아에게서 나심을!' 저희가 이 찬송을 부르자 그들은 저희가 몸에 칼을 지녔는지 보려고 우리의 의복을 샅샅이 조사했습니다.[341] 또 통역에게는 허리띠를 풀어서 칼과 함께 바깥에 있는 문지기에게 맡겨놓도록 했는데, 마유주가 놓인 긴 의자가 입구에 있었습니다. 그 후 저희에게 여인들 앞에 있는 의자에 앉으라고 했고, 통역은 저희 옆에 서 있으라고 했습니다. 천막 안은 온통 금빛 천으로 둘러싸여 있었고, 한가운데 놓인 작은 난로에는 불이 지펴져 있었는데, 소똥과 그 지역에서 많이 자라는 약쑥 뿌리와 잔가지를 땔감으로 사용하고 있었습니다. 대 칸은 바다표범같이 윤기가 흐르는 모피 옷을 입은 채, 작은 침대에 앉아 있었습니다.[342] 대 칸은 나이가 마흔 다섯 살 가량 되었고 키는 중간쯤 되고 들창코였습니다. 옆에는 젊고 예쁘게 보이는 왕비가 앉아 있었다. 그 옆에는 씨리나Cirina라는 이름의 결혼할 나이가 된 매우 못생긴 딸이 함께 앉아 있었고, 가까이 있는 침대 위에는 어린아이가 여러 명 누워 있었습니다."[343]

대 칸이 마유주와 벌꿀로 만든 술과 중국에서 온 미주米酒를 내오라 명했는데, 그는 손님을 잘 대접하는 것을 즐기는 듯했고, 맛이 썩 훌륭하진 않지만 이런 많은 술, 특히 마유주를 대접한 것을 매우 자랑스러워했다. 술을 한참 마신 후에 긴 대화가 시작되었다. 대 칸은 루브룩에게 많은 질문을 했다. 루브룩 일행의 여행목적과 교황과 그리스도교 왕들의 의도 같은 것들이었다. 하지만 불행하게도 몽골인들은 마유주 때문에 생각이 흐려졌고, 통역의 말도 불분명해져서, 대 칸이 무슨 말을 했는지 종잡을 수가 없게 되었고, 질문과 대답이 완전히 뒤엉켜버렸다. 루브룩은 이렇게 기록했다.

---

341) 카르피니(Carpini)의 책, IX, 33, 도슨(Dawson)의 번역본, pp. 63-4에서는 일행이 구유크 칸의 천막에 들어갈 때 칼을 지참하고 있는지를 알려고 비슷한 수색을 당했다고 말한다. 루브룩 일행이 방문했던 시기에는 암살자들이 뭉케 칸의 군영에 잠입하려다가 실패한 일이 있었기 때문에 평소보다 경계가 특별히 심했던 것 같다. William of Rubruck, P. Jackson, trans., The Mission of Friar William of Rubruck, p. 222 참조.

342) 여기서 바다표범처럼 묘사되어 있지만, 바이칼 호수나 카스피 해 혹은 당시에 몽골에 복속한 다른 지역에서 발견되던 수달피일 것이다. William of Rubruck, P. Jackson, trans., The Mission of Friar William of Rubruck, p. 172 n.3 참조.

343) William of Rubruck, P. Jackson, trans., The Mission of Friar William of Rubruck, p. 177-178.

"저는 통역이 하는 말을 하나도 이해할 수 없었습니다. 제가 이해할 수 있는 것은 통역이 크게 취했고, 대 칸도 그에 못지않았다는 사실입니다.[344] 뭉케 주위에 있던 사람들이 큰 호기심을 가지고 우리들에게 많은 질문을 던졌고, 프랑크 왕국에 관해 자세히 여러 가지를 질문했는데, 특히 프랑스에 소, 양과 낙타가 많이 있는지를 물으며 "마치 그들이 [프랑스에] 와서 [그런 가축들만] 잡아만 가면 된다는 듯이" 말했기 때문에, 저는 화가 나고 분노를 참을 수 없었던 적이 여러 번 있었습니다."[345]

몽골 대 칸의 궁정에서 펼쳐지는 다양한 종교 의식

사절들이 궁정에 머물면서 살펴보니, 뭉케 대 칸과 가족들이 그리스도교, 이슬람, 불교 의식에 모두 참석했으나, 그리스도교에 관해서는 분향, 성배에 대한 축성, 십자가에 대한 경배와 같이 외적인 의식 외에는 아는 것이 전혀 없었다. 그리고 몽골 고유의 점성술사들을 제외하고는, 세 종교의 사제들을 거느리는 것은 자기들이 원하는 좋은 일을 성취하고 또 그들에게 위해를 가하는 악령들을 피하기 위한 것이었다. 즉 이외에는 종교의 관례를 행하는 다른 목적이 없음을 알게 되었다. 뭉케가 네스토리우스 성당에 갔을 때는 제단 맞은편 금박을 입힌 긴 의자에 황후와 함께 앉아 있었고, 어느 날은 프란체스코회 수도사들을 오라고 해서 노래를 부르도록 했다. 수도사들이 '오소서, 성령이시여Veni Sancte Spiritus'라는 찬송을 부르는 동안 대 칸은 수도사들이 품고 온 성경과 성무일도서聖務日禱書를 흥미롭게 살펴보았다.[346] 그러나 그의 이런 행동은

344) (원주) Bergeron, p. 140. (역주) 그러나 William of Rubruck, P. Jackson, trans., The Mission of Friar William of Rubruck, pp. 178-179에서는 통역이 취했다는 말만 있다.

345) William of Rubruck, P. Jackson, trans., The Mission of Friar William of Rubruck, p. 180 참조.

346) William of Rubruck, P. Jackson, trans., The Mission of Friar William of Rubruck, pp. 187, 190 참조.

결코 그가 그리스도교에 관심이 있다는 증거가 되지 못했다. 왜냐하면 그가 칭기즈칸의 유지를 충실히 지켜서 특정한 종교를 선호하지 않고 모든 종교를 동등하게 대했기 때문이었다.[347] 뭉케가 하루는 루브룩에게 궁정 안에서 영원한 유일신을 경외하는 모든 사람이 자유롭게 자신의 방법을 택해서 신앙행위를 하는 것은 당연하다고 말했다. 뭉케는 모든 종교의 교사들을 궁정에서 열리는 잔치에 함께 초대하는 것을 즐겼는데, 여기에 네스토리우스파 사제가 가장 먼저 성스러운 장신구를 하고서 나타나서 대 칸을 위해 기도하고 성배에 축성을 드렸다. 뒤이어 무슬림들이 이슬람의 의식을 행하고 기도문을 읊조리며 들어왔고, 도사들과 라마들, 또 무당도 모습을 나타냈다. 루브룩은 "꽃 주위에 모인 벌들처럼, 대 칸이 그들 모두에게 베풀기 때문에, 그들은 각각 대 칸에게 만복이 내리길 빌었고, 각자 자기들이 대 칸과 특별한 관계라고 생각했다."라고 당시 상황을 전하고 있다. 이런 매우 애매한 종교적인 잔치는 보통은 술잔치로 막을 내렸는데, 이 자리에서는 대 칸, 황비, 모든 종교의 사제들 가릴 것 없이 모두 취해버렸다. 대 칸에게는 정해진 종교가 없었지만, 그를 위해 많은 미신적 행사가 벌어졌고, 가장 높은 서열의 무당은 대 칸의 거처 바로 건너편에 살았으며, 우상을 옮기는 수레들은 대 칸의 보호를 받았다. 이 무당들이 별점[占星]을 쳤고 일식과 월식을 예언했으며, 또 이 현상이 일어나면, 큰 북을 두드리고, 심벌즈를 흔들며, 큰소리로 외쳤다. 그들은 또한 모든 일을 행할 때 운이 좋은 날과 나쁜 날을 정해 주었고, 그들의 점괘가 없으면 [대 칸은] 어떤 일도 시작하지 않았다. 또한 궁정에서 사용하는 모든 물품과 대 칸에게 바치는 선물들을 불로 정화하는 임무도 담당했다. 그들은 이런 일을 하면서 수고비를 청구할 권한을 가지고 있었다. 아이를 낳으면 무당을 불러 별점을 보았고, 또 그들은 병자를 치료한다며 주술을 행했다. 만약에 무당들이 어떤 사람을 파멸시키려

347) 칭기즈칸이 구두로 남긴 유지는 야사(Ikh Yassa)라 부른다. 일 칸국에서는 이 내용을 기록한 책을 『황금의 책(Altan Debter)』이라 불렀다. 칭기즈칸이 부하라에서 공포하였다고 전해지는 일종의 군법이지만 전문이 공개된 적은 없었다.

면, 그 사람의 위험한 행동이 불행을 불러왔다고 비난하기만 하면 됐다. 무당들이 질문을 받으면, 심벌즈를 격렬하게 흔들며 소리를 내면서 악령을 불러낸 뒤에 황홀경에 빠져, 그들과 가까운 영으로부터 대답을 들은 것으로 꾸며 그들에게 신탁이 내렸다고 주장했다. 이처럼 13세기에 황무지에 살았던 몽골인들이 일반적으로 강신술을 행했다는 것은 놀라운 일이다. 루브룩도 이와 비슷한 일을 목격했다. 승천일 전야에 뭉케의 어머니가 몸이 매우 아팠을 때 수석 무당을 불러서 물으니, 무당이 "상을 두드리며 주술을 행했다."고 한다. 뭉케는 불태운 뼈로 행하는 일종의 주술에 푹 빠져있었다.[348] 그에게 근심하는 일이 생기면 뼈 세 개를 가져오게 해서, 그것을 손에 들고 그가 성공할지를 질문한 다음에 뼈를 태우게 하였다. 뼈들이 시커멓게 되도록 태운 뒤에, 그것을 다시 가져오면 뭉케가 그 뼈들을 자세히 살폈다. 만일 강한 불길 때문에 뼈가 갈라지면, 대 칸에게 불길한 것으로 여겨 당연히 그 일은 포기했다. 그러나 뼈들이 온전히 남아 있으면 길조로 여겼다. 이런 관습은 600년의 세월이 지난 지금(19세기)도 몽골에 남아 있는데, 양의 어깨뼈를 이런 목적으로 사용한다. 이런 뼈 조각들이 돌무더기와 천막 안에 신의 은총을 기원하는 물건처럼 매달려 있는 것을 볼 수 있는데, 보통은 라마들이 티베트어로 쓴 글들로 덮여 있다.

카라코람에서 만난 프랑스인 세공사

부활절이 다가오자 선교사들은 뭉케 칸을 따라 카라코람으로 왔는데, 프랑스의 생드니보다 작은 도시였다. 루브룩은, "[생드니의] 수도원이 뭉케의 궁전보다 10배는 더 크다"고 말했다. 카라코람에는 두 개의 큰 거리가 있었다. 하나는 사라센 거리인데, 시장이 서는 곳이어서 수많은 외국 상인들이 있었으며, 외

348) William of Rubruck, P. Jackson, trans., The Mission of Friar William of Rubruck, pp. 192-193 참조.

국의 사신들이 모여들었다. 또 다른 거리는 중국인 구역으로 공예품들이 가득했다. 카라코람에는 우리가 공공건물이라고 부를 수 있는 여러 채의 건물들과 더불어, 여러 나라 사람들이 이용하는 12개의 사원, 두 개의 모스크, 그리고 동방성당이 하나 있었다. 이 도시는 토성이며, 성문 4개가 사방위의 정 방향으로 나 있었고, 성문 부근에는 시장이 서 있었다. 동문에는 기장과 각종 곡물, 서문에는 양과 염소, 북문에는 말, 남문에는 소와 수레를 파는 상인들이 있었다. 프란체스코회 수사들은 파리 출신의 금세공사 윌리엄 부시에르William Buchier를 이곳에서 발견하고 매우 놀랐다. 그는 몽골군이 베오그라드Belgrade를 점령했을 때, 헝가리에서 몽골군의 포로가 되었다. 몽골군은 이 금세공사와 함께 로렌Lorraine의 메츠Metz 출신인 파샤Pascha라는 여인과, 루앙Rouen 근처 벨빌Belleville 출신의 노르만Norman 주교를 끌고 갔다.[349] 금세공사는 궁전에서 은을 가지고 나무처럼 장식하는 작업을 하고 있었는데, 부활절에 대 칸이 베푸는 장엄한 잔치가 열리는 여름 즈음에 완성할 계획이었다. 이 나무의 아래는 사자 네 마리가 앉아 있었고, 사자의 입에서는 포도주, 미주米酒와 다른 술들을 네 개의 은그릇에 뿜어냈다. 나무 꼭대기에, 은으로 만든 나뭇가지와 잎사귀와 열매들 옆에, 은으로 만든 천사가 날개를 펴고 있었는데, 은그릇에 담긴 술로 참석자들의 잔을 다 채우고 나면, 천사 안에 있는 기계장치가 작동하면서 나팔을 불었다. 이 신기한 나무 장치는 대 칸이 식사하고 대사들을 맞이하는 웅장한 홀 안에 있는 옥좌 맞은편에 놓여 있었다.[350] 숙련된 파리의 세공사는 은으로 커다란 예수가 새겨진 십자가상도 만들었다. 그러나 몽골인들이 성당 안에 그 십자가상을 두게 허락하지 않았기 때문에, 세공사는 네스토리우스 사제들의 노여움을 샀다. 또한 루브룩은 부시에르의 작품 가운데에는 복음서의 여러 사건이 주위에 둘러 조각되어있는 성모상이 있었다고 말했다. 이 세공사는

349) William of Rubruck, P. Jackson, trans., The Mission of Friar William of Rubruck, pp. 182-183 참조.

350) William of Rubruck, P. Jackson, trans., The Mission of Friar William of Rubruck, pp. 209-211 참조.

프란체스코회 수사들에게 성찬 용기와 성체를 담는 그릇을 만들어줬다. 성목요일과 부활절에 루브룩은 동방교회 세례당에서 성체를 거행하고 신자들에게 성찬을 베풀었다.[351]

카라코람에서 펼쳐진 종교 토론

오래지 않아 카라코람 궁정에서 루이 왕의 사절들이 신앙을 진지하게 고백할 기회가 찾아왔다. 뭉케 대 칸이 주위에 있는 여러 종교를 대표하는 사람들을 둘러보니, 모두 자신의 종교만이 진리라고 주장하고 있었다. 이에 대 칸은 그들을 직접 만나서 사람들 앞에서 주장하는 바를 설명하도록 명하였다. 대 칸은 그리스도인, 무슬림, 불교도에게 이 공개토론에 참여하라고 명했고, 심지어 이 여러 종교를 믿는 대사들에게 자신들의 종교 신조를 적어서 제출하라고 요구하였다. 루브룩은 박식하고 유창하고 순발력이 있어서, 공개토론에서 토론할 방향을 미리 네스토리우스파 대표들과 의논했다. 네스토리우스 대표들은 무슬림들을 먼저 공격하고 나서 우상 숭배자(불교도)를 공격하자고 제안했지만, 프란체스코회 수사들은 그와 반대로 하자고 제안했는데, 무슬림들은 신의 유일성을 주장한다는 점에서 그리스도교인들과 의견이 일치하기 때문이라고 말했다. 이 점에 관해서는 양쪽 다 동의했고, 불교도들에게 신의 존재를 증명하도록 할 필요가 있었는데, 불교도들은 신의 본질을 각각의 존재의 덕성과 자아완성 그리고 마음 안에서 찾을 수 있다고 보아, 넓은 의미의 범신론 체계를 주장했기 때문이었다.

루브룩은 토론에서 이길 수 있도록, 동방교회 대표들에게 일종의 예행연습

351) William of Rubruck, P. Jackson, trans., The Mission of Friar William of Rubruck, pp. 213-214 참조.

을 해보자고 제안했고, 여기에서 자신은 불교도의 역할을 맡아서 논전을 벌였다. 그러나 루브룩의 상대가 능숙하지 못해서 [동방교회 대표들이] 이 연습에서 계속 졌다. 또 상대방은 성경 구절을 인용하는 것 말고는 아무런 증거도 제시하지 못하였으므로, 루브룩은 성경을 인정하지 않는 사람들에게는 소용없는 일이라는 점을 지적해 주어야만 했다. 그래서 루브룩이 먼저 발언을 시작하고 그 주제를 계속 이어 가는 것으로 조정했다. 이렇게 하기로 합의하고 나서 오순절 전날에 토론회가 열렸다. 대 칸의 서기관 세 명이 이 토론의 심판으로 임명되었는데, 무슬림, 불교도, 그리고 그리스도인이 각각 한 명씩이었다. 논쟁을 시작하면서, 대 칸의 선언문이 낭독되었다. 어떤 발언자도 상대방을 모욕하거나 토론을 중단시킬 정도의 소란을 피우지 말도록 금하면서, 이를 어길 경우엔 죽음의 고통이 따를 것이라는 내용이었다. 이 선언문이 낭독되자 모인 사람들이 전부 조용해졌다. 이 모임에는 각 종교에서 가장 박식한 사람을 불러 모았는데, 그리스도교인들은 루브룩을 가운데 앉히고, 그에게 이교도들을 상대하는 변론을 맡겼다. 그러자 중국에서 온 불승 하나가 루브룩을 향해 말문을 열었다. "벗이여, 당신이 궁지에 몰렸음을 안다면, 당신보다 더 유능한 사람을 찾아보는 것이 좋을 거요."[352] 루브룩이 이 무례한 말에 대꾸하지 않자, 중국인은 말을 이어갔다. "먼저 토론하고 싶은 것이 무엇이오? 천지창조나 죽은 뒤에 영혼의 운명에 대해 따져보겠소?" 프란체스코회 수사[루브룩]가 답했다. "벗이여, 그런 질문으로 논쟁을 시작해서는 안 되오. 만물이 하느님에게서 왔고, 그분이 모든 존재의 원천이고 근원이시니, 먼저 하느님에 관해 말해야만 하오. 하느님에 관한 생각이 종교마다 다르고, 또 뭉케 대 칸께서는 여러 종교 가운데 최고의 종교가 무엇인지 알고 싶어 하시오." 심판들이 그렇게 하는 것이 타당하다고 말하자, 루브룩은 철학적 논점을 가지고 신의 존재를 증명해 갔는데, 입증을 끝내자, 중국인이 외쳤다. "신이 하나라고 생각한다니 정말 제정신이 아

352) William of Rubruck, P. Jackson, trans., The Mission of Friar William of Rubruck, pp. 231-235 참조.

니군요! 현자들께서도 여럿이라고 하셨소. 세상에도 권력을 가진 정도에 따라 왕들이 여럿이잖소. 뭉케 대 칸께서 그들 위에 계시지 않소? 신들도 마찬가지요. 그렇다면 당신이 말하는 유일신은 도대체 누구요?" 그러자 루브룩이 신의 속성을 열거하고 그 전능함을 주장하는 것으로 답했다. 불승은, 유일하고 전능한 신의 존재를 인정할 수 없다면서, 소리치며 항의했다. 루브룩이 대답했다. "전능한 신의 존재를 인정할 수 없다면, 당신이 말하는 여러 신 가운데 악과 위험에서 당신들을 확실하게 지켜줄 수 있는 신이 없다는 건데, 무엇을 위해 신들에게 기도하고 예배한단 말이오?" 마침내 심판들이, 심지어 중국인 불승까지도, 프란체스코회 수사가 승리하였다고 선언하였다. 그런 뒤에 네스토리우스파의 대표가 무슬림에게 토론할 주제를 제시했으나, 무슬림들은 토론의 여지가 없으며, 그들도 그리스도교 교리가 참된 것으로 인정하고 성경에 있는 말을 모두 믿으며, 그들도 하느님은 한 분이시며, 날마다 그분께 기도한다고 말하였다. 루브룩이 말했다. "토론이 끝나자 동방교회 사제들과 사라센들이 함께 큰 소리로 노래를 불렀으나, 불승들은 조용히 있었습니다. 그 뒤에 모두가 취하도록 술을 흠뻑 마셨습니다."

공개적인 논쟁이 벌어진 다음 날, 뭉케가 루브룩을 찾더니 일종의 신앙고백을 하기 시작했다. 뭉케가 말했다. "우리 몽골인들은 신은 한 분이라고 믿고 있네.[353] 그분이 우리의 생사를 주관하시고 우리의 진심은 그분을 향해 있다네." 루브룩은 "하느님께서 당신에게 은총을 주셨기에 그렇게 믿게 되었지, 아니었으면 불가능했을 것입니다."라고 말하였다. 대 칸이 말을 이어갔다. "하느님께서 한 손에 여러 개의 손가락을 주신 것처럼, 인간에게 천국으로 가는 여러 길을 주셨네. 그리스도교인들에게는 성경을 주셨으나, 자네 그리스도교인들은

353) 뭉케가 말한 신은 초원 부족들이 믿는 하늘신, 즉 텡그리를 말한다.

그것에 복종하지 않고 있네.[354] 하느님께서 우리 몽골인들에게는 무당을 보내 주셔서 우리는 무당이 명하는 대로 행하며 평화롭게 살고 있네."

루브룩의 귀환과 뭉케가 루이 왕에게 보낸 서한

이후에 뭉케 대 칸은 면담을 끝내면서, 선교사들이 이제 몽골에 충분한 기간 머물렀으니 다시 집으로 돌아갈 때가 되었다고 말했다. 루브룩은 그 후로는 대 칸에게 그리스도교 신앙을 가르치거나 설명할 기회를 더는 얻지 못했다. 그는, "하느님께서 내게 모세가 행한 것 같은 기적을 행하게 하셨더라면 좋았을 것이라고 여기면서, [그랬다면] 아마도 칸을 개종시켰을 것이다"라는 한 마디를 남겼다. 루이 왕의 사절은 궁정에 다섯 달을 머문 뒤에 떠날 준비를 했다. 뭉케는 그들이 돌아갈 때 몽골 사신을 함께 보내기를 원했으나, 루브룩이 여행자들에게 안전하지 않은 고장을 지나야만 하고, 또 자신이 대 칸의 사신들의 안전을 책임질 수 없다고 말하자, 뭉케는 프랑스 왕에게 보내는 서신을 [수도사 일행 편에] 보내는 것으로 만족해야만 했다. 루브룩은, 대 칸의 서한을 받고 나서, 몽골제국에 있는 그리스도교인들을 영적으로 돌보기 위해 자신이 다시 와도 되는지 물었다.[355] 뭉케는 이 질문에 아무런 언급을 하지 않았으나, 루브룩에게 멀리 떠나는데 필요한 것을 마련해 주겠다고 말하고 일상적인 다과를 주면서, 세 벌의 외투를 하사하고 물러가게 했다. 뭉케 대 칸은, 루이 왕에게 보내는 서신에서, '하늘의 아들'과 '군주'라는 호칭을 사용하였고, 다비드를 일지기데이와 섭정 오굴의 사신으로 인정하지 않았다. 그리고 마지막으로 루이 왕에게 명을 내려, 루이 왕이 자신의 호의를 받아들여 친구가 되기를 원한다면, 칭

354) William of Rubruck, P. Jackson, trans., The Mission of Friar William of Rubruck, pp. 236-237을 보면, 뭉케의 그리스도교에 대한 비판이 나온다.

355) William of Rubruck, P. Jackson, trans., The Mission of Friar William of Rubruck, pp. 238-239 참조.

기즈칸의 후계자의 통치에 순종하라고 하였다. 이 답신을 그대로 옮기면 다음과 같다.

"이것은 영원한 하느님의 명이니라! 하늘에는 한 분 하느님만이 계시고, 땅 위에는 단 하나의 군주이신 하늘의 아들 칭기즈칸이 계시도다. 그대는 이 말을 들으라. 이 땅에 사는 우리는 몽골족, 나이만족, 메르키트족, 또 무슬림들이라.[356] 내 말을 들을 수 있는 곳이라면 어디서나, 또 말이 달릴 수 있는 곳이라면 어디에서나, 내 말에 순종하지 않고 짐과 전쟁을 벌이려 한다면, 그들의 눈은 볼 수 없게 될 것이고, 귀는 들을 수 없게 되며, 손을 사용할 수 없게 되고, 발은 걸을 수 없게 될 것이다. 이것은 영원하신 하느님과 지상의 신인 몽골 군주의 명이니라. 나 뭉케 대 칸이 프랑스 왕 루이와, 모든 영주와 사제들과 프랑스 왕국 전체에 이 명을 내리는 것은, 저들이 짐의 말을 듣고 그대에게 아직 전달되지 않았던, 영원한 하느님이 칭기즈칸에게 내리신 명을 듣게 하려는 것이라. 몽골인의 사절이라고 그대에게 간 다비드라는 사람은 거짓말쟁이고 사기꾼이니라.[357] 그대는 그와 함께 사절들을 구유크 칸에게 보냈다.[358] 그들은 구유크가 세상을 떠난 뒤에 그의 거처에 도착하였노라. 구유크의 미망인 오굴이 그대의 사절을 통해서 그대에게 비단과 서신을 보낸 적이 있노라. 전쟁과 평화에 관한 일을 어찌 암캐보다 더 비열하고 야비한 그 사악한 여자가 알 수 있겠는가?

그대가 사르타크에게 보낸 이 두 수도사를 사르타크가 바투에게 보냈노라. 그러나 바투는 나 뭉케 대 칸이 바로 몽골인들의 수장이므로, 그들을 짐에게로

356) 몽골인들은 무슬림을 하나의 민족 또는 부족이라고 생각했다. William of Rubruck, P. Jackson, trans., The Mission of Friar William of Rubruck, p. 120 참조.

357) William of Rubruck, P. Jackson, trans., The Mission of Friar William of Rubruck, pp. 33-4, 37, 115-116 참조.

358) 롱쥐모의 안드레가 이끈 사절단을 말한다. William of Rubruck, P. Jackson, trans., The Mission of Friar William of Rubruck, pp. 35-6 참조.

> 보낸 것이니라. 그대가 보낸 이 사제들과 함께 몽골 사신들을 보내려 하였으나 두 사제가, 짐의 나라와 그대의 나라 사이에는 적대적인 나라들과 험한 길이 가로놓여있어 짐의 사절을 안전하게 그대에게로 데려갈 수 없을지도 모른다는 염려의 말로 답하였노라. 그러나 그들이 짐의 명을 담은 서신을 루이 왕에게 가져가기로 하였노라. 이런 이유로 짐이 그대의 사제들 편에, 영원하신 하느님의 명령을 전하노라. 그대가 사제들을 통해서 잘 듣고 짐에게 사절을 보내어 화평을 도모할 것인지 전쟁할 것인지를 알게 하라. 그대들의 나라가 매우 멀리 떨어져 있고, 험악한 산들과 거대하고 깊은 바다가 그대들을 보호한다고 여겨서 이 하느님의 명령을 무시한다면, 어려운 일을 쉽게 하시고, 멀리 있는 것을 가까이 가져오시는 그분께서는 몽골인들이 어떻게 할지 잘 아시리라."[359]

루브룩은, 1254년 7월 8일에 뭉케와 헤어졌는데, 파리 출신 금세공사가 제작해서 루이 왕에게 보내는 보석으로 장식한 허리띠를 전달받았다. 허리띠는 몽골인들이 천둥이 치는 것을 막는 부적으로 사용하는 것이었다. 그러나 크레모나의 바돌로메는 건강이 나빠져서 바투의 병영으로 가는 사막을 횡단할 수 없었기 때문에, 루브룩은 그를 남겨두고 안내자와 하인만 데리고 출발했다. 그는 카라코람에 머무는 동안 수많은 아이에게 세례를 베풀었다. 일행은 8월 말 즈음에 대 칸에게로 가는 중이던 사르타크와 마주치게 되었다. 우리가 루브룩과 동행했던 요한이라는 사제가 교황 인노첸시오 4세에게 보고한 내용이 [사실이라고] 믿는다면, 사르타크는 그때 이미 세례를 받았다. 그는 루브룩을 반갑게 맞이하며 비단 외투 두 벌을 선물했는데 하나는 루브룩, 다른 하나는 루이 왕에게 주는 것이었으나, 루브룩은 [나중에] 두 벌 모두를 루이에게 헌정했다.

9월 16일 루브룩은 70일 동안의 행군 끝에 바투의 궁정에 도착했다. 행군 도

---

359) William of Rubruck, P. Jackson, trans., The Mission of Friar William of Rubruck, p. 250.

중에는 마을 하나도 볼 수 없었고, 밀가루 한 봉지도 얻을 수 없었다. 영양가 있는 것이라고는 가끔 마시는 마유주가 전부였다. 루브룩은 몇 주 만에 바투의 병영에 이르러 마침내 몽골 영토를 벗어나 코카서스로 향했다. 그가 아르메니아와 시리아를 거쳐 성 요한 아크레 수녀원에 도착한 때는 1255년 8월 15일이었다. 그는 그곳에서 프랑스로 귀국한 후 루이 왕에게 그의 여행에 관한 보고서를 썼다.

불굴의 정신을 가진 루브룩이 기록한 흥미로운 내용의 보고서는 서방 그리스도인들에게 적극적인 흥미와 감동을 불러일으켰다. 가장 놀라운 일은 몽골 대초원 한가운데 칭기즈칸의 손자 의 천막에서 신의 유일성과 삼위일체라는 주제를 가지고 이교도들과 그리스도교인들과 무슬림 간에 멀리 서방에서 온 프란체스코회 수도사와 동방의 끝에서 온 중국인 철학자 사이에 종교논쟁이 있었다는 말을 들은 것이었다. 또 이 가난한 수도사가 칸의 고해성사를 들었고, 몽골제국의 수도인 카라코람에서 그리스도교인들에게 성찬을 베풀었다는 말을 들은 것이었다. 더욱 놀랍고 멋진 일은 아마도 이 수도사가 유럽 제일의 군주인 프랑스의 루이 왕에게 자신의 모험담을 꾸밈없이 정리해서 보고했다는 말을 들은 것이었다. 루브룩은 자신의 이야기를 마치면서 몽골에는 일반 수도사들보다는 사절로서의 격에 맞는 주교 같은 고위 성직자를 보내는 것이 바람직한데, 그래야 그들의 말에 좀 더 무게가 실릴 수 있을 거라는 의견을 냈다. 그는 덧붙이기를 몽골인들은 실제로는 상상하는 것만큼 무섭지 않으며, 그들은 군대의 힘이 아닌 속임수로 정복을 달성했다고 썼다. 그는 루이 왕에게 이렇게 진언했다. “만일 우리 농부들이 검소하게 살고 이 몽골인들 같이 옷을 입는다면, 그들도 이처럼 정복했을 것이라고 긍정적으로 말씀드리겠습니다.”[360]

---

360) (원주) Bergeron, p. 395. (역주) William of Rubruck, P. Jackson, trans., The Mission of Friar William of Rubruck, p. 278 참조.

제 7 장

후대 칸들의 세력 확장과 프란체스코 선교단의 활약

제 7 장

후대 칸들의 세력 확장과 프란체스코 선교단의 활약

교황청의 선교단체 창설

프랑스 왕 루이 9세의 사절이 몽골족에게 복음을 전하기 위해 세상의 끝을 향해 가는 동안에, 교황청에서는 유럽에서 대대적으로 그리스도교를 전파하는 일을 계획하고 있었다. 1252년, 교황 인노첸시오 4세는 선교단체를 만들 구상을 했다. 구성원은 프란체스코회와 도미니크회에 속한 영적인 가족이었는데, 큰 열정만큼이나 그 수도 많았으며 언제든지 그리스도 왕국의 확장을 위해 매우 멀고 위험한 여행을 떠날 준비가 되어있었다. 이 단체는 다행히 그 목적하는 바를 나타내는 호칭을 가지게 되었다.[361] 바로 "예수 그리스도를 위한 수사 여행자 회"라는 이름이었다. 이 단체에 속한 선교사들은 두려움이 없는 강인한 개척자들이었는데, 그들 중 다수는 후일에 그들의 발자취를 따르려는 여행자들을 위한 길을 개척했다. 여행 동기도 장사, 과학 연구, 또는 사소한 호기

361) (원주) Wadding, Annales Minorum Ann. 1252.

심에 이르기까지 다양했다. 그들은 그리스도와 영혼의 구원을 위해, 진리의 전파와 민족들의 해방, 그리고 진정한 문명화를 위해 힘든 장기 여행을 감수했다. 이 단체는 가톨릭교회 안에서도 잘 알려져 있었는데 주교들과 대주교들을 조직 안에 품고 있었고, 교황청에서는 그들에게 큰 재량권을 주었다. 이 단체에 소속된 수도사들은 무슬림과 이교도들이 사는 나라에 두루 퍼져서 가톨릭 신앙을 전파했다. 도미니크회 총장인 수도사 페냐포르트의 레이몬드Raymond of Penyafort는, 선교사들이 더 효과적으로 일하도록 복음전파에 크게 기여할 수 있는 방법을 채택했다.[362] 그는 교회 안에서 이미 큰 명성을 얻고 있던 토마스 아퀴나스에게 요청하여 그리스도교의 진리를 분명하고 체계적으로 설명하는 저술을 하도록 하였다.[363] 여기에는 이교도들의 반론에 대한 반박자료와 대답이 들어있었다. 그리하여 토마스 아퀴나스는 붓을 들어 『대이교도대전Summa contra Gentiles』이라는 네 권짜리 책을 썼다. 페냐포르트의 레이몬드에게는 이 책은 선교사들의 열정에 큰 도움을 주는 하늘의 선물을 받은 셈이었다.

교황 알렉산데르 4세는 인노첸시오 4세의 후계자로, 여러 나라 사람들의 그리스도교 개종과 세계선교를 위해 커다란 열정을 보여주었다.[364] 이 교황은 그리스도교가 전파되는 것에 열중해 프란체스코회 수사들과 선교사들에게 새로운 혜택을 주어 선교적인 열정을 끊임없이 자극하였다. 선교사로서의 경력을 쌓을 기회가 열려 있던 수도사들은 큰 열정을 가지고 이 일에 뛰어들었고, 하

---

362) 페냐포르트의 레이몬드(Raymond of Penyafort, 1175-1275)는 스페인 태생의 13세기 도미니크회 수사로 가톨릭교회법을 집대성하였다.

363) 토마스 아퀴나스(Thomas Aquinas, 1224-1274)는 그리스도교 교리와 아리스토텔레스의 철학을 종합하여 스콜라 철학을 집대성한 중세 그리스도교 최대의 신학자이다. 자연신학의 으뜸가는 선구자로 가톨릭의 주요 철학적 전통으로 자리 잡고 있는 토마스학파의 창시자이다. 주요저작으로는, 『명제집 주석Scriptum super Libros Sententiarum, 1252-56』, 『대이교도대전Summa contra gentiles, 1259-1264』, 『신학대전Summa theologiae, I, II 1266-1272, III 1272-73, 미완성』 등이 있다.

364) 알렉산더 4세(Alexander IV, 1254-1261)는 제 181대 교황으로 1259년 몽골의 폴란드 제 2 차 침공 이후에 십자군 운동을 주창했다.

느님의 영광을 위해 기쁨으로 고난과 시련을 이겨냈다. 그리고 1248년에는 교황특허장에 의해 프란체스코회도 도미니크회와 동등한 위치에 놓이게 되었다. 교황은 이 특허장을, "사라센인, 이교도, 그리스인, 불가리아인, 에티오피아인, 시리아인들, 이베리아인, 알란인, 가자르인, 고트인, 지크인, 로덴인, 그루지야인, 누비아인, 네스토리우스파 교인, 시리아 정교회 교인, 아르메니아인, 인도인, 모스텔인, 몽골인, 대헝가리에 사는 헝가리인, 투르크인과 동방의 여러 이교도 나라에서 사역하고 있는 우리 프란체스코회 수사들에게" 보낸 것이었다.[365] 이렇게 길게 나열한 것은 교회의 실질적 배려가 지구상에 알려진 모든 민족에게 확장되고, 또 온 세계에 복음의 빛을 비추겠다는 의지를 보여주려는 것이었다. 여기에 열거한 민족들 가운데 몽골인들의 세력이 가장 강했다. 대 칸 뭉케는 아시아의 동쪽 대부분 지방부터 콘스탄티노플까지를 다스렸다. 폴란드, 다뉴브 강을 끼고 있는 나라들, 불가리아, 터키, 안티오크 공국 등 한 마디로 동방 전체가, 심지어 인도까지도, 몽골의 속국이었다.

대 칸을 알현한 아르메니아 왕 헤툼

루브룩이 카라코람에서 귀국하고 있을 무렵에, 몽골군이 강하게 공격하면서 모든 나라를 집어삼키고 있는 가운데, 헤툼Hayton이라는 아르메니아의 왕은 자기 영토의 안전을 전혀 확신할 수 없어서 대신들의 충고에 따라, 몽골에 가서 뭉케 칸의 은총을 얻어 왕국의 안전을 도모하기로 했다. [카라코람으로] 떠나기 전에 그는 여행길을 점검하기 위해 대신이었던 동생 시니발드Sinibald를 먼저 보내는 것이 바람직하다고 여겼다. 대신 시니발드는 많은 수행원을 거느리고 엄청난 선물을 챙겨서 바투의 궁정으로 가서 형님인 헤툼 왕을 훌륭하

365) (원주) Fontana, Monumenta Dominics, Ann. 1258. Wadding, Annales Minorum ad Anno.

게 맞을 만반의 준비를 마치고서 4년 뒤에 귀국했다. 시니발드는 자신이 본 것을 모두 기록했을 뿐 아니라, 앞서 언급했던 호기심을 일으키는 서신을 키프로스 왕에게 보냈다. 그리하여 헤툼 왕은 자신의 결의를 다지면서 몽골을 향해 여행을 떠나게 되었는데, 바투와 사르타크를 만날 가능성이 있는 [카스피 해와 면해 있는] 데르벤드Derbend를 거쳐 대 칸의 궁정에 이르러서 매우 극진한 대접을 받았다. 그는 그곳에서 50일가량 머문 후에 아르메니아 왕국의 왕이라는 지위를 부여받고, 소小아르메니아의 조공을 감면해 준다는 칙령과, 성직자에게는 어떠한 부담도 지우지 않겠다는 보장을 받고 그곳을 떠났다. 이 아르메니아 왕의 여행기는 같은 이름을 가진 왕의 조카가 기록했는데, 매우 간결한 문체로 쓴 여행기의 초록을 여기에 싣는다.[366]

> "그리스도가 이 땅에 오신 지 1200년 되는 해에, 명성이 자자했던 아르메니아의 왕 헤툼은, 몽골군이 멀리 터키 왕국에 이르는 세계를 어떻게 정복했으며, 몽골군이 충분한 군사력을 가지고 대적할 만한 왕국을 아직 만나지 못했다는 것을 알고는, 자기 왕국에 있는 현자들을 불러 조언을 구했다. 현자들은 고귀하고 현명한 헤툼 왕이 직접 몽골 대 칸에게 가서 선처를 구하고 그와 영구적인 동맹을 맺는 것이 좋겠다는 데에 의견의 일치를 보았다. 그러나 왕이 직접 가기 전에 왕국의 대신인 동생을 먼저 보내서 왕이 안전하게 오갈 수 있도록 안전조치를 취하기로 했다. 이에 왕의 동생은 수행원을 거느리고 대 칸에게 보내는 많은 선물을 가지고 가서 하고자 했던 일을 아주 잘 수행했다. 왕의 동생이 아르메니아로 귀환하기까지 4년이 걸렸다. 왕의 동생은 돌아와서 형인 왕에게 자신이 보았고 행

366) (원주) 1305년, 교황 클레멘스 5세는 시리아와 이집트의 투르크족과는 원수인 몽골군의 지원을 받아 성지를 정복하려고 하면서, 키프로스에 투르크족과 싸웠던 몽골군의 진영에 프레몽스트랑(Premonstrant) 수도회의 헤툼이라는 수도사가 있다는 것을 알고는, 그를 당시에 교황이 있던 프랑스로 불러들였다. 이 사람이 바로 우리가 인용한 이 역사책을 기록한 헤툼 1세의 역사가였다. 그는 이 책을 프랑스어로 썼는데, 동방에서 이 책을 많이 활용하였고, 뒤에 교황의 명으로 니콜라스 살코니(Nicolas Salconi)가 라틴어로 번역하였다. 1351년 오메르 수도회의 수사(John of Long d'Ypre)가 이 책은 다시 라틴어에서 프랑스어로 번역하였다. 이 역본은 1529년에 아주 미려한 고딕체 활자로 『Hystoire Merveilleuse du Grant Caan』 총서로 간행되었다.

한 것을 차례대로 고했다. 그러자 왕은 곧바로 시종 몇 명을 거느리고 비밀리에 출발했는데, 이웃 나라의 원수인 터키 왕국에 이 일이 알려지는 것을 꺼렸기 때문이었다. 그러나 때마침 주 하느님이 기뻐하시는 일이 생겼는데, 터키의 술탄이 한 몽골 장군에게 참패해서 혼란에 빠졌는데, 아르메니아 왕이 그 몽골 장군을 만나서 자신을 소개하게 되었다. 이 몽골 장군은 아르메니아 왕이 칸에게 평화롭게 가기를 원한다는 말을 듣고, 아주 정중히 이 왕을 맞아 그를 안전하게 철의 문을 지나가도록 호위했다.[367] 왕은 그를 반갑게 맞이한 또 다른 [몽골군] 군관들과 도중에 만났고, 그는 헤툼 왕이 당시 뭉케의 궁정이 있었던 아말리크Amalich라는 도시에 이를 때까지 안전하게 통과할 수 있도록 조치했다. 뭉케 칸과 몽골 왕자들은 아르메니아 왕을 아주 반갑게 맞았다. 이는 칭기즈칸이 사망한 이래로 이름 있는 나라의 왕이 평화스럽게 대 칸을 만나러 온 적이 없었기 때문에 이 [평화로운] 방문을 큰 명예와 영광으로 여겼기 때문이었다. 따라서 몽케는 몽골 고위 귀족들에게 지시하여 헤툼 왕의 편의를 제공하도록 명했다. 대 칸도 그에게 큰 은총을 베풀어 많은 선물을 하사했는데, 아르메니아에서는 오늘날까지도 이러한 대 칸의 선물과 은총에 대해 말해지고 있다. 왕은 잠시 머물러 쉬고 난 후에 자신이 여기까지 오게 된 용건에 합의해 달라고 간청했고, 이에 대 칸은 자신이 아르메니아의 왕과 백성들을 위하는 일을 기꺼해 해 주겠다고 답하고는, 왕이 직접 왔으니 충분히 요청할 자격이 있다고 했다."

헤툼 왕은 대 칸의 우호적인 태도에 고무되어 서둘러 실속을 챙기기로 하고, 긴 탄원 내용을 제시했다. 첫째, 대 칸과 왕족 모두가 그리스도교를 받아들이고 대 칸도 세례를 받을 것, 둘째, 대 칸이 몽골군을 예루살렘 성지로 보내서 정복하여 [예루살렘을] 그리스도교인들에게 되돌려 줄 것, 셋째, 몽골군이 빼앗은 아르메니아 국토의 일부를 돌려줄 것, 넷째, 대 칸과 자신이 공격과 수비

367) '철의 문'은 알렉산더 대왕이 세웠다고 전해지는 요새이다.

의 상호 보호 동맹을 맺자는 것, 다섯째, 몽골 영토 안에 사는 수도사들과 그리스도교인들에게 면세 혜택을 달라는 탄원이었다. 이러한 탄원의 내용 가운데는 좀 이상해 보이는 것도 있지만, 역사가들은 몽골 칸이 이를 호의로 받아들였다고 말했다. [초록은 아래와 같이 이어진다.]

> "뭉케가 왕의 탄원 내용을 모두 듣더니 중신들을 불러 모아 이를 검토한 후에 왕과 그 수행원들에게 알현을 허락했다. 이에 대 칸이 입을 열어, '이 아르메니아 왕이 강요하지도 않았고, 부르지도 않았고, 소환하지도 않았는데도, 자진해서 그 먼 곳에서 몽골까지 온 것은, 짐에게 매우 마땅한 일이니, 짐이 인자한 마음으로 그들의 탄원을 받아들이노라. 특히 그들은 칭찬받아 마땅하고 정직하니, 짐이 그들을 기쁘게 맞이하고, 하느님의 도우심으로 우리가 약속한 바가 이루어지기를 바란다'고 말했다."

아르메니아의 역사가들은 몽골 황제가 자신의 언약을 충실히 지켜서 서둘러 세례를 받았다는 말까지 덧붙였다.

> "뭉케 대 칸은 이러한 특권을 주었고 재차 확인한 뒤에, 세례의식을 베풀어 달라고 요구했다. 이에 뭉케 대 칸은 매우 기뻐하면서 세례를 받았고, 그와 함께 궁전의 다른 사람들도 아르메니아 왕의 재상이며 왕의 총애를 받던 주교에 의해 모두가 세례를 받았고, 다른 많은 남녀 몽골 귀족들도 세례를 받는 일에 함께했다."[368)]

헤툼의 이야기에는 있을 법하지 않은 내용이 분명히 포함되어 있다. 그렇지만 뭉케가, 자신이 그리스도교인이라는 것을 고백한다는 의미로서가 아닌, 세

---

368) (원주) L'Hystoire Mervelleuse du Grant Caan, feull. 14.

례라는 종교적 형식을 허용했다고 볼 수는 있다. 왜냐면 뭉케는 궁정에서 여러 종교의 예배의식에 차별을 두지 않아 왔고, 어떤 종교에도 편향된 적이 없었고, 또 세례라는 것을 일종의 정화의식으로 간주했을 수도 있기 때문이다.

몽골제국은 세워진 지 얼마 되지 않았지만, 광대한 나라여서 언제나 수많은 적에게 둘러싸여 있었으므로, 새로운 정복 전쟁을 지속해야만 하는 운명이었다. 1256년, 뭉케 대 칸은 이웃한 몇 나라의 의도를 크게 의심하여, 동생인 쿠빌라이와 훌라구에게 각각 상당히 많은 병력을 붙여주었다. 쿠빌라이에게는 중국을 가서 점령하도록 했고, 훌라구에게는 페르시아와 메소포타미아를 침략하게 했다. 헤툼 왕이 카라코람을 방문했던 시기가 바로 이때였고, 훌라구는 출정에 앞서 대 칸에게서 아르메니아 왕국에 매우 유리한 지침을 받았다. 헤툼이 대 칸에게 한 가지 탄원했던 것은, 우리가 알다시피, 성지를 정복하여 사라센의 손에 있는 예루살렘을 [그리스도교인들에게] 되돌려달라는 것이었다. 이에 뭉케는 훌라구에게 아르메니아 왕의 이 특별한 탄원을 들어주라고 명했다. 이것이 바로 칭기즈칸의 손자가 페르시아에서 왕위에 오르고, 그곳에 카라코람과는 거의 독립적으로 운영되는 왕국을 세우게 되는 결과를 낳게 되는 유명한 원정의 원인이 되었다.

훌라구의 페르시아 바그다드 원정

훌라구는 7만 명의 기병을 거느리고 페르시아에 진입해, 점령한 첫해에는 이라크의 암살단과 일부 무슬림과 페르시아 남부를 파괴하며 보냈다. 이들 아사신 또는 이스마일파는 이 몽골군 장수에 의해 전멸되었는데, 우두머리 즉, 왕은 로쿠드딘Rokud-din으로, 당시의 작가들은 '산중 노인'이라는 별칭으로 불렸다.[369] 이 왕국은 모든 좋은 것들이 풍부한 아주 비옥한 땅을 차지하고 있었다고 전해진다. 로쿠드딘은 관능적인 즐거움을 위한 모든 것이 존재하는 유쾌한 정원에 둘러싸인 매우 화려한 궁전에서 살았다. 로쿠드딘 왕은 이러한 매혹적인 즐거움에 더하여 세계 각국의 남자들을 유혹해 데려와 암살자로 훈련 시켜서 그가 지시하는 왕들과 지도자들을 암살하도록 보냈다. 그는 암살자들을 유혹하여 자기의 뜻에 맹목적으로 복종하겠다는 맹세를 받아냈고, 암살자들은 그의 명령이라면, 목숨을 걸고라도 모든 것을 실행에 옮겼다고 전해진다. 쟁빌과 낭기스와 다른 역사가들은 십자군 시대에 이런 광신적인 암살단들이 성지에 출현했다고 언급했다. 이 암살단은 루이 왕을 암살하려고 했었고, 영국 왕 에드워드 1세는 암살자의 습격으로 중상을 입기도 했다. 아랍인들은 이런 범법자들을 가지Gazi 또는 살레이데Saleide라고 부른다. 그들의 군주가 행차할 때면 선두에서 칼잡이들에 둘러싸인 채, 손도끼를 든 남자 하나가 서서, "물러나라, 물러나라. 그의 앞에서 물러나라. 그의 손에 왕들의 목숨이 달려 있노라"라고 늘 외쳐댔다.

훌라구의 진격은 승리와 파괴의 연속이었으나, 그루지야와 아르메니아의 그리스도교인들은, 그의 호의를 얻었고 큰 특권을 받았다. 이것은 그리스도인이었던 훌라구의 아내 도쿠즈 카툰Dokuz Khatun 덕분이었다고 여겨진다. 훌라구는 심지어 모간Moughan 평원에 있던 병영 안에 임시 성당을 만들었고, 거기서 아르메니아인들, 그루지야인들, 시리아인들이 자유롭게 예배했다.

훌라구는 페르시아를 정복하고 나서 바그다드를 향해 진격했고, 이르는 곳마다 동방 그리스도교인들의 갈채를 받으면서 무스타심이 칼리프로 있던 왕

369) 아사신(Assassins) 이슬람 시아파를 원류로 하는 나자리 이스마일파의 별칭이다. 이 말이 유럽에서 "암살자"라는 뜻으로 발전하였지만, 원래 페르시아어 "하사신"(하시시를 피우는 사람들)에서 유래된 말이다.

국을 파멸시키기 위해 전진했다. 무스타심은 칼리프가 된 날부터 자신의 위엄을 보여준다면서 우스꽝스러운 허영과 유치한 허식적인 행동을 보여주기만 했다. 그는 모스크에 가서는 황금 옷을 걸치고 걸었고, 성소의 문 앞에서는 말에서 내리지도 않았다. 그는 자신의 얼굴이 비천한 평민들의 주목을 받아 불결해지지 않도록 언제나 얼굴을 베일로 가린다고 말했다. 그의 왕궁을 찾는 사람은 예외 없이 문지방에 입을 맞추어야 했고, 그의 문 앞에 드리운 검은 벨벳 천을 메카에 있는 유명한 검은 돌처럼 경배하도록 강요했다.[370] 무스타심은 임무를 수행할 능력과 판단력과 재능이 없는 왕이었으며, 자신의 도서관을 형식적으로 약간 이용하는 것 외에는, 음악을 감상하고, 새장을 들여다보고, 마술을 즐기며 일상을 보냈다. 따라서 여자와 간신들이 그를 지배했다. 무슬림의 마지막 교황이라고 할 수 있는 이 마지막 칼리프가 이처럼 심심풀이나 하며 세월을 보내고 있을 무렵인 1258년 1월 22일에 훌라구가 군대를 거느리고 바그다드에 나타났다. 이 몽골군 장수는, 여러 무력충돌에서 승리한 후에, 무스타심에게 항복을 요구했다. 이 정복자는, "전쟁을 피하라. 주먹으로 바늘을 치거나, 등잔불로 태양을 가리지 마라. 사태만 악화시킬 뿐이니라. 네가 바그다드의 성벽을 허물고 해자를 메운 뒤에 우리에게 직접 나오면, 너에게 책임을 묻지 않겠다. 그러나 우리가 진노하여 바그다드를 공격하면 네가 지하 깊은 곳으로 몸을 숨긴다 해도 벗어나지 못할 것이다. 또 너 자신과 네 집안의 안전을 원한다면, 내 충고에 귀를 기울여라. 그렇지 않으면, 너는 하느님의 뜻이 무엇인지 알게 되리라."라고 말했다. 칼리프는 이러한 [훌라구의] 권유에 이렇게 답했다.

"젊은이, 열흘 동안의 행운에 유혹에 빠져 스스로를 세상의 주인이라 착각하

370) 메카에 있는 검은 돌이란 사우디아라비아의 메카 마스지드 알 하람의 한가운데에 있는 고대 석조 건축물인 카바 동쪽 구석에 있는 돌을 말한다. 무슬림 전통에 따르면 이 돌은 아담과 하와 시절부터 있던 것으로 무슬림들은 이를 이슬람의 대표적 유물로 숭배한다. 이 검은 돌은 이슬람이 번성하기 전부터 신성하게 여겨졌다고 하며 이슬람의 예언자 무함마드가 첫 계시를 받기 5년 전인 605년에 카바의 벽에 그대로 넣어졌다고 한다.

고, 네 명령이라면, 마치 운명이 명하듯, 거부해서는 안 된다는 망상에 빠져있구나. 너는 어찌 이리도 뻔뻔하게 나에게 얻지 못할 것이 무엇이냐고 묻느냐? 너는 동방에서부터 서방에 이르기까지 하느님을 공경하고 참 신앙을 고백하는 모든 이들이 나의 종이라는 사실을 모르느냐? 그러니 평화롭고 사려 깊은 길을 따라서 호라산으로 돌아가라."[371]

몽골군대의 사자들이 칼리프의 이처럼 오만한 답신을 받아서 훌라구에게로 돌아가는 길에서 바그다드 시민들의 공격을 받았다. 그들은 격한 감정으로 욕설을 퍼붓고, 얼굴에 침을 뱉고, 옷을 찢으면서 죽여 버릴 기세였다. 그러나 고관이 서둘러 보낸 경비병들이 무슬림들의 손에서 이 사자들을 간신히 구해냈다. 훌라구는 자신의 사자들이 이렇게 잔혹하게 당했다는 이야기를 듣고, "칼리프가 하는 짓을 보니 이 활보다 더 굽었구나. 그러나 하느님께서 나를 도우셔서 내가 그 활을 펴서 화살처럼 만들리라."라고 하면서 노여움을 드러냈다.

2월 1일에 훌라구는 바그다드를 폭풍처럼 휘몰아쳐서 칼리프 세력의 종지부를 찍었다. 훌라구는 자신의 딸을 칼리프의 아들인 아부베케르Aboubeker에게 시집보내리라고 무스타심이 믿게 만든 다음, 2월 10일에 무스타심이 그의 부인과, 자녀, 보물, 또 궁정의 중요 인물들을 거느리고 궁궐을 나서는 것을 보았다. 훌라구는 성문 근처에 어마어마한 천막을 쳐놓고, 마치 증인들을 모아놓고 결혼식을 할 듯이 바그다드의 행정장관과 장교와 법률가 등을 집결시켜 놓았다. 그러나 주요 인사들이 다 모이자 몽골군은 그들을 기습하여 모두 죽였다. 과학과 학술과 환락의 도시 바그다드는 약탈과 도륙으로 뒤범벅되었는데, 무려 80만이 넘는 사람들이 무자비하게 학살되었다. 사누트Maria Sanut는 훌라구가, 칼리프의 탐욕을 조롱하면서, 금 녹인 액체를 목에 쏟아 부어 죽였다고

371) (원주) D'Ohsson's Hist. of Mongols, vol. iii. p. 217.

말했다.[372] 루이 왕 연대기에서는, 칼리프를 철창에 가두어 놓고 훌라구가 잔혹하게 모욕하면서, 그런 고귀한 사람은 보통 사람처럼 먹이면 안 된다고 하면서 먹을 것은 주지 않고 평소에 좋아하여 아끼면서 용병들에게도 내주지 않던 금과 보석을 먹으라고 명했다고 말했다. 또 훌라구가, 아내의 간청으로 모스크들을 헐어버리고, 사라센들이 무함마드에게 경배하는 것을 금하였다는 말이 전해지고 있는데, 훌라구가 도시를 약탈하면서도 그리스도인들의 목숨은 살려주었던 것만은 확실하다.

바그다드에 살고 있던 많은 네스토리우스파 교인들은 피해를 입지 않았는데, 총대주교 마키카Machicha가 교인들을 불러 모아 성당 안에 안전하게 피신시켰기 때문이다.[373] 훌라구는 바그다드를 점령한 후에 마키카를 우호적으로 맞아들여, 티그리스 강변에 있는 칼리프의 궁전 하나를 거처로 내주었으며, 마키카는 그 자리에 넓고 아름다운 성당을 지었다. 당시에 몽골군과 이러한 나라들의 그리스도인 사이에는 일종의 연대감이 형성되었는데, 바로 무슬림에 대한 증오심이 이들을 하나로 결속시켰던 것이다. 그러나 관습과 종교가 매우 달랐던 북유럽과 러시아와 폴란드와 헝가리 같은 나라들은 늘 적대적인 관계였기 때문에, 정치적인 면에서 하나로 연합하는 일에 관심이 없었다. 그래서 이들에게는 몽골군과 마찬가지로 몽골에 강제로 복속된 그리스도교 왕들도 공포의 대상이었다. 남쪽에 있는 그리스도교인들은 아르메니아 왕 같은 몇 명의 왕들이 몽골군 장수들과 연합을 해서 이익을 얻는 것에 대해 이의를 제기하지는 않았지만, 북쪽의 그리스도인들은 이같이 행했던 왕들을 그리스도교의 명예를 더럽혔다는 이유로 증오의 대상으로 여기고 혐오했다. 그러나 [이러한 연합은] 아마도 자신의 백성들을 감당하기 어렵고 [승리할] 가망이 없는 전쟁의 불행

372) (원주) Secreta fidelium crucis, etc., lib. iii. ch. 7.

373) 마키카 2세(Makika II, 1257-1265)는 동방교회 바그다드 시대의 총대주교이다.

으로부터 지켜내야 한다는 생각 때문이었을 것이다. 이것은 싸울 무슬림이 없는 북쪽에서는 틀림없이 몽골군이 예비 병력으로 요청한 군대가 자신들의 창을 동족과 동료 그리스도인들에게 겨누어야 했을 것이다. 그리하여 1254년에 리보니아(발트 해 동쪽 해안 지역)와 폴란드가 [몽골군으로부터] 위협 당했을 때, 교황은 그리스도교가 위태로워진 이 나라들을 몽골군의 침략에서 지켜내기 위해 주교들에게 몽골군과 그들의 공범자들을 대적할 십자군을 일으키도록 명했다.[374] 여기서 교황이 말했던 공범자란 바투의 군대에 편입된 러시아인들을 의미했다.

서 유럽인들이 몽골군과 동맹을 맺는 것에 대해 느꼈던 혐오감은 교황 알렉산데르 4세가 바투의 후계자인 베르케가 헝가리 왕 벨라에게 [동맹을] 제안한 데 대해 보낸 서신에서도 여전히 명확하게 드러난다.[375] 베르케는 벨라에게 사신을 보내 서로 사돈을 맺음으로 동맹을 맺자고 제안했다. 이 동맹 관계를 맺으면 헝가리 왕자는 몽골군에 편입된 헝가리 군을 이끌고, 헝가리는 전리품의 5분의 1을 챙길 수 있고 조공을 면제받으며, 몽골군은 헝가리 국경을 넘보지 않게 될 것이다. 그러나 이 대범한 제안을 거절하면 잔혹한 전쟁의 위협이 뒤따르고 나라 전체가 파괴될 운명이었다.

교황 알렉산데르 4세가 벨라 왕에게 보낸 회신

벨라 왕은 몽골군의 첫 침입 때 약간 저항했으나, 나중에 몽골군이 스스로

374) 리보니아는 발트 해 동쪽 해안지역에 위치해 있다.

375) 베르케 칸(Berke Khan, 1209-66)은 킵차크 칸국의 3대 칸으로 조치의 3남이다. 바투 칸이 통솔하던 청색군단과 백색군단을 지휘하면서 몽골의 칸으로는 처음으로 이슬람 칸 국을 세웠다. 일 칸국과 대적하면서 이집트의 맘루크와 동맹을 맺었으며, 쿠빌라이와 아리크부케 사이의 내전이 발발했을 때 후자 편을 들었다.

물러나 왕좌를 되찾은 경험이 있었으므로 이러한 새로운 제안에 당혹스러워 하면서 이전에 그랬듯이 이를 거절했다. 벨라 왕은 로마에 도움과 지혜를 구하는 서신을 보내면서, 알렉산데르 교황에게 [이전에] 비슷한 상황에서 교황 그레고리오 9세는 노도처럼 밀려드는 몽골군을 눈앞에 보고도 헝가리를 포기했다는 사실을 상기시키는 것을 잊지 않았다. 다음은 알렉산데르 교황의 회신이다.

"그대의 서신 첫 부분에서 불만을 제기한 부분을 읽으니 우리의 마음이 아프다. 그대는 서신에서 그대의 왕국이 몽골군에게 큰 환란을 당할 때 나의 선임자인 그레고리오 9세에게 도움을 청하였으나 그 전임 교황은 마치 그대와 그대의 선조들의 뛰어난 헌신을 잊기라도 한 것처럼 행동은 못 할지언정 말로라도 관심을 표하지 않았고 그대의 백성들이 학살당하는 것을 애통해하기만 하였다고 말했다. 그대는 그분이 돌아가신 후에 교황 자리가 비어있는 동안 추기경들로부터 장차 선출될 교황은 몽골인들을 그대의 왕국에서 몰아내는 데 힘을 쏟겠다는 약속으로 위로했으나, 이러한 기대조차 물거품이 되었다는 말을 덧붙였다. 그대는 몽골군의 새로운 공격에 대해 교회의 도움과 조언을 구했지만, 교회가 당신의 나라의 예전 위기를 경멸하고 저버렸다고 하였다. 하지만 그 당시 교회가 처했던 불행한 상황을 고려한다면, 교회에 대한 비난을 그만두어야 한다고 믿는다. 또 교회에 대한 비난과 불평을 멈추고, 당시의 불행했던 상황과 당시에 교회에서 문제를 일으켰던 사람들의 부당함을 탓해야 한다고 믿는다. 프리드리히 황제는 로마가톨릭을 가장 폭력적으로 대한 군주였고 교회를 공격하는데 모든 힘을 다했는데 이는 교회를 파멸시켜 자신이 커다란 영예를 얻을 목적이었다. 교회는 신앙의 자유와 신자들의 권리를 지키기 위해 막대한 경비를 들여야만 했고 교회는 그 빚에 짓눌려서 다른 이들을 도와줄 여유가 없었다. 심지어 지금도 그 빚을 다 갚지 못한 상태이다. 새로운 교황이 즉위한 후에도 추기경들이 한 약속이 이행되지

> 않은 것은 당시 몽골군이 그대의 영토에서 이미 철수하여 도움이 더는 필요 없었기 때문이다. 그대는 [내게 보낸 서신에서] 덧붙이기를 그처럼 강한 원수를 대항할 힘이 없고 교황청으로부터 도움을 받지 못한다는 이유로 어쩔 수 없이 몽골군과 동맹하겠다고 하였다. 몽골은 그들의 왕녀와 그대의 아들을 혹은 그들의 왕자와 그대의 딸을, 그대의 선택에 따라 결혼시키자고 제안하면서 강요하고 있다고 하였다."

그런 뒤에 알렉산데르 4세 교황은 몽골 측에서 벨라 왕에게 제시한 다른 조건들을 검토하고 나서 헝가리 왕이나 어떤 그리스도인 왕이라도 그 왕과 가족의 삶에도 굴욕감을 안겨주는 그런 조건들을 수용하는 것은 수치라고 말했다. 교황은 이렇게 외쳤다.

> "나의 아들아, 그대의 빛나는 명예를 수치로 어둡게 하며, 그대의 아름다운 치세를 영원히 불명예스럽게 하는 생각들로부터 두려워하며 돌아서라. [그리스도교를] 믿지 않는 나라와 관계를 맺고 어울려서, 그리스도교 왕국들과 그 백성들과 대적하기 위해 그리스도인들의 몸인 교회와 단절하는 악행을 행하는 왕은 되지 말아야 할 것 아닌가? 자신의 안전을 보장받을지는 모르나, 기껏해야 자신의 파멸을 늦출 뿐인 그런 동맹을 어떻게 신뢰한단 말인가? 몽골군이 그런 교활한 조약으로 얼마나 많은 나라를 유혹했으며, 참 신앙도 없는 그들이 맹세를 지키지 않고 있다는 사실을 아직 모르는가? 헝가리 왕녀와 베르케의 아들, 아니면 베르케의 딸과 헝가리 왕자의 결합은 결혼이 아니라 수치스러운 부정이다. 왜냐하면 그리스도교인은 이교도들과 주님 안에서 결합할 수 없기 때문이다."

교황이 벨라가 몽골과 동맹을 맺으려는 것을 단념시키려고 이렇게 충고했다. 교황은 왕의 요청대로 천 명의 군사조차 보내지 못하는 일을 사과하고, 몽골군에 대항하는 십자군을 결성할 자유를 주겠다는 약속으로 회신을 끝맺었다. 그러나 교황 알렉산데르 4세는 진심을 말로 표현하는 것 말고는 벨라 왕에게 달리 해줄 것이 없었고, 그것은 몽골군의 침입을 막아 내는 데는 아무런 도움이 되지 않았다. 다행히도 헝가리는 벨라 왕이 당시에 자기들과 같은 처지에 있었던 보헤미아와 동맹을 맺어 실질적인 도움을 받았고, 더욱 다행인 것은, 베르케가 폴란드를 파괴한 후에 자신의 군대를 페르시아로 돌려보내는 것이 적절하다고 여겼다는 사실이다. 몽골군이 폴란드에서 자행된 잔혹한 행위를 완전히 무시할 수는 없었다. 왜냐하면 몽골군이 그리스도인의 용기를 보여주는 헌신적이고 아름다운 증거인, 순교자들을 교회와 신자들에게 제공하는 데 도움을 준 셈이었기 때문이다.

몽골의 두 번째 침략과 헝가리 산도미에시의 순교자 49인

1260년 몽골군이 유럽을 두 번째 침략했을 때, 도미니크회에서 헝가리에 그리스도교를 전파하도록 파송했던 사독Sadoc이 산도미에시Sandomierz에서 수도원을 운영하고 있었다.[376] 폰타나는 이곳 수도사들에게 영광스러운 고난에 대한 계시가 있었다고 말한다.[377] 그들이 순교하기 전날 밤, 식당에서 수도사들에게 순교자 열전을 낭독하던 수련 수사가 갑자기 그 책에서 '산도미에시에 49인의 순교자들의 죽음'이라는 황금 글자를 보았다. 처음에 그는 이 글자를 읽어야 할지 망설였으나, 곧 큰 소리로 읽어 내려갔다. 사독과 다른 신부들이 매우 놀라 책을 보려고 하였으나 이 황금 글자는 그들이 책에 손을 대자마자 사라졌다. 그러자 수도원장 사독이 수도사들에게 이렇게 말했다.

376) 산도미에시(Sandomierz)는 폴란드 남동부에 있는 도시이다. 1241년, 1260년, 1287년 몽골군의 침입으로 크게 파괴되었다.

377) (원주) Fontana, Momumenta Dominicana, ann. 1260.

> "사랑하는 형제들이여, 우리가 보고자 했던 이 성스러운 글자는 하늘의 경고이며, 이것이 이 젊고 청순한 수련 수사의 눈을 통해서 계시 되었다는 것은 그냥 넘어갈 일이 아닐세. 삶과 죽음의 주관자가 우리에게 끝을 모르는 삶을 준비하라고 우리에게 알려주셨네. 그러니 달고도 거룩한 임종 성체聖體를 받는 것으로 죽음을 받아들이는 일을 소홀히 하는 사람이 우리 가운데 아무도 없어야 할 것이네. 몽골군은 정말로 우리 목숨을 앗아가겠지만, 매우 덧없고 고통으로 가득한 필멸의 목숨만 앗아갈 뿐이네. 반면에 순교자의 왕이신 예수 그리스도의 죽음에 의해서 맞바꾼 영원하고 매우 행복한 삶을 우리에게 주실 것이네."

이튿날 산도미에시에 이른 몽골군은 맹공격을 퍼부어 도시를 점령했다. 사독은 모든 수사들을 성당 안으로 불러 모으고, '성모 마리아 찬가'를 부르기 시작하였으나 수사들이 영원한 종려나무 가지로 그들을 심판하여 달라며 하느님을 찬양하는 동안 야만인들이 문을 부수고 안으로 들어와 그들 모두를 학살하였다.

거의 같은 때에 유명하고 열정적인 한 선교사의 거룩한 죽음이 교회가 고난을 받는 가운데 다시금 위안을 주었다. 그는 나이 많은 헝가리의 왕으로 점잔을 빼는 생활에 싫증이 나 있었는데, 왕위를 내려놓고 도미니크회 수도사가 되어 먼 나라에 사는 야만인들에게 복음을 전하려고 떠났다. 몽골군의 침략이 있었을 때 이 과단성 있는 선교사가 머물던 수도원의 원장은 자신과 형제 수사들의 목숨을 구하려고 은둔할 생각을 하고 있었다. 그러나 이 선한 수도사는 수도원과 성당의 후견인으로 남게 해달라고 간청했다. 그리고 수도원 원장을 설득하기 위해 자신은 이미 늙어서 몽골군이 자기를 죽인다 해도 한 쓸모없는 노인의 죽음이 도미니크회에 거의 영향을 끼치지 않을 것이라고 덧붙였다. 마침내 이 수도사의 불굴의 노력이 승리를 거두어, 형제 수사들이 수도원을 떠나 피신하였을 때 도시에 남아서 신자들이 용기를 잃지 않도록 독려하면서, 성례를 베풀고, 신자들에게 하느님의 사랑과 야만인들에 의한 죽음을 두려움 없이 받아들이라고 권면했다. 얼마 후에 떠났던 수사들이 수도원으로 돌아와 보니, 성스러운 노 수도사의 시신이 높은 제단 앞에 엎드려져 있었다. 그의 몸에는 무수한 창 자국이 나 있었고 바닥에는 피가 흥건하였는데 두 팔은 십자가 모양으로 제단을 향해 뻗어 있었고 뇌가 사방에 흩뿌려져 있었다.[378)]

몽골 훌라구의 서한과 알레포의 술탄 나시르 왕의 답신

훌라구는 몽골군이 폴란드 전역을 피와 폐허로 뒤덮고 있을 때, 동방에서 시리아 정복을 마무리하고 있었다. 그는 바그다드를 점령하고는 메소포타미아로 진격하여 [티그리스 강 상류의] 메르딘Merdin과 하란Harran을 차지한 뒤에, 유프라테스 강을 건너 알레포와 다마스쿠스에서 주인 행세를 하고 있었다. 훌라구는 알레포의 술탄인 나시르Nassir에게 당장 항복하고 직접 그를 만나러 오라고 명하였으나 나시르는 아들인 아지즈Aziz에게 많은 선물을 가지고, 많은 대신과 함께 가게 하였다. 훌라구가 이들을 접견하면서 나시르가 직접 오지 못한 이유를 물었다. 그들은 술탄이 자리를 비우게 되면 이웃한 원수인 프랑크인들이 침략할 것을 염려하였기 때문이라고 핑계를 댔다. 훌라구는 이 변명을 받아들이는 듯했고, 젊은 아지즈를 겨우내 자기 옆에 머물게 했다. 하지만 아지즈가 돌아갈 때 아버지 나시르에게 다음과 같은 서신을 전했다.[379)]

"오 나시르 왕이여, 천지를 창조하신 하느님의 이름으로, 우리 군대가 [회교

378) (원주) Fontana, Monument. dom., ann. 1261.

379) (원주) 이 서신은 유명한 천문학자 나시르 알딘 알투시(Nasir al-Din al-Tusi, 1201-1274)가 아랍어로 썼다고 전해지는데, 그는 훌라구 편에 있었다.

력] 655년(서기 1257년) 바그다드에 이르러 그 왕을 사로잡았음을 알고 있는가? 그가 우리에게 악을 행했기에 심문했더니, 이를 인정하였고 죽을죄를 지었다고 하였노라. 그가 부를 크게 탐하더니 결국 모든 것을 잃게 되었노라. 그는 탐욕스러운 학정으로 가장 귀중한 재산을 버리고 전멸하게 되었노라. 격언에 의하면 '정상에 도달하면 쇠하기 시작한다'고 하였으나, 우리는 반대로 세력을 확장하고 있노라. 오! 나시르 왕과 시리아의 장군들과 병사들이여, 몽골군은 지상에 있는 하느님의 병사들이며, 하느님이 진노하셔서 우리 군대를 일으키셨고, 우리에게 하느님의 진노를 일으킨 자들을 정벌할 능력을 주셨음을 명심하라. 많은 나라의 본보기가 너희를 가르치리라! 다른 나라가 당한 불행이 너희에게 교훈이 되리라!

항복하라, 베일이 걷히기 전에.[380] 우리는 많은 눈물이나 불평에 흔들리지 않노라. 하느님께서 우리 마음에서 동정심을 거두어 가셨고, 우리에게 속하지 않는 자들에게는 재앙을 주시리라! 너희는 우리 몽골군이 얼마나 많은 나라를 정복하였으며, 얼마나 많은 나라를 파괴하였는지 알 것이다. 너희들은 도망치고, 우리는 쫓게 되리라! 어디로 도망간들 살겠으며, 어느 땅이 너희를 보호하랴? 우리 군대로부터 너희를 막아줄 것은 아무것도 없느니라. 우리 군마는 번개고, 우리의 칼은 천둥이며, 우리 가슴은 바위처럼 단단하고, 우리 군사들은 모래알처럼 많도다. 우리에게 저항하는 자는 후회할 것이고, 우리에게 은총을 구하는 자는 안전하게 되리라. 우리 제국은 칭송을 받으며, 우리 속국들은 안전하니라. 네가 우리의 법을 받아들이면 모든 것을 우리와 함께 공유하리라. 네가 저항하고 완강하게 고집을 부리면, 이에 따르는 책임은 다 네게 있느니라. 주의하라고 경고하는 자는 용서하리라. 우리 몽골군에게는 어떤 요새도 [진격에] 방해될 수 없고, 어떤 군대도 우리를 멈출 수 없노라. 우리를 반대하는 너희의 기도는 [신께] 들리지 않을 것이다. 왜냐면 너희들은 먹지 말라는 고기를 먹고, 약속을 어기며, 협정을 위

380) 코란 2:20. 이 서신 여러 곳에서 코란을 인용하고 있는데, 몽골군 장수가 쓴 편지로서는 내용이 이상하게 보인다.

반하고, 신앙을 저버리고, 이단적인 것을 고백하며, 무례와 반란을 일삼기 때문이다. 너희가 극한 고통과 경멸에 빠지게 되리라는 것을 알라. 너희의 자존심, 우월감, 불신앙에 상응하는 수치스러운 보응을 당하는 날이 곧 이르리라. 너희들은 우리가 신앙이 없다고 믿지만, 우리는 너희가 불경하며, 전능자께서 너희들을 우리 손에 붙이셨음을 아노라. 너희가 가장 공경하는 자들이 우리 눈에는 불결한 자로 보이노라. 우리에게 반항하는 자들에게는 비탄과 공포가 덮치리라! 우리에게 호의를 보이는 자들에게는 은총과 평화가 있으리라! 몽골군은 동에서 서에 이르는 땅을 정복하였고, 재물을 가진 자들을 약탈하였으며, 모든 배를 강탈했노라(코란 18:78). 이제 마음에 안전한 길을 택하여, 전쟁이 일어나서 그 불똥이 네게로 튀기 전에 이 문제에 대한 답변을 서둘러라. 그렇지 않으면, 갑자기 가장 무서운 재앙을 경험하게 되리라. 순식간에 너희의 나라는 황폐해지고, 너는 숨을 곳조차 찾지 못하게 되리라. 죽음의 천사가, '당신은 그들 중 한 사람이라도 본 일이 있는가, 또는 그들의 속삭임이 한 마디라도 들리는가?(코란 19:98)'라고 외치리라. 우리가 너에게 솔직하게 경고하노라. 너의 의사를 조만간 알려주어, 너도 모르는 사이에 징벌이 내리지 않도록 하라. 경계를 늦추지 마라. 내 서신을 다 읽고 나거든 코란 16장(꿀벌의 장)에서부터 17장(밤 여행의 장)까지를 읽어보라. 우리가 보석 같은 말을 흩뿌려 놓았으니, 대답은 너의 몫이니라. 안전한 길을 택하는 자만이 무사하리라!"

나시르는 이처럼 무례한 서신을 매우 냉정하게 받고, 같은 어조로 답하였다. 공식문서보다 특이한 문학적 구성을 가진 이 편지에서 몽골과 아랍의 과장된 다툼을 보는 것은 흥미로운 일이다. 알레포의 [나시르 왕이] 훌라구에게 다음과 같은 답신을 보냈다.

오, 알라여, [너희들이] 감히 제국의 주인이라 말하다니! 신께서는 당신의 뜻을 따르는 자에게 통치권을 주시느니라. 신이여, 우리를 도우소서! 우주를 다스리시는 신을 찬양하라! 신의 사자들 가운데 으뜸이시고, 최후의 예언자이신 문맹자 무함마드와 그 가족들에게 건강과 축복이 임하기를 바라나이다! 우리는 너희가 보낸 편지의 내용을 익히 알고 있다(신께서 네게 진리의 길을 찾고 진리를 깨닫는 은혜를 주시기를). 그 편지에는 너희가 신의 진노 때문에 창조되었고, 그분의 진노를 받아야만 하는 자들을 대적하기 위해 보냄을 받았다고 하는 내용을 적은 서신을 익히 알고 있노라. 또 너희가 눈물과 아픔에 전혀 영향 받지 않으며, 신께서 너희에게서 연민의 정을 거두어 가셨다는 말도 들었노라. 그것이 바로 너희의 큰 죄악 가운데 하나니라. 그것은 다스리는 자의 본성이 아니라 악마의 본성이 아닌가! 이것을 스스로 고백한다는 것 자체가 스스로에 대한 망신이 아닌가. '오, 이교도들이여, 나는 네가 받드는 것을 숭배하지 않으리라!'[381] 모든 계시에 관한 저서에서 너희는 저주받은 자들이요, 매우 끔찍한 모습을 한 자로 묘사되어 있는데, 이는 하늘에 계신 사도들도 지적하는 바요, 너희가 세상에 탄생했을 때부터 우리가 익히 아는 바라. 너희는 스스로 의심하는 불신자들이니 믿지 않는 자들에게 임하는 알라의 저주(코란 2:89)가 아닌가. 너는 우리에게 이단이며 신앙을 저버렸고 반란과 불경의 죄를 지었다고 말하고 있노라. 어떤 결과도 상관하지 않는 자가 우리에게 교리를 상기시키려고 하는구나! 이는 마치 참된 종교를 부정하는 파라오가 신을 찬양하는 것과 같지 않으냐!

우리는 참 신앙인이니라. 우리에게 어떤 죄도 전가할 수 없으며, 우리는 어떤 의심도 살 이유가 없느니라. 하늘이 우리에게 코란을 주었고 우리가 섬기는 신은 영원하니라. 우리는 계시 된 말씀을 굳게 믿으며 그것을 어떻게 해석해야 하는지 알고 있다. 하지만 너희에게는 틀림없이 불이 내려 너희의 살갗을 태우리라. 하늘이 갈라지고, 별들이 흩어지고, 바닷물이 뒤섞이며, 무덤들이 뒤엎어질 때, 영

381) 코란 19:41.

혼들은 그 전 생애의 미래를 보게 되리라. 사자를 때려서 상처를 입히겠다고, 호랑이를 하이에나와 싸움을 붙이겠다고, 누더기를 걸친 가난뱅이들이 용사들을 공격하겠다고 위협하는 것이 이상하지 않은가? 우리의 준마들은 바르카Barca에서 난 것이고 우리의 검은 예멘에서 만든 것이니 우리의 군대는 동서에 걸쳐 강한 것으로 잘 알려져 있도다. 우리 전사들은 사자처럼 사냥감에 달려들고 우리의 준마는 도망치는 말을 따라잡으며 우리의 검은 공격하는 대상을 모두 산산조각 내며 우리 공격은 벼락같도다. 모욕적인 말로 우리 마음을 비탄에 잠기게 할 수 없고, 협박당하여도 조금도 두려워하지 않노라. 너희를 대적하는 것이 바로 신에게 복종하는 것이니라. 우리가 너희를 죽인다면, 우리 기도를 들으신 것이고, 너희가 우리를 죽인다면 우리에게는 낙원이 기다리노라.

너는 '우리의 가슴은 바위 같고, 우리 군사들은 모래알처럼 많다'고 말하나, 고깃간 주인이 양의 수가 많다고 겁을 내겠는가? 모깃불로 장작더미를 태울 수 있겠는가? 우리는 수치스럽게 살아남기보다는 죽음을 택하리라. 우리가 살아남는다면 다행이고 죽더라도 순교자가 될 것이니라. 신의 군대가 승리하지 않겠느냐?(코란 5:68) 너는 우리에게 신앙의 우두머리인 예언자[무함마드]의 대리자에게 복종하라고 요구하였다. 우리가 너에게는 복종하지 않으나 차라리 대리자와 연합할 것이니라. 너희는 장막이 걷히기 전에 너희가 우리에게 도달하기 전에 항복하라고 우리에게 요구하였다. 네 말의 구슬이 제대로 꿰어지지 않았구나. 장막이 갈라지고 운명이 성취된다면, 누가 잘못했고 누가 우상을 섬기는 쪽으로 돌아서 참 신 이외에 다른 신들을 인정한 배교자인지 알게 되리라. 네가 정말로 땅은 갈라져야 하고 산은 무너져야 한다는 것과 마찬가지인 이상한 일을 말하고 있다. 네 서신을 작성한 서기관에게, 문체는 간결하나 마땅히 있어야 할 약동함이 없다고 일러라. 사실대로 말하자면, 너의 서신은 라바브(페르시아 현악기) 소리나 파리가 윙윙대는 소리만도 못하니라. 네가 은혜를 배반했으니 엄중한 벌을 받아 마땅하니라.

우리는 이 이야기를 반드시 기록으로 남길 것이며, 그들을 고리대금업자의 죄 만큼 처벌 하리라(코란 19:78). 너희는 거짓 위협으로 우리를 희롱하고 있구나. 너희는 유창하게 말하는 것을 보여주려 하였도다. 어떤 사람이 혹시, '네가 적은 부분을 기억하고 있고 많은 부분을 잊었다'고 할지 모르나, 네가, '비뚤어진 자들은 자신의 운명을 언젠가 깨닫게 되리라'고 [서신에] 적었노라. 그것은 네 말이 생략된 것이겠으나, 우리의 답은 이러하니라. 신의 계명은 성취될 것이나, 그 성취를 서두르지는 말라!

이 나시르 왕과 시리아의 장군들과 병사들은 전투를 거부하지 않겠으나, 인내심을 가지고 너희 군마가 울고, 너희 병사들이 공격하기를 기다리는 것은 그들이 너희와 싸우기로 맹세했기 때문이니라. 너희들은 지옥으로 뛰어들지 않는 것이 더 나을 것인데, 지옥은 형편없는 휴식처이고 사자의 갈기를 칼로 내려치는 것과 다름없기 때문이니라. 모든 이들은 너희가 전투에서 강하게 무장하고 있으면 그것이 가장 호소력을 가진다고 말할 것이니라. 너희에게는 시구를 인용하고 편지를 쓰거나 역사를 기록할 기회가 없으리라. 우리가 너희를 맞을 것이니 신이 우리에게 승리를 주시고 기뻐하시리라. 우리는 보석 같은 말들을 나열하지는 않으나 우리에게 떠오르는 생각을 말하고 말을 더듬는 자라도 용서하리라. 경의를 표하노라."

이런 모든 말이 몽골의 훌라구에게 별다른 영향을 주지 못했고, 훌라구는 즉각적으로 군대를 진격시켜 알레포를 포위하였다. 닷새 동안 20대의 투석기로 도시에 공격을 퍼부었고, 알레포는 1260년 1월 18일에 함락되었다. 알레포에서 매우 많은 보화를 찾아내었고, 바그다드에서보다 더 심한 대학살이 자행되었다. 거리는 시신으로 가득했고 10만 여명이 넘는 여자들이 소 아르메니아나 다른 유럽에 노예로 팔려나갔고 한다. 몽골군이 시리아의 주인이 되었고 그들은 마을과 성채를 파괴하고 가자Gaza까지 그들의 수비대를 주둔시켰다. 훌라구가 시리아를 정복한 후에 예루살렘으로 가서 사라센의 손에서 성스러운 도시를 탈환하여 그리스도인들에게 되돌려줄 준비를 하고 있을 때 형 뭉케 대 칸이 세상을 떠났고 몽골에서 자신을 대 칸으로 선출하기 위해 기다리고 있다는 소식을 들었다. 뭉케는 1259년 12월에 남송의 황제와 전투하던 중에 중국에서 전사했다.

교황 알렉산데르 4세가 훌라구에게 보낸 서한

훌라구는 결국 시리아를 떠날 수밖에 없었다. 그는 10만의 군사를 키트부카 장군이 지휘하도록 맡겼는데, 그는 그리스도교인이었다.[382] 훌라구는 그리스도인들을 호의적으로 대했고 세례를 받고 자신이 그리스도인이라고 공언할 생각이었다고 전해진다. 이러한 환영할만한 소식은 훌라구가 보낸 사절이라고 자칭했던 요한이라는 사제가 로마(교황청)에 전한 것이었는데, 그는 [교황청에서] 생활이 순결하고 학식이 많은 고위 사제 하나를 페르시아로 보내 '서방의 통치자'[훌라구]가 확실히 개종할 수 있도록 도움을 요청했다.[383] 이런 종류의 정보의 진위에 대한 확신은 있었지만 그리스도교 측에서는 아직 이 정보의 전달자들의 진정성을 판단할 수 없었다. 게다가 이 요한이라는 사절은 훌라구의 서신이나 자신의 임무를 확인하는 서류를 하나도 가지고 있지 않았기 때문에, 교황 알렉산데르 4세는 훌라구에게 축하 편지를 쓰긴 했지만 예루살렘 총대주교에게 자기가 축하를 보낸 사안에 대한 사실 여부를 검증하는 임무를 맡겼다.

382) 10만이 아니라 1만이었을 것이다. 당시 몽골제국 전체의 몽골기병의 수는 모두 15만 정도였다. 키트부카(Kitbuqa Noyan, ?-1260)는 나이만 부족 출신으로 동방교회 교인이었으며 훌라구의 부관으로 중동 정벌에 참여했다. 1260년 아인 잘루트 전투에서 전사했다. René Grousset, The Empire of the Steppes: A History of Central Asia (Rutgers University Press, 1970), pp. 361, 363.

383) 여기서 '서방'은 유럽이 아니라 몽골제국의 서쪽 지역을 가리킨다.

교황 서신의 서두는 다음과 같았다. "당신의 사자를 자칭하는 헝가리인 요한에게서 하느님께서 자비를 베푸셔서 당신 마음의 눈을 뜨게 하셨다는 기쁜 소식을 들으니 우리의 심장은 뛰고 우리의 마음에는 기쁨이 넘칩니다." 그런 후에 따뜻하고 경건한 어조로 훌라구의 개종을 알고 나서 교회가 기뻐했다는 말을 하면서 이렇게 편지를 어어 갔다. "총명한 그대가 꼭 고려해야 하는 일이 하나 있는데, 그것은 그리스도교 군대가 당신의 군대와 연합한다면 엄청난 군사력을 가지고 사라센을 지배하게 되리라는 것입니다. 그리스도교 신앙을 방패삼아 하느님의 보호를 받는다면 당신은 이 세상에서 위엄의 정점에 오르게 될 것이고 동시에 영원히 계속되는 영광을 얻게 될 것입니다." 교황은 결론을 맺으면서 예루살렘 총대주교에게 훌라구의 본심을 밝혀주길 간청했는데, 이렇게 하면 신속하게 공동의 목적을 위한 수단을 마련할 수 있다는 내용이었다.

몽골군의 침공을 두려워하는 유럽

사실 몽골군의 [유럽 공격] 진의를 파악하는 것이 가장 중요했는데, 몽골군을 십자군과 갈라놓는 장벽이 무너져서 알레포, 다마스쿠스와 시리아가 거의 몽골군의 지배 아래 있었기 때문이었다. 훌라구는 모든 권한을 키트부카에게 주면서 예루살렘을 정복하여 그리스도교인에게 넘겨주라고 명했고 키트부카는 최선을 다하여 훌라구의 명을 실행하려 했으나 그 뜻이 이루어지지 못하는 불행한 일이 생겼다. 시돈Sidon과 보포트Beaufort 성채에 있던 그리스도교인들이 사라센을 기습하여 엄청난 양의 전리품을 획득했는데, 근처에 주둔하고 있던 키트부카의 조카가 서둘러 현장에 나타나서 삼촌 몫의 전리품을 달라고 요구했다. 그리스도인들은 이를 거부하고 몽골군을 공격해 키트부카의 조카까지 살해하는 일이 벌어졌다. 이 뜻밖의 사건 소식이 키트부카에게 전해지자 그는 말에 올라 시돈에 대한 즉각적인 공격을 명하였고, 시돈을 점령한 다음 대부분의 요새를 파괴했다. 수도사 헤툼은, 바로 이때부터 그리스도인들과 몽골군 사이의 신뢰가 사라졌다고 말했다. 몽골군이 시돈을 점령한 것이 이제까지 프랑크 군에게 해를 입힌 첫 사례였다. 사라센에게 공격의 화살을 퍼부었던 이 무시무시한 몽골 군대를 이제 프랑크 군이 물리쳐야만 하는 상황이 벌어진 것이었다. 실제로 몽골군은 즉각 프랑크 군에게 경고장을 보내 항복을 요구했고, 매우 경건하고 용맹했던 성전기사단과 병원기사단은 그들의 관례에 따라 경고장을 받던 날 밤에 모여 몽골군을 공격할 방법을 의논했다. 베들레헴 주교는 겁쟁이처럼 항복하려는 자들은 파문하겠다고 경고했고 이에 기사들은 끝까지 전쟁터를 떠나지 않을 것이며 평안한 삶을 살기보다는 하느님께 헌신해 예수 그리스도를 위하여 죽겠다고 답했다. 그러므로 만일 몽골군이 공격하게 되면 죽음을 무릅쓰고 그리스도교 신앙을 수호하려는 그리스도의 종들과 대면하게 될 것이었다. 많은 기대감을 주었던 몽골군은 이제 세계적인 폭력 집단으로 변해서, 시리아 전역은 극심한 공포에 빠져들게 되었다. [십자군들은] 서방의 왕들에게 도움을 청하는 서신과 사절을 보냈으며, 안티오크와 트리폴리가 몽골군의 수중에 들어갔다는 보고서도 함께 전했다. 한 사절은 멀리 영국에까지 갔는데, 그곳에서 대책회의가 열렸고 백성들에게는 기도와 금식과 회개를 명하면서 하늘의 자비로 그리스도교 왕국인 유럽을 다시 위협하는 이 무서운 재앙에서 벗어나도록 간구하라고 명했다. 프랑스의 루이 교황이 파리에 전해준 정보에 따라 귀족들과 주교들을 불러 모아 임박한 불행에 대항할 방법을 논의하였다. 낭기스의 윌리엄은, "장황한 설명과 기도가 줄을 이었고, 참석자 모두가 우리 주님과 그분이 세우신 성인들의 이름에 헛되이 맹세하거나 그 이름을 부르지 않았고, 죄를 짓지 않고, 화려한 의복과 과분한 육류섭취를 멀리하면서 근신했다."고 말한다. 또 2년 동안 마상시합을 열지 않고, 활과 석궁을 제외한 모든 놀이를 금지하기로 결정했다.

이듬해인 1261년, 교황은 로마에서 교무총회를 소집하여 그리스도교 왕국을 위협하는 잔인한 군대를 막을 방법을 마련하라고 지시했다. 교황은 여러 번 경고하면서, 그리스도인 왕들이 페르시아와 시리아의 몽골군뿐 아니라 교황의 명에 의해 몽골 측의 제의를 거절한 벨라 왕 때문에 헝가리로 진격 중인 몽골군에 대비하라는 지시도 내렸다. 유럽 변방들도 군대와 전쟁 비용을 지원하기 시작했다. 1262년에 노르웨이의 준비상태를 보고하는 사절이 교황에게 왔는데 교황 우르바노 4세는 이들을 접견한 자리에서 대주교와 베르겐Bergen, 오크니Orcades, 스타방에르Stavanger 주교들에게 분발하라고 촉구하는 서신을 사절을 통해 전하게 하였다.[384] 이는 주교들의 도움이 어느 때보다 절실했기 때문이었다.

예상치 못한 몽골군의 패퇴와 상황의 역전

그러나 이러한 준비가 진행되는 동안 몽골군이 이집트군에게 패하였으므로 이 전쟁 준비가 필요치 않거나 전쟁 상대를 바꿔야 하는 상황이 발생했다. 알레포 여왕이 이집트의 스토우스Couttous 술탄의 군대와 힘을 합하였으므로, 술탄이 시리아의 군대를 두려워할 일이 없어져서 몽골군을 몰아내는데 군사력을 집중할 수 있었다. 술탄은 아크레로 진군하여 그리스도교인들과 협정을 맺었으며, 그곳에서 병사들이 사흘 동안 휴식을 취하게 한 다음 키트부카의 군영이 있던 티베리아 평원의 갈릴리로 군대의 진군 방향을 돌렸다. 그곳은 골리앗의 샘이라 부르는 곳과 가까웠다. 술탄은 몽골군의 병영을 기습하였고, 몇 차례의 전투 끝에 몽골군을 무찔렀는데, 키트부카와 수천 명의 몽골군이 전사하

384) 우르바노 4세(Urban IV, 1261-1264)는 제 182대 교황으로 프랑스 태생이었다. 교황으로 취임하기 전에 예루살렘의 서방 교회 주교를 역임했고, 교황으로 즉위한 후 제 4차 십자군 이후 콘스탄티노플에 설치된 라틴 교회가 비잔틴에 의해 다시 무너지자 이를 복원하기 위한 십자군 운동을 주창했다.

였다. 그는 키트부카의 자녀들을 포로로 사로잡고 도망친 자들을 추격하여 사람들에게 몽골군이 천하무적이 아님을 깨우쳤다. 몽골군을 무찌른 것은 이들 나라에서는 이제까지 들어보지 못한 일이었고, 이 일로 이집트 술탄은 무슬림들의 기대를 한 몸에 받았던 반면에 그리스도교인들에게는 거의 재앙에 가까운 결과를 가져왔다. 다마스쿠스에서 있었던 이 예상치 못했던 승리로 인해 무슬림들이 그리스도인의 집에 몰려와 남김없이 약탈하고 교인들을 학살한 후 성 야고보 성당과 성모 마리아 성당에 불을 질렀다. 몽골군의 군세가 꺾인 모습이 곳곳에서 드러났고 얼마 지나지 않아 그들은 정책을 크게 수정했다. 칭기즈칸이 세운 광대한 제국이 분할되었고, 그 분할된 나라만으로도 강국이긴 하였으나 유럽과 아시아를 떨게 할 정도의 세력은 아니었다. 곧 알게 되겠지만, 전에는 다른 나라 사절들을 받아들이면서 야비하게 굴었고 항복 아니면 파멸 중에 선택할 것을 강요했던 거만한 몽골인들이 그들의 자존심을 굽혀 그리스도인 왕들 그중에서도 프랑스 왕들에게 먼저 접근하게 되었는데, 동방에서는 프랑스가 유럽에서 가장 강한 나라로 알려져 있었다. 훌라구는 앞서 살펴본 대로 뭉케 칸의 붕어로 궐위가 된 제국의 대 칸 자리를 차지하려고 시리아를 떠났으나, 도착이 너무 늦어져서 훌라구 대신 형인 쿠빌라이가 1260년에 대 칸으로 선출되었다. 쿠빌라이는 이미 몽골에 복속한 중국 북부에 이어 만자蠻子(南宋)지역까지 차지한 제국의 황제였다. 그는 심지어 일본까지 정벌하려 하였으나 함대만 잃고 말았다. 이것만 제외한다면 그에게는 여러 면에서 행운이 뒤따랐다. 인도차이나 반도 전체와 미얀마를 조공국가로 삼았으며, 티베트와, 동아시아를 흐르는 강들에서부터 갠지스 강 유역에 이르는 고장을 정복하였다. 그러나 쿠빌라이의 생각이나 광대한 영토에 관한 이야기는 이제 이야기할 마르코 폴로의 여행기 말고는 남아있는 것이 별로 없다.

훌라구와 그의 아내 도쿠즈 카툰의 죽음

이 강력한 군주[쿠빌라이]가 동아시아에서 정복 전쟁을 벌이고 있을 때, 서쪽에 있는 몽골제국은 분열되어 몽골과 페르시아 및 프랑크와의 관계에서 미묘한 변화가 생기게 되었다. 우리가 이미 살펴본 대로 몽골의 한 족장에게 처음 파송된 선교사들은 큰 위험을 만났는데 간신히 목숨을 이어가면서 마른 풀로 몸을 가리는 방법이나 찾아내야만 했다. 프랑스 루이 왕이 보낸 사절은 덜 야만적인 대우를 받긴 했으나, 오만과 무례를 견뎌야만 했다. 그러나 이집트에서 맘루크 술탄국이 등장하자 몽골인들의 어조와 행동에 놀랄만한 변화가 생겼다. 골리앗의 샘에서 참패를 당한 훌라구의 몽골 군대는 그리스도교인들과의 동맹이 가져오는 이점을 적극적으로 이해하려고 하였다. 참패 소식을 듣자마자 그는 군대를 집결시키고, 그루지야와 아르메니아의 왕들을 불러들였으며 동방에 있던 프랑크의 왕자들에게 사신을 보내어 이집트 술탄과 그 밖의 무슬림들을 공격하자고 설득하였다. 그 원정의 목적이 무엇이었는지를 짐작하기는 어렵지만, 훌라구가 죽었기 때문에 성사되지 못했다. 프랑크 군은 몽골군이 지독하게 더운 기후에 적응하지 못했을 것이므로 이 동맹이 성공하였더라면 아마도 몽골군이 성지를 쉽사리 자기들에게 내주었을 것이라고 착각하고 있었다. 프랑크 군은 아르메니아와 그루지야의 그리스도인들처럼 자기들도 세금과 조공을 면제받을 것을 기대하고 있었다. 그러나 이 같은 혜택은, 다음과 같은 조건이 아니면 받을 가능성이 없어 보였다. 그 조건은 프랑크 군이 칸의 통치권을 인정하고 칸이 군대가 가려는 제국이라면 어디나 따라다니며 칸을 뒷바라지하는 것이었다.

훌라구는 1265년 2월, 48세를 일기로 초가토우Tchogatou 강가에 있는 군영에서 숨을 거두었고 우르미아Urmia 호수 한가운데 있는 섬[Shahi]에 묻혔다.

그 섬에는 그가 지은 요새가 있었고 그곳에 보물을 모아 두었다. 왕후 도쿠즈 카툰도 남편이 죽고 나서 몇 달 뒤에 세상을 떠났다.[385] 역사가 라쉬드는, "왕후 도쿠즈 카툰은 그리스도교를 믿는 케레이트 부족 출신으로, 그리스도인들을 항상 보호해 주었다.[386] 훌라구가 그리스도인들에게 큰 호의를 보이게 된 것도 이 왕후의 영향력 때문이었는데, 그리스도인들은 이 번영하는 시기에 왕후의 영토[일칸국] 여러 곳에 많은 성당을 지었다. 도쿠즈 카툰의 거처 입구에는 언제나 성당이 서 있었고, 거기에서 울려 퍼지는 종소리를 들을 수 있었다."고 말한다. 아시아의 그리스도교인들은 훌라구와 카툰의 죽음을 크게 애도하였다. 바르 헤브라에우스는, "사순절이 시작되었을 때 훌라구가 죽었는데, 지혜, 자비와 위대한 업적에 있어서 그와 견줄 사람이 없었다.[387] 그해 여름 충직한 왕후 도쿠즈 카툰도 세상을 떠났다. 그리스도교의 보호자였던 이 두 별이 사라지자, 전 세계의 그리스도교인들이 애도 하였다"고 적어놓았다. 같은 시기에 또 다른 작가는[388] 이 두 사람이 콘스탄티누스 황제와 모후 헬레나에 버금간다고 말하기까지 하였다. 이러한 과장은 당시에 그리스도교인들이 얼마나 큰 고통을 당하고 있었는지에 대한 예증인데, 매우 작은 선의라도 따뜻한 감사의 마음을 불러일으킬 수 있었기 때문이다.

---

385) 도쿠즈 카툰(Doquz Khatun, ?-1265)은 케레이트 부족의 공주로 일 칸국을 건설한 훌라구와 결혼했다. 남편과 함께 전선을 누볐으며 바그다드 점령 때 많은 그리스도교인들의 목숨을 건져낸 동방교회 교인으로 널리 알려졌다. 유럽에 간 몽골 사신들은 도쿠즈 카툰과 그녀의 시어머니 소르각타니 베키를 전설적인 사제 왕 요한의 딸들이라고 소개하였다.

386) 라쉬드(Rashid al-Din Hamadani, 1247-1318)은 일 칸국의 정치가, 역사가, 의사. 페르시아 태생의 유대인이었지만 후에 이슬람으로 개종하였다.

387) (원주) Bar-Hebraeus, Dyn. xi. p. 542. 바르 헤브라에우스(Bar Hebraeus, 1226-1286)는 이름 그대로 유대인으로 시리아 정교회 대주교였다. 라틴어 이름은 아부팔라기우스(Abulpharagius)였다. 그는 철학, 시문학, 언어학, 역사학, 신학 등에 능통하였던 당대의 석학이었으며 많은 저술을 남겼다. 시리아어와 아라비아어로 썼다.

388) (원주) St. Martin, Memoires sur l'Arménie, Hist. des Orpelians. "위대하고 독실한 왕, 세상의 주인, 그리스도교인들의 소망인 훌라구 칸이 1265년에 붕어하였고, 이어서 영명한 도쿠즈 카툰도 그분의 뒤를 따랐다. 주님께서는 이 두 사람이 콘스탄티누스와 모후 헬레나에 버금간다는 것을 아신다. 훌라구가 그리스도교인들을 사랑하였으므로 참 신앙을 고백하는 모든 민족들이 자발적으로 그에게 복종했고 큰 힘이 되어주었다."

몽골 왕비가 된 비잔틴 공주와 요동치는 동방의 정세

훌라구의 뒤를 이은 것은 아들 아바카Abaqa였는데, 비록 무슬림을 재상 자리에 앉히긴 했지만 그의 정책을 살펴보거나 그리스도인이었던 왕후의 부탁을 잘 들어준 것으로 보아 그리스도인에게 우호적인 인물이었다.[389] 훌라구는 죽기 직전에 비잔틴제국 황제 미카일 팔라이올로구스 8세의 딸과 결혼하자는 제의를 받았다.[390] 이는 팔라이올로구스 8세가 디플로바타치나Diplovatatzina라는 가문의 여자와의 사이에서 낳은 마리아라는 딸을 [훌라구에게] 바치기로 하였기 때문이다.[391] 팬토크라토르Pantocrator 수도회의 대수도원장 테오도시우스 드 빌레하르두인Theodosius de Villehardouin,[392] 혹은 다른 자료에 따르면,[393] 안티오크 총대주교 에우티미우스Euthymius가 이 공주를 몽골 칸[훌라구]에게 데려다주는 일을 맡았는데 공주가 카이사라Cesarea에 도착했을 때 훌라구가 세상을 떠났다는 소식을 들었다. 그렇지만 공주는 여행을 지속하여 아바카의 궁정에 도착하였고 아바카와 결혼하여 '몽골의 여왕'이 되었다. 그녀는 그리스정교회의 영광을 위한 일에 관심이 있어서 친정아버지[비잔틴 황제]에게 두 명의 화가를 보내 달라고 간청하여 그들에게 타브리즈에 그리스정교회 성당을 꾸미게 했다.

---

389) 아바카 칸(Abaqa Khan, 1265-1282)은 일 칸국 2대 군주로 훌라구의 아들, 툴루이의 손자였다. 북쪽의 황금군단과 내전에 시달렸고, 시리아 침공도 실패하였다.

390) 미카일 팔라이올로구스 8세(Michael VIII Palaeologus, 1259-1282)는 비잔틴 황제로 1453년 제국 멸망 때까지 존속되었던 팔라이올로고스(Palaiologos) 왕조를 세운 인물이다. 그는 1261년 니케아 제국의 황제로서 콘스탄티노플에서 라틴제국을 몰아내는 업적을 남겼다.

391) 이 왕후의 이름은 마리아(Maria Palaiologina)였다. 아카바 칸의 왕후였다가, 미망인이 된 후 15년 만에 콘스탄티노플로 돌아와(1281년), 몽골의 성모 마리아 성당(Church of Saint Mary of the Mongols)을 재건축하고 그곳에서 여생을 보냈다. 이 성당은 무슬림 치하의 콘스탄티노플에서 훼손되지 않고 보존된 유일한 성당이며 지금도 이스탄불에 유적으로 남아 있다.

392) (원주) Du Cange, Anc. Byzant., p. 235. Pachymeres, vol. iii. p. 1044.

393) (원주) Aboulfaradge, Chron. Syr. p. 567. Bar-Hebraeus, p. 567.

만일 이집트 술탄이 무슬림에게 악을 행한 그리스도인에게 복수하기 위해서 안티오크를 포위해 공격할 때, 만약 아바카가 아르메니아의 왕을 공격하지 않았다면 아바카는 유럽과 공동 노력을 하려는 왕후 마리아의 경건한 마음의 영향을 거의 받지 않았을 가능성이 높다. 몽골 속국 가운데 하나와 십자군이 세운 공국들 가운데 가장 강력한 공국이 동시에 위협을 받자 공동의 위험에 대처하기 위해 그리스도인들과 몽골군 사이의 동맹이 반드시 필요해졌다. 유럽으로서는 무슬림 세력인 이집트가 국경을 시리아 경계까지 확장한 어마어마한 적(몽골)과 싸우게 된 것은 다행스러운 일이었다. 유럽에서는 십자군에 대한 열기가 식어가던 시기여서 유럽은 시리아의 식민지에 대한 원조를 줄일 수밖에 없었고, 따라서 몽골의 원조에 대한 기대감은 더 커졌다.

한편 몽골제국이 분할되면서 나타난 영향이 점차 감지되기 시작했다. 몽골의 칸들은, 군주로서 대 칸이 장군에게 지시하는 것처럼 군대를 마음대로 통솔할 수 없었고, 북쪽과 동쪽에 있는 형제국인 칸 국들도 이전과 같이 서로 돕기보다는 서로의 이해가 상반되는 관계로 변해버렸다. 이집트의 술탄은 킵차크 칸들의 경쟁심을 자극하는 방법을 찾아냈는데 아바카가 이집트를 공격할 때마다 [킵차크 몽골 군대가] 아바카의 영토를 침입하기로 조약을 맺은 것이었다. 이렇게 되자 이 조약이 끼치는 영향에 따라 부족한 부분을 보충하기 위해서 몽골인들은 그리스도인들과 동맹을 맺으려 했고 아바카는 교황에게 사절을 통해 서신을 전달했다. 교황청은 이전에도 아바카가 보냈다고 주장하는 서신을 여러 번 받았지만, 모두 라틴어로 쓴 것이어서 [이런 서신들은] 아바카의 친서라기보다는 그의 명으로 혹은 명을 받지 않고 동방교회 교인들이 [임의로] 보낸 것이었다. 이전의 서신들이 그랬을 수 있지만 1267년의 서신은 몽골어였고 당시 교황청에는 몽골어를 읽을 수 있는 사람이 없었으므로 교황은 이 서신을 전달한 사절에게 주요 내용을 말로 전달해 달라고 할 수밖에 없었다. 이것은, 교황이 아바카에게 답장을 하면서 그의 개종에 얼마나 크게 만족했는지 나타났으며 또한 아바카가 앙주의 샤를이 만프레드를 패배시킨 것을 얼마나 기뻐했는지를 설명한다.[394] [아르메니아 왕] 헤툼의 증언에 따르면 아바카는 그리스도인이 아니었고 만프레드의 패배는 교황청의 관심사일지는 모르지만 페르시아의 칸에게는 하찮은 일이었다고 한다. 아마도 번역자가 교황청이 몽골을 더 호의적으로 대하라는 뜻으로 이 두 사안을 서신에 포함 시켰을 것이다. 아바카는 장인인 [비잔틴] 미카일 팔라이올로구스 황제에게 그리스도인들을 도와서 사라센에 대항하겠다는 의사를 밝혔고, 교황에게는 그리스도인 군사들과 보조를 맞추기 위해 출정을 준비하는 그리스도인 왕들이 채택할 루트를 알려 달라고 요청했다. 교황 클레멘스 4세가 아바카에게 아래와 같은 답신을 보냈다.

> "폐하께서 보낸 고귀한 사자를 최근에 맞이했습니다. 그가 폐하의 서신을 저희에게 전했는데, 그 서신의 내용을 저희에게 말로 알려주었습니다. 교황청에는 몽골어 서신을 이해할 수 있는 사람이 아무도 없었고 귀국에서는 관례에 따라 라틴어로 서신을 작성하지 않으므로 저희로서는 폐하의 사자의 말에 의존해야만 합니다. 이를 근거로 폐하께 회신합니다. 무엇보다도 먼저, 모든 것을 주시는 하느님께 폐하의 마음의 눈을 밝히시고 폐하가 인류를 구원하시려고 십자가를 지신 그분의 외아들을 겸손히 섬기심으로 그분을 기쁘시게 하신 것에 감사드립니다. 폐하께서는 시칠리아 왕국을 차지하기 위한 전쟁에서 저희가 신성로마제국의 전 황제의 서자인 만프레드를 패배시킨 일을 기뻐한다고 말씀하셨습니다. 이 무분별한 약탈자가 수많은 그리스도인과 사라센과 함께 전쟁에서 쓰러져 목숨과 왕좌를 한꺼번에 잃었는데, 바로 예수 그리스도 안에 있는 저희의 사랑하는

394) 앙주의 샤를(Charles of Anjou, 1227-1285)은 프랑스 왕 루이 8세의 아들이었으며, 시칠리아 왕(1266-1285)이었다. 신성로마제국(독일권)의 확장을 막기 위해 노력하던 교황청의 지지를 받은 인물이다. 만프레드(Manfred, 1258-1266)는 신성로마제국 프리드리히 황제의 서자였고, 시칠리아 왕이었다.

아들 앙주의 샤를의 강한 손으로 이 일을 해냈고, 저희는 그에게 이 왕국을 다스리게 하였습니다. 프랑스와 나바르의 왕들이, 수많은 백작, 남작과 기사들의 의견에 따라 성지와 관련하여 이렇게 결정한 것입니다.[395] 그들은 십자가 표지를 붙이고 그리스도교의 적들을 상대로 용맹스럽게 싸울 준비를 하고 있습니다. 다른 나라에서도 이미 많은 귀족과 평민들이 이러한 사례에 힘입어 온 힘을 다하여 그리스도의 이름을 드높이고 사라센의 군대와 종교는 물론이고 그 이름까지도 없애기로 다짐하였습니다. 폐하께서는 저희에게 쓰시기를, 장인[비잔틴 황제]과 함께 라틴사람들을 도우러 오겠다고 하시니, 무한하고 뜨거운 감사를 드립니다. 우리 군대가 전진하는 경로에 관하여는 저희가 다른 군주들과 협의하기 전까지는 알려드릴 수 없으나, 저희가 그들에게 폐하와 폐하의 장인 되시는 분의 의중을 전하여 그들이 해야 할 바를 더 좋은 방향으로 숙고하도록 하겠습니다. 또한 저희가 결정한 내용을 폐하께 사신을 통해 전할 것입니다. 그러니 폐하께서는 좋은 해결책이 나올 때까지 기다려주십시오. 폐하께서 신실한 하느님을 섬기신다면 하느님께서 폐하의 왕좌를 지키시고 높이실 것도 믿으실 것이기 때문입니다. 모든 권세와 권력과 제국이 하느님 안에 있고, 왕들의 목숨이 그분의 손안에 있습니다. 그분은 눈빛으로 우주를 다스리시니, 그분의 의지를 거스를 자는 아무도 없습니다."[396]

아카바의 동맹 제안과 유럽으로 보낸 사절들

교황 클레멘스 4세는 아바카의 이런 제안을 프랑스 왕과 나바르 왕, 심지어 영국 왕에게 확실히 전했겠지만, 그가 그런 통보를 했다는 기록을 당시의 연대

395) '나바르의 왕'은 테오발드 1세(Theobald I of Navarre, 1234-1253)이다. 그는 제 1 차 십자군 이후 가장 성공적인 원정이었던 '남작의 십자군(Barons' Crusade, 1234-1241)'을 주도한 인물이었다.

396) (원주) 이 서신은 1267년에 교황이 이탈리아 비테르보(Viterbo)에서 쓴 것이다.

기에서는 찾을 수 없다. 그러나 다른 나라에서는 이런 협상의 효과가 가시적으로 드러났다. 우리는 1269년에 미카일 팔라이올로구스 황제와 몽골의 대 칸이 보낸 사자가 아라곤 왕 하이메 1세에게 왔었다는 사실을 알고 있다.[397] 역사가 마리아나는 이것이 아라곤 왕이 몽골의 사자를 두 번째로 맞았던 일이었고 이 사절은 페르피냐Perpignan 태생인 요한 알라릭John Alaric이라는 사람과 동행했는데 그가 바로 첫 번째 몽골의 사절이 가져온 서신에 대한 답신을 가지고 일 칸 국으로 갔던 아라곤 왕의 사절이라고 주장하였다.[398] 몽골 사절들은 잠시 휴식하기 위해 바르셀로나Barcelona에서 멈추었지만 알라릭은 그대로 통과해 톨레도Toledo로 가서 요직에 있는 여러 귀족을 만나서 자신이 본 것과 맡았던 일의 성과에 관해 자세히 보고하였다. 왕은 노령임에도 불구하고 직접 십자군으로 참전하려 하였는데 사위인 돈 알폰소Don Alphonso와 카스티야Castile 왕비가 그리스인들[비잔틴]의 배반과 몽골군의 잔혹함을 이유로 참전을 극구 말렸다. 그러나 그들의 간청이나 심지어 간절한 하소연도 아무런 소용이 없었다. 그가 전쟁에 참여하려던 시도는 에그모르트Aigues Mortes에서 폭풍을 만나 귀국하는 것으로 끝맺었다는 이야기는 모두가 알고 있다.[399]

그리스도교 세력이 아바카의 제안을 받아들여 그가 제시한 대로 대담하게 동맹을 맺었다면 훨씬 좋았을 것이다. 그러나 몽골군이 참전하지 않았던, 1270년의 치명적인 튀니스Tunis 원정으로 십자군에게 매우 필요했던 [몽골군와의] 동맹의 이익을 못 얻게 되었다. 영국 왕의 장자 에드워드Edward가 성스러운 땅을 향해서 갔던 유일한 인물이었지만, 그의 참전도 전쟁의 상황을 바꾸기에는 역부족이었다. 한편 아바카는 반대쪽을 향해 원정 중이었기 때문에, 이집트 술

397) 하이메 1세(Chaime I, 1208-1276)는 아라곤 왕국의 군주이다. 발렌시아, 발레아레스 제도 등을 정복하였다.

398) 마리아나(Juan de Mariana, 1536-1624)은 스페인의 예수회 사제였으며 역사가였다.

399) (원주) Marians, vol. I. p. 655.

탄과 싸우면서 나라를 잃을 위험에 빠진 아르메니아 왕을 돕고 사라센에게 잡힌 아들을 풀어주러 갈 형편이 못되었다. 그러나 아바카는 그를 먼 동방에 매어두었던 일을 끝내자마자, 서둘러 소아시아로 진군하여 이집트 술탄과 마주했다. 아바카는 술탄을 강력한 군대로 공격하여 그를 터키 왕국에서 몰아내었는데, 전해지기로는, 아바카가 터키 왕국을 아르메니아 왕 헤툼에게 주기로 했었다고 한다. 그러나 헤툼은 영리한 사람이어서 위험한 선물은 거절하였는데, 이런 선물을 받으면 이집트의 술탄이 끝없이 그를 못살게 굴 것이기 때문이었다.

헤툼은 아바카에게 성지회복을 도와달라는 요청을 하는 것으로 만족했고, 아바카는 이 요청에 공감한 나머지 교황과 그리스도인 군주들에게 다시 사절을 보내어 자신의 원정계획을 설명하였다. 6명의 사절은 두 번째 공의회가 열리고 있던 리옹에 1274년 초에 도착하였다. 그곳에서는 프란체스코회 소속 교황의 사절들이 여러 차례 콘스탄티노플에 드나든 결과 그리스 정교회와 로마교회가 신앙문제에 관한 합의에 도달하고 있었다. 그레고리오 10세는 서둘러서 아바카에게 사절의 도착을 알리면서 크게 환영 잔치를 베풀었다.[400] 교황은 사절이 가져온 서신들을 읽었고, 그리스도인 군대가 출병하기 전에 자세한 내용을 모두 전하겠다고 말했다. 그런 뒤에 교황은 1274년 7월 6일 4차 회의에서 몽골 사절을 공의회 참석자들에게 소개하면서, 맞은편에 있던 대 주교석 아래에 앉혔다. 사절들이 가져온 서신을 낭독하였는데, 물론 사절이 말로 설명해준 내용이었다. 7월 16일 공의회 5차 회의에서 사절의 대표와 이들과 동행한 유명한 몽골인 두 사람이 나중에 인노첸시오 5세가 된 오스티아의 추기경 피에르 드 타랑테즈Pierre de Tarentaise의 집전으로 세례를 받았다.[401] 이때 교황은 몽골인들에게 아주 값

400) 그레고리오 10세(Gregory X, 1271-1276)는 제 184대 교황으로 프란체스코회 소속이며 제 2차 리옹 공의회를 소집하여 교황 선출에 관한 새로운 규정을 공포하였다.

401) 이노센치오 5세(Innocent V, 1276년 재위)는 제 185대 교황으로 도미니크회 소속이었다. 오스티아의 추기경으로 재직하다 교황으로 선출되었지만 5 달 이후에 서거했다.

진 예복을 선물하였으며, 모든 종교행사에 초대하여 가운데 자리에 앉혔는데, 사절들은 행사의 화려함과 장엄함에 압도되었다. 하지만 이 근엄한 사절들과 만나서 정치적으로 중요한 결과를 얻어냈는지는 분명치 않다.

영국에 갔던 몽골 사절들도 크게 주목을 받았으나, 프랑스에서와 마찬가지로 별다른 성과를 거두지는 못했다. 에드워드 1세는 1274년 1월 26일 보리우 수도원에서 아바카에게 라틴어로 쓴 답신을 보냈다.[402] 그 내용은 다음과 같다.[403]

> "예루살렘 총대주교 도마 수사의 사제이며 교황의 특사인, 도미니크회의 독실한 수사 다비드가 저의 궁정에 와서 폐하께서 교황 성하와 다른 그리스도교인 군주들에게 보내는 서신을 전해주었습니다. 그 서신을 보고 폐하께서 그리스도교를 사랑하시고, 그리스도교 왕국의 원수들을 물리치시고 성지의 그리스도인들을 도와주셨다는 것을 알게 되었습니다. 저희는 폐하께서 거룩한 일들을 행하시기를 바라나, 현재로서는 저희 군대가 성지에 도착할 정해진 시간과 그리스도교 군대의 진격로에 대하여 드릴 말씀이 없습니다. 왜냐면 답신을 올리는 이 시점에 교황께서 진격로에 관해 아무런 결정을 내려주신 것이 없기 때문입니다. 그러나 이에 관한 좋은 소식을 듣는 대로 가능한 한 신속하게 폐하께 그 결정을 꼭 알려드리겠습니다. 저희는 폐하께서 성지와 동방의 모든 그리스도인을 돌보아주시기를 바라고 있습니다."

그러나 연합을 위한 이런 모든 시도는 아무런 효과가 없었는데, 이집트의 맘루크 세력이 점차 강해지는 가운데 십자군의 병력손실이 컸기 때문이다. 또

402) 보리우 수도원(Beaulieu Abbey)은 영국 햄프셔에 있는 시토회 소속(Cistercian) 수도원이었다. 1204년에 영국의 요한 왕에 의해 창건되었으며 시토회의 영국 본산으로 사용되었다.

403) 에드워드 1세(Edward I, 1272-1307)는 잉글랜드 왕으로 헨리 3세의 장자였다. 웨일스와 스코틀랜드를 정복해 다스렸다.

한 교황의 간곡한 권고가 있었지만 유럽의 왕들이 당시에 국내문제에 너무 몰두하여서 몽골과의 결맹을 심각하게 생각할 겨를이 없었기 때문이었다.

2년 뒤인 1276년, 교황 요한 21세 때 아바카의 사절을 자칭하는 두 명의 낯선 사람이 로마에 도착했다.[404] 사절을 자칭하는 요한 바실리John Vassili와 야고보 바실리James Vassili를 추기경 회의에서 받아들여, 일부는 말로 또 일부는 그들이 지닌 서신에 근거하여 그들이 온 목적에 대한 설명을 들었다. 일 칸의 제안은 그리스도교 군대가 시리아로 진격하고, 또 몽골군이 필요로 하는 물자까지도 제공해 준다면 그리스도교 군대에게 도움을 주겠다는 내용이 반복되었다. 요한 21세나 후계자인 니콜라오 3세는 이 아바카의 사절들에게 긍정적인 답을 하지는 못했으나, 이들을 설득하여 그리스도인 왕들에게 가서 의사를 묻도록 하였다.[405] 이전에 그랬던 것처럼 몇몇은 스페인으로 가서 아라곤과 카스티야 왕들이 시리아로 원정하도록 부추기는 한편 다른 사절들은 프랑스와 영국으로 가서 같은 뜻을 전했는데 성공할 가능성이 좀 더 많아 보였다. 다음은 낭기스의 윌리엄이 프랑스 필리프 3세의 궁정에 몽골 사절들이 도착한 내용을 보고한 것이다.[406]

> "1276년, 우리 주님께서 성육신하신 날[크리스마스]에, 몽골 칸이 보낸 사절이 프랑스 왕 필리프에게 와서, 만일 그리스도인 왕들이 사라센과 싸우러 동방으로 온다면 몽골 칸이 돕겠다는 뜻을 전했다. 그 사절은 프랑스에 오래 머물렀으

---

404) 요한 21세(John XXI, 1276-1277)는 제 187대 교황으로 포르투갈 출신이었다. 논리학자 겸 약초 전문가였던 페트루스 히스파누스(Petrus Hispanus)와 동일인물로 여겨지며, 교황으로서는 유일하게 의사 출신이었다.

405) 니콜라오 3세(Nicholas III, 1277-1280)는 제 188대 교황으로 많은 교황을 배출했던 로마의 명문가 오르시니 가문 출신이었다. 신성로마제국의 확장을 꾀하던 프리드리히 2세의 손자였던 합스부르크의 루돌프 1세와의 협정을 통해 교회의 권위를 세우기 위해 노력했다(1278년).

406) (원주) Vol. v. p. 535. 필리프 3세(Philip III, 1270-1285)는 제 8차 십자군 원정에 나갔던 루이 9세가 튀니지아에서 임종한 후 그의 뒤를 이은 카페 왕조의 프랑스 왕이었다. 시칠리아의 주도권을 놓고 아라곤 왕국과 대결했다. 필리프 3세의 아라곤 공격을 '아라곤 십자군'운동이라고 부른다.

며, 또 영국 왕에게 가서도 프랑스 왕에게 했던 것과 같은 말을 전했다."

낭기스의 윌리엄은, 이 사절들이 첩자가 아닌지 의심이 되었는데 출생지나 교양으로 볼 때 몽골인은 분명히 아니었기 때문이다. 알아보니 그루지야의 그리스도교인들이었다는 말을 덧붙였다. 하지만 필리프 3세는 그들을 생드니 Saint Denis 수도원으로 데려가, 함께 부활절을 축하했다. 이 사절들과 연관된 상황 가운데 하나는, 그들이 특별히 그루지야인이어서 대 칸이 개종했다는 등의 지어낸 이야기를 계속해 그들의 진정성에 의문이 든 것이었는데, 이전에 왔던 몽골 사절들이 그러한 말로 교황과 추기경들의 환심을 샀었기 때문이었다. 이 사절에 따르면 몽골 대 칸인 쿠빌라이가 세례를 받았고 교황이 그에게 뛰어난 신학자들을 보내주어 아이들을 가르쳐주기를 바란다는 것이었다. 이 사절은 교황청에서 수긍할 수 있는 어떤 내용도 확실히 이야기할 수 없었고, 또 이러한 반복되는 이야기만으로는 그 내용을 믿을 마음이 있는 사람들에게조차 별로 효과가 없을 것이라는 생각이 들었다. 누구든지 달콤한 착각에 빠져 간절히 원하는 바를 반복하기는 쉽다. 교회와 교황은 몽골인들의 개종에 커다란 관심을 가지기는 했지만 몽골인들이 다른 민족보다 그리스도인과 더 공감하는지 확실하지 않은 것은 몽골군이 정책상 또는 이해 관계상 필요하다면 때를 가리지 않고 차별 없이 모두 싹 쓸어버렸기 때문이었다. 몽골인들이 그리스도교와 그리스도인 왕들에게 호감을 보인 것은 오직 자기네들이 필요로 하는 도움을 얻으려 할 때였고 또 그들은 종교의 힘보다는 자신의 군대의 힘을 더 신뢰하고 있었다. 하지만 그 당시 멀리 아시아 쪽에 흩어져 있던 그리스도교 선교사들이 대 칸에게 우호적인 대우를 받았음은 사실이다. 대 칸이 아직 야만에서 깨어나지 못한 백성들에게 문명의 혜택을 줄 방법을 모조리 찾아내라고 했기 때문이었다. 대 칸은 이런 생각에서 모든 외국의 종교인들을 나라나 신조를 가리지 않고 차별 없이 수용하였다. 그러나 쿠빌라이는 어떤 면에서는 그리스도인이 아니었고 1260년부터는 백성들이 믿는 종교를 자신의 종교로 택하였다. 고대 인도의 왕들, 여러 몽골 칸들과 위대한 당나라 황제들의 선례를 따라, 그는 국사國師라 불리는 최고 종교지도자 자리를 만들었고 이 자리에 티베트 태생인 젊은 불교 성직자를 앉혔으며 이 성직자는 7년 동안 쿠빌라이에게 큰 은총을 입었다. 열 세대 동안이나 티베트 고위 사제를 지낸 가문 출신인 이 승려를 통해서 고대 불교 사제직이 계승되었고, 고위 라마직의 승계도 시작되었다. 또 쿠빌라이 때부터 라마 불교 또는 개혁 불교가 몽골인 모두의 종교가 되었다. 역사가 우리에게 말해주는 것은 쿠빌라이의 새로운 종교 수용은 신념의 문제라기보다는 정치적인 문제였다는 점이다. 사실 쿠빌라이가 자랐던 교육환경에서는 중국을 이해하는 사람이 하나도 없었으므로, 믿음(종교)이라는 것이 몽골의 다른 칸들이 수용하였던 종교들과 관련이 있었다고 여겨진다. 설령 바살리스 형제의 주장처럼 쿠빌라이가 세례를 받았다는 사실이 입증된다 해도, 우리는 이 사실만 가지고 그가 그리스도교인이었다고 추론할 수는 없으며, 단지 그가 실제로 차별을 두지 않았던 도교, 불교, 유교의 예식에 다른 예식 하나를 추가하였다는 정도의 짐작은 가능하다. 몽골의 대 칸들, 또 오늘날(19세기)의 만청滿淸의 군주들이 아무것도 믿지 않는 공자의 후예와, 아무거나 믿는 흔해 빠진 인도와 중국의 불교 신자들 사이에서 방법을 찾아냈다는 것이 종교를 수용하는 한계였던 것이다. 한 마디로, "종교는 하나밖에 없지만, 각국의 종교는 시대와 장소에 따라 여러 가지 형태를 가진다."는 생각을 가졌다는 것이다.

교황 니콜라오 3세가 아카바에게 보낸 서한

교황 요한 21세는, 아바카와 쿠빌라이가 개종하였다는 주장이 의심스러웠지만 교회로서는 중요한 사안인 만큼 사실 여부를 확인해보겠다고 결정하고 몽골에 가는 사절단을 바살리스 형제의 귀국길에 딸려 보내기로 하였다. 비록 이 계획은 그가 세상을 떠나면서 지연되었으나, 후임인 니콜라오 3세가 이어받았다. 교황은 사절로 프란체스코회 수사들 가운데서 프라토의 게라드Gerard de Prato, 파르마의 안토니Antony of Parma, 성 아가타의 요한John of St. Agatha, 프로렌스의 안드레André of Florence와 아레조의 마태Matthew of Arezzo 다섯을 골랐다. 이들은 아바카와 쿠빌라이에게 보내는 서신을 전해주고 또 몽골인들을 개종시키는 일을 하려는 사람들이었다. 교황 사절이 아바카에게 전한 서신의 내용은 다음과 같다.[407)]

> "탁월하고 훌륭한 아바카 왕이시여, 동방 몽골의 걸출한 왕이신 폐하께서 진리의 길을 걸으시기를! 거룩한 로마교회가 주님 안에서 기쁨으로 전율하는 것은 폐하께서 보내신 사자들이 나의 선임자인 요한 교황과 우리 형제인 추기경들에게 말과 서신으로 전해준 기쁜 소식 때문입니다. 이 서신에는 폐하께서 그리스도교 군대가 성지(예루살렘)에 도달하면 폐하께서 필요한 것을 모두 제공하시고 그리스도교의 원수들을 무찌르기 위해 폐하의 군사들을 모두 동원하여 적극적으로 도와주신다는 약속이 들어있습니다. 폐하께서는 서신의 끝부분에 폐하를 대신해 이 사절들이 저희에게 하는 말을 모두 믿으라고 분명히 말씀하셨고 이 사절들이 하느님을 기쁘시게 할 만한 내용을 우리에게 말해주었고, 또 나의 선임자와 형제들을 그들 가운데는 추기경의 직무를 수행하신 분들도 계십니다만 기쁘게 하는 내용도 있었습니다. 수많은 영혼의 구원에 대한 소식이 들어있으니, 이 얼마나 기쁜 소식이며, 거룩한 기쁨으로 받을만한 가치가 있는 것들입니까! 저희에게 전해진 내용에는, 모든 몽골인의 대 칸이시며, 황제이시고 중재자이시며, 예수 그리스도 안에서 우리가 사랑하는 아들인 폐하의 백부 쿠빌라이께서 세례를 받으셨고, 로마교회에 폐하와 폐하의 자녀들과 또 그리스도교를 믿는 백성들을 가

407) (원주) Odor Raynald, vol. iv. ann. 1278, N0. 18. p. 232. Wadding, Annales Minorum, vol. v. p. 36.

르치기 위해 자격이 있는 사람들을 보내 달라고 청하셨다고 들었습니다.

> 신랑이신 예수 그리스도의 자비한 온유하심으로, 세례의 성스러운 물로써 많은 자녀가 거듭남을 교회에게 허락하신 것을 어머니 교회[로마 가톨릭교회]가 기뻐하게 해 주십시오. 그리스도의 날에 그리스도교가 수많은 민족 가운데 한 민족을 더 받아들이게 된 것을 교회의 목자[교황]가 기뻐하게 해주십시오. 그 수많은 잃어버렸던 양이 무사히 돌아왔으니, 하늘의 궁정에서는 그 기쁨이 얼마나 크겠습니까! 복음서에서, '회개할 필요가 없는 의인 아흔아홉보다, 회개하는 죄인 한 사람을 더 기뻐할 것이다'라고 하였기 때문입니다.[408] 오! 우리에게 천국을 그와 같은 기쁨의 민족[몽골족]으로 채우도록 허락하신다면 우리에게 얼마나 기쁜 나날이 되겠는지요! 폐하께서 저희에게 알리신 이 모든 이야기는 정말 대단하고 숭고합니다. 하느님께서 그분의 손가락으로 폐하의 마음을 만지셨음이 확실합니다. 왜냐하면 그러한 거룩한 열정이 폐하를 불타오르게 하여, 폐하께서 그리스도의 일에, 또 하느님의 적들을 대적하는 일에, 폐하 자신과, 백성의 힘과, 온 제국의 힘과 자원을 기꺼이 쓰도록 하였기 때문입니다."

그런 뒤에 교황은 아바카 칸에게 자신이 그에게 보내는 선교사들과 그의 영토 안에 사는 그리스도교인들을 진정한 마음으로 추천한다는 말로 끝을 맺었다. 쿠빌라이 대 칸에게 보내는 서신도 내용은 같았으며, 이 서신과 함께 교황은 같은 날짜로 다섯 명의 프란체스코회 수사들에게 큰 재량권이 담긴 특허장을 내주었다. 교황은 수사들에게 몽골이 다스리는 모든 나라에서 하느님의 말씀을 전하고, 아바카와 그의 자녀들, 그의 신하들과 또 그리스도교로 개종하기를 원하는 그 외의 모든 사람에게 세례를 베풀고 또 공동으로 그리고 개별적으로 하느님의 영광과 그리스도교의 전파에 기여할 수 있는 모든 일을 할 수 있

408) 누가복음 15:7.

도록 위임하였다.[409)]

당대의 역사가들은 몽골로 파견된 이 새로운 선교사들이 어떤 일을 했는지 알 수 있는 충분한 자료를 남겨놓지 않았다. 몽골인들의 야만성, 중국인들의 무관심, 우상 숭배자들의 편견과 예전부터 그러한 나라에서 상당한 진전을 보였던 네스토리우스파 교인들의 경쟁의식, 게다가 선교할 나라들의 언어와 관습에 대한 선교사들의 무지함 등이 선교가 열매를 맺는데 틀림없이 커다란 장애가 되었을 것이다. 그러나 모든 노력이 열매를 맺지 못했다고 볼 수는 없다. 헝가리에 설립한 프란체스코회의 관구장은 몽골에 주교를 보내 달라는 간청을 담은 서신을 교황에게 보냈는데, "몽골인들과 함께 살면서 예수 그리스도의 복음을 그들에게 열정적으로 전하고 있는 우리 형제 몇 명이, 주님의 은혜로 많은 수의 몽골인을 개종시켰기"[410)] 때문이었다. 교황 니콜라오 3세는, 이 일을 할 사람으로, 교서 담당 주교이며 교황 특사인 필립에게 주교 하나를 서임해서 그에게 그 나라에서 어떤 수익이 나오더라도 상관하지 않고 사역하게 하고, 그 외에는 교황청이 책임지도록 부탁했다. 역사에는 파송한 주교의 이름이나 선교의 결과에 관한 기록이 없으나, 교구를 만들 필요가 있었다는 것 자체가 그리스도교가 동아시아에 널리 전파되었다는 증거가 된다.

409) (원주) Wadding, Annales Minorum, vol. v. p. 40.

410) (원주) Wadding, vol. v. p. 42.

제 8 장

13-14세기 동방 네스토리우스 교회와 중국선교

제 8 장

13-14세기 동방 네스토리우스 교회와 중국선교

몽골제국의 동방 네스토리우스 교회가 가진 한계

가톨릭교회가 몽골제국에서 선교 활동을 펼쳤던 것을 네스토리우스 교회의 선교와는 비교할 수 없을 것이다. 네스토리우스파 교회는 몽골제국에 많은 성당을 가지고 있을 뿐 아니라 중국에도 널리 퍼져있었고 신도의 수가 날로 늘고 있었다는 것은 네스토리우스 역사가들과 마르코 폴로의 증언으로 우리가 이미 알고 있다. 쿠빌라이가 제국의 수도로 삼은 칸발리크(북경)는 대교구 가운데 하나였고, 셀레우키아-크테시폰의 총대주교 또는 가톨리코스가 관장하고 있었다. 1279년 중국의 대주교가 서거하자 총대주교 딩하 1세는 시메온-바르-칼리그Simeon-Bar-Kalig라는 호라산 주교를 서둘러 후임으로 임명하였으나 그는 임지로 떠나기 전에 총대주교에게 저항하다가 급기야는 체포되어 사하카Sahaka에 있는 성 아브라함 수도원에 연금되었고 재산은 몰수되었다.[411] 그러

411) 딩하 1세(Dinkha I, 1265-1281)는 동방교회 바그다드 시대(780-1281)의 마지막 가톨리코스였다.

나 이 북경 대주교는 지하 감옥에서 탈출하여 산중으로 피신하였다가 산중 사람들에게 다시 붙잡혀 가톨리코스에게 인계되어 재수감되었다. 며칠 뒤에 이 대주교는 저항에 가담하여 함께 투옥되었던 몇몇 주교들과 함께 처형되는데 총대주교의 명으로 잔혹한 죽임을 당했다고 사람들은 믿고 있다.[412]

같은 때에 위구르인 수도사 두 명이 딩하 총대주교 앞에 모습을 드러냈다.[413] 그들은 중국을 출발하여, 인류의 구원자가 살다가 돌아가시어 성지가 된 예루살렘을 향하여 순례하는 길이었다. 이에 총대주교는 그들 가운데 하나인 야발라하Yahbhallah를 시메온-바르-칼리그 대신에 북경 대주교로 임명하였다. 야발라하가 임지로 떠나려고 할 때 딩하 총대주교가 세상을 떠났고 이 두 수도사들과 관련이 있던 몽골 부족장이 총대주교의 죽음을 아바카에게 고하면서 야발라하가 후계자로 적합하다고 추천했다. 그러나 아볼파라게는 야발라하가 독실하기는 하지만 무례하고 무지했다고 말한다.[414] 이 추천을 받아들인 아바카는 야발라하를 총대주교 자리에 선임하라는 칙령을 내렸고 동방교회 주교들은 칸의 명령에 따라 서둘러 셀레우키아에 모여 새로운 총대주교 즉 가톨리코스의 탄생을 장엄하게 선포하였다. 야발라하의 동료인 바르 사우마Bar Sauma라는 다른 위구르인 수도사는 고국인 중국의 주교로 서품되었다.[415] 이 모든 사실은 만약에 네스토리우스 교인들이 몽골인들 가운데 인기가 있었다면, 이는 그들이 존엄성과 독립성을 엄청나게 포기했음을 보여주는 것이다. 동방교회는 이 야만족 무리를 개종시켰다고는 하지만, 멍에를 지우듯이 억지로 개종시킨 것이 전부였다. 몽골 칸의 말 한마디에 위구르인 수도사를 그

---

412) (원주) Assemani, Bibliotheca Orientalis.

413) 이 두 사람은 투르크족의 한 갈래로, 몽골 남부에 사는 옹구트 부족에 속했다.

414) (원주) Aboulfaradje spud Assemani, vol. xiii. p. 257.

415) 이 두 수도사에 관한 자세한 내용은, 크리스토프 바우머, 안경덕 역, 『실크로드 기독교』 (일조각, 2016), pp. 405-411 참조.

대로 교회의 수장으로 선출한 것을 보면, 동방교회 주교들은 노예나 마찬가지였던 것이 분명하다. 반면 프란체스코회 선교사들이 개종자들을 거의 얻지 못한 것은 교리의 순수성에 너무 집착하였고 또 진실한 성격을 가졌기 때문이었을 것이다.

아바카의 죽음과 그의 아들 아흐마드의 이슬람 개종

1282년, 아바카는 무슬림들과 다시 싸울 준비를 하다가 독살되었다. 아바카가 그리스도교인들과 부활절 축하잔치를 벌이고 난 후에 무슬림 하나가 그에게 독을 먹였다고 한다. 그의 동생이며 후계자인 테구데르는 처음에는 그리스도인들에게 우호적이었으나, 나중에는 극악한 원수가 되었다.[416] 그는 젊었을 때 니콜라스Nicholas라는 이름으로 세례를 받았다. 그가 칸으로 즉위한 뒤에는 아시리아와 메소포타미아에 많은 성당을 짓게 하는 등 그리스도인들과 그리스도교에 큰 혜택을 베풀었고 나라 전체에 칙령을 내려 모든 수도원, 수도사들과 주교들을 과세대상에서 제외하였다. 그러나 이 혜택은 잠시뿐이었다. 그가 이슬람으로 개종하면서 이름과 호칭을 아흐마드와 술탄으로 바꾼 그는 그리스도교인들을 박해하고 성당들을 파괴했다.

아흐마드는 아버지 아바카가 시작한 그리스도교 국가들과의 동맹을 위한 협상을 중단하고, 오히려 이집트 술탄과 동맹을 맺으려고 서둘러 세바스테Sebaste의 카디(이슬람 재판관)를 보내어 그가 이슬람으로 개종했음을 알리면서 술탄과 우호조약을 맺고 이슬람을 온 세상에 전파하자고 제안하였다. 이렇게 되

416) 테구데르(Taqudar, 1282-1284)는 아카바의 동생으로 권력을 승계했지만 주류 몽골 칸들의 제지를 받아 칸에 오르지 못했다. 세례명이 니콜라스(Nicholas)였을 만큼 초기에는 네스토리우스파에 속했지만 이슬람으로 개종하고 동방교회를 탄압하였다.

자 아흐마드는 그리스도인들의 따뜻한 친구라고 불리기도 전에 무자비한 폭군이 되어버렸고, 무함마드를 광적으로 따르게 되면서 그리스도교라는 이름 자체를 없애는 데 앞장섰다. 그리스도인은 유배를 보내지거나 사형에 처해 졌는데, 이 박해의 시기에 많은 프란체스코회 선교사들도 끔찍한 고문을 당하고 처형되었다.[417] 아흐마드의 배교 행위는 당연히 모든 그리스도인과 그 우호세력의 분노와 증오를 불러일으켰고 무슬림에 대한 자비와 연민이 사라지게 되었다. 이집트 술탄은 아흐마드가 보낸 사절을 매우 의심스러운 눈초리로 맞았다. 그들이 비로Biroh에 도착하자 밀착 감시하라는 명을 내렸는데, 그리스도인들이 사절에게 접근하거나 대화하지 못하게 하려는 것이었다. 사절들을 밤중에 몰래 알레포로 데려갔다가, 나중에 같은 방식으로 다마스쿠스와 카이로로 이동하게 하였다. 그런 다음에야 사절은 술탄을 만나게 되었고, 엎드려 바닥에 입을 맞춘 다음 가져온 서신을 내놓으면서 전하는 말을 고하였다. 아랍어로 쓴 서신에는 13개의 인장이 찍혀 있었고 다음과 같은 표제로 시작하였는데 형식이 관행과 달랐다. "진정으로 자비하신 알라의 이름으로, 알라의 권세로, 그리고 대 칸의 도움으로, 아흐마드가 이집트의 술탄에게." 그러나 술탄은 이런 형식의 글을 좋아하지 않았다. 이는 술탄이 답신에서 이러한 가식적인 문체를 흉내 냈고 아흐마드가 한 말을 그대로 옮겨 적은 것을 보면 알 수 있다. 사절들은 선물을 받은 후에 올 때와 마찬가지로 똑같이 조심스러운 절차를 밟아 되돌아갔다.

다음해에 다마스쿠스에 있던 술탄에게 아흐마드가 두 번째 사절을 보냈는데 첫 번째 사절보다 더 홀대를 당했던 것 같다. 에미르(술탄)는 사절을 맞이하기 위해 알레포를 떠났는데 사절들이 어느 도시로 들어가든 반드시 밤중에 들어갔고 그들의 천막과 무기는 압류되었으며 죄수처럼 감시당했고 누구와도 접

417) (원주) Wadding, vol. v. p. 128 참조.

촉할 수 없었다. 따라서 아흐마드는 배교로 큰 득을 본 것은 거의 없었고 오히려 그를 못 미더워하는 무슬림들과 그를 증오하는 그리스도교인들 모두로부터 완전히 소외되고 말았다.

페르시아의 칸 아르군의 재 개종

무슬림들은 언제나 몽골군을 십자군만큼이나 지독한 적으로 간주하고 있었으므로 몽골군 쪽에서 새로운 정감을 전해도 그 진실성을 믿지 않았다. 한편 그리스도교를 믿는 수많은 몽골의 속국들과 옛 몽골 지역의 열성 지지자들은 모두 아흐마드의 행위에 강한 거부감을 가졌다. 몽골인들에게 그리스도교의 종교적인 의례는 익숙한 것이었으나, 오랫동안 적으로 대해왔고 자신들이 총대주교를 권좌에서 몰아냈던 그 종파[이슬람]를 좋아하지 않았다. 또 몽골인들은 그들 중심에 이와 같은 종파가 있다는 것에 크게 분개하였다. 그루지야와 아르메니아의 왕들도 아흐마드에게 복종하지 않았다. 쿠빌라이는 아흐마드가 조상들이 밟아온 길에서 벗어난 것에 크게 분개하였다. 조카인 아바카의 아들 아르군이 반란의 깃발을 들자 전투에서 그를 사로잡아 병사들이 보는 가운데 참수했다.

이런 상황이 펼쳐지고 있는 아르군은 다음과 같은 칙서를 공포한 적이 있다. 아흐마드가 예전부터 지금까지 따르는 몽골법을 버리고 선조들이 알지도 못했던 아랍인들의 종교를 받아들였으므로 왕족들이 합심해서 아흐마드를 왕좌에서 몰아내기로 하고 대 칸[쿠빌라이]에게 이 범죄자를 정의로 다스릴 것을 청하였으며, 이에 트란스옥시아나Djihoun와 프랑크족의 땅 사이에 있는 나라들을 다스리라는 명령과 함께 페르시아의 왕좌를 아르군에게 주었다는 것이었다. 아흐마드가 칸 노릇을 한 기간은 겨우 2년이었다. 아르군이 [아흐마드에게] 승리하여 칸이 될 때 그리스도인들에게 큰 신세를 졌던 것으로 보이는데 당시 몽골군에는 그리스도인들이 다수였기 때문이다. 심지어 그가 군기와 무기에 십자가 장식을 달았고 예수 그리스도의 이름을 내걸고 적들을 물리쳤다고까지 사람들은 말한다. 게다가 아르군은 주화를 만들면서 한쪽에 성묘를 상징하는 모양을, 다른 쪽에 "성부, 성자, 성령의 이름으로"[418] 라는 문구를 새겨 넣었다.

아흐마드의 배교 자체가 몰락의 직접 원인은 아니었지만 적어도 구실은 되었으므로 후계자로서는 그와는 반대로 해야 한다는 생각을 하게 되었을 것이다. 따라서 아르군도 페르시아 왕위를 차지하자 바로 이 길을 택했다. 사실 그가 쿠빌라이에게 왕위를 인정받았을 가능성은 적으며 당대의 역사가들은 그가 예루살렘을 지배하자마자 그곳에서 세례를 받겠다는 생각으로 무슬림들을 공격하였다고 전한다. 그는 또 선왕 아바카의 선례에 따라 아흐마드가 파괴했던 성당들을 재건하였고 많은 무슬림을 사형에 처했으며 이집트 술탄에게 선전포고를 했다. 아르메니아와 그루지야 왕들이 그를 찾아 왔고, 동방교회 교인들은 성지를 회복할 것을 여러 차례 간청했다. 그가 교황 호노리오 4세에게 이해하기 어려운 내용의 서신을 보냈던 것도 동방교회 신자들의 의견을 따랐기 때문이었을 것이다.[419] 이 서신의 라틴어 번역본이 남아있는데 비슷한 성격의 다른 문서들과 마찬가지로 특유의 몽골 문체가 여러 곳에 보이고 또 이해하기 어려운 번역상의 실수가 있는 것으로 보아 라틴어보다는 몽골어에 더 익숙한 번역자가 번역한 것 같다. 하지만 아벨 레뮈자Jean-Pierre Abel-Rémusat 는 번역본은 거의 직역이어서 몽골어 원본이 있었다는 증거가 된다

418) (원주) Odor Raynald, ann. 1285, No. 78.

419) 호노리오 4세(Honorius IV, 1285-1287)는 제 190대 교황으로 시칠리아의 주도권을 벌이던 아라곤과 프랑스 사이에서 아라곤 세력을 견제했다.

고 말한다.[420] 표현이 매우 무식하고 실수한 부분이 많은 것이 이 서신이 진짜라는 명백한 증거가 될 수 있고, 누구나 이렇게 기이하고 특이한 문체 몇 개만 가지고도 서신에서 언급하는 사건과 그 안에서 보여주는 연관성을 발견해 내는 것이 가능하다[고 주장했다]. 아르군은 몽골제국의 첫 번째 아버지 칭기즈칸 때부터 "교황, 고귀하신 프랑크족의 왕과 또 고귀하신 앙주의 샤를 왕에게" 품고 있던 선의를 언급하는 것으로 말문을 열었고, 몽골 칸들이 언제나 그리스도교인들에게 세금을 면제해주고 자기네 나라에서 자유롭게 살도록 보호해주었다는 점과 조부 훌라구와 선량한 선친 아바카가 그리스도교인들에게 베푼 혜택을 언급하였다. 이어서 이세-투르시멘Ise-Turcimen 또는 체Tse라는 통역과 함께 대 칸이 교황과 다른 [유럽의] 왕들에게 보낸 다른 사절에 관한 언급이 있는데, 사절들은 [교황과 왕들로부터] 값진 예복과 향수를 선물로 받았다고 하였다. 아르군은 자신에 대해서는, 대 칸에게 은총을 입는다면 즉 페르시아 왕위에 오르게 되면 교황에게 선물을 보낼 생각이었다고 말했다. 그는 또 그리스도인들에게 예전에 누리던 혜택을 되찾아 주겠다고 약속하였다. 아르군은 지난번에 그리스도인 왕들에게 사절을 파견한 뒤로 세월의 간격이 큰 것은 아흐마드의 배교가 원인으로, 그 때문에 그리스도인들의 나라[성지]도 지키지 못했다고 말했다. 서신 의 끝부분에서 그는 사취를 당한 땅, 말하자면 이집트 땅 일부를 프랑크에게 주겠다고 약속하였고 또 그리스도인 왕들이 신뢰할 수 있는 사람 편에 그리스도교인 군사들과 몽골 군사들이 합류할 장소를 알려달라고 하였다. 그리되면 칸과 교황이 사라센 군대를 전멸시킬 것이라고 하였다. 서신의 작성 일자는 을유년, 즉 1285년 5월 18일이었다. 서신의 마지막 문구를 보면, 타브리즈에서 쓴 것 같은데, 그곳이 몽골의 수도였기 때문이다.

420) 아벨 레뮈자(Jean-Pierre Abel-Rémusat, 1788-1832)는 프랑스 대학(Collège de France)의 첫 번째(1814년) 중국학 석좌교수였다. 의학박사였고, 중국 약초에 대한 연구를 진행하다가 중국학을 전공하게 되었다. 그가 석좌 교수 취임하던 1815년을 '공식적으로 중국학이 탄생한 연도'로 간주할 정도이다. 1822년 파리에서 설립된 동방학회(Société Asiatique)의 초대 상임이사였다. 서양학자로서는 최초로 『문헌통고文献通考』를 번역하였다.

교황의 아르군에게 어떤 답을 했는지는 기록으로 남아있지는 않지만, 그리스도인들을 보호해주고 진정한 종교를 가르치라는 관례적인 권고가 있었을 것이고, 몽골 측이 요구한 원조 문제에는 명확한 답변을 피했을 것이다. 당시 그리스도교 왕국들 사이에 전쟁이 벌어져 유럽 내부가 소란스러워서 십자군을 성지에 계속 파병할 여력이 없었다. 그러나 아르군은 불굴의 용기와 끊임없는 인내로 목표한 바를 추구하였는데, 1298년 교황이 된 니콜라오 4세에게 새로운 사절을 보냈다. 이 사절단의 단장은 옹구트 부족의 수도사인 바르 사우마로 순례에 동행하였던 야발라하가 주교직에 임명한 사람이었다. 야발라하는 앞서 살펴본 대로 아바카가 영향력을 발휘하여 동방교회 총대주교가 된 옹구트 부족의 사람이었다. 바르 사우마는 교황에게 사라센들로부터 성지를 되찾아오려는 아르군의 계획을 설명하였고, 쿠빌라이가 언제나 선교사들을 환대하는 몽골의 상황과 중국에서 교세를 넓혀가는 그리스도교 상황을 알려주었다.

그리스도교는 실제로 아시아 내륙에서 널리 전파되었다. 프란체스코회 수도사들이 이 넓은 지역에 두루 퍼져서 열정과 인내로써 복음을 전하고 있었다. 수도사들은 선교거점을 여러 곳에 만들었고 새로운 선교사들이 파송되어 끊임없이 활동하였는데, 이들은 복음을 전해 영혼을 구원할 수만 있다면 오랜 고생에서 오는 피곤과 위험을 무릅쓰는 사람들이었다. 불행히도 네스토리우스파는 몽골과 중국을 동시에 침입하였다. 총대주교 야발라하는 몽골족의 갈래인 옹구트 부족 출신으로 이 유별난 신앙을 자기 부족에게 전파하는 일에 힘을 쏟았다. 가톨릭 선교사들에게는 사실상 네스토리우스 선교사들이 가장 큰 걸림돌이 되었다. 이때 선교사들은 중국과 몽골에서 그 이후에는 상상할 수도 없었던 [선교적인] 자유를 만끽하고 있었으므로, 동아시아가 그리스도교 국가가 되지 않은 것은 이런 장애물 탓이었음이 분명하다.

교황 니콜라오 4세는 바르 사우마 주교 편에 아르군에게 답신을 보냈는데, 먼저 그리스도교 교리를 요약하고 나서 아르군이 하느님의 법대로 살기를 권유하였다. 교황은 예루살렘을 차지하면 세례를 받겠다는 아르군의 생각에 대하여 세례를 받으면 하느님이 더욱 잘 보호해 주셔서 바라던 정복을 이룰 수 있으므로 그에 앞서 받는 것이 좋다고 말하였다. 아르군이 곧바로 세례를 받으면 하느님을 기쁘시게 하는 것이고, 많은 백성이 그 뒤를 따를 것이기 때문이었다. 교황은 같은 사절 편에 아르군의 왕후인 쿠툴루크 카툰Quthluq Khatun에게도 축하 서신을 보냈는데, 교황은 왕후가 가톨릭 신자라고 알고 있었다. 서신의 서두와 양식이 다소 특이하다. [그 내용은 아래와 같다.]

"예수 그리스도 안에서 나의 사랑하는 딸, 몽골족의 뛰어난 왕후, 쿠툴루크 카툰에게. 건강과 하느님의 축복을 빌며.

내가 가장 사랑하는 딸아, 믿을 수 있는 증언으로 가톨릭교회의 횃불이 밝히 비추어져 네가 열심히 네게 주어진 종교적 의무를 다할 뿐 아니라 다른 이들이 예수 그리스도의 법을 따르도록 권유한다는 이야기를 들었노라. 이 모든 것은 하느님이 보시기에 확실히 기뻐할 만할 일이고 사람들로부터 칭찬받을 일이며 네 이름을 높이는 일이 될 것이니라. 너는 존경과 축복을 받은 딸처럼 불신앙이라는 어두움에서 진리와 생명의 길로 인도하신 하느님의 큰 은혜를 알고 있을 것이다. 하느님의 아들의 이름으로 간청하노니, 네 영의 눈을 들어 주님을 바라보라. 그가 너를 품으시리라. 부지런한 꿀벌처럼 선행을 쌓으며 자비를 베풀기를 멈추지 않으면 그러한 덕행이 너의 주 하느님께 상달 될 것이며 그분께서 너의 선행을 하늘 곳간에 쌓아두시리라."[421]

421) (원주) Wadding, vol. p. 170.

니콜라오 교황은 [동방교회] 타브리즈 주교 데니스Denis에게도 서신을 보냈는데, 데니스에게서 페르시아 칸의 서신과 함께 서신을 받은 적이 있었기 때문이다. 교황은 몽골인들에게 복음을 전하는 그의 열정을 자랑스러워하였고 프란체스코회 선교사들을 그에게 추천하였으며 참된 가톨릭 신앙을 붙들라고 간청하면서 가톨릭 신앙의 중요내용을 알려주었다.

아르군이 필리프 4세에게 보낸 서한

교황의 이 모든 서신을 살펴보면 순수하게 종교적 성격을 띤 것들이고, 몽골 쪽에서 눈여겨보는 정치적 목적과는 관련이 없었던 것 같다. 그러나 교황이 협상할 때 결코 정치적인 측면을 간과하지 않았다는 사실을 염두에 두어야만 한다. 1288년에 프랑스 왕이 페르시아 칸에 사신을 보낸 것을 보면 몽골 측의 제안을 [교황이] 필리프 4세에게 전달한 것만은 분명하다. 누구인지 알 수 없지만, 이 프랑스 왕의 사절은 아르군에게 가서 물론 아주 온건한 어조이기는 하지만 약간 오만을 떨었던 것 같다. 이 프랑스 사절은 페르시아 군주에게 경의를 표하는 것을 거절하였는데 아르군이 아직 그리스도교인이 아니므로 자기네 주군에게 하듯이 아르군에게 경의를 표할 의무가 없다는 핑계를 댔다. 경의를 표한다는 것은 아마도 몽골 관례에 따라 아르군 앞에서 세 차례 무릎을 꿇는 일이었을 것이다.

이런 일이 있고 나서 곧바로 몽골 궁정에서 보낸 또 다른 사절이 교황청에 도착했는데, 이들은 이어서 프랑스와 영국에도 방문했다. 이 사절은 부스카렐 드 기솔프Buscarel de Gisolf라는 제노아인으로 아르군이 필리프 4세에게 보내는 서신을 지니고 있었다. 몽골어를 위구르문자로 기록한 서신으로, 프랑스 기록보관소에서 발견되었다. 아벨 레뮈자는 이 서신의 원본을 찾아내 복사본을 출간하였는데, 박식하고 몽골어를 완벽하게 이해하고 있던 상트페테르부르크의 동방학자 슈미트Schmidt가 몽골 원래 양식을 흩뜨리지 않음과 동시에 단어 하나 빠뜨리지 않고 독일어로 이를 번역하였다. "하느님"과 "대 칸" 같은 단어가 나오면 새로운 행으로 시작하였고, 심지어 다른 글자보다 조금 크게 표기하였다.

> "전하께서 제[아르군]게 사람을 보내셨습니다. 일 칸의 군대가 이집트로 진군하면, 우리가 이곳을 떠나 폐하[프랑스의 필리프 4세]와 합류할 것입니다. 폐하께서 이 서신을 받으시면, 저희 제안 내용을 아시게 될 터인데, '하느님'을 신뢰하며, 저희 군대가 신묘년(1291년) 겨울 마지막 달에 출병하여, 이듬해(1292년) 봄 정월 15일 전에 다마스쿠스 앞에 진을 칠 것입니다. 만일 전하께서 약속을 지키셔서 약속한 시각에 군대를 보내신다면, 그리고 만일 '하느님'께서 우리가 성공하게 하신다면, 우리가 저들로부터 예루살렘을 취했을 때 그것을 전하께 드리겠습니다. 그러나 만나기로 한 장소에서 못 만난다면 우리 군대의 진군은 허사가 될 것입니다. 그렇게 되도록 하시겠습니까? 그리고 만약 그 후에 저희가 어찌할 바를 모른다면, 무슨 소용이 있겠습니까? 제가 모우스케리스Mouskeris를 보내니, 폐하께 여러 외국어에 능통한 사절 편에 저희에게 줄 선물, 귀중품과 프랑크 왕국이 나와 있는 채색 지도를 들려 보내실 수 있는지 그에게 말씀해 주십시오. '하느님'의 능력과 '대 칸'의 행운으로, 전하께 감사드립니다. 이 서신은 을축년(1289년) 여름 4월 6일에 콘돌렌Coundoulen에서 씁니다."

부스카렐은 아르군의 서신(프랑스 궁정에서는 그것을 읽을 수 있는 사람이 물론 아무도 없었다)과 함께 외교문서를 하나 보냈는데 거기에서 그는 자기 주군의 제안을 자세히 설명했다. 다음은 그 외교문서[422]의 요지다.

422) (원주) 이 문서의 프랑스어 사본 3통을 프랑스 국립 문서보관소가 소장하고 있다.

"아르군은 자신이 군대를 거느리고 행군할 준비가 되어 있다는 것을 프랑스 왕이 알게 하여 왕과 함께 성지[예루살렘]의 정복에 나서려 하였고, 왕이 직접 온다면 아르군은 기병 2만 명 이상을 데려올 수 있는 자신의 봉신인 그루지야의 그리스도교 왕 두 명을 거느리고 참전하겠다고 했다. 아르군은 프랑스 왕과 귀족들이 필요한 수만큼의 군마를 끌고 바다를 건너게 하는 것이 얼마나 어려운 일인지 감안하여 2-3만 필의 말을 프랑스 군에게 거저 주거나 헐값으로, 또 아르군이 터키에 비축해 놓았던 전쟁물자도 프랑스군에 공급할 예정이었다. 그로서는 명령만 내리면, 양, 소, 낙타, 곡물, 밀가루와 다른 물자를 조달하는데 아무런 어려움이 없었다. 부스카렐은 프랑스 왕의 사자들이 아르군이 그리스도교인이 아니라고 우기면서 그 앞에 무릎을 꿇지 않았고 몽골 예법에 따른 인사를 하지 않아 아르군이 경악했다는 말로 끝을 맺었다. 부스카렐은 말하기를, 아르군이 자기 신하들에게 사신들이 몽골 관습을 따르게 만들라고 세 차례나 독촉했으나 이런 예법을 차릴 줄 모른다는 것을 알고는 할 수 없이 그들을 만나주었고 환영 잔치를 베풀었다고 말한다. 하지만 아르군은 프랑스 왕에게 앞으로는 사절에게 몽골 궁정의 예법에 따라 경외와 존경을 표할 수 있도록 명해서 보내 달라고 요청하였다."

이러한 상황을 주목할 필요가 있는데, 그리스도교인 왕들에 대하여 몽골인들의 생각이 얼마나 바뀌었는지를 보여주기 때문이다. 우리는 몽골인들이 이전에 외국 사절들을 얼마나 야만스럽게 대했는지 잘 알고 있는데 어떤 때는 산 채로 껍질을 벗기고 짚 같은 것으로 말아버린다고 위협하기도 했었다. 우리는 노기를 품은 버르장머리 없는 서신들을 아시아와 유럽의 군주들에게 보냈던 것도 보았는데 즉각적인 항복을 받으려고 괴멸의 고통을 언급하기도 하였다. 그러나 몇 해가 지나자 몽골인들이 그리스도인들과 교섭하는 태도에 근본적인 변화가 생긴 것이다. 1288년 몽골 칸을 만나러 갔던 프랑스 사절은 몽골 예법에 따라 칸 앞에 엎드려 절하는 것은 절대로 거부하였다. 그들은 말하길, "그들은 그리스도인이 아닌 칸에게, 그들이 기존에 칸에게 의무적으로 엎드려 경배하도록 한 것을 명하는 데 실패했다."라고 하였다. 아르군은 [예법에 벗어난] 이러한 거부를 내색하지 않고 참았으나 프랑스 왕에게 보낸 서신에서는, "만일 전하의 사절들이 이렇게 행동하라는 지시를 받았다면, [지시에 따르는 이런 행동에] 전하는 크게 만족하셨을 것입니다. 군주가 기뻐하는 행동을 하면 [사절들] 자신도 기쁘기 때문입니다."라고 하였다. 이러한 말투는 프랑스라는 이름이 몽골 궁정에 강한 영향력을 끼쳤다는 증거가 된다.

역사가들은 부스카렐의 협상과 앞으로 벌어질 공동작전의 협의 결과에 대해서는 별 관심을 가지지 않았으나 적어도 당시에 아르군의 생각이나 십자군의 이해관계에 대해서 어떠한 결정도 하지 않았음은 확실하다. 부스카렐은 확실히 프랑스에서 임무를 마친 뒤에 영국으로 향했다. 부스카렐이 영국에 갔다는 사실은 니콜라오 4세가 에드워드 1세에게 보낸 교황 교서를 통해 알려지게 되었는데 영국 왕에게 몽골 칸이 성지탈환 준비를 한다는 사실을 알려주는 내용이었다. 교황이 왕에게 알려준 내용은, 유명인사인 부스카렐 드 기솔프가 아르군의 사절이 되어 몽골에서 보낸 서신을 가지고 최근에 도착하였다. 몽골이 보낸 서신에는 무엇보다 교회의 요청에 따라 [몽골군은] 십자군의 진격 날짜에 맞추어 성지탈환을 도우러 올 준비가 다 되어 있다고 말했다. 그리고 교황은, 앞서 말한 사절이 이 일로 영국 왕을 만나러 가는데 그에게 소개 삼아 이 교서를 주었으니 영국 왕은 몽골의 사절을 친절하게 맞이하여, 몽골 사절이 아르군의 입장에 대해서 말하는 것을 주의 깊게 들어보라고 말했다. 이 교황 교서는 1289년 9월 30일에 리에티Rieti에서 쓴 것이었다.[423)]

423) (원주) Act. Rymer, vol. ii. p. 429.

중국에서 활동하던 프란체스코회 선교사들이 전한 소식과 몽골인들의 개종 소식

같은 해(1289년)에 동아시아의 그리스도교 상황에 관한 중요하고도 흥미로운 소식이 교황청에 전해졌다. 이 소식은 언제나 그 내용과 말투가 모호하고 사리사욕에 바탕을 둔 몽골 칸들이 보낸 사절이나 서신을 통해서가 아니었다. 이 소식은 프란체스코회 총장 보나그라티아가 몽골로 보냈던 선교사들이 그 먼 곳에서 10년을 살다가 돌아와서 교황에게 자신들의 선교 활동에 관하여 직접 구술한 내용이었다.[424] 몽골 치하의 여러 나라를 거쳐서 여행한 이 포기할 줄 모르는 선교사들은 이름과 업적, 극악무도함으로 악명 높았던 몽골 칸들을 직접 만난 경험이 있는 사람들이었다. 이 선교사들은 동아시아 전역에서 끔찍한 전쟁에서 고난을 받고 전쟁의 참화를 이겨냈던 수많은 사람과 함께하면서 이들에게 복음을 전하였다. 당시 이 사제들을 '예수 그리스도를 위한 여행자들'이라고 불렀는데, 이들의 증언은 매우 흥미로웠고 이들이 하는 말은 교황청과 다른 모든 곳에서 열렬한 호기심을 불러일으킬 수밖에 없었다. 이들은 아르군의 사절들이 대체로 진지하다고 증언하였고 사절들의 말을 확신하였으며 몽골의 족장들이 그리스도인들에 대하여 호의적이고 복음을 받아들이기를 갈망하고 있다고 단언했다. 이 선교사들은 오래전에 몽골에 정착했던 졸레Jole 또는 줄리오Julio라 부르는 이탈리아인이 중요한 도움을 준 것에 관해 감탄과 감사를 표했는데, 그는 몽골에서 재산을 많이 모았고 큰 영향력을 가지고 있던 사람이었다. 그의 강력한 보호는 온갖 역경을 겪으면서 고통스럽게 선교 활동을 하는 수사들에게 큰 도움이 되었다. 이 결사조직인 프란체스코회 선교사들의 책임자는 요한 몬테코르비노로 매우 독실하고, 학문이 깊으며, 복음전파에 불굴의

424) 보나그라티아(Bonagratia de San Giovanni, 1265-1340)는 프란체스코회 수사로 수도회 총장이 되어 교황이 비잔틴 황제(Michael VIII Palaiologos)에게 보내는 사절단을 이끌었다.

열정을 지닌 사제였고, 능력이 뛰어나서 동방 전체에 이름이 알려져 있었다.[425] 그는 살레르노Salerno에서 가까운 몬테코르비노Monte Corvino라는 마을에서 1247년에 태어났으며, 당시의 관습에 따라 출생지를 자신의 이름으로 정하게 되었다. 그는 대부분의 생애를 원나라에서 선교사로 활동하다가 마침내 북경 대주교로 서임 되어서 그곳에서 사망하였다. 이 뛰어난 선교사의 사역과 성공에 관해서는 나중에 따로 언급하기로 하겠다.

요한 몬테코르비노와 동료들은 서방에서 잠시 머문 뒤에 동아시아에서 성스럽고도 고된 선교 활동을 다시 시작하기 위해 길을 떠났다. 교황 니콜라오 4세는 그들에게 아르군과 몽골과 중국의 황제인 쿠빌라이에게 보내는 서신을 전달하도록 하였는데 쿠빌라이는 칸발리크 즉 북경을 수도로 정한 군주였다. 우리가 그의 서신을 인용하지 않는 것은 별 내용이 없기 때문이다. 이 서신들은 지금까지 보아온 것들과 거의 비슷하고 세례를 받고 그리스도교인들에게 호의를 베풀라는 긴급하고 간곡한 당부 같은 것만 들어 있다. 많은 작가들(그 가운데서도 특히 프란체스코회의 저명한 사료편찬자인 와딩Wadding 같은 작가)은 아르군과 쿠빌라이가 세례를 받았다고 주장하지만 이런 일은 사실이 아닌 것 같다. 이 사건의 진상을 확실히 알고 있었던 교황이 이런 경우에 교황의 서신에서 세례를 연기할 필요성을 크게 주장하지 않았기 때문이다. 교황 니콜라오 4세는 이 서한에서 피사의 귀족인 졸레에게 그의 경건함을 칭찬하고 선교 활동에 도움을 준 열정에 감사를 표했다. 교황의 다급한 권고와 선교사들의 끊임없는 노력에도 불구하고 몽골인들의 개종에는 매우 빠르고 놀랄만한 진전은 없었다고 고백할 수밖에 없다. 그러나 아직 열매를 맺지 못함에도 불구하고 선교사들은 위축되지 않았다. 이들에게는 하느님께서 그들이 혼란 가운데서도 영원한 진리를 묵

425) 요한 몬테코르비노(John of Montecorvino, 1247-1328)는 이탈리아 출신 프란체스코회 선교사로 인도와 중국에서 선교단을 조직하여 이끌었고, 가톨릭교회 북경대교구 대주교로 서임되었다.

상할 수 있고 위대한 구원사업에 헌신할 수 있도록 주신 정신력이 있었기 때문이다. 서방에 전해지기로는 뛰어난 몇 명의 몽골인들이 세례를 받았고 그리스도인으로서의 의무를 준행하였다고 한다. 다타니칸Dathanikan과 아니초아민Anichoamin이라는 공주와 니콜라스라는 세례명을 받은 아르군의 아들이 언급되는데, 그들은 그리스도교를 믿는다고 공적으로 고백했다. 왕자를 낳은 우루크 카툰Uruk Khatun[426]은 한때 그리스도교인이었다. 또 아르군의 재상과 의사도 언급되는데, 그들은 신실하고 독실하게 종교적 의무를 준행하는데 만족하지 않고 새로운 신자들을 예수 그리스도에게 데려오는데 열성을 다했다.

이런 흥미로운 소식이 로마에 전해진 때는 1291년이었고, 이를 전해준 사람은 아르군이 교황과 영국 왕에게 보내는 서신을 맡겨 보낸 자간Zagan이었다. 교황 니콜라오 4세는 서신을 면밀히 검토하고 나서 [자신에게 온 것은 제외한] 다른 서신들은 영국의 에드워드 왕에게 보냈다. 이 서신과 앞서 보낸 다른 서신들을 보면, 이 페르시아의 칸은 자신과 협력하여 시리아를 함께 공격하자고 그리스도교인들을 설득하려고 애썼다는 것을 알 수 있다. 그러나 이 영국의 왕은 십자가를 진짜로 지게 되었다. 같은 해에 들려온 프톨레마이스(아크레)의 항복의 소식은 자간이 로마에 도착한 것과 동일한 시기에 유럽에 퍼졌기 때문에, 이 소식은 아르군이 추진하려는 계획을 실현하는데 확실한 걸림돌이 되었다.[427] 유럽 왕들은 아크레라는 전략적 요충지를 상실함으로써 장거리 원정을 더는 꿈꿀 수 없게 되었다. 비록 성공하지는 못했으나 교황들만이 여전히 십자군을 보내려고 애쓰고 있었다. 몽골 칸들이 하는 행동을 보면, 보조병인 몽골군이 자기들보다 더 적극적이고 참을성이 많다는 것도 (충분히) 알게 되었다. 프랑

---

426) (원주) 우르크 카툰은 케레이트 족 칸이며 사제 왕 요한으로 간주되었던 옹 칸의 증손녀이다. 헤툼은 이 왕녀가 평생 그리스도교를 믿었다고 전한다. 왕녀는 자신을 위해 예배를 드리도록 하였고, 집안에 언제나 그리스도교 사제가 머물게 하였으며, 자기만의 전용 예배실을 두었다. 아들(Carbagande)의 세례명은 니콜라스였다.

427) 프톨레마이스(Ptolemais)는 페니키아 연안 항구도시로, 중세시대 십자군들은 아크레(Acre)라고 불렀다. 십자군 원정 때 전진기지로 사용되었다.

크군은 안타깝게도 이슬람의 미래를 파멸로 몰아갈 수도 있었고 아시아의 운명을 바꿀 수도 있었으며, 많은 사람을 그리스도교 신자로 만들 수도 있었던 [몽골군과의] 군사동맹을 포기했다. 몽골군은 한동안 그리스도교와 문명에 유익이 될 수도 있었던 일[동맹]에 진지하게 매달려 있는 것 같았고, 다시 협상을 시작하고 무슬림에 대항하는 연합체를 만드는 일에 대단한 인내심을 보였다. 그러나 불행하게도 몽골군은 교황의 정신적인 열정을 후원받는 것으로 만족해야 했다.

교황이 아르군에게 보낸 서신

니콜라이 4세는 아르군의 마지막 서신에 답하면서, 영국 왕의 원조를 얻어낼 수 없었다고 밝히면서도 몽골인들을 그리스도교 쪽으로 끌어들이기 위한 강력한 동기를 제공했다. 이 중요한 정복 전쟁이 만일 달성되었더라면 팔레스타인의 정복과 십자군을 따르는 몽골군의 개종에 버금갈 정도의 사건이 되었을 것이고, 이 원정과 그들이 만들었던 결합이 매우 중요하고도 행복한 결과를 가져왔을 것이다. 몽골인들이 쉽게 개종하는 사람들이 아니라는 말은 옳은 말이다. 그들은 그리스도교와 이슬람 사이에서 언제나 머뭇거리면서 피정복지에서 두 종교의 신자들을 화해시키는 방법을 모색하였다. 완벽하고도 결정적인 동맹만이 이런 망설임에 종지부를 찍을 수 있었다. 그러나 그리스도인 왕들은 이 점을 충분히 이해하지 못하였고, 역사가들은 서방과 동방 사이의 이 커다란 싸움에서 교황청을 옹호하려는 의도를 유지했다. 교황이 더 지적이었고, 더 적극적이었으며, 더 참을성이 많았다는 기록을 남겼을 뿐이다. 역사가들은 몽골 칸들의 개종이 문명과 그리스도교의 커다란 사건 가운데 하나라고 생각했다. 예수 그리스도께서 “나의 나라는 이 세상에 속한 것이 아니라”고 말씀하셨음에도 불구하고, 훌륭한 정책과 국가의 번영은 언제나 종교적인 이해관계와 조화를 이루었다.[428] 국가를 이루는 개개인들이 영생을 얻기 위해 자신들의 영혼을 간절히 구원하려고 할 때만 국가는 위대하고 행복해지는 것이다. 따라서 교황이 아시아의 중심으로 보냈던 많은 서신과 야만족 왕들이 세례 받게 하는 교황의 유일한 목적은 전 세계에 걸친 그리스도교 문명의 승리에 이바지했다고 할 수도 있을 것이다.

교황이 니콜라스에게 보낸 서신과 예상치 못한 아르군의 서거

니콜라오 4세는 아르군에게 그리스도교를 받아들이라는 진심으로 간청하는 편지를 써 보냈을 뿐 아니라 니콜라스라는 세례명을 가진 아르군의 아들 하르벤데Kharbendé(올제이투)에게도 개종한 것을 축하하면서, 현명하고 실질적인 조언을 하는 편지를 보냈다. 왕의 형제인 사로우Sarou와 가잔Ghazan, 그리고 장군 타가차르Tagatchar와 아니초아민, 다타니칸 두 공주에게도 그렇게 하였다. 이 서신들은 교황청이 기록물로 보존하고 있지만 여기에서는 아르군의 아들에게 보낸 편지만 인용하려고 하는데, 이유는 단지 교회가 (누가 무엇이라 할지는 몰라도) 자비로운 어머니처럼 자녀들을 언제나 부드럽고 관대하게 대한다는 것을 보여주는 문구가 들어있기 때문이다.

> "뛰어난 몽골의 왕이신 아르군의 왕자이며, 나의 사랑하는 고귀한 아들 니콜라스에게.
>
> 그대에게 건강과 교황의 축복이 임하길.

428) 요한복음 18:36.

천상의 모든 선물이 풍성하게 흘러나오는 주님 안에서 내 가슴이 기쁨으로 뜨거워지는 것은 네게 거룩한 빛이 비추었다는 것을 믿을 수 있는 증언을 통하여 알게 되었기 때문이니라. 은혜의 축복이 준비되어 있었기에, 네가 감동적인 열정으로 세례를 받는 물속에 들어갔던 것이리라. 이 소식이 더욱 유쾌하고 즐겁게 우리에게 전해졌으니, 우리가 더욱 진정한 마음으로 또한 더욱 열정적인 갈망으로 풍성해진 네 영광과 구원을 우리 관용의 연민 안에 품었노라. 네가 고결하기를 바라며 하느님 아들의 이름으로 권하노니, 축복의 자녀답게 열정과 삼가는 마음으로 모든 선행과 덕행을 쌓는 일에 헌신하라. 그리하면 천국을 얻게 되리라. 용기를 다하고 정성을 다하여 그리스도교에 관해 연구하고 그 말씀에 순종하라. 그리하면 영광스러운 깃발이 네 앞에 펼쳐지리라. 네가 유익하게 된 모습을 따라서 사람들이 그리스도교를 받아들이려 할 것이고, 너 자신도 확실하거나 영원하지 않은 이 세상에서의 삶을 마친 후에 하느님께서 택하신 자들을 위해 준비해 두신 영원한 복을 상으로 받게 되리라. 나아가 사랑으로 네게 충고하노니 네 습관, 복색이나 음식을 바꾸지 말라. 이 일로 혹시나 네 백성 가운데서 불화나 나쁜 소문이 나돌지 않게 하려는 것이라. 삶의 방식도 세례를 받기 전에 하던 대로 이어가라. 네가 신조에 더 익숙해지도록 이 서신에 덧붙여 그 사본을 보내노라. 신조는 이렇게 시작하느니라. '우리는 성 삼위일체를 믿사오며...' 우리와 교황청을 존경하는 마음을 가지고, 우리의 사랑하는 아들이며 고해신부 윌리엄 드 체리William de Cheri와, 내가 너희 민족을 구원하기 위해 보내는, 신학 교수인 매튜 드 티에티Matthew de Thieti를 친절하게 맞이하라. 그들을 친절히 대할 것이며 그들에게 내가 맡긴 일에 대해서 그들이 청하거든 진심어린 조언과 도움과 보호를 베풀라."[429]

그러나 교황이 두 명의 새로운 사절 편에 이 많은 서신을 몽골로 보내려는

429) (원주) Odor. Raynald, ann. 1291, p. 443. Wadding, tom. v. p. 256.

순간에, 아르군이 세상을 하직하였다.[430] 당대의 역사가는 동아시아Upper Asia에 그리스도교를 전파하려는 희망의 기반이었던 기둥이 내려앉은 것[아르군의 죽음]은 하느님의 섭리처럼 보인다고 말했다. 그의 죽음은 그리스도교의 확산에 관심을 두었던 모든 이들을 비탄에 빠뜨렸다. 그들은 아르군의 개종에만 의지하였고 예수 그리스도에게 예배하는 자들이 모인 가운데에 보란 듯이 자리 잡은 그의 모습을 볼 수 있는 절호의 기회를 기다리고 있었다. 그러나 이 왕은 자기 궁정에서 수많은 무슬림이 내놓은 의견에 반대하지 못하고 머뭇거리는 성격이었다. 그는 자신의 의견을 밝히기 전에 무슬림 세력이 쇠퇴하는 것을 보려고 하였다. 그는 먼저 그들의 권세와 일자리를 빼앗기 시작하였고, 시리아와 팔레스타인의 계획된 원정을 통해서 무슬림의 영향력이 완전히 없어지기를 기대했다. 아르군은 또 반복해서 자신은 예루살렘에서만 세례를 받겠다고 말했다. 그러나 전 생애를 통해서 그리스도교와 선교사들에게 호의적이었음이 확실하고, 그가 로마, 프랑스, 영국, 스페인에 보냈던 수많은 사절단이 그가 그리스도교인들과 동조했다는 증거라 할 것이다.

가잔의 그리스도교인 박해와 왕자의 기적

아르군의 후계자는 그의 동생 가이하투Gaikhatou로 형과는 전혀 다른 인물이었다.[431] 그는 이슬람 편으로 기울어졌다고 하며 당대의 역사가들은 그를 방탕한 술주정뱅이라고 말하고 있으나, 그를 모든 악의 근원이라고 말했던 헤툼은 그는 종교가 없었다고 말했다.[432] 그는 수치스러운 5년의 통치 끝에, 측근 신

430) (원주) Bar-Bebraeus, p. 512.

431) 가이하투(Gaikhatu, 1291-95)는 훌라구의 손자이며 아바카(Abaqa)의 아들로 태어났고, 일 칸국의 제 5 대 칸이었다.

432) (원주) Hist. Orient. cap. xxxix.

하들에 의해 암살당했다. 바이두가 그의 뒤를 이었는데 온순하고 인정이 많은 왕자였고, 그리스도인에게 매우 우호적이었다.[433] 하지만 정치적인 문제에 관해서는 그리 신중하지 못한 편이었다. 그는 많은 성당을 세웠고, 몽골인들에게 이슬람을 전하는 것을 금했다. 이 때문에 그는 무슬림의 주도세력과 멀어지게 되었고 이에 무슬림은 아르군의 아들 가잔에게 시선을 돌려서 그가 만일 최근에 믿게 된 그리스도교를 단념한다면, 그를 왕위에 앉게 해주겠다고 제안하였다. 가잔은 신앙심은 없었으나 야심이 컸으므로, 음모에 빠지게 되어 왕위를 차지할 욕심에 변절자가 되었다. 그는 권력을 쥐자마자 그리스도교인들의 잔인한 적이 되었다. 1296년, 그는 그리스도교인들을 재앙에 빠뜨렸는데 그들에게 엄청난 박해를 가한 것이었다. 아르메니아의 그리스도교인들만이 이런 학대에서 벗어났고 그 밖의 나라에서는 그리스도교와 연관이 있는 것들은 모두 말살했다. 모든 성당을 파괴했고 종교행사에 쓰는 거룩한 물건들은 모두 이교도의 조롱과 멸시의 대상이 되었다. 바그다드에서는 공공장소에서 모습을 드러내는 그리스도인이라면 욕설과 잔혹한 행위를 당하는 것을 견뎌야만 하였다. 두이다리Duidari라는 사원에 묻혀있던 동방교회 총대주교 마키카와 딩하의 시신은 파헤쳐져 팔다리가 길가에 던져지고 군중에게 모독을 당했다. 당대의 역사가들은 아르벨라Arbela, 타브리즈, 모술과 바그다드에서 그리스도교인들에게 가해진 잔인한 행위를 공포심을 갖지 않고는 쓸 수 없다고 말했다. 그리스도교인들에 대한 박해는 1298년까지 이어졌고 그 뒤에 갑자기 잠잠해졌다.

가잔은 그리스도인인 아르메니아 공주와 결혼했는데, 신앙심이 깊고 빼어난 미모를 갖춘 여인이었다고 한다. 그녀가 아들을 낳았는데 "사람이라기보다는 꼬마 괴물"이라고 할 정도로 역겹고 추하게 생긴 기형아였다. 가잔은 아내를 무척 사랑했으나 그런 흉측한 아들을 낳은 것을 보니 부끄럽기도 하고 충격

433) 바이두(Baidu, 1295년 사망)는 일 칸국의 제 6 대 칸으로 가이하투의 사촌이었다.

을 받았다. (거의가 무슬림인) 궁정의 신하들은 이제 왕비를 없앨 좋은 기회를 잡았다고 생각했다. 왕비가 독실한 그리스도교인이었고 선교에 대한 열정이 가득했으니 무슬림들이 못마땅하게 생각할 만했다. 그러자 궁정의 신하들은 회의를 열어 갓난아기가 간통으로 낳은 자식이 틀림없다고 선언해버리고는 모자母子에게 화형을 선고하였다. 화형대가 마련되었고 죄인들은 군중에 에워싸인 채 고문을 당했는데 그들 가운데는 모순된 감정을 드러내는 사람들도 있었다. 이 비극적인 사건은 무슬림들의 승리였는데 이 때문에 그리스도인들은 슬픔과 실의에 빠지게 되었다. 화형대에 불이 붙자 불길은 탁탁 소리를 내며 사방으로 번지면서 제물을 삼키려는 순간에 이 불행한 아르메니아의 공주는 사랑하는 남편에게 그리스도교에 대한 자신의 마지막 의무를 다할 시간을 달라고 말했다. 화염 속에서 아기와 함께 죽기 전에 불쌍한 아기에게 세례의 은총을 받게 해달라고 간청하였다. 연민의 정이 솟은 가잔은 아내의 간청을 들어주어 출두한 그리스도교인 대신이 아기 엄마의 고해성사를 듣고 종부성체를 받게 하여 힘을 돋우어 준 뒤에 아기에게 세례의식을 행하였다. 그런데 이 불행한 피조물의 영혼을 회생시키는 성수가 이마를 적시자마자 급작스럽고 놀라운 변화가 일어났다. 이 끔찍한 드라마의 마지막 장면을 근심스럽게 기다리고 있던 군중의 눈에도 그것이 보였다. 하느님께서 세례의 성수에 신체를 변화시키는 능력을 부여하시어 아기 몸에 성수가 닿는 순간 원래 있던 얼룩을 씻어내 버렸다. 아기 모습이 갑자기 기막히게 아름답게 바뀐 것이었다. 이 기적을 본 수많은 증인은 놀라서 함성을 질렀고 아내의 결백을 확신한 가잔은 왕비를 데리고 궁으로 돌아갔다. 이 일이 있고 나서 가잔은 그러한 경이로움을 보여주신 그리스도교의 하느님을 믿기로 했고 많은 신하와 더불어 자신이 그리스도교인이라는 것을 대중 앞에서 고백하였다.

성 안토니누스가 이 사건의 처음과 끝을 전하고 있는데, 그는 몽골인들 속에서 오래 살다가 유럽으로 오게 된 어떤 피렌체인에게서 이런 흥미로운 이야기를 듣고 교황과 그리스도교인 왕들에게 이 이야기를 전했다.[434] 모샤임 Mosheim도 같은 이야기를 하고 있으나,[435] 신앙적으로는 커다란 의미를 두지 않았다. 그는 "괴물이 아름다운 아기로 바뀌어 가잔의 아들이 되었다는 것이 가능한 한 일이냐?"고 하였다. 옳다. 틀림없이 가능한 일이지만 기적이라기에는 무엇인가 조금 부족하다. 우리가 모샤임처럼 기적에 대하여 무작정 반론만 제기하는 것은 아니지만 우리조차도 때로는 하느님의 전능하심을 믿지 않는 교활한 인간들보다 그것을 인정하는 사람들의 생각을 이해하는 것이 어려울 때가 있다.

가잔은 그리스도교인이 되고 나서 단호하게 새로운 정서에 맞는 정책을 채택하였다. 그는 장인인 아르메니아 왕과 함께 시리아 술탄 말레크-나세르 Malek-Naser를 공격하였다. 가잔은 이 원정으로 십자군 세력이 완전히 궤멸되기 전에 선왕들이 그리스도교인 왕들과 동맹을 맺으려고 협상했다는 것을 뒤늦게나마 알게 되었다. 그는 다마스쿠스를 점령하였고 시리아 전역을 약탈하였다. 휘하 장군들 가운데 하나인 쿠츨루크Koutlouk는 안티오크에서 진격하였는데 주군의 명령을 수행하려고 키프로스의 그리스도교인들에게 도움을 청했다. 키프로스 왕의 동생 시레 아마우리Sire Amauri가 성전기사단과 병원기사단의 단장들과 함께 원정군을 이끌고 타르투스Tartus에 도착했다. 그러나 이 원정군이 몽골군과 합류하기로 한 곳에 왔을 때 가잔이 중병에 들었다는 소식을 들은 몽골군이 서둘러 퇴각하였다. 이렇게 준비했음에도 아르메니아 왕은 아무런 전리품도 취하지 못한 채 자기 나라로 돌아갔고 프랑크 군은 키프로스

434) (원주) *Chron*., p. 3. tit. 20. cap. viii. fol. 82. (역주) 성 안토니누스(Antoninus of Florence, 1389-1459)는 도미니크회 소속으로 1446년부터 피렌체 대주교를 역임했다. 코시모 데 메디치의 후원을 받아 산마르코 수도원 건축을 주도했다. 전염병과 지진으로 고통 받던 피렌체 시민들을 위해 일해 성자로 인정되었다. 많은 책을 남겨 도덕신학과 그리스도교 사회윤리학의 개척자로 알려져 있다.

435) (원주) Hist. Tart., etc., p. 86.

로 철군하였다. 이 일련의 사건에서 그리스도인들의 대의에 긍정적으로 작용한 것이 있다면 이러한 소식이 유럽에 급속하게 알려진 일이다. 당시의 어떤 역사가가 남긴 말이다.

> "사라센들을 무찌르려고 많은 병사를 모아 기적적으로 연합군이 만들어졌는데, 이 군대의 총사령관은 아르메니아의 그리스도인 왕이었다. 그는 알레포로, 곧이어 카멜Camel로 군대를 끌고 가서 비록 자기 백성들이 크게 살육을 당하고 손실을 입었지만 승리를 쟁취하였다. 그 뒤에 그는 흩어진 군대를 다시 모아 군사력을 정비하여 사라센들을 다마스쿠스까지 추격하였는데, 솔단Soldan이 지휘하는 대 군단이 그곳에 있었다. 그리하여 아르메니아 왕이 지휘하는 몽골군, 솔단의 군대와, 사라센 군대 사이에 치열한 전투가 벌어졌고 10만이 넘는 사라센이 죽임을 당하였다. 이제 성지는 몽골군의 손에 떨어져 속국이 되었다. 그리고 그리스도교인들은 크게 의기양양한 가운데 예루살렘에서 하느님께 영광을 돌리면서 부활절을 지켰다."[436]

가잔과 이집트 술탄 사이의 전쟁은 각종 전투에서 가잔 쪽이 승리하면서 여러 해를 이어갔다. 가잔의 충직한 봉신인 아르메니아 왕, 아니 역사가들의 말대로라면 가잔 군대의 총사령관이 4만의 신하인 병사를 이끌고 시리아를 약탈하였고 여러 도시를 점령하였다. 이런 결과를 가져오게 된 것은 가잔이 십자군의 도움을 불러들인다는 생각을 했고 그런 요청을 하려고 서방에 사절을 보냈기 때문이었다. 가잔의 사자들이 파리에 와서 프랑스 왕에게 과거에 동맹 제안을 했음을 거듭 강조하였고 이어서 그들은 영국에 가서 에드워드 1세의 이해를 구하려고 애썼다. 가잔이 유럽 군주들과 동맹을 모색하는 동안에 이 동맹이 서방에 유리할 것이라 생각했던 상황에 커다란 변화가 생겼다. 무슬림들이 전투에

436) (원주) Chron. de Saint-Denis, chap. xxv.

서 크게 승리하여 몽골군과 아르메니아 왕이 유프라테스 강 너머(동쪽)로 후퇴하게 되었고 전해지기로는 가잔에게 큰 피해를 준 불행한 일이 생겨 그 때문에 그가 1302년에 세상을 떠났기 때문이다.

학문을 장려한 쿠빌라이

같은 시기에 북경에서는 중국의 황제이며 동방 몽골의 위대한 쿠빌라이 대칸이 세상을 떠났다. 그가 역사상 가장 거대한 제국의 군주였다는 사실은 논란의 여지가 없다. 중국 전체, 고려, 티베트, 통킹과 코친차이나(인도차이나 반도), 갠지스 강 서쪽의 인도 땅 대부분과 또 인도양의 많은 섬나라가 제국의 영토였는데, 태평양에서 드네프르 강까지, 아시아대륙 북부 전체를 차지한 셈이었다. 페르시아 또한 그의 영토였는데 훌라구의 계승자들인 페르시아 군주들은 중국 황제로부터 신임장을 받았고 또 일 칸의 영토가 지중해와 비잔틴제국 경계선까지 뻗어 있었으므로 아시아 대륙 전역이 북경을 수도로 삼은 대칸의 지배를 받고 있었다고 할 수 있다. 알렉산더 제국, 로마 제국, 심지어 칭기즈칸 제국을 어찌 쿠빌라이 칸의 제국과 견줄 수 있겠는가? 하지만 이렇게 놀랄 정도로 강한 통치자가 있었다는 사실이 우리에게 거의 알려지지 않았고 우리가 배운 대부분의 역사서에서도 그에 대해서 한마디도 언급하지 않았다니 놀랍지 않은가!

쿠빌라이 치세에서 우리는 한 가지 놀라운 현상을 보게 된다. 우리는 이 강력한 군주가 한 때 동방에서 가장 문명한 나라들을 다스렸고, 야만에서 거의 벗어나지 못한 나라들을 통치했다는 것이다. 한 편으로는 평화를 부추기고, 다른 편에서는 전쟁 사업이라는 열정으로 자극했다. 이미 정복한 나라들을 부드럽게 다스리고, 정복하지 않은 나라들은 격정적인 전쟁의 쇠사슬로 다스렸던 것이다.

쿠빌라이는 중국식 교육을 받았다. 그는 문명의 이점을 알고 있었고 중국 제도를 좋아했으며, 문학과 과학을 보호했다. 그는 한문으로 된 여러 개의 고전을 몽골어로 번역하게 하였고 고국인 몽골에 청년들을 위한 학교를 세웠으며 그들의 연구를 장려하였다. 그는 모든 나라와 모든 종교의 지식인들을 반갑게 맞이하여 많은 특권을 주었고 세금도 면제해 주었다. 최초의 학술기관인 한림원翰林院을 설치한 군주도 쿠빌라이였다. 그는 많은 사람이 수학에 관심을 가지도록 했고, 아랍인들의 도움을 받아 새로운 천문학 체계를 수립하였는데, 이로써 중국인들은 당대 최고의 천문지식을 갖게 되었다. 그는 또 농업, 공업과 상업 진흥을 장려하였으며, 중국 각지에 수많은 운하를 건설하고 많은 항구를 외국에 개방하였다. 하지만 몽골인들을 문명 세계로 이끄는 일은 그의 권한 밖이었다. 이 무지하고 호전적인 부족들과 평화를 사랑하고 개명된 나라들과의 교류는 성과를 내지 못하였다. 몽골인들이 무례하고, 난폭하며, 방랑하는 습관을 버리지 못하고 있어서 중국인들은 피정복자로서 인내를 가지고, 묵묵히 상공업, 예술, 학문에만 매진하였다.

유교의 종교적 특징

중국인들과 몽골인들을 결합시키는데 크게 불협화음을 낼 수밖에 없었던 것은 종교적인 정서의 차이였다. 이 점에서 한인들과 몽골인들은 서로 조화를 이룰 수 없었다. 쿠빌라이가 중국 대륙을 얻고 보니 중국에는 3대 종교가 자리잡고 있었는데, 서로 적대감을 가지고 있었다. 하지만 몽골에 점령당한 후부터는 모두가 실의에 빠져 서로 화합하고 가까워지려고 노력하였다. 세 종교 가운데 첫째이며 가장 오랜 것은 공자가 창시한 유교였다. 철학적인 범신론에 기초한 유교는 시대에 따라 여러 가지로 달리 해석되었다. 고대 유교[先儒]에서는 인간의 행위에 따라 상벌을 주는 전능한 신의 존재를 배제하지 않았으며, 공자의 말씀을 보면 그렇게 생각할 여지가 많아서 공자가 그런 신조가 있었다고 여겨진다. 그러나 공자는 제자들에게 그런 신조를 가르치는 데에는 별로 관심이 없었고, 또 그는 이 표현을 모호한 의미로 사용했다. 그는 오로지 질서라는 원리 위에 도덕과 정의의 체계를 세우고, 또한 그다지 잘 정의되지 않은 "하늘의 계획에 순응하는" 체계를 세우는 것으로 해결책을 찾고자 했다. 인간 본성이 진보하므로 그를 따르던 철학자들이 완전히 곁길로 빠지는 것을 용인하게 되었고, 그들 중 많은 이들이 심지어 13세기에 [스피노자보다 먼저] 스피노자적인 철학에 빠지게 되었다. 그들은 여전히 스승의 권위에 매료된 나머지, 물질주의 사상을 가르쳤고 급기야 무신론으로 변화되었다. 공자의 글은 전혀 종교적이지 않다. 그는 고대의 계율, 효도, 우애를 지키고, "하늘의 법을 따르는 것과 인간의 행동이 조화를 이루도록" 행동의 방향을 유지하게 하는 것으로 만족했다.

공자가 가르친 유교라는 계율은 실제로 종교라기보다는 오히려 실증철학이다. 유교에서는 만물의 근원, 창조나 종말 같은 것에는 관심을 두지 않으며, 철학적 성찰에도 큰 관심이 없다. 유교는 전적으로 이 세상에서의 삶에만 관심을 둔다. 그들[儒者]이 과학과 문학에서 얻고자 하는 것은 다양한 업무를 수행하는데 필요한 것들일 뿐이며, 중요한 원리는 그들의 실천의 결과물이고, 도덕이란 것도 정치적이고 실용적인 것에 국한된다. 이러한 것들은 지금(19세기) 유럽에서 많은 사람이 이루고자 하는 것들이기도 하다. 그들은 추론은 무시하고 오로지 긍정적인 것에만 매달린다. 그들의 종교는 일종의 물질문명이며, 그들의 철학은 순종과 명령을 통해 평화롭게 사는 기술技術이다. 유교에는 제단도, 조상彫像도, 사제도 없다. 관료들이 바로 유일한 사제들이고 엄숙한 일이 있으면 하늘에 제사를 지내는 것이 바람직하다고 생각하는데 이런 일을 수행하는 것도 관료가 하는 일이다.

유교에서 정말로 중요한 것은 공자에 대한 제사이다. 그의 위패를 모든 학교에서 모시고 있고, 선생과 학생은 수업을 시작할 때와 끝날 때 어김없이 존경하는 공자의 이름 앞에 엎드려야만 한다. 모든 학교와 선비들이 모이는 곳, 그리고 과거 시험장에는 그의 조상이 모셔져 있는 것을 볼 수 있다. 중국의 모든 마을에는 그를 모시는 사당을 세워놓았고, 3억 명 이상의 사람들이 한목소리로 공자가 "훌륭하다"고 외친다. 그렇게 여러 시대에 걸쳐서 한 제국에서 모든 사람에게 엄청난 영향을 주거나, 실제로 경배의 대상이 되는 경우는 영향을 미친 어떤 유한한 인간에게도 있을 수 없는 일이었다. 사람들은 공자가 기원전 2세기에 노魯나라에 살았던 한 인간에 불과했다는 사실을 잘 알고 있다. 인류 역사에서 그 큰 나라가 한 명의 인물에게 2,400년 동안 깍듯한 존경과 종교적 경배를 드린 다른 예를 공자의 경우를 제외하면 찾아볼 수 없다. 지금도 많이 남아 있는 공자의 후손들은 중국인들이 그들의 영광스러운 조상에게 바친 굉장한 존경에 함께한다. 공자의 후손들은 실제로 중국에서 귀족의 지위를 세습하고 있으며 그들에게만 부여된 특권을 누리고 있다.

도교의 종교적 특징

중국에서 두 번째 종교는 제자들이 중국 고대의 원시종교라고 여기는 도교이다. 도교는 유교에 비해서 많은 비유가 있지만, 천재와 귀신의 존재를 개별적으로 인식하고 있으며, 그 존재들이 지배하는 자연의 여러 부분과는 독립된 것으로서 인식하고 있다. 도교에서는 남녀 도사들이 독신으로 생활하며, 도술, 점성술, 주술을 비롯한 수천 가지의 어리석은 행동에 전념하고 있다. 이들을 도사道士라고 부르는 이유는, 유명한 노자老子가 가르친 기본교리가 세상을 창조한 태고의 원인인 도道이기 때문이다. 이 교리는 재미있는 제목의 책인 『도덕경』 안에 들어 있다. 이 노자는 공자와 자주 교제를 했으나, 유교 창시자인 공자가 도교에서 말하는 도에 관해서 어떻게 말했는지 알기는 힘들다. 하루는 공자가 노자를 찾아갔다가 제자들에게 돌아와서 사흘 동안 입을 열지 않고 있었다. 이에 제자 자공子貢이 놀라서 그 이유를 물었다. 공자가 말했다.

> "나는 어떤 사람이 날아다니는 새처럼 내게서 떠나려 하고 있다는 것을 알고, 화살이 장전된 활로 그를 관통시킬 생각을 하고 있었는데, 나는 화살로 맞추어서 길들이는 데 실패한 적이 없었다. 나는 어떤 사람이 날렵한 수사슴처럼 내게서 떠나려 하고 있다는 것을 알고서 사슴을 쫓는 사냥개처럼 그를 쫓아갈 생각이었는데, 나는 쫓아가서 잡는 일에 실패한 적이 없다. 어떤 사람이 물고기처럼 내 손에서 빠져나와 깊은 곳으로 도망치려고 하자 어부처럼 낚시의 바늘에 걸려고 했는데, 나는 그 사람을 힘으로 제압하는 데 실패한 적이 없다. 그러나 구름 속으로 올라가 공중에서 솟구치는 용과 같은 그[노자]를 쫓을 수는 없구나. 용의 소리에 놀라 열린 입을 다물 수 없구나. 놀라서 내민 내 혀를 다시 집어넣을 수 없구나! 내 정신이 혼미하여서 평온을 되찾을 수 없구나!"[437]

노자의 철학사상을 어떻게 이야기하든, 노자의 제자들은 [중국에서] 한 번도 커다란 인기를 누리지 못했다. 그들은 미신에 지나치게 빠져있어서 아주 무식한 사람들까지도 제자들에게 빈정거리기 일쑤였다. 그들이 유명해지게 된 것은 주로 영생하는 묘약에 관한 비결 때문이었는데, 이 비결 때문에 몇 명의

437) 『史記』「老子韓非列傳」에 이와 비슷한 이야기가 있다.

유명한 황제들에게 총애를 받게 되었다. 중국 역사서에는 노자와 공자의 제자들 사이에 있었던 논쟁이 가득 실려 있다. 공자의 제자들은 노자의 제자들을 조롱거리로 삼아 큰 성공을 거두었고, 도사들과 불교의 사제인 불승 모두를 웃음거리로 만들었다. 불교는 중국의 세 번째 종교이다.

불교의 종교적 특징

중국 한나라 황제들은 1세기 중반에 공식적으로 인도 불교를 받아들였는데, 신성이 물질로 표현된다고 주장하는 불교는 중국인들 사이에서 급속하게 퍼져나갔다. 불佛이란 붓다Buddha라는 이름을 불완전하게 중국식으로 표기한 것이다. 포괄적인 의미를 지니는 이 고대어는, 산스크리트에서 두 가지 의미로 사용되었다. 하나는 '존재', 다른 하나는 '지혜' 또는 '빼어난 지각'이란 뜻이었다. 여기에서 '초월적 존재', 즉 '전능한 신'을 가리키는 말이 되었다. 때로는 그런 대상을 믿는 자 또는 명상과 성스러움으로 그런 대상이 되는 것[成佛]을 뜻하는 말로 의미가 확장되었다. 불교 신자들은 일반적으로 '붓다'를 아시아에서 유명한 역사적인 실재 인물로, 또 불교의 제도와 교리의 창시자로 여기고 있다. 불교 신자들의 눈에는 붓다가 때로는 인간, 때로는 신, 아니면 하나이면서도 다른 존재, 즉 성육신한 인간신人神으로 인간을 깨우치고 구원하고 안전한 길을 가르쳐 주려고 세상에 온 존재였다. 불교 신자들은 성육신을 통한 구원을 일반이고 대중적으로 받아들였으므로 우리가 동아시아를 여행하면서 본 바로는 어디서나 정리된 방식으로 표현되고 있었다. 만약에 몽골인이나 티베트인에게 "붓다가 누구냐?"는 질문을 던진다면, 그는 즉각적으로 "인간의 구원자"라고 대답할 것이다. 붓다의 기적적인 탄생, 그의 생애와 가르침에는 그리스도교에서 말하는 수많은 도덕적이고 교리적 진리가 포함되어 있다. 그러나 이런 진리는 전통적이고 언제나 인류가 쌓아온 재산이므로 다른 종교에서 이런 진리를 발견한다고 해서 놀랄 것은 없다. 이교도들도 원시적인 전통을 간직하는데 상당히 충실하였으므로 그리스도교 진리와 상당히 비슷한 진리를 틀림없이 가지고 있다.

인도, 중국, 티베트, 몽골과 [스리랑카의] 싱할라어Cingalese로 된 책을 보면 모두 붓다가 기원전 960년쯤에 태어났을 것이라고 한다. 그는 남부[인도 동북부] 바하르Bahar의 모가다Mogahda 왕국의 샤카Chakia 왕가 출신으로, 그에 관한 전설에는 대단한 능력과 놀라운 기적으로 가득하다. 여러 해를 혼자 명상한 뒤에 베나레스Benares[현재 바라나시]로 가서 석가모니라는 이름을 얻었다. 그의 주위에 그의 말을 듣기 위해 계급을 초월해 많은 이들이 모여들자 그는 교리를 가르쳤다[초전법륜]. 그의 가르침은 108권의 책에 집대성되어 있는데, 이를 총칭하여 법Dharma이라 한다. 이 설법의 주제는 창조의 원리와 인간의 연약성과 유한성이었다. 모든 불교사원의 장서각에 가면 이 대단한 서적을 볼 수 있다. 석가모니는 설법을 하면서 인도에서 더 오래된 종교(힌두교) 사제들의 강한 반발에 부딪혔으나, 그들과의 진지한 토론을 통하여 그들에게 승리를 거두었는데 그들의 우두머리가 석가에게 와서 무릎을 꿇으며 자기네들이 설득되었다고 고백하였다. 그 뒤에 석가모니는 도덕의 원칙과 십계를 보완하였다. 도덕률은 넷으로 줄여서 (1) 확고한 자비심 (2) 잔인함에 대한 혐오 (3) 피조물에 대한 연민 (4) 법을 지키는 변함없는 양심이라 하였고, 이어서 (1) 살생하지 말라 (2) 도적질하지 말라 (3) 음행하지 말라 (4) 거짓으로 증언하지 말라 (5) 거짓말하지 말라 (6) 맹세하지 말라 (7) 함부로 말하지 말라 (8) 집착하지 말라 (9) 복수하지 말라 (10) 미신을 믿지 말라 등으로 열 가지 계율을 삼았다. 십계의 마지막은 아주 주목할 만한 계율이지만, 오늘날의 불교 신자들은 이를 엄격하게 지키지는 않는다.

석가모니는, 자신을 지배했었던 네 가지의 커다란 고난[생로병사]을 겪고 나서, 인간의 행동에 대한 이러한 계율과 원칙을 선언했다. 전설에 따르면 이 도덕률은 먼저 아시아에서 널리 퍼지기 시작하였으며 붓다는 24세가 되어 이 세상을 떠나 자신의 물리적인 옷을 벗고 본래의 그 자신인 보편적인 영으로 해탈하였다고 한다. 석가는 제자들에게 작별을 고하기 전에 세상이 5천 년 동안 불교의 법으로 다스려질 것이라고 예언하였다고 한다. 또 그 5천 년의 세월이 흐른 다음, 다른 붓다가 나타날 것인데 1200년 전에 미리 정해진 인간이자 신인 존재로 [자신이] 인류의 스승이 되리라고 하였다. 그는 덧붙이기를, "이때부터 불교는 박해를 받아 희생될 것이며, 내 제자들은 강제로 인도를 떠나 티베트의 높은 산악지대로 옮겨갈 것인데, 이 세상을 내려다보는 고원지대가 불교의 성소가 되고 중심지가 되리라."고 하였다는 것이다.

불교의 주요한 특성은 온유와 평등과 박애의 정신인데, 브라만교의 무자비, 오만과는 크게 대비 된다. 석가모니와 제자들은 먼저 특권계급의 전유물이었던 진리를 온 세상에 전파하는 데 힘을 모았다. 브라만교에서 말하는 완성이란 자기중심적인 것으로 종교는 오로지 자신들만을 위한 것이었다. 브라만들이 고행에 전념하는 것은 사후에 브라마가 사는 곳으로 가기 위한 것이었다. 그러나 고행에 전념하는 불자들은 이런 일에는 관심이 없었다. 그들은 자신의 기분을 고양시키기보다는 덕을 닦았고 다른 사람들과 혜택을 나누는 완성의 경지를 향해 정진하였다. 나중에 거대한 규모로 커지게 되는 탁발승단을 만들어 가난하고 불행한 사람들을 끌어들여 귀의시켰다. 석가는 인도 상류계급으로부터 소외된 비참한 사람들을 받아들여 제자로 삼았다는 이유로 브라만들로부터 조롱을 당했다. 그러나 그는 이런 조롱에 대하여 "나의 법은 결국 자비의 법이다."라고 대답하는 것이 전부였다. 하루는 브라만들이, 석가가 하층계급인 불가촉천민의 소녀를 간병인으로 받아들이는 것을 보고 크게 분개하였다. 하지만 석가는 이렇게 대답했다.

> "금과 돌, 빛과 어둠 사이에는 다름이 있으나, 바라문과 다른 계급 출신의 사람 사이에는 다름이 없다. 브라만은 에테르나 바람에서 생기지 않았고, 또 땅을 가르고 나오지도 않았으며, 아라니 나무가 타는 불처럼 나오지도 않았다. 브라만도 여인이 낳았으니 불가촉천민과 하나도 다름이 없다. 그렇다면 무슨 까닭으로 하나는 귀하다고 말하고, 다른 하나는 천하다고 하는 것인가? 브라만 자신도 다른 계급의 사람들처럼 죽으면 천하고 불결한 물건처럼 버림을 당한다. 그렇다면 다름은 어디서 오는 것인가?"[438]

이렇게 말했지만 브라만교와 불교의 종교적 체계는 여러 면에서 서로 비슷하다. 불교도들이 당했던 지독한 핍박은 교리 면에서 차이 때문이 아니라 카스트를 무시한 만인 수용, 민간과 성직자의 기능, 그리고 저승에서의 보응 등에서 차이가 드러났기 때문이었다. 이승과 저승에서 인간의 평등을 주장하는 개혁가에게 브라만교의 바탕인 카스트 위계에 의존하는 시스템을 지지하는 사람들은 적개심을 드러내지 않을 수 없었고, 불교 신자들에 대한 박해는 오랫동안 폭력적으로 이어졌다. 불교도들의 이야기에 따르면 희생자는 그 수를 헤아릴 수 없었고 마침내 6세기에 들어서서 브라만교가 새 종교인 불교의 신자들을 압도하는 승리를 거두었다. 불교 신자들은 힌두스탄(인도)에서 쫓겨나 대다수가 히말라야산맥을 가로질러 티베트, 부하라, 몽골과 중국, 또 동남아시아와 일본, 또 실론 섬까지 흩어지게 되었다. 이런 나라에서 활발한 선교 활동을 하여 불교는 현재 다른 어떤 종교보다도 더 많은 신자를 보유하고 있다.

---

438) (원주) Eugene Burnouf, Introduction à l'Histoire de Bouddhisme, vol. I.

제 9 장

마르코 폴로와 원대元代의 동서양 교류

제 9 장

마르코 폴로와 원대元代의 동서양 교류

쿠빌라이의 종교 개방정책과 폴로 형제

쿠빌라이는 광대한 자신의 제국에 불교가 널리 퍼진 것을 보고 자신이 불교를 받아들이고 라마들에게 혜택을 주는 것이 편리한 방책이라고 생각한 것 같다. 그러나 그는 불교에 대하여 열의를 가졌지만 그리스도교, 이슬람, 유대교를 존중하면서 이 종교가 전파되는 것을 방해하지는 않았다. 쿠빌라이는 그리스도교 축일에는 그리스도교인들을 자기 앞으로 불러서 성경에 분향한 뒤에 경건하게 성경에 입을 맞추었다. 전 세계가 경의를 표하는 네 명의 위대한 예언자로, 예수 그리스도, 무함마드, 모세와 석가모니를 꼽았으며 이 네 인물을 모두 차별 없이 공경했고, 그들을 통해 하늘의 도움을 간구했다. 모든 종교를 융합한다는 것은 칭기즈칸의 관례와 더 많은 중국 황제들의 관습에 완전히 부합하는 것이었다. 쿠빌라이는 모든 종교에 피난처를 제공하고 보호하는 것에 만족하지 않고 대부분의 [19세기] 만주족 출신 [청대] 황제들의 생각과는 아주 다르게 제국 전역으로 유럽이나 아시아에서 오는 모든 이방인을 친절하게 맞이했다. 13세기에 중국을 찾았던 여행자들 가운데 가장 유명한 사람은 물론 마르코 폴로였고 그의 기이한 [개인의] 역사에는 동아시아의 그리스도교에 관한 자세한 이야기가 많이 들어있다.

베네치아인들은 장사로 돈을 벌었다. 1250년쯤에 장사를 하려고 콘스탄티노플로 왔던 니콜로Nicolo와 마테오 폴로Matteo Polo [원래 베네치아 이름은 마페오Maffeo이다] 형제는 1256년에 당시 볼가 강변에 주둔하고 있던 몽골 칸의 영토로 장사하러 떠났다. 그러나 유목민들 사이에 벌어진 전쟁으로 두 사람은 머물고 있던 베르케가 다스리던 나라(킵차크칸국)를 떠나 카스피해 남동쪽 해안에 있는 부하라로 갑자기 가야만 했다. 그들은 그곳에서 3년 동안 장사하면서 몽골의 언어와 관습을 익혔다. 마침내 중국으로 가는 외교사절 틈에 끼어서 1년 넘게 여행을 한 끝에 폴로 형제는 쿠빌라이 황제가 있는 칸발리크(북경)에 이르게 되었다. 이 황제는 이방인들에 대한 평소의 예우에 따라 이들을 극진하게 대접했다. 쿠빌라이는 형제에게 유럽을 다스리고 있는 왕들과 그들이 지나온 여러 나라의 관습에 관하여 많은 것을 물었고, 또한 큰 관심을 가지고 교황, 로마교회와 그리스도교인들의 풍습에 관하여 그들과 이야기를 나누었다. 황제와 두 베네치아인 형제들이 나눈 대화가 곧 결실을 보았는데, 쿠빌라이가 제국의 고위관리들을 소집하여 교황에게 사절을 보내려는 자신의 계획을 알렸기 때문이었다. 고관들은 이를 실행하는 데 모두 찬성했고 황제는 즉각 니콜로와 마테오 형제에게 자신에게 오도록 하였으며 [신하들에게] 교황에게 전할 서신을 준비하라고 명했다. 쿠빌라이는 두 베네치아인 상인들을 떠나보내면서 자신이 교황에게 보내는 서신에서 요청한 사항, 즉 지혜와 과학적 업적이 뛰어난 100명의 현인들을 보내 달라는 요청이 특히 중요하다고 강조했다. 황제는 그 현인들이 "주로 불교 신자들에게, 또 내 백성들에게, 불교의 교리가 사악한 날조라는 것을 보여주고 또 그들에게 그리스도교의 우월성을 깨우쳐줄 수도 있기 때문"이라고 말했다. 이 말이 무척 놀라웠던 것은 이것이 라마 불교의 미신에 빠진 군주의 입에서 나온 말이었기 때문이다. 그러나 더욱 놀라운 것은 황제가 사신들에게 예루살렘 성묘에서 불타고 있는 기름聖油을 조금 가져오라는 지시를 내린 일이었다. 이 모든 사실은 그리스도교가 중국에서 널리 전파되었다는 증거이며 비록 황제가 자신이 그리스도인이라고 공언하지는 않았지만 그리스도교를 크게 존중하였다는 증거이기도 하다.

북경으로 들어갈 때는 상인이었던 니콜로와 마테오 폴로 형제는 몽골 대 칸이 교황에게 보내는 사절이라는 신분으로 북경을 떠났다. 쿠빌라이는 옥새가 찍힌 금으로 된 명패를 주었는데, 이것은 제국에서 그들의 지위를 바로 알려주었고 또 필요한 도움과 보호를 받는데 쓰는 증표였다. 이 금으로 된 명패가 여행할 동안에 약탈과 학살은 막아주었지만 3년 동안이나 모진 고생을 하고서야 1270년 4월에 아크레에 닿은 것을 보면, 여행시간을 단축하는 데는 쓸모가 없었던 것 같다. 폴로 형제가 아크레를 떠나 로마로 가려고 할 때 이미 교황 클레멘스 4세가 세상을 떠났음을 알게 되었다.[439] 교황특사가 새 교황이 선출될 때까지 그 자리에 머물러 있으라고 하였으나, 형제는 고향 베네치아로 돌아가는 길을 택했다.

마르코 폴로의 중국행

마르코 폴로가 생후 몇 개월이 되었을 때 아버지와 삼촌이 동방을 향하여

439) 클레멘스 4세(Clement IV, 1265-68)는 제183대 교황으로 프랑스 태생이었다. 신성로마 제국의 세력이 시칠리아에서 확산되는 것은 막기 위해 노력했다. 1267–68년간 일 칸국의 아바카 칸과 비잔틴 제국, 그리고 프랑스가 협력하기 위한 서신을 교환했다.

베네치아를 떠났는데, 20년 만에 가족에게로 돌아와 요람에서 어머니를 잃었던 이 베네치아 청년이 생전 처음으로 아버지와 다시 만나게 되었다. 니콜로와 마테오가 아시아에서 보았던 놀라운 일들을 이야기하자 청년 마르코의 상상력에 불을 붙여서 자신도 여행을 떠나겠다는 강렬한 욕망이 생겼고, 아버지와 삼촌에게 간청하여 그들이 몽골로 돌아가는 길에 따라가기로 하였다. 클레멘스 4세의 후계자를 결정하는 일이 2년이나 미뤄지자 이 베네치아 인들은 출발이 예상보다 크게 지연되는 것을 알고는, 니콜로 폴로의 아들 마르코를 데리고 동방으로 돌아가기로 결심했다. 폴로 일행은 쿠빌라이가 내린 지시에 따라 성묘에서 타오르는 기름을 얻으려고 우선 예루살렘을 향하기로 하였는데 그에 앞서 교황특사의 승인을 얻으려고 다시 아크레로 갔다. 특사는 일행에게 대 칸에게 전달하라는 서신을 주었는데 교황 자리가 비어있어서 그들이 지체하게 되었다는 설명이 포함되어 있었다.

일행이 막 길을 떠나 평탄한 길로 접어들었을 때 여행을 다시 중단할 일이 생겼다. 말을 탄 사자가 와서 이집트에 있던 교황특사가 교황으로 선출되었다는 소식을 전했기 때문이었는데, 그가 바로 교황 그레고리오 10세이다. 신임 교황은 이 베네치아 인들을 리옹으로 오라고 하였고 공의회(2차 리옹공의회)를 소집하였다. 일행은 기쁜 마음으로 여정을 바꾸어 리옹으로 갔고 교황은 일행을 따뜻하게 맞아 칙사 대접을 하였으며, 도미니크회의 트리폴리의 윌리엄William of Tripoli과 니콜라스 데 비첸사Nicholas de Vicenza 두 수사를 일행에게 붙여 주었다.[440]

폴로 일행이 아르메니아에 들어선 바로 그때, 이집트 술탄의 군대가 아르메

440) 마르코 폴로, 김호동 역주 『마르코 폴로의 동방견문록』 (사계절, 2000), 85.

니아를 침공하여 학살극을 벌이고 온 나라를 초토화시켰다.[441] 여행으로 인한 극심한 피로 때문에 여러 차례나 주저앉았던 도미니크회 선교사 두 사람은 탈진하여 여행을 더 이어갈 수 없다고 판단했다. 선교사들은 수도사들을 원수로 여기는 이집트 군사들이 우글거리는 지역 한가운데를 안전하게 통과하지 못하리라는 확신이 들자 발길을 돌리면서 그들이 보관하고 있던 교황의 서신들을 베네치아 인들에게 맡겼다.

폴로 가족은 3년 반이나 걸려 마침내 중국에 도착했고, 황제로부터 극진한 대접을 받았다. 황제는 사절들의 열정과 신의를 높이 평가하여 그리스도교인들과 교황에 관한 이야기를 들려 달라고 하였고, 황제 앞으로 보낸 서신 모두를 흥미롭게 읽었다. 자기가 요청했던 성유聖油를 보고 큰 기쁨을 표시하고는 시종들에게 그 성유를 잘 보관하라고 명했다.[442] 그 뒤에 청년 마르코가 눈에 띄자 누구냐고 물었다. 니콜로 폴로가 "예, 제 아들이며 폐하의 종입니다."라고 하자, 쿠빌라이는 "환영하네."라고 하였다. 그런 뒤에 황제는 큰 잔치를 준비하라 명했고 준비하는 사이에 허기가 졌던 세 베네치아인은 의심할 것도 없이 서방 문물 전반에 관하여 매우 기이한 질문들을 받았다. 몽골인들은 호기심이 동하면 이방인들에게 질문을 퍼붓는 것을 망설이는 법이 없기 때문에 계속 질문을 해댔다. 여행을 많이 한 사람들은 이것저것 가리지 않고 여행담을 열심히 말하려고 하지만, 이 인정이 없는 질문자들은 이런 개념도 무시했다.

마르코 폴로는 궁궐에 머물 수 있는 허락을 받았다. 그는 몽골어를 비롯한 다른 네 개의 외국어를 열심히 공부하였고 진도가 매우 빨라서 짧은 기간에 동방의 언어들을 유창하게 읽고 쓸 수 있게 되었다. 그는 또 함께 사는 사람들의 태

441) (원주)『동방견문록』, 13장. (역주) 마르코 폴로, 김호동 역주『마르코 폴로의 동방견문록』(사계절, 2000), 86.
442) 마르코 폴로, 김호동 역주『마르코 폴로의 동방견문록』(사계절, 2000), 88.

도와 관습을 아주 쉽게 받아들여서 다른 사람들이 그를 몽골 토박이로 여긴 경우도 많았다. 토박이들과 다른 점이 있었다면 유럽인들이 동양인들에 대하여 늘 가지고 있는 우월감뿐이었다. 황제는 이 청년의 지혜와 분별력이 뛰어나다는 것을 알고 중요한 임무를 맡겨서 먼 곳으로 파견했다. 마르코 폴로는 돌아와서도 다른 사절들처럼 그에게 맡겨진 일만 보고하는데 그치지 않고 만났던 사람들의 관습에 관하여 기이하고도 흥미로운 자세한 사항을 많이 이야기하였으므로, 황제는 그의 말에 큰 관심을 가졌다. 이를 계기로 이 베네치아 청년의 명성이 높아져서 궁정에서 자리를 얻게 되었고, 그 때문에 몽골의 고관들의 사랑과 존경을 받게 되었다. 나이가 들어가면서 풍부한 경험과 활달한 성격과 상냥한 태도 때문에 더욱 환심을 얻게 되었는데, 언제나 열정과 신의가 이를 뒷받침하였다. 생애의 전성기에 그는 나랏일과 중요한 외교사절 임무를 맡아 처리하였다. 3년 동안 지방정부의 일을 맡으면서 관청의 재원과 제국의 재정에 관해 자세한 내용을 알게 되었다. 쿠빌라이가 남송에서 여러 해 동안 포위만 하고 있던 곳을 차지하게 된 것도 마르코 폴로 덕분이었는데, 큰 돌을 장착한 새로운 무기를 발명하여 이를 쏘아대자, 주요한 건물들이 모두 무너져 내리는 것을 보고 겁에 질린 그곳 주민들이 몽골군에게 성문을 열어주었기 때문이었다.

유럽으로 귀환한 마르코 폴로

17년을 중국에서 보낸 후에 고향을 영원히 떠나려는 생각은 없었던 이 베네치아 인들은, 두 사람만의 힘으로 멀고도 위험한 여행을 다시 한 번 해야겠다고 생각하기 시작했다. 황제는 이들이 떠난다는 말을 듣고 매우 괴로워, 이들을 다시 중국에 영원히 남게 하려고 온갖 방법을 써 보았다. 그러나 고향 땅을 다시 밟겠다는 그들의 의지가 단호함을 알고는, 떠나는 것을 너그럽게 받아주어 여행을 위한 특권과 편의를 베풀라고 명했다. 황제는 각자에게 제국 안에서는 어디에서든지 안전통행을 보장하는 옥새가 각인된 금으로 된 명패를 주었고 또 교황, 프랑스 왕과 스페인 왕에게 보내는 서신을 맡겨서 외교사절의 지위를 부여하였으며, 그들이 중국해와 순다 해협을 지나 인도까지 가야만 한다는 말을 듣고서 돛대가 네 개나 달린 커다란 배 14척을 하사하였는데, 날씨만 좋으면 12개의 돛을 펼 수도 있는 범선이었다.[443] 그들은 해로와 육로 여행 모두를 합쳐 3년 반 만에 온갖 고난을 헤치고 수많은 위험을 뚫었다. 마침내 그들이 유럽 땅을 다시 밟은 때는 1295년이었고, 서방세계는 폴로 일행이 탐험하였던 그런 나라들에 대하여 처음으로 관심을 보였다.

그러나 마르코 폴로는 바라던 조용한 휴식을 즐길 운명이 아니었다. 귀향한 지 겨우 몇 달 만에 베네치아와 제노아 사이에 전쟁이 터졌고, 쿠빌라이 대 칸의 사자였던 그는 베네치아 함대에 배속되어 나라의 방어를 위해 목숨을 걸어야 하는 영예를 갖게 되었다. 베네치아 군이 쿠르졸라Curzola 전투에서 패하자 마르코 폴로는 선장으로서 갤리선을 지휘하다가 심한 부상을 입고 전쟁포로가 되어 제노아 감옥에 갇히는 신세가 되었다. 그는 4년 동안 감금되었지만 실제로 그의 명성에 큰 타격을 입는 불행을 겪었다. 제노아인은 감탄과 갈망이 뒤섞인 감정으로 거의 알려지지 않았던 나라들을 찾아갔던 그의 이야기를 들었으나 아직 책으로 출간되기 전이었다. 폴로는 베네치아에 있던 자료를 자기에게 가져오게 하여 정리한 뒤에 감방 동료인 피사인에게 자기가 구술하는 여행 이야기를 모두 직접 받아 적게 하였다.[444] 이 여행기가 널리 알려지자 많은 복사본이 생겨났고 요약본과 번역본도 함께 출간되어 널리 읽히게 되었다. 유럽인들에게 이 책은 사실상 신세계의 존재에 대한 선언이나 새로운 종족의 관

443) 마르코 폴로, 김호동 역주 『마르코 폴로의 동방견문록』 (사계절, 2000), 94.

444) (원주) Recueil de Voyages, etc., publié par la Société de Géographie, vol. I. introduction, p. xlv.

습을 드러내는 것이나 마찬가지였다. 아셀린, 플라노-카르피니, 루브룩, 오도릭, 요한 맨더빌 같은 마르코 폴로와 동시대를 살던 사람들이 폴로에 앞서 중앙아시아 몇몇 지역을 여행한 적이 있지만, 그들이 카라코람의 몽골 궁정으로 가는 길에 본 것은 오로지 광활한 사막들뿐이었다.[445] 그들은 한곳에 오래 머문 적이 없었고 또 지나치는 나라들을 자세히 관찰할 능력이나 여유가 없었다. 그들이 본 것은 거의 없었는데 만약에 볼 수 있었다면 무엇을 보았을까? 언제나 싸울 태세가 갖추어져 있었던 몽골인들은 일정한 거주지가 없었고 매우 척박한 땅을 차지하고 있었기에 몽골인들 자체 외에는 볼만한 것이 없었다. 따라서 여행자들이 할 수 있는 이야기라고는 호전적인 몽골인들의 관습에 관한 것이 전부였다. 앞선 여행자들은 여행길에서 예술, 상공업 또는 농업과 관련된 흥미로운 이야깃거리를 접해보지 못했다. 그들이 어쩌다가 도시 몇 군데를 들르기는 하였으나 드넓은 사막 가운데 서로 멀리 떨어져 있는 도시들일 뿐이었다. 이런 성곽도시들로부터 멀어질수록 여행자들의 위험도가 그만큼 높아졌다. 왜냐하면 대초원지대 여기저기에 흩어져 살았던 몽골인들은 숲속에서 야생동물들을 사냥하고 약탈대상인 여행자들이 지나가는 것을 노리고 있었기 때문이다. 여행자들은 안전하게 여행할 수 있는 규모의 대상을 만들기 위해 인원수가 채워질 때까지 큰 도시에서 기다려야만 했다. 정기적인 출발 시기가 정해져 있었으나 불가피한 사정이 생겨 지연될 때도 있었고 종종 무한정 기다리기도 했다. 때로는 폭설과 강의 범람, 깊이 빠지는 모래밭과 늪지대 때문에 연락이 끊기기도 하였다. 발자국을 조금 남기는 것만으로도 따라갈 길을 보여주는 것이었다. 다른 곳에서는 숲이 훼손되었거나 주거의 흔적만 있어도 가까이에 사람

445) 아셀린(Ascelin of Lombardy)은 1245년 3월, 교황 인노첸시오 4세가 몽골에 사절로 보냈던 도미니크회 수사였다. 1248년에 몽골 장수 비이주(Bayju)의 답신을 가지고 유럽으로 돌아왔다. 오도릭(Odoric of Pordenone, 1286-1331)은 이탈리아 출신 프란체스코회 수사, 선교사, 탐험가였다. 1318년부터 12년 동안 중국을 여행하였으며, 여행기를 구술로 남겼다. 원본은 라틴어로 기록되었고, 우리말로 번역(정수일 역주)되어 『오도릭의 동방기행』이라는 제목으로 출간되었다(2012). 요한 맨더빌(Sir John Mandeville) 역시 동방으로 떠난 여행가였으며 1357-71년에 프랑스어로 여행기를 출간했다. 주나미가 번역한 『맨더빌 여행기』가 출간되었다(2014).

이 있다는 증거였다. 강이 바닥을 드러내거나 다른 지역에서 전운이 감돌고 있으면 캐러밴은 길을 떠나기는 하였지만 새로운 장애를 만나기 일쑤여서 오직 참을성을 가지고 버텨야 이들 이겨낼 수 있었다. 그러나 몇 년을 고생한 끝에 마침내 목적지에 도착하기 위해서 그동안 여행자들의 용기와 힘이 끊임없이 필요했다.

아시아 오지에서는 지금(19세기)도 이러한 어려움에 종종 처한다. 우리도 몽골과 티베트를 지날 때 중세에 여행자들의 진로를 막았던 것과 같은 장애물과 마주칠 수밖에 없었다. 이러한 장애물은 줄어들었다기보다는 오히려 늘어난 것 같았는데, 수많은 유목민을 하나로 통일하여 지배했던 군주가 사라졌기 때문이었다. 세월이 지나 도시들 대부분이 파괴되었고, 이 도시들을 잇던 도로도 무너져 내렸으며, 간간이 보이던 희미한 경작의 흔적들도 사막 모래 속에 파묻혀버렸다. 이제 이 황량한 지역을 지나는 여행자라면 발걸음을 옮길 때마다 어려움에 빠지게 될 것이다. 문명 세계에서라면 사람들을 만나는 일이 여행자들의 기운을 북돋우고 도움을 받을 수 있다는 기대감을 주지만, 이런 오지에서는 새로운 공포를 불러올 수 있어서, 같은 광야 길을 건너는 두 무리의 캐러밴이 마치 원수이기나 한 것처럼 서로를 의심스러운 눈초리로 감시하고 무장하고 호위병을 배치하는 일이 흔히 생길 것이다. 서로에 대한 의심 때문에 사람을 만나면 말을 달려 상대방이 가는 길을 가로질러 가버리거나 마치 이 위험한 지역에서 가장 무서운 것이 사람이라고 여기는 듯이 전속력으로 사라져 버리곤 했다.

마르코 폴로 이야기의 진실성

루브룩과 플라노-카르피니의 이야기는 이들의 개인적인 모험과, 그들이 몽골인들과의 거래, 기아, 기근, 피곤을 이기려는 몽골인들의 끊임없는 싸움, 그리고 혹독한 기후와 같은 모험담에 지나지 않는다. 이와는 대조적으로 마르코 폴로는 중앙아시아에 오래 머물렀고 사절 자격으로 그곳의 나라들을 방문했으며 각 나라의 특이한 동식물이나 각 지방의 산물을 관찰할 기회를 놓치지 않았다. 또 자기가 본 것들에 관하여, 특히 그 가치나 효용이나 상업적 중요성과 같은 매우 주목할 만한 내용을 기록으로 남겼다. 그는 온갖 예술품을 보면서 결과물이 나오기까지의 과정을 상세하게 묘사하였는데, 사용된 원재료, 특별한 자수刺繡를 생산하는 과정, 금속류의 사용방법 등이 모두 포함되어 있다. 그는 문명 세계와는 동떨어진 지역을 여행하면서 값비싼 털을 두른 동물에 관하여 이야기하고, 또 향신료를 수확하는 곳에 가서는 가장 중요하다고 생각되는 온갖 식물과 나무껍질에 관한 자세한 이야기를 남겼다. 마르코 폴로는 실제 어디를 가든지 자신이 해양과 무역의 나라 출신이라는 점을 과시했고 또 베네치아인이라는 사실을 잊지 않았으므로 그가 접촉했던 나라들의 산업과 지리를 관찰하고 특별히 토착민들에 관한 이야기를 빼놓지 않았다.

마르코 폴로는 자신의 이야기에서 유럽인들이 오랫동안 모르고 있던 카타이(중국)를 묘사하고 있는데, 그가 말하는 내용은 대체로 주목할 만했다. 광대한 제국에 사는 엄청난 수의 사람과 빼어난 격식을 갖춘 북경의 화려한 궁, 근면하고 개화된 사람들이 구름처럼 모여 사는 거대한 도시들, 지방과 지방을 연결하는 운하, 농업에서 이룩한 놀라운 성과, 완벽하고도 유연한 행정 체계, 이 모든 것들이 서양인들에게는 놀라움의 대상이었다. 이 유명한 베네치아 인이 묘사하고 있는 모든 것들이 너무나 엄청나서 믿기지 않았으나 그 정확성과 진실성이 놀랄 만한 수준이었다. 우리는 중국에서 오랫동안 살면서 중국을 아주 자세히 연구했다. 우리는 유럽으로 돌아와 마르코 폴로의 『동방견문록』을 읽으면서, 600년 전에 쓴 그 책 속에 우리가 수많은 세월을 함께했던 중국인들의 성격과 관습을 그대로 나타낸 것 같아 놀라움을 금할 수 없었다. 왜냐하면 마르코 폴로의 이야기는 모든 것이 함께 결합되었기 때문에 중국인이 비록 길고도 잦은 변혁에 동요되어 왔지만 다른 나라 사람들과는 다른 그들만의 독특한 성격을 변함없이 유지해왔다고 말하기 때문이다. 아랍 작가들이 훌륭하게 묘사하고 있는 9세기의 중국인은 마르코 폴로가 묘사한 13세기 몽골의 지배를 받고 있던 중국인들과 조금도 다르지 않았다. 더욱이 16세기에 희망봉을 돌아서 중국에 온 포르투갈 인들은 유명한 여행가인 마르코 폴로가 유럽에 먼저 소개하였던 중국인들을 알아보았다. 우리가 중국을 찾아온 이 시기[19세기]에 아랍인, 마르코 폴로, 또 포르투갈 인이 묘사했던 것과 똑같은 중국인들을 보게 되었다.

마르코 폴로의 이야기가 출간될 당시에는 사람들이 그 내용이 사실인지 의심했지만, 이제는 많은 사람에게 큰 사랑을 받고 있다. 이제까지 『동방견문록』처럼 다른 작가들에게 많은 소재를 제공한 책은 없었고, 사람들의 입에 오르내린 책도 없었다. 이와 더불어 그의 책이 다양한 내용과 풍부한 정보를 포함하고 있어서 마르코 폴로보다 더 영예로운 자리를 차지할 사람은 없었다. 그 책의 진실성과 엄밀성은 비록 발간되고 난 바로 뒤에는 거짓되고 과장된 것으로 여겨진 적이 있었지만 이제는 누구도 『동방견문록』의 진실성을 부정하지 못한다. 이 책에 대한 초기의 불신은 이제 완전한 신뢰로 바뀌었고, 그 중요성을 과소평가하려는 어떠한 시도도 거의 사라졌다. 오늘날에 와서는 오히려 그 중요성을 과대평가하는 경향까지 보여주고 있으며, 한 때 '백만Millione'이라는 별명으로 조롱을 받던 이 여행가를 후에는 '13세기의 훔볼트'라고 부르게 되었다.[446] 그에 대한 찬사가 너무 지나친 느낌이 있지만 적어도 당대의 다른 모든 여행가를 능가했던 이 베네치아의 여행가의 뛰어남을 보여주는 것이다.

446) 훔볼트(Friedrich Wilhelm Heinrich Alexander von Humboldt, 1769-1859)는 베를린 훔볼트 대학의 설립자의 동생이다. 프로이센 귀족으로 태어나 광산학을 공부하고 남미에서 지질학, 자연과학, 식물학, 박물학의 기초를 놓았던 탐험가였다. 근대 지리학의 금자탑인 『코스모스』의 저자이다.

마르코 폴로가 전하는 중국의 그리스도교 상황

마르코 폴로의 이야기는 전부 다 흥미진진하지만 그가 책에서 다루었던 시기의 중앙아시아, 특히 중국의 그리스도교와 관련된 내용이 빠진 것에 관하여는 유감이 아닐 수 없다. 그가 중국에서 오래 살았고 또 황제가 그에게 중요한 임무를 맡겼으므로 그는 자기 책에서 이런 흥미로운 주제를 자세하게 언급했어야 마땅하다. 하지만 그는 가끔 그리고 우연히 그리스도인이나 그리스도교에 관해서 몇 마디 언급한 정도에 그쳤다. 마르코 폴로는 쿠빌라이의 조카 나얀Naian이 일으켰던 커다란 반란과 황제가 그에게 대승을 거둔 이야기를 하면서 나얀이 그리스도인이라고 말하는 것에 그쳤는데 나얀은 군기에 십자가 모양을 부착하였고 또 병사들 대부분이 그리스도인이었다고 언급했다.[447] 그들 가운데 많은 수가 전쟁에서 포로가 되었다고 전한다.[448] 쿠빌라이 군대에 섞여 있던 유대인들과 무슬림들이 황제에게 항복한 이 그리스도인 병사들에게 나얀이 비록 예수 그리스도의 깃발을 들었으나 그리스도에게서 아무런 도움도 받지 못했다고 조롱하였다. 이런 조롱을 참지 못하던 그리스도교인 병사들이 마침내 황제에게 불만을 고하자, 황제는 조롱하는 이들 앞에서 이 병사들에게 다음과 같이 말하였다.

> “비록 너희 하느님이 나얀을 돕는 것을 거부하였더라도, 이 때문에 너희들이 괴로워하거나 너희가 믿는 그리스도교를 수치로 여길 필요는 없다. 왜냐면 범죄와 불의를 싫어하는 것이 그분의 정의이기 때문이다. 나얀은 자기 군주에게 반란을 일으켰고 불경한 일을 위해 하느님께 도움을 간구하였다. 그러니 선하고 정의

447) 나얀(Nayan, 1257-1287)은 칭기즈칸의 막내 동생 테무게 옷치긴의 후손으로 동방교회 교인이었다. 가문의 본거지는 만주였는데 쿠빌라이 대 칸이 만주를 지배하려들자 1287년 내전이 터졌고, 쿠빌라이의 승리로 막을 내렸다. 마르코 폴로, 김호동 역주 『마르코 폴로의 동방견문록』 (사계절, 2000), 77-81장 참조.

448) 마르코 폴로, 김호동 역주 『마르코 폴로의 동방견문록』 (사계절, 2000), 79장.

로운 하느님이 그러한 악한 시도를 어찌 보호하시겠는가!"

그런 말을 하고 나서 황제는 그리스도교의 반대자들이 하느님이나 십자가를 모욕하는 일을 금했다. 마르코 폴로는 중국 대도시들을 묘사하면서 항주杭州에 한 곳, 진강鎭江에 세 곳의 그리스도교[동방교회] 성당이 있었다고 하였다.[449] 이 빈약한 내용이 베네치아인 여행가가 말한 전부다. 하지만 몽골[원나라] 전역과 특히 중국에서 그리스도교가 널리 전파되고 있었다는 사실은 분명하다. 이 부유하고 드넓은 제국 전체에 네스토리우스파 교인들이 흩어져 살고 있었고 북경에 주재하는 주교가 이들을 보살피고 있었으며 또 이들이 다른 많은 사람에게 지대한 영향을 주었다는 것을 우리가 잘 알고 있다. 그러나 불행하게도 네스토리우스 교인들은 자신들의 영향력을 자주 남용하였고 성경에서 말하는 절제와 자선의 태도와 조화를 이루지 못하였다. 네스토리우스파 교인들은 자기네 교파의 잘못된 교리에 동조하지 않는 다른 모든 그리스도인들을 무차별적으로 괴롭히고 압박하였으며, 가톨릭 선교사들의 성공을 시샘하였다. 심지어 교인들은 다른 사람들을 도와 구원에 이르게 하기보다는 도와준 사람들이 [가톨릭 신자가 되기보다는] 동방교회 교인들과 더불어 그리스도교를 믿지 않게 되는 것을 보는 편이 낫다고 한다는 말까지 돌았다. 아마도 많은 부분은 커다란 열정이 오만과 광신에 의해 남용되었을 것이다.

몬테코르비노의 선교 활동과 서신

몬테코르비노의 요한(이하 몬테코르비노)은 이런 어울리지 않는 그리스도교인들과 여러 해를 지낼 수밖에 없었다. 1289년에 몽골 선교사로 파송된 그는 인도

449) 마르코 폴로, 김호동 역주 『마르코 폴로의 동방견문록』 (사계절, 2000), 149장에서는 두 곳이라고 한다.

양을 건너 큰 고생을 한 끝에 대 칸의 궁정에 도달하여 당시 칸발리크라고 불리던 북경에 살게 되었다. 그는 귀족층과 평민층 모두를 개종시키는 일에 열정을 가지고 전념했으며 위대한 선교사가 간 길을 따라 예수 그리스도에게로 데려올 수 있는 사람이라면 그들의 모든 비위를 맞추었다. 그러나 네스토리우스파 교인들은 이 선교사를 끊임없이 시샘했다. 그들은 이 선교사를 중상 모략하였고 친구들과 절교하도록 만들고 모든 후원을 빼앗았으며 온갖 박해를 가하고 방해하여 일하지 못하도록 했다. 그들은 몬테코르비노가 첩자이고 강도며, 암살자라고 매도하면서 적대감을 고조시켰다. 그러나 이 고결한 선교사는 자신의 결백을 쉽사리 밝힐 수 있어서 오히려 모략을 일삼던 자들이 처벌을 받게 되었다. 적의를 품고 음해한 자들에게 분개한 황제가 그들 여러 명을 귀양 보냈기 때문이었다. 몬테코르비노는 이런 시련 가운데서도 앞에 놓인 어려움에 낙심하기보다는 인내하면서 배로 노력했다. 몬테코르비노의 선한 노력은 성공하여 얼마 지나지 않아 북경 가톨릭 선교회는 중국에서 가장 번창하는 선교회가 되었다. 몬테코르비노는 도착한 지 얼마 만에 네스토리우스파 교인이었던 케레이트 부족의 왕 조지를 가톨릭교회로 불러들이는 데 성공하였다.[450] 왕이 개종하자 많은 신하가 그 뒤를 따랐고 왕 스스로가 마치 프란체스코회에 가입한 것처럼 예배드릴 때 신부들을 보좌할 정도가 되었다. 왕은 크고 아름다운 성당을 세우고는 로마 성당이라고 불렀다.[451] 이 열성적인 그리스도교인은 1299년에 세 살짜리 아들을 남기고 세상을 떠났다. 왕에게 처음으로 잘못을 깨닫게 하고 양심에 따라 살도록 인도한 선교사에게 영광을 돌리기 위해 자기 아들에게 요한이라는 이름을 붙여주었다. 몬테코르비노는 이 성당 말고도 북경에 성당 두 곳을 세웠고, 여기에서 장엄한 가톨릭교회 의식으로 미사를 집전하

450) 케레이트 부족이 아니라 옹구트 부족이다. 지은이의 오류이다. 옹구트 부족에 관하여는, 크리스토퍼 바우머, 안경덕 역, 『실크로드 기독교』(일조각, 2016), pp. 361-368 참조.

451) Namio Egami, The Mongol Empire and Christendom (San Paolo, 2000)년 참조. 옹구트 왕국의 수도인 내몽골 올론숨(Olon-Sume)의 발굴조사를 통해 가톨릭 성당의 존재를 확인하였다.

였다. 그는 많은 몽골 청년들에게 찬송가를 가르쳤고 황제도 이들의 찬송을 들으러 오는 것을 즐겼는데 가끔 가난한 수도사들에게 존경의 표시로 선물을 나누어주기도 하였다. 온통 미신과 야만에 빠졌던 사람들 가운데로 그리스도교가 빠르게 전파되었으며 몽골어를 능숙하게 구사하게 된 몬테코르비노는 신약성서와 시편을 몽골어로 번역하여 출간하였는데, 그 글자체가 매우 아름답고 우아하였다. 그는 이러한 출간을 통해서 중국의 고대문명과 학문에 조예가 깊었던 사람들 가운데서 큰 명성을 얻었다. 몬테코르비노는 아름답고 간결한 문체로 그가 당면했던 어려움과 선교가 마침내 성취되었다는 내용을 도미니크회와 프란체스코회의 주교 총대리와 페르시아에 있는 모든 선교사에게 보낸 서신에서 밝히고 있는데, 다음은 이 흥미로운 문서의 내용이다.

"카타이 왕국의 칸발리크에서, 1305년 1월 8일에.

저는 프란체스코회의 수사인 몬테코르비노의 요한으로, 1291년에 페르시아 수도 타브리즈를 떠났습니다. 저는 먼저 인도로 가서 사도 도마의 성당에서 13개월간 머물렀습니다. 그곳에서 100여 명에게 세례를 베풀었으며, 여행의 동반자인 니콜라스 데 피스토레Nicolas de Pistore가 세상을 떠나자 장사지내 주었습니다. 홀로 여행을 계속하여 대 칸이라고 부르는 몽골 황제가 다스리는 카타이 왕국에 도착하였습니다. 저는 황제에게 교황의 서신을 전하면서 그가 그리스도교를 받아들이도록 애썼습니다. 그러나 황제가 너무 깊이 우상숭배에 빠져있어서 그리스도교를 받아들이기에는 역부족이었으나, 그리스도인들에게 여러 가지 혜택을 주는 일에는 지장이 없었습니다. 저는 황제의 궁에서 2년을 지냈습니다. 어떤 네스토리우스 교인들은 그리스도인인 듯 행동하지만 그리스도교의 법을 전혀 따르지 않고 있습니다. 그들은 이 나라에서 큰 권력을 쥐고 있어서 다른 교리를 가르치려는 다른 종파의 그리스도교인들에게 기도실이나 성당을 짓게 허락하지 않을 것입니다. 이 네스토리우스파 교인들은 저를 직접적으로, 혹은 돈으로 매수한 사람을 통해서 매우 심하게 박해하였는데, 어디를 가나 제가 실제로는 저의 주인이신 교황께서 보낸 사람이 아니며 아주 위험한 첩자이고 사람들을 현혹하는 자라고 소문을 냈습니다. 그런 다음에 제가 몽골 황제에게 보내는 보물을 차지하기 위해 보물을 맡고 있던 외국 사신을 인도에서 죽였다고 거짓 증인을 했습니다. 그들의 박해는 5년 동안이나 계속되었는데, 그 기간에 저는 감옥에 갇히기도 했고 치욕스럽게 죽이겠다는 협박도 받았습니다. 그러나 마침내 주님의 은혜로 어떤 사람이 황제에게 저의 결백을 증언해 주었습니다. 또 제 원수들이 제게 악의를 품고 있다는 증거를 보여주어 그들은 모두 가족과 함께 귀양을 가게 되었습니다. 저는 11년 동안 외톨이로 있었습니다만 마침내 쾰른 출신의 독일인 아놀드Arnold 형제를 만나게 되었습니다. 저는 수도 칸발리크에서 거의 6년이나 걸려 성당을 방금 완공하였는데 종이 세 개나 달린 종탑이 있습니다. 이 성당에서 저는 모두 합해서 거의 6,000명에게 세례를 주었습니다. 제가 말씀드린 이러한 중상모략만 없었더라면 그 숫자가 13,000명은 되었을 것입니다. 저는 이 교도들의 자녀들로서 아무런 종교를 갖고 있지 않던 7세에서 11세 사이의 소년들 150명을 연이어 받아들여서 세례를 주었고 그리스와 라틴 문학의 중요한 내용을 그들에게 가르쳤습니다. 저는 이 소년들을 위한 교재로 사용하기 위해 성시와 30편의 찬송가와 2편의 성무일도서를 썼습니다. 그래서 지금은 11명의 소년이 제가 있든지 없든지 성가를 합창하고 있는데 이는 우리가 수도원에서 하는 것과 같습니다. 다른 여러 명의 소년들은 시와 다른 서적들을 옮겨 적고 있습니다. 황제께서는 이 합창단의 노래를 즐겨 들으십니다. 제가 정해진 시간에 종을 울리게 하여 이 소년들을 앞에 놓고 미사를 드리는데, 이 소년들은 종이에 적은 것을 보지 않고도 몇몇 성가를 외워서 부릅니다. 황제의 일가인 조지라는 왕자는 전에는 네스토리우스파 교인이었으나 제가 도착한 첫해에 저희 교인이 되었습니다. 저는 그를 진정한 가톨릭 신자로 만들었으며 그는 신부보좌가 되어 제가 미사를 집전할 때 용포를 입은 채로 저를 보좌하고 있습니다. 네스토리우스파에서 그를 배교자로 고소하였고 또 핍박하였습니다. 하지만 그는 자기 백성 대부분을 참 신앙에 귀의하게 하였고 성삼위일체의 영광을 드러내기 위해 참으로 왕의 위엄을 보이는 성당을 짓고, 로마 성당이라 명명하였습니다. 6년 전인 1299년에 진정한 그리스도교인이었던 조지 왕은 세상을 떠났고, 아홉 살 된 아이를 후계자로 남겼습니다.

왕의 형제들은 네스토리우스파의 잘못된 행위를 집요하게 고수했는데, 왕이 죽고 난 이후에 왕이 개종시켰던 사람들을 이전의 잘못된 신앙으로 되돌아가도록 타락시켰습니다. 불행하게도 이곳에는 저 혼자뿐이고 또 황제 곁을 떠날 수 없어서 스무날을 가야만 도달하는 왕이 세운 이 성당을 찾아가 볼 수 없었습니다. 하지만 좋은 형제를 보내주신다면 돌아가신 왕께서 준 권한이 아직도 제게 남아있으므로 이런 피해를 만회할 수 있을 것으로 기대합니다. 다시 말씀드리지만 제가 말한 중상모략만 없었어도 제 노력의 열매는 더욱 풍성했을 것이고, 제가 두세 동료들의 도움을 받을 수 있었더라면 아마 황제께서도 세례를 받으셨을 것입니다. 저는 지난 12년 동안 교황청이나 제가 속한 프란체스코회로부터 어떤 소식도 접하지 못했으므로, 서양에서 일어나고 있는 일에 관하여는 전혀 아는 바가 없습니다. 일단 저의 수도회 총회장님께 교독문집, 성자聖者명부, 층계송層階誦과 시편을 보내주실 것을 간청합니다. 지금 제가 가진 것이라고는 간략한 일과가 들어 있는 휴대용 성무일도서 하나와 기도서 한 권이 전부입니다. 제게 [보내주시기를 간청한 책이] 한 부만 있었더라도 소년들이 옮겨 적을 수 있었을 것입니다. 두 번째 성당을 지어 이 소년들을 두 집단으로 나누려고 합니다. 제가 몽골어를 읽고 쓰는 법을 익혔으므로 신약성서 전부와 시편을 몽골어로 번역하였는데, 아주 우아한 몽골문자로 제가 직접 썼습니다. 마침내 저는 예수 그리스도의 법을 사람들 앞에서 읽고 쓰고 가르치게 되었습니다. 조지 왕이 살아 계신다면 그의

> 왕국 어디에서나 주님을 찬양하는 노래가 울려 퍼지도록 라틴어 의례집 전부를 번역하게 하였을 것입니다. 조지 왕이 살아 있을 때 저는 그가 지은 성당에서 라틴어 의례집에 따라 미사를 올린 적이 있습니다. 조지 왕의 아드님 이름은 요한인데, 제 이름을 따라지었습니다. 저는 이 아이가 하느님의 도우심으로 선왕이 걸어간 길을 따라가길 기대합니다."

이들[선교사들]은 하느님을 영화롭게 하고 영혼을 구원하려는 열정을 가졌다. 동시에 이처럼 멋진 인물들의 행동을 통해 보여준 힘은 세상의 끝에서, 슬픔과 시련 속에서, 형제들이나 벗과 연락할 여력이 없는 가운데서도 살아남을 수 있었다. 몬테코르비노는 서양의 소식을 12년 동안 전혀 듣지 못하면서도 아무런 불평도 없이, 또 슬픔이나 불만을 한 마디도 내뱉지 않으면서 사실만 담담히 전하고 있다. 신앙의 힘으로 버텼기에 이 같은 고생을 감수할 수 있었을 것이다. 1305년, 이 관대한 몽골과 중국의 선교사는 페르시아에 있는 프란체스코회와 도미니크회의 선교사들에게 서신을 보내서 네스토리우스파 신자들이 일으킨 박해와 자신의 선교 활동의 진전 상황을 전달하였는데, 내용은 다음과 같았다.

> "이 무지한 사람들과 또 제가 주님 앞으로 이끌어 세례를 베푼 아이들을 가르치기 위해 신구약 성경에서 여섯 장면을 골라 그림으로 준비했습니다. 제가 몽골에 온 이래 지금까지 모두 5,000명에게 세례를 주었고, 대 칸의 궁전에서 가까운 거리에 이제 새 건물을 지었습니다. 훌륭한 신자이며 부유한 상인으로 저와 함께 타브리즈에서 이곳까지 온 페트로 데 루칼롱고Peter de Lucalongo라는 사람이 하느님의 사랑으로 자기 돈으로 이 부지를 구입하여 제게 주었습니다. 저희가 그곳에서 찬송을 부르면 대 칸께서는 당신의 침소에서도 이 찬송 소리를 들으실 수 있습니다. 제가 세운 두 성당은 이곳에서 3km 정도 떨어져 있는데, 둘 다 이 대도

시 안에 있습니다. 확실히 말하건대 이 세상에 대 칸의 제국만큼 큰 나라는 없습니다. 저는 궁전에 드나들 수 있는 허락을 받았으며 교황특사라는 명목으로 궁정에 있는 사무실도 받았고, 황제로부터 다른 고위성직자들처럼 많은 돈도 받고 있습니다."

그 이듬해에 몬테코르비노는 페르시아에서 그의 편지를 받는 이들에게 놀라운 사건에 관한 소식을 다음과 같이 전한다.

"에티오피아의 어떤 지방에서 사자들이 저에게 와서 저더러 그곳에 와서 복음을 전하거나 믿을만한 선교사들을 보내 달라고 청하였습니다. 그들은 복음서 기록자인 성 마태와 그 제자들이 온 뒤로는 그리스도교 사제도 없이 지냈으므로 그리스도교에 대한 가르침을 받기를 간절히 원하고 있습니다. 만약에 선교사들을 보내주기만 하면, 그들 모두 개종하여 그리스도교인이 되겠다고 말했습니다. 그들 대부분이 이름뿐인 그리스도인들이며, 그들에게 교리를 가르치거나 성경을 읽어줄 수 있는 사람이 없는 가운데서도 진지한 삶을 살려고 애쓰고 있다고 하였습니다."[452]

몬테코르비노가 말하는 이 사자들의 정체를 알아내는 것은 쉽지 않은 일이다. 그들을 아비시니아 인으로 보기에는 그 나라가 북경에서 너무 멀리 떨어져 있으므로 실론 섬에서 왔을 가능성이 크다. 왜냐면 그곳은 네스토리우스파의 대교구에 속하지 않았고 또 육로와 해로를 통하여 중국과 교섭이 잦았던 곳이었기 때문이다.

마침내 하느님의 섭리로 길고도 힘들었던 몬테코르비노의 고립이 끝나고,

452) (원주) 이 서신은 1306년 4월 사순절 바로 전 일요일, 칸발리크에서 쓴 것이다.

그의 열정과 인내에 커다란 격려가 되는 사건이 일어났다. 1307년, 교황 클레멘스 5세는 게라드Gérard, 페레그린Peregrin, 안드레 드 페로우제André de Pérouse, 니콜라스 드 바우트라Nicolas de Baitra, 카스티야의 베드로Peter of Castile, 안드루티우스 드 아시시Andrutius d'Assise와 비르누브의 윌리엄 William of Villeneuve 등 일곱 명의 선교사를 중국으로 파송했기 때문이다.[453] 교황은 동아시아에서 활약하게 될 이 선교사들에게 특별한 권한을 주려고 몬테코르비노를 북경 대주교로 서임하였고, 방금 열거한 일곱 명의 선교사들을 부주교로 임명했다. 이 선교사들은 출발에 앞서 주교로 서임되어 이 먼 나라에서 주어진 임무를 수행하는데 필요한 여러 혜택을 받게 되었다. 클레멘스 5세는 몬테코르비노를 로마 교황에게 언제나 순종한다는 조건으로 동아시아 가톨릭 선교단의 단장으로 임명하고 영대領帶를 하사한다는 내용의 서신을 그에게 보냈다.[454] 교황은 또 원나라 황제 성종에게도 서신을 보내어 그리스도교인이 되라고 권면하면서 가톨릭교회를 보호해 준 것에 대하여 감사를 표하였다.[455]

원나라를 향해 여행하려고 했던 프란체스코회 수도사 7명 가운데 단지 3명만이, 1308년 목적지에 도착하여 몬테코르비노 북경 대주교를 서임하였다. 즉 게라드Gérard, 페레그린Peregrin, 안드레 드 페로우제André de Pérouse 이렇게 세 명의 신부는 북경에 도착하였으나, 니콜라스 드 바우트라Nicolas de Bautra, 카스티야의 베드로Peter of Castile, 안드루티우스 드 아시시Andrutius d'Assise 등 세 신부는 인도에 닿자마자 과로로 숨졌으며, 비르누브의 윌리엄

---

453) 클레멘스 5세(Clement V, 1305~14): 제 195대 교황으로 프랑스 태생이었다. 템플 기사단을 해체하고 아비뇽으로 교황청을 옮겨 이른바 '아비뇽 유수시대'를 시작한 교황이다.

454) 영대(Pallium)는 대주교가 제복 위 어깨에 걸치는 흰 양털 띠를 가리킨다.

455) (원주) Wadding, Annales Minorum, vol. vii. p. 228, etc. 성종(成宗, 1294-1307)은 세조에 이은 제 2대 원나라 황제였다. 본명은 테무르(Temür, 鐵穆耳), 시호는 흠명광효황제(欽明光孝皇帝), 칸으로는 올제이트(Oljeytu)로 부른다. 쿠빌라이의 손자이며, 충렬왕비 제국대장공주의 친정 조카이자, 충선왕의 외 사촌형이었다.

William of Villeneuve 수도사는 이탈리아로 돌아가서 1325년에 코르시카의 사고나Sagona 주교로 서임 되었다.[456] 칸발리크에 있던 존경받는 선교사와 그의 선교 활동에 동참하려고 온 프란체스코회의 세 선교사의 만남은 말로 표현할 수 없는 큰 기쁨이었다. 몬테코르비노는 모국어를 다시 들을 수 있어서 무엇보다도 기뻤는데 이 외국 땅에서 아름답고 조화로운 모국어의 억양을 듣게 되리라고는 꿈도 꾸지 못한 일이었다. 몬테코르비노 대주교는 부주교들의 보좌를 받으면서 전처럼 열정을 가지고 복음 전하는 일을 계속하였는데 새 선교사들이 왔기 때문에 이 노년의 선교사는 힘과 활력과 건강이 배가되었으며 다시금 젊은 열정이 샘솟았다. 그는 부주교들에게 분별력과 지혜를 나누어주었으며 선교사로서의 오랜 경험을 공유하였다. 그들은 서로 돕고 많은 대화를 나누면서 그들의 노력이 많은 풍성한 열매로 맺어져서, 더욱 많은 선교사들의 도움이 필요해졌다. 이에 1312년, 교황은 3명의 부주교를 칸발리크 대주교에게 더 보내주었다.[457] 이 세 선교사 역시 프란체스코회 수도사로 이름은 토마스Thomas, 제롬Jérôme과 피렌체의 베드로Peter of Florence였다. 클레멘스 5세는 피렌체의 베드로에게 보낸 교서에서 중국과 몽골에서 그리스도인의 숫자가 고르게 많이 증가했으므로 교황께서는 앞으로 그리스도교 선교를 더욱 용이하게 하려면 새로운 교구들을 만드는 것이 바람직하다고 말했다.

아르메니아 귀부인이 지은 성당

비슷한 시기에 지금은 절강성浙江省 성도인 항주杭州라고 짐작되는 해안에

456) (원주) Wadding, vol. vi. p. 147. 교황 요한 22세는 윌리엄이 주교로 서임되었을 때 클레멘스 5세에 의해 이미 주교로 서임되어 몽골 여러 나라에 복음을 전파하기 위해 파송된 적이 있다고 언급하였다. 윌리엄 주교는 1328년 트리에스테(Trieste) 교구로 전임되어 1331년에 선종하였다. Ferdugellus, Italiae Sacrae, vol. v. p. 582.

457) (원주) Wadding, vol. vii. p. 53.

서 그리 멀지않은 크고 아름다운 도시인 감포澉浦에 부유한 아르메니아 귀부인이 살고 있었다. 이곳에서는 그리스도교가 큰 영향을 끼치고 있었으나 많은 신자가 모여서 예배를 드릴 적절한 장소가 없었다. 이 사정을 알게 된 아르메니아 귀부인은 자신의 열정과 신심에 따라 엄청난 재산을 영혼을 구하고 하느님께 영광을 돌리는 데 바칠 것을 결심하고 그곳에 매우 큰 성당을 지었다. 몬테코르비노 대주교는 이 대성당에 이름을 붙여주고 여기에 교구를 설치한 다음 그 운영을 게라드 주교에게 맡겼다. 그가 얼마 지나지 않아 세상을 떠나게 되자 페레그린 주교가 그 뒤를 잇게 하였다. 이 교구를 1326년에 안드레 드 페로우제 주교가 맡게 되었는데 그가 이곳에서 [고향인 이탈리아의] 페로우제 수녀원에 있는 부친에게 편지를 보냈다. 이 편지에는 그의 중앙아시아 여행에 관한 자세한 내용과 더불어 가톨릭교회의 중국 선교에 관한 내용도 들어 있다.[458] 다음은 안드레 주교의 서신의 내용이다.

> "아버지와 제가 넓게 펼쳐진 바다와 육지로 인해 멀리 떨어져 있어서, 제 편지가 아버님 손에 들어가게 될지 기대할 수 없습니다. (중략) 제가 바다와 육지를 여행하면서 마주쳤던 시련과 위험과 피로와 고난의 어려움을 이겨냈고, 때로는 가진 모든 것 심지어 말과 옷까지 강도에게 빼앗겼다는 말씀을 틀림없이 듣게 되실 것입니다. 하지만 하느님의 도우심으로 저희 일행은 대 칸의 제국 수도인 칸발리크에 도착하여 교황청에서 내린 지침에 따라 대주교를 서임하였습니다. 저희는 칸발리크에서 5년을 보냈는데 그동안 황제의 은덕을 입어 알라파祿俸[459], 즉 8인분의 음식과 의복을 받았습니다. 황제는 이러한 녹봉을 외국 왕들이 보낸 사신들과 기술자들, 병사, 예술가, 궁사弓師, 그리고 가난한 사람들과 각종 조건에 해당하는 사람들에게 지급합니다. 대 칸의 부요함, 장엄함과 영광스러움, 그리

---

458) (원주) Wadding, vol. vii. p. 44.

459) (원주) alafa. 녹봉 또는 관직을 뜻하는 아랍어인데 투르크인들, 페르시아인들, 몽골인들, 심지어 티베트 주민들까지도 이 단어를 사용하고 있다.

고 제국의 광활함, 수많은 도시의 위용, 그가 다스리는 수많은 민족이나 서로에게 감히 칼을 겨누는 일이 없는 제국의 행정조직 같은 것을 아버님께 말씀드리자면 끝이 없습니다. 저는 이 모든 것들이 믿기지 않아 침묵으로 넘겼습니다. 여기에 있는 저로서도 감히 믿을 수 없는 이야기를 들을 때가 있습니다.

감포는 바다에 면한 큰 도시인데, 부유한 아르메니아 귀부인이 그곳에 엄청난 규모의 성당을 지었습니다. 칸발리크 대주교께서는 그 건물을 대성당이라고 부르신 후에 헌금 관리를 포함한 행정적인 일을 게라드 주교에게 맡기셨습니다. 이 주교가 돌아가시자 성당에 무덤을 마련하였으며 대주교는 제가 그 자리를 이어받아 교구를 관리하라고 하셨습니다. 그러나 저는 그 자리를 맡을 수 없었기에 페레그린 주교가 첫 번째 기회를 맞아 주교로 부임하였습니다. 그분은 이 성당을 몇 해 동안 맡고 계시다가 1322년 성 베드로와 성 바울 축제일 9일 후에 선종하셨습니다. 페레그린 주교가 임종하기 전에 저는 카이통 근처에서 4년을 살다가 [지금은] 감포로 옮겨 그곳에서 녹봉을 받게 되었습니다. 그곳에서는 황제가 임명한 화려한 차림의 기사 여덟이 저를 호위하고 다녔습니다. 그때 페레그린 주교께서는 아직 살아계셨고 저는 도심에서 그리 멀지 않은 숲속에 지은 아주 아담한 성당에서 22명의 수도사와 함께 고위성직자에게 주는 방이 네 개 있는 집에서 살았습니다. 황제께서 주시는 녹봉이 저의 유일한 수입원이었는데 제노아 상인의 추산에 따르면 그 액수가 연간 100 플로린 정도라고 합니다.[460] 저는 이 녹봉의 대부분을 제가 살았던 고장의 어떤 수도원들보다 아름답고 편리한 이 거처를 짓는데 쏟아 부었습니다. 페레그린 형제가 선종한 직후에 저를 이 교구의 주교로 서임한다는 대주교님의 명을 받았습니다. 여러 가지 이유로 이 자리를 받아들였습니다만 저는 도심에 있는 성당과 숲속에 있는 거처를 번갈아 오가며 살고 있습니다. 제 건강은 좋으며 여전히 한 해에 여러 달을 영혼을 구제하는 일에 쏟고 있

460) 플로린(Florin)은 1252년 피렌체에서 주조한 3.5g짜리 금화로 유럽에서 기축통화로 통용되었다.

습니다. 하지만 나이를 먹고 선교사의 일이 벅차서 백발이 되었습니다.

이 제국에는 천하의 모든 나라 사람들, 모든 종파의 수도사들이 살고 있으며, 누구에게나 자기가 좋아하는 종교나 철학, 심지어 네스토리우스파를 믿는 것까지도 허용되고 있습니다. 각 종교를 믿는 사람들이 자기 종교에만 구원이 있다고 주장할 수 있으므로 저희도 매우 자유롭고 안전하게 가톨릭 교회의 선교 활동을 할 수 있습니다. 유대인들과 사라센 가운데는 아직 [가톨릭으로] 개종한 사람은 없으며 많은 불교 신자가 세례를 받기는 하였으나 대부분이 실제로는 그리스도교 계율에 따라 살고 있지는 않습니다. 동료 신부 넷이 인도에서 사라센에 의해 희생되었는데 그 가운데 하나는 활활 타는 불에 던져져 상처 하나도 생기지 않았습니다. 그러나 이런 놀라운 기적에도 불구하고 이교도들의 악한 마음을 돌려놓을 수는 없었습니다. 제가 이런 자세한 사정을 아버님께 말씀드리는 이유는 아버님께서 친구 분들에게 이런 사정을 알려주시기를 바라서입니다. 저는 제 영적 형제들이나 개인적인 벗들에게 소식을 전하지 않고 있는데 그분들의 생사를 제가 알 수 없어서입니다. 제 형편이 그러하니 그분들께 죄송하며 모두에게, 특히 페로우제의 시장님께 안부를 전합니다. 클레멘스 교황께서 서임하신 모든 부주교 가운데 저만 남고 모두 세상을 떠났습니다. 니콜라스 드 바우트라, 안드루티우스 드 아시시, 카스티야의 베드로 세 형제는 인도에 도착하자마자 세상을 떠났습니다. 아버님께서 언제나 주님의 평화가운에 사시길 기원합니다."[461]

안드레 주교는 이 서신을 1326년 정월에 감포에서 작성하였다. 중세 시대의 선교사들은 많은 글을 남기지 않았다. 당시에는 지상에 흩어진 수많은 선교사의 활약상을 수집하는 '해외 선교 연감' 같은 출판물이 없었으므로 선교 상황에 관한 정확한 내용을 파악하기는 어렵다. 하지만 몇 통의 귀중한 편지들이 남아

461) (원주) Wadding, Annales Minorum, vol. vi. p. 53.

있어서 동아시아에서 선교사들의 성공적인 활동을 조명하기에 충분하다. 중국과 몽골에는 종교의 자유가 있었으므로 그리스도교는 크게 전파될 수 있었고 지금 우리가 생각하는 것보다 더 많은 사람이 이 먼 나라로 빈번히 왕래하였다. 상인들은 이윤을 추구하여 인도와 이탈리아의 여러 도시에서 그곳으로 몰려들었으니 아르메니아 귀부인 하나가 중국 대도시 하나에 성당을 세웠다는 소식이나 또는 안드레 드 페로우제 주교가 100 플로닌이나 되는 국가보조금을 받았다고 하는 제노아 상인의 전갈을 듣는 것이 조금도 기이하지 않다.

오도릭의 선교 여정

복음을 전하겠다는 열정이 장사를 통해 이익을 얻는 것보다 중앙아시아에 더 많은 이방인을 끌어들였다. 신앙심이 돈독하였던 프란체스코회와 도미니크회의 수많은 수도사들과 교황청과 그리스도교인 왕들이 공식적으로 파견한 성직자들이 이 멀고도 위험한 여행을 기꺼이 감수했다. 우리가 듣기로 그들은 이 머나먼 아시아 곳곳에서 보호도 받지 못하고 음식과 돈도 없이 오직 하느님을 온전히 신뢰하면서 신앙에 대한 열정으로 활기를 얻었다. 그들은 사람들에게 선을 베풀고 예수 그리스도에게로 영혼들을 인도하겠다는 갈망으로 불타올랐다. 이런 자발적인 동기로 선교사가 된 가장 중요한 인물들 가운데 하나는 오도릭Oderic으로 세계 곳곳을 돌아다니며 가는 곳마다 복음을 전했던 인물이다. [이탈리아 북부] 포르데노네Pordenone의 프리울리Friuli에서 태어난 그는 1286년경 우디네Udine에서 프란체스코회에 입회하였다. 그곳 수도원에서 각별한 고행을 하면서 욕정을 다스렸는데 맨발로 한 벌의 간단한 튜닉만 걸치고 다닐 뿐 아니라 빵과 물로 끼니를 때우면서 자신의 몸에 쉬지 않고 채찍질을 하고 쇠사슬로 만든 갑옷을 내의처럼 걸치고 살았다. 오늘날 사람들은 이 성자가 어떻게 건강을 유지할 수 있었는지 짐작할 수도 없겠지만 오도릭이 장기간 여행을 했고 엄청난 노력을 했다는 자체가 그가 경험한 성스럽고 엄격한 고행을 통해 정신적으로 놀라운 힘을 얻었다는 증거이다. 이러한 힘이 남아 있었기에 16년 동안이나 엄청난 노고와 피로를 견뎌낼 수 있었던 것이다. 경건함을 진정으로 시험하는 겸손은 이 우디네 수도원의 독실한 수도사를 항상 움직이게 하는 원칙이었다. 오도릭은 자기 수도회가 베푸는 품격 있는 생활을 받아들인 적이 없었고 홀로 기도에 힘썼으므로 상사들로부터 독자적인 은둔생활을 해도 좋다는 허락을 받았다. 그는 홀로 생활을 하면서 아시아 먼 곳에 사는 이교도들의 개종에 헌신하겠다는 열망에 사로잡히게 되었다. 그는 1314년쯤 수도원을 떠나 콘스탄티노플로 가서 거기에서 흑해를 건너, 육로로 트레비존드Trebizond로 갔다. 이어 대 아르메니아Great Armenia를 거쳐 호르무즈Hormuz에 도달해서 이 항구에서 [인도] 말라바르Malabar로 가는 배를 탔다. 그는 타나Tana에 도착해서 프란체스코회 네 수도사들이 인도에서 영광스러운 죽음을 맞았다는 소식을 들었는데, 이 사실은 안드레 드 페로우제가 보낸 편지에서도 언급된 적이 있다. 그곳에 있던 토마스 드 톨렌티노Thomas de Tolentino, 파두아의 제임스James of Padua, 시에나의 베드로Peter of Sienna, 평수사인 티플리스의 데메트리우스Demetrius of Tiflis 네 선교사도 복음을 전할 목적으로 중국에 가던 길이었다. 그들은 인도를 지나는 길에 밀라포레Mylapore에 있는 성 도마성당에 들리려다 폭풍을 만나 살세티Salcetti 섬에 닿게 되었다. 그 지역의 총독은 광적인 무슬림이어서 이들 프란체스코회 수도사들을 잡아들여 무함마드를 어떻게 생각하는지를 물었다. 토마스가 성스러운 위엄을 보이면서 그 사기꾼 때문에 거짓 종교를 믿는 모든 사람이 지옥으로 떨어져 버릴 것이라고 답했다. 무슬림들은 이 말을 듣고는 크게 분노하여 그가 했던 말을 취소하라고 위협하고 설득도 하였다. 무슬림들은 프란체스코회 수도사들이 배교를 거부하자 옷을 벗겨서 찢어버리고 알몸인 채로 기둥에 묶어 뜨거운 햇볕을 쬐게 하였는데 장소와 시간으로 보아 오래 견딜 수 없었다. 하지만 수도사들은 강렬한 햇볕이 목숨을 앗아갈 지경인데도 주님을 찬양하는 노래를 쉬지 않고 불렀다. 그러나 이 뜻밖의 행동으로 박해자들은 더욱 화가 치솟아 끔찍한 고통 가운데서 죽게 하였다. 파두아의 제임스의 머리는 언월도로 조각을 냈고 이 악귀들 가운데 하나가 가장 연로한 토마스 드 톨렌티노의 수염을 붙잡고는 칼을 등에 꽂았는데 이 순간에 그가 큰 소리로 성모 마리아를 부르자 칼이 다시 목을 베어버렸다. 시에나의 베드로는 참수되었고 티플리스의 데메트리우스는 여러 곳에 상처를 입고 언월도로 반으로 토막이 났다. 그러나 이 고귀한 순교자들이 흘린 피가 헛되지 않아 많은 사람이 개종하게 되었다.

『프란체스코회 연감Annales des Fréres Minerurs』[462]에는 타나 총독이 어느 날 꿈에서 프란체스코회 수도사 넷을 보았는데 침대 모서리마다 하나씩 서서 불이 붙은 칼 네 자루를 휘두르며 그리스도인들을 더 인도적으로 대하지 않는다면 죽여 버리겠다고 협박하였다고 적혀있다. 그는 꿈에서 이런 경고를 받자 큰 소리로 자비를 구하였고 이튿날 그리스도교인들을 묶었던 사슬을 끊고 유배를 보냈던 교인들은 다시 불러들였으며 칙령을 발하여 그리스도인들에게 조금이라도 모욕을 주면 사형에 처하겠다고 하였다. 이런 새로운 법령으로 인해 많은 불교 신자들과 무슬림들이 그리스도교로 개종하는 은혜를 입었다.

오도릭은 이런 일이 벌어졌을 때 타나에 도착하여 형제 수사들의 영광스러운 순교에 관해 자세히 알게 되었다. 그는 이 형제들이 그리스도교를 중국에 전하러 가다가 인도에서 고귀한 피를 흘렸다는 것을 알게 되었다. 오도릭은 중

462) (원주) Wadding, Annales Minorum, vol. vii. p. 232.

국이 이 수사들의 시신을 전부 빼앗아 가지려고 하지는 않았으나 순교자들의 뼈는 여전히 [선교적] 영향을 발휘할 것이고, 하느님이 그 귀한 유물을 거룩하게 하고 구원하는 특별한 효능을 부여하셨다고 생각했다. 그리하여 이 형제들의 관을 열어 공경하는 마음으로 이 순교자들의 유골을 수습하여 중국으로 옮기기로 결정했다. 그는 다른 형제 하나와 하인을 데리고 이 귀중한 성물을 지닌 채 타나를 떠났다. 이 거룩한 사제가 순교한 형제들의 유골을 가지고 그것을 영혼들을 정복하는 성스러운 갑옷으로 삼아 이교도들이 사는 나라로 떠나는 광경은 커다란 충격을 준다. 오도릭은 긴 여행길에서도 연민과 경건한 배려의 마음을 가지고 이 귀한 유물을 보살피는 일을 조금도 소홀히 하지 않았다. 잘 때는 유골을 머리맡에 두는 것이 습관이 되었는데 마치 순교자의 유골 베개에서 선교사로서의 불굴의 용기를 얻어내려는 것 같았다.

오도릭은, 실론 섬, 수마트라, 자바와 보르네오를 거쳐 마침내 중국 땅에 도착했다. 중국까지 오려면 페구Pegu와 아바Ava의 늪지대를 지나는 어려움도 겪었을 것으로 짐작된다. 그는 만자蠻子라고 불렀던 남쪽으로 들어갔으니, 오늘날 중국 남부다. 이 고장과 주민들에 관하여 오도릭은 "모두가 장인들이거나 상인들"이라고 정확하게 묘사하였다. 나는 중국에 온 지 5년이 넘어서 14세기에 오도릭이 찾았던 이 고장을 [그의 묘사에 따라] 쉽사리 찾아갈 수 있었다. 그는 오는 길에 마주쳤던 몇 개의 대도시를 언급하고 있는데, 그 어느 곳보다도 소주蘇州가 아름답고 부유하다고 극찬하고 있다.[463] 그는 청강淸江을 건너 항주杭州에 닿았는데 이 도시를 베네치아에 비유했다. 그가 인도로부터 먼 길을 오면서 몸과 마음을 다해 보살피던 귀한 짐을 풀어놓은 곳은 바로 항주였다. 우리는 이미 이 도시가 여러 왕조의 수도였고, 중세에 주교좌성당이 있을 만큼 그리스도교가 크게 번창하던 도시라는 사실을 알고 있다. 오도릭은 이곳에서

463) 오도릭의 여행기에는 소주에 관한 이야기가 없다.

네 명의 프란체스코회 수도사들을 만났는데, 그들은 안드레 드 페로우제와 새 신자들을 분담하여 목회하고 있었다. 그들은 살아서 중국에 오기를 바랐던 네 선교사들의 성물을 오도릭에게서 넘겨받자 크게 기뻐하였다. 이 유골은 선교 활동을 시작하자마자 순교의 종려나무가 된 사람들의 것이었다.

오도릭은 아르메니아 귀부인이 아낌없이 재산을 헌납하여 지은 항주의 아름다운 성당과 항주 근교의 숲속에 안드레 드 페로우제 주교가 지은 성당과 수도원을 감탄하며 바라보았다.[464] 선교사들은 열정과 사랑으로 그들에게 맡긴 신부의 밭을 개간하였고 하느님은 그들의 경건한 노동에 축복을 내리셨다. 사회 각층에서 많은 이들이 개종하였는데 오도릭은 이 새 신자들 가운데서 항주에 있는 자기 집에 그를 머물게 한 부유하고 영향력 있는 사람에 관해 이야기하고 있다. 이 부자는 어느 불교사원에서 그에게 돋보기를 사주었던 사람이다. 이제 기록으로 남아 있는 이 프란체스코회 수도사의 이야기를 인용해 보겠다.[465]

"어느 날 그 새 신자가 내게로 다가오더니, '신부님, 저와 함께 마을을 산책하시지 않겠어요?'라고 하였고, 이에 나는, '좋다'라고 답하였다. 그가 즉시 배 한 척을 보내서 그 배를 탔고 나를 커다란 절로 데려갔다. 그 새 신자는 스님 하나를 부르더니 그에게, '이 프랑크 사제가 보이는가? 이분은 해가 지는 곳에서 오신 분이신데, 이제 칸발리크로 가셔서 황제의 삶을 위해 기도하실 분이시네. 이분께 우리 고장의 진귀한 것을 보여주시게. 언제가 이분이 귀국하셔서, '내가 항주에서 이러이러한 진귀한 것을 보았네.'라고 말씀하시지 않겠나'라고 말하였다. 스님이 '제가 우리 절에 있는 놀라운 것을 보여 드리지요.'라고 했다. 숙소

464) 지은이는 항주와 항주의 외항격인 감포를 혼동하는 경우가 있다.
465) (원주) Bollandi, Acta Sanct., t. I. p. 991.

의 한편에는 절에서 나온 음식 찌꺼기를 채운 통이 여럿 놓여 있었다. 스님은 이 통들을 들고 문을 연 다음, 우리를 커다란 공원으로 안내하였다. 공원 한가운데 아름다운 수목이 우거진 언덕이 솟아 있었다. 우리가 언덕 자락에 멈추자 스님은 징을 여러 번 울렸다. 그 소리에 다양한 종류의 많은 동물이 우리가 있는 쪽으로 서둘러 오는 것이 보였다. 대부분이 원숭이들과 고양이들이었는데, 대충 보아도 3,000 마리는 되어 보였다. 이 동물들 모두가 질서정연하게 줄을 서자 노승이 이들에게 음식 찌꺼기를 나누어주었다. 모두가 맛있게 먹고 난 뒤에 징을 한 차례 울리자 일제히 언덕 쪽으로 다시 올라가기 시작하더니 굴속으로 자취를 감추었다. 이 광경이 하도 기이하여 속으로 웃음이 나왔다. 나는 마침내 그 노승에게 '제가 방금 보았던 것에는 무슨 의미가 담겨 있는지 말씀해 주세요.'라고 말했다. 노승이 '방금 보신 것은 유명한 사람들의 영혼인데 우리가 신의 자비심을 가지고 그들에게 먹이를 주는 것이지요.'라고 하였다. 내가 '이 고양이, 원숭이, 개, 이 모든 짐승은 사람의 영혼이 아니라 그저 동물들일 뿐이지요.'라고 했더니, 노승은, '아니오. 그들은 짐승이 아니라 죽은 자들의 영혼입니다. 고귀한 영혼은 내생에서 고귀한 동물의 몸속으로 들어가고 무지한 자들의 영혼은 더러운 짐승들의 몸속에 살게 됩니다.'라고 대꾸했다. 오도릭 형제는 '내가 가르친 것이 보람이 없었구나. 이런 미신을 가지고 스님과 논쟁하는 것이 불가능하다는 것을 알았다.'는 말을 덧붙였다."

불교 신자들은 윤회설을 인정한다고 알려져 있다. 짐승의 넋이 전생에서는 사람의 넋이었다고 그들은 배웠다. 따라서 독실한 불교 신자들은 동물들을 존중하게 되고, 동물들을 상하게 하는 것을 극도로 경계한다. 그러니 불교사찰에서 가축이나 애완동물을 가리지 않고 온갖 종류의 동물들이 징소리에 맞추어 음식을 먹으러 모이는 것을 본다는 것이 놀라운 일이 아니다. 그리고 이런 일은 어느 정도 이 종교공동체의 일상이 되어버렸다. 항주 사찰의 노승은 자기 신앙에 진지한 태도를 보인 것이었을 터이고 자신이 공원에서 원숭이들과 고

양이들 한 가운데 있었을 때 정말로 친구들에게 둘러싸여 있다고 생각했을 것이다. 또 프란체스코회 수사의 훈계를 불경하다고 매도했을지도 모른다.[466)]

오도릭의 노력으로 중국 남부 여러 성에서 많은 사람이 개종하게 되었다. 그 뒤에 그는 북쪽으로 올라가는 길에 새 신자들이나 프란체스코회 선교사들이 있는 유명한 도시에 들렀다. 그는 40개의 돌로 된 다리가 있는 도시에서 여러 개의 선단船團을 만났다고 하였는데, 틀림없이 양자강과 동정호에서 보았을 것이다. 그는 큰 강을 건넜다고만 언급하였는데, 이것이 황하라는 것은 주목할 만하다. 그는 "이 강은 카타이의 한 가운데로 흐르는데, 홍수가 나면 큰 피해를 준다."라고 하였다. 실제로 중국 황제들에게는 황하의 범람이 언제나 큰 골치였다.

이 지칠 줄 모르는 선교사는 마침내 칸발리크에 도착하여 자기가 속한 수도회인 프란체스코회의 여러 형제를 만났다. 그들은 그곳에서 귀족과 평민 모두에게 존경을 받으면서 몽골인들과 중국인들을 개종시키는데 큰 성과를 거두고 있었다. 이 선교사들은 대 칸의 궁정으로부터 큰 은총까지 입고 있었다. 오도릭은 이렇게 말했다. "나는 가끔 궁정에서 베푸는 연회에 참석하였는데, 궁궐에는 프란체스코회를 위해 특별히 지정해준 장소가 있었기 때문이었다. 연회가 있으면 그들은 우리에게 먼저 들어오라고 했고, 우리는 대 칸을 위해 축복기도를 하였다."

오도릭은 어느 날 북경에 있는 다른 네 선교사와 함께 성 밖을 거닐고 있었

466) (원주) "우리는 봄베이에서 늙고 허약한 동물들을 돌보러 크게 잘 지은 동물병원을 찾았다. 그곳에는 네 발 달린 짐승들, 새들과 파충류들이 있었는데, 이런 동물들을 인도인들이 온정을 가지고 극진하게 돌보고 있었다. 불행한 것은 사람들을 위해서는 그런 시설이 전혀 없다는 점이다. 그럼에도 불구하고 사람들이 전생에 동물이었을 것이라는 이유만으로 그것들에게도 관심을 보이는 것처럼 느껴졌다."

다. 일행은 그늘을 만들어 뜨거운 태양 빛을 가려주는 큰 나무 밑에 앉아 있다가 황제의 마차가 멀리서 멋진 호위를 받으며 그들 쪽으로 다가 오는 것을 보았다. 이 행렬을 보자 선교사들은 군주에게 적합한 예의를 갖출 준비를 하였다. 일행 가운데 주교 하나가 교황이 하사한 장식을 달고 있었다. 그는 가슴에 매달려 있는 십자가를 황급히 풀어서 지팡이 끝에 걸고는 황제의 마차가 자기 앞을 지날 때 그것을 공중으로 들어 올렸고, 선교사들은 "창조의 영이여, 오소서"라는 성가를 합창하였다.[467] 대 칸은 옆에 있던 중신들에게 이 가사가 무슨 뜻인지 물었다. 그들은 하느님께 기도를 올리고 있는 프랑크 사제들이 부르는 노래라고 답하였다. 그러자 황제는 선교사들을 가까이 오게 하더니 십자가를 보고는 모자를 벗고 거기에 공손하게 입 맞추었다. 이런 광경을 전한 작가는, "칸이 그리스도교를 소중하게 생각한다는 증거"라고 하였다.[468] 그때 북경에서 가톨릭교회의 선교 활동은 오도릭의 말처럼 크게 번창하고 있었다. 그는 궁정의 주요한 인물 몇 명이 그리스도교를 성공적으로 받아들이게 하는 데 앞장섰다.

오도릭은 오직 그리스도교의 전파를 위한 열정을 가지고 북경에서 3년을 살면서 이 일에 더욱 전념하리라 결심하고 예수 그리스도에게로 이끌 영혼을 찾아 나섰다. 그리하여 그는 중국 땅을 떠나 만리장성을 넘어 몽골 광야로 들어섰다. 그는 사제 왕 요한의 옛 왕국이 있던 케레이트 부족의 땅으로 들어갔는데, 그곳의 그리스도교인들이 예전에 가지고 있던 열정이 많이 식어서 네스토리우스파의 잘못된 행동에 거의 완전히 중독되어 버렸음을 알게 되었다. 그는 이들을 가톨릭교회의 참된 신앙으로 되돌리기 위해 노력했고 그의 열정이 큰 효과를 가져와 많은 이교도에게 세례를 줄 수 있었다. 그 뒤에 그는 감숙성甘肅省을 지나 티베트 수도에까지 이르렀다. 오도릭은 이렇게 말했다. "이곳은

---

467) '창조의 영이여, 오소서(Veni Creator Spiritus)'라는 성가는 베네딕트 수도회의 라바노 마우로(Rabanus Maurus, c. 780-856)가 9세기에 작사한 찬송으로, 오순절 절기와 성직 서임식 때 불린다.

468) (원주) Marchinus, in vita. B. Odorici.

이 나라에서 교황처럼 행세하는 사람이 사는 도시이다. 그는 모든 불교 신자들의 수장이며 교황이어서, 나라에서 예전을 행할 때면 그에게 온갖 직책과 성직자로서의 권위를 부여한다." 오도릭은 티베트인들이 천막에서 살고 있으며 이 험준한 협곡에서 유목민으로 생활하고 있다고 묘사하였다. 그가 본 것 중에서 신기한 것은 수도에 있는 건물 벽이 모두 흰색과 검은색이라는 점이었다.[469] 우리가 1845년, 티베트 수도를 찾았을 때 둘러보니 이 프란체스코회 선교사가 했던 말이 맞는 듯이 보였다. 라사 교외에 소와 양의 뿔로 지은 집들이 모여 있는 구역이 있었다. 이 특이한 건축물은 내구성이 무척 강하고, 눈으로 보기에도 그럴싸했다. 소의 뿔은 부드러운 느낌에 희끄무레한 색깔이고 이와 대조적으로 양의 뿔은 검고 거칠어서 이 기이한 재료가 수많은 조합과 또 벽면에 다채로운 문양을 이루면서 아주 잘 어울렸다. 뿔 사이의 작은 틈은 모르타르로 메웠는데, 이렇게 지은 집들만이 흰색이 아니었다. 티베트인들은 야성적이고도 환상적인 아름다움에 어떤 것을 덧붙이지 않고, 자연색을 내는 뛰어난 취향을 가졌다. 라사 주민들이 많은 소와 양을 잡아서 먹는다는 것은 언급할 필요조차 없을 것이다. 그들이 뿔을 가지고 지은 집들은 엄청나게 소와 양을 소비한다는 것을 뒷받침하는 명백한 증거이며,[470] 또 14세기에 티베트 수도 전역에 우리가 묘사했던 구역에서와 같은 모양의 집들이 지어졌다는 것은 전혀 불가능하지는 않을 것이다. 용기와 열정이 넘치는 선교사들이 있었기에 험준하고 거친 산악지형과 혹독한 기후조건으로 접근이 어려웠던 이런 곳에도 복음의 빛이 비칠 수 있었다고 여겨진다. 오도릭은 티베트 수도에서도 가톨릭 선교사들이 많은 사람을 개종시킨 것을 알게 되었다.

469) (원주) Bollandus, t. I. p. 992.
470) (원주) Voyage au Thibet, t. ii. p. 250.

피사로 귀환한 오도릭의 선종

티베트 여러 지방을 둘러본 뒤에 오도릭은 히말라야 산맥을 넘어 인도와 페르시아를 가로 질러 유럽으로 돌아왔다. 그가 피사에 도착한 때는 1330년이었다. 이 지칠 줄 모르는 선교사는 16년 동안 지상에서 가장 멀고 미개한 지역을 다니면서 그 모든 곳에 복음의 씨앗을 뿌렸다. 그의 이야기를 통해 크고 진실한 겸손 때문에 그의 선교가 큰 성공을 거두었음을 알 수 있다. 그가 2만 명이 넘는 불신자들을 개종시키고 세례를 주었다고 알려져 있다. 그가 다시 고향 땅을 밟았을 때 그가 참아야 했던 고통과 불행 때문에 모습이 바뀌어 그의 몸은 수척해지고 얼굴은 여위고 햇볕에 타서 친척들조차 그를 알아보지 못할 지경이었다. 하지만 그리스도인들이 이 신앙적인 영웅을 사랑과 긍지를 가진 눈길로 찬찬히 보니, 고생으로 온몸에 거친 상처뿐이었지만 전쟁에서 귀환한 이 나이든 용사의 거친 남성적 아름다움을 알아보았다고 한다.

오도릭은 피사에 며칠간 머물다가 교황에게 동아시아의 가톨릭 선교 현황을 보고하고 대 칸의 이름으로 선교사 추가 파송을 요청하기 위해 아비뇽으로 길을 재촉했다. 그는 몇 명의 젊은 선교사들을 데리고 중국으로 다시 들어갈 준비를 이미 마쳤지만 중병이 들었다. 하느님께서는 당신의 종을 기쁘게 하시기 위해 그를 당신 곁으로 불러 상을 주시려 하였다. 이 선한 사제는 자기의 임종이 가까웠음을 감지하고 자신이 성 프란체스코의 생활습관을 배웠던 수도원에서 죽음을 맞이하기 위해 우디네로 거처를 옮겼다. 오도릭은 주님께 헌신을 약속하였던 같은 장소에서 주님께 자기 목숨을 의탁하길 청했고, 은혜 가운데 이 부탁은 받아들여졌다. 그는 병상에 오래 있는 동안에도 인내하고 고통을 감수하는 모습을 보여주어, 그를 오래전부터 존경하던 수도원 형제들이 그를 더욱 존경하게 만들었다. 하느님의 영광과 영혼들의 구원을 위하여 그가 행했던 위대한 일들에 대하여 그는 겸손한 마음으로 침묵하였으므로, 그의 상관들은 선교여행을 기록으로 남길 것을 정식으로 명하였다. 그는 그 지시에 순종하였으나 글을 쓸 수 없어서 비서로 일하는 수사 헨리 드 글라츠Henri de Glatz가 그의 구술을 받아 적었다. 이 존경스러운 사제는 흥미진진한 이야기를 마친 뒤에 다음과 같은 말을 남겼다.

> "나, 프리울리의 오도릭은 하느님과 예수 그리스도 앞에서 여기에 적힌 이 모든 내용이 내 눈으로 직접 본 것이거나 믿을 만한 사람에게 들은 것이라는 사실임을 보증한다. 여기에 기록하지 않은 다른 많은 내용이 있는데, 이는 이교도들이 사는 땅을 나같이 불쌍한 죄인처럼 여행한 사람을 제외하고는 우리나라 사람들이 이해하기 불가능하다고 생각했기 때문이다."

오도릭의 이야기에 따르면 여기에 적은 것들 가운데 어떤 것들은 좀 기이한 것들도 있는데, 우리는 그가 병상에서 하느님께 가기 전에 구술한 진정한 표현으로 알고 기꺼이 인용하였다. 우리는 어떤 이야기든지 화자들의 훌륭한 신앙이 진실함을 보장된다면 당연히 이런 여행자들의 놀라운 모험담을 전적으로 신뢰한다. 오도릭은 1331년 정월 우디네에서 선종하였다. 그가 높은 덕망과 선교적 열정을 가졌으며, 생전과 사후에 그에게 나타난 기적으로 명성을 떨쳤으므로 교회는 그를 성자의 반열에 올려놓았다.

제 10 장

몽골의 쇠퇴와 막을 내린 아시아 내륙 선교

제 10 장

몽골의 쇠퇴와 막을 내린 아시아 내륙 선교

제 1 절 몽골의 그리스도교

올제이투의 배교와 유럽으로 오간 서신들

라마 불교의 수장이 주의 깊게 지켜보는 가운데 그리스도교가 중국, 몽골, 티베트에서 크게 전파되고 있었다. 같은 시기에 페르시아의 그리스도인들은 배교자인 칸의 잔혹한 핍박을 받고 있었다. 우리는 그리스도인들과 선교사들이 크게 자랑스럽게 여겼던 가잔이 1302년에 이집트의 술탄과의 전투에서 참담하게 패배한 뒤에 화병으로 죽었음을 알고 있다. 가잔의 후계자는 니콜라스라는 이름으로 유아세례를 받았던 동생 올제이투였다. 앞에서 교황이 그를 자랑스러워하면서 이교도들과 무슬림들 속에서 살아가는 방법에 관한 충고를 담아 1291년에 보낸 서신을 인용한 적이 있다. 어머니 우루크 카툰Uruk Khatun은 아주 독실한 그리스도교인으로 궁궐 안에 손수 지은 성당에서 종교적 의무를 다한 여인이었다. 올제이투는 어머니가 살아계실 때는 신실하고 열렬한 그리스도인의 모습을 보여주었으나 어머니가 세상을 떠나자 몇몇 무슬림들과 친교를 나누더니 그들의 종교의식에 모습을 드러냈고 급기야는 자신이 무함마드의 추종자라고 선언해버렸다. 올제이투의 배교로 그리스도교인들은 끔찍한 타격을 입었다. 궁정의 신하들이란 어느 시대 어느 나라에서든 자신들의 양심과 의무보다는 그들의 군주의 정서를 따르는 부류들이므로 궁정의 신하들도 즉각 자신들은 그리스도인들의 적이라고 선언하였다. 그리스도인으로 남기를 원했던 3명의 독실한 궁정의 신하들은 학대를 당하고 잔인하게 핍박을 받았다. 이 사건은 서방의 몽골 그리스도인들에게는 재앙의 시작이었다. 14세기라는 시대와 올제이투의 배교라는 상황을 놓고 보면 앞으로 몽골의 왕들이 그리스도교와 차차 거리를 두게 되고 또 그리스도교가 페르시아 왕국에서 계속해서 쇠퇴의 길에 접어드는 것을 보게 될 것이다. 그러나 선하신 주님은 언제나 슬픔을 당하면 위로해 주신다. 주님은 마치 서방 몽골 칸의 배교로 그리스도인들에게 경험한 슬픔을 달래주려는 듯이 동방교회 총대주교인 몽골인 야발라하를 사용하셔서 이 방황하는 당신의 자녀들을 교회라는 울타리 안으로 불러 모으셨다. 야발라하는 도미니크회 선교사들에 의해 개종하여 로마교회에 합류하였다.[471] 1304년에 교황 베네딕토 11세에게 복속하겠다는 서신을 보낸 적이 있다. 그 서신에서 야발라하는 가톨릭 신자임을 고백하였고 교황을 베드로의 후계자이며 모든 그리스도인의 아버지로 인정했다.[472]

이러한 기쁜 일은 가톨릭교회에 커다란 기쁨을 안겨주었으나, 페르시아에 있던 선교사들이 올제이투 치하에서 핍박을 견뎌내야만 하는 일을 잊게 할 수는 없었다. 진실을 말한다면 이 배교한 왕이 그리스도인들보다 무슬림들에게 더 동정적인 것은 아니었고 그저 야심에 찬 정책 때문에 생긴 이해관계가 그의 행동에 동기를 부여한 것뿐이었다. 그는 사라센과 싸우려고 그리스도인 왕들

471) 옹구트 부족 출신인 야발라하 총대주교(1281-1317)는 동방교회를 떠난 적도 없고, 교황에게 복속한 일도 없다. 이는 지은이의 오해로 추정된다. 『실크로드 기독교』 pp. 405-411 참조.

472) (원주) Raynald, Ann. 1304, No. 23. p. 598.

에게 그가 그리스도교에 호의적이라는 사실을 믿도록 하여 이집트 술탄에 대한 적대감을 부추기려고 노력했다. 그는 유럽으로 기솔페의 부스카렐을 사신으로 보내어 프랑스 왕 필리프 4세, 영국 왕 에드워드 1세, 그리고 교황 클레멘스 5세에게 서신을 전했다.[473] 필리프 4세에게 보낸 서신은 몽골어를 위구르문자로 썼다. 아래는 이 서신의 번역이다.

> "프랑크족의 술탄이신 전하께서는 과거에는 저의 증조부, 조부, 부친, 형님 모두와 좋은 관계를 맺고 지내셨습니다. 전하와는 비록 멀리 떨어져 있었으나 서로를 이웃으로 여기면서 여러 내용의 국서를 교환하였고 전하께서는 사신들과 또 우정의 선물도 보내 주셨습니다. 이런 사실을 전하께서는 잊으실 수 없을 것입니다. 이제 하느님의 권세로 제가 대왕의 자리에 앉게 되었고 선임자들과 훌륭한 조부, 부친과 형님의 명을 어기지 않았으며, 제가 그분들의 계율을 따르게 되었습니다. 이 훌륭하신 선조들이 전하께 약속했던 것을 제가 맹세한 것과 같이 여겨서 실천하려고 합니다. 저는 지난날의 우정을 더 엄격하게 지킬 것이며 사절들을 보내겠습니다.
>
> 칭기즈칸의 자손들은 사악한 신하들의 중상모략 때문에 분열되었으나, 이제 그의 직계후손인 테무르 칸(成宗), 토크타 차바르, 토가와 저는, 나이 차이는 있지만 감화를 받아 하느님의 도우심으로 화해했습니다. 따라서 동쪽으로는 중국에서부터 탈라Tala 호수까지의 모든 나라가 통일되었고, 도로도 개방되었습니다. 한 몸인 우리는 우리 중에서 누구라도 마음이 변하면 공격하기로 합의하였습니다. 전하와 저의 조부, 부친과 형님을 하나 되게 했던 우정을 잊지 않으려고 마마락Mamalac과 부스카렐을 사신으로 보냅니다. 프랑크족의 술탄이신 전하께서

473) 기솔페의 부스카렐(Buscarello de Ghizolfi)은 13세기 일 칸국에 살던 유럽인으로 1289-1305년에 몽골에 의해 유럽 사신으로 파견되었다. 프랑스와 몽골의 군사동맹을 위해 두 나라를 오갔으나 성공하지 못했다.

평안히 계신다는 보고도 받았습니다. 하느님의 능력으로 제 나라와 또 전하의 나라에서 우리의 연합을 방해하는 자들은 모두 처단될 것입니다. 하느님께서는 그가 누구인지 아실 것입니다. 이 서신은 을사년(1305년) 여름 첫 달 초여드레 날(5월 14일), 알리장Alidjan 궁전에서 씁니다."

배교자 올제이투가 500여 년 전에 썼던 이 서신을 아벨 레뮈자가 프랑스 문서보관소에서 찾아냈다. 이 박학다식한 동방학자는 "원본은 면포 두루마리로, 크기는 폭 50cm, 길이 302cm, 글자는 모두 42행이며, 몽골어를 위구르문자로 표기하였는데, 아르군이 필리프 4세에게 보낸 서신과 매우 유사하다."고 말한다. 서신의 끝부분에는 인주로 찍은 정방형의 큰 옥새 자국이 다섯 군데나 있으며 뒷면과 모서리 한 곳에 간신히 알아볼 정도의 작은 크기로 이 몽골어 서신을 이탈리아어로 번역해 놓았다.[474)]

아르군과 올제이투가 필리프 4세에게 보낸 두 문서를 보면, 종이의 크기, 행의 길이, 행간과 글자 사이의 간격이 눈에 띌 정도로 다르다. 동양인에게는 이런 세밀한 격식이 매우 중요한데, 외교관례에 따르면 이런 격식의 차이는 상대방에게 존경을 표하면서도 그 수준의 차이를 드러내는 것이다. 아르군은 자신을 "선하고 자비로운"이란 말로 표현했는데 이것은 꼭 필요한 표현이었다. 그의 서신에는 여백이 없고 또 공간도 부족하며 길이도 195cm에 지나지 않는다. 올제이투의 서신은 좀 더 격식을 갖추었는데 길이가 300cm가 넘고 세 군데가 아니라 다섯 군데에 찍힌 옥새에는 전서篆書로 "真命皇帝天順萬夷之寶"라는 열 자가 각인되어 있다. 이것은 "수만의 오랑캐가 따라야 하는 최고의 칙령에 대한 황제의 후계자의 옥새"를 뜻한다. 여기서 "만이萬夷"라는 말은, 추측하건대, 하느님 아버지의 권위를 인정하거나 인정할 수밖에 없는, 페르시아인은 물

474) (원주) Buscarello de Ghizolfi의 번역이다.

론이고, 그리스도인들과 서방의 모든 민족을 가리키는 말이다. 프랑스에는 이 일 칸의 사절을 어떻게 대했는지 전혀 알려진 바가 없다. 프랑스에 남아 있는 이 서신을 통해 그들이 지나갔던 흔적만을 알 수 있을 뿐이다. 이에 관한 기록을 남긴 역사가도 없고, 프랑스 왕이 올제이투에게 틀림없이 보냈을 답신의 사본도 남아 있지 않다. 이 몽골의 사절은 프랑스에서 영국으로 갔다. 에드워드 1세가 승하한 뒤로, 1307년 7월 7일이었다. 노샘프턴Northampton에서 에드워드 2세가 보낸 답신은 다음과 같다.

> "저희는 영광스러운 기억으로 남아계신 선왕 에드워드께 보내는 서신을 가지고 온 폐하의 사신들을 맞았습니다. 부왕께서는 사신들이 도착하기 전에 생애를 마감하셨습니다. 저희는 전하께서 그들에게 주신 신임장을 보았으며 전하의 서신과 전하께서 사신들에게 지시하신 내용을 보고받았습니다. 저희는 폐하의 선의와 우정에 감사드립니다. 이는 폐하와 전하의 선조들께서 저희 아버지께 분명히 말씀하셨고, 이것은 또한 폐하께서 지금 사절을 보내시어, 두 나라 사이의 화합과 친선을 도모할 목적으로 말씀하시는 것입니다. 또 무엇보다도 여러 통의 서신과 폐하께서 언급하신 다른 일들에서 보듯이 폐하께서 폐하의 고귀하신 선왕들과 저의 부왕 사이에 있었던 우정을 기억하고 계셔서 감사드립니다. 저희는 귀하의 나라에 하느님의 은혜로 동쪽으로부터 바다[지중해]에 이르기까지 평화가 깃들게 된 것을 주 안에서 축하드립니다. 또 바다를 넘어서 두 나라 사이에 평화와 화합이 다시 일어났다는 사실을 알려드리면서 저희는 이 화합과 평화가 다른 곳에서 일어나는 불화와 분쟁에도 (하느님의 도우심으로) 속히 이루어지기를 바라고 드디어 믿게 되었다는 점을 전하께서 아시게 되기를 바랍니다."[475]

1307년 11월 말에 에드워드 2세는 몽골의 칸에게 두 번째 서신을 보냈다.

---

475) (원주) Rymer, Meta Publica, t. i. p. 93.

"저희는 거리가 멀리 떨어져 있거나 다른 어려움이 저희를 막지 않았다면, 기꺼이 혐오스러운 이슬람을 제거하는데 전력을 다했을 것입니다. 왜냐면 지금이 그런 계획을 짜기에 좋은 때이기 때문입니다. 저희가 알기로 이 끔찍한 이슬람의 경전에서는 다가오는 파멸을 예언하고 있습니다. 그러니 전하의 훌륭한 계획을 그대로 진행하시고, 이 진저리나는 이슬람을 없애왔던 일을 완수해 주십시오. 정직하고 학식이 풍부한 몇 명의 사제를 전하의 궁정에 보냅니다. 아무도 구원받을 수 없는 전하의 백성들을 (하느님의 도우심으로) 가톨릭으로 개종시키고 그리스도교를 가르치며 가증스러운 무함마드의 종교와 전쟁을 하도록 권하기 위해서입니다. 이 사제들은 제가 추천한 리드Lidd의 주교인 도미니크회의 덕망 있는 수사 윌리엄과 그 수행원들이므로, 전하께서 반갑게 맞아주시길 청합니다."[476]

이 서신은 올제이투가 보낸 사신이 에드워드에게 자신의 군주가 무슬림이라는 사실을 감추었을 뿐 아니라 또한 그가 혐오스러운 이슬람을 파멸시키기 위해 전쟁을 준비하도록 크게 강요했다는 명백한 증거이다.

교황 클레멘스 5세의 답신

이 몽골의 사신은 교황 클레멘스 5세가 머물고 있던 푸아티에Poitiers에도 나타났는데, 교황에게도 영국 왕에게 했던 것과 똑같은 표현을 확실히 사용했다. 1308년 3월 1일에 푸아티에에서 교황이 올제이투에게 보낸 아래의 서신을 보면 우리가 그렇게 추정할 수 있는 최소한의 근거가 있다.

---

476) (원주) Ibid. p. 100.

“저희는 전하의 서신을 지참한 사신인 토우만 일도우치Touman Ildoutchi를[477] 교황청에서의 일상적인 겸손함으로 맞이했고 그 서신의 내용을 자세히 검토했으며 또 이 사신이 전하를 대신하여 말하고 제안한 내용을 주의 깊게 들었습니다. 저희는 이 서신을 읽고 전하의 사신과 대화하면서 성지(예루살렘)를 돕고 다시 회복하려는 저희의 간청에 응하여 전하께서 말 20만 필과 밀 20만 바리를 그리스도인의 군대가 아르메니아에 도착하는 때에 맞추어 그곳에 가져다 놓겠다는 제안을 하셨다는 것을 알고 크게 기뻤습니다. 게다가 그리스도인들의 노고에 보탬이 되기 위해 또한 성지에서 사라센 반군을 몰아내려고 10만의 기병을 손수 이끌고 진군하시겠다는 소식도 들었습니다. 저희는 이 제안에 만족했습니다. 이 제안이 마치 영적인 영양분을 공급하듯이 저희의 기운을 북돋워 주었기 때문입니다. 저희는 이 사신이 다른 분이 아니라 천사를 시켜서 예언자 하박국에게 사자 굴 속에 있는 다니엘에게 먹을 것을 보내신 바로 그 하느님께서 보내신 사자라고 믿고 있습니다.[478] 전하께서 저희에게 감명 깊은 도움이라는 희망을 베풀어 주신 것은 저희에게 달콤한 음식을 제공해 주신 것이나 마찬가지입니다. 저와 형제들[추기경들]은 그 종들에게 힘을 주시는 가장 높으신 이의 도움으로 이 중대사를 진지하게 검토해 보겠습니다. 저희는 힘이 닿는 대로 하느님께서 주시는 영감을 실행하겠습니다. 지중해를 건너기에 좋은 계절이 오면 서신이나 사신 편에 전하께 알려드려 전하께서 약속하신 것을 완벽하게 준비하실 수 있도록 하겠습니다. 하지만 전하가 신앙을 가지고 ‘길과 진리와 생명’이신 그리스도를 향한 선행으로 방향을 바꾸어 하느님을 섬기는 것이 나라를 다스리는 것임을 기억하시기 바랍니다. 성지를 중요시하는 칭찬을 받아 마땅한 결심을 확고하게 관철시키십시오. 이생에서 구세주 그리스도의 인정을 받기 위해 여러 면에서 애쓰신다면, 엄청난 천국의 복과 세상의 영광을 하느님께서 주실 것입니다. 저와 교황청은 영

---

477) (원주) 우만 일도우치(Touman Ildoutchi)에서 일도우치(Ildoutchi)는 ‘칼을 찬 사람’이란 뜻인데, 토우만은 올제이투의 경호원이었던 것 같다.

478) 다니엘서 6:16-23 참조.

예와 성공을 전하와 함께할 것입니다."[479]

당시의 유럽의 왕들은 십자군을 결성하는 것을 결정하기 어려운 상황이었는데, 아마 성지를 구하는 일에 대해 일 칸보다 관심이 적었기 때문이었을 것이다. 반면에 일 칸들은 이집트 술탄에게 굴욕을 당해서 서방의 왕들을 정책적으로 설득하려고 하였다. 1312년, 참다못한 올제이투는 단독으로 사라센을 공격하기 시작하였다. 그러나 간절히 바라던 서방의 협조는 공격하는 순간에 무산되었으므로 전쟁은 지루하게 이어졌고 아무런 성과도 없었다. 그 뒤 올제이투는 제국의 동쪽에서 발생한 다른 전쟁에 참전하였다가 1317년 전사하였고, 아들 아부 사이드가 그 뒤를 이었다.

479) (원주) Raynald, t. 15. Ann. 1306, No. 30. p. 39.

제 2 절 킵차크 칸국의 그리스도교

우즈베그와 킵차크 칸국의 상황

아부 사이드가 왕위에 올랐을 때 나이가 겨우 12살이어서 중신들 가운데 하나가 섭정하며 어린 칸을 가르쳤다. 이후 아부 사이드는 성년이 되어 실권을 행사하게 되면서 칸은 이웃 나라와 수많은 전쟁을 했다.[480] 가장 막강한 상대는 칭기즈칸의 후손이며 킵차크 칸국[황금군단]의 칸인 우즈베그였다. 우즈베그는 그리스도인들에게는 우호적이지 않았다.[481] 그는 그리스도인들을 박해했고 선교사들이 자기 나라에서 복음을 전하는 일을 금했으나, 무함마드의 추종자들을 좋아해서 이슬람을 받아들였다. 아불가지는 “그[우즈베그]의 치세 때 킵차크 전역에 이슬람이 들어왔는데 백성들이 우즈베그를 아껴서 그의 헌신을

480) 아부 사이드(Abu Said, 1316-1335)는 일 칸국의 9대 칸으로, 킵차크 칸국의 공격을 받았고, 후손 없이 독살되거나 흑사병에 걸려 죽었다. 실권을 가졌던 알 칸국의 마지막 칸이었다.

481) 우즈베그(Uzbeg, 1313-1341)은 킵차크 칸국의 9대 칸으로 이슬람으로 개종한 후 이슬람 신앙을 국교로 채택하였고 본인을 술탄 모하메드 오즈 베그(Sultan Mohammed Öz Beg)로 불렀다. 30만 군대를 이끌고 일 칸국과 대결하였다.

공적으로 나타내기 위해 '우즈베그'라는 이름을 헌정하였으며, 이것이 국호가 되었다.[482] 우즈베그 이전에는 이 지역을 그렇게 부른 적이 없었다."라고 하였다.[483] 무슬림들은 자기네 군주를 열심히 돕고 보호하면서 그때까지 크게 자유를 누리던 그리스도인들을 온갖 방법을 동원하여 끈질기게 괴롭혔다. 무슬림들은 성당의 종소리에도 전쟁을 선포하였는데, 종소리가 불길한 징조이고 온갖 재앙을 부르니 그리스도인들이 종을 울려대는 것을 엄격하게 금해야 한다고 우즈베그를 설득하였다. 킵차크 칸국에서는 이와 비슷한 괴로운 일들이 그리스도교를 파멸시키려는 의도로 행해졌다. 페르시아에 선교사로 나가 있던 도미니크회의 수도사 윌리엄(기욤) 아담은 아비뇽으로 와서 교황 요한 22세에게 킵차크 칸국에 사는 그리스도교인들이 당하는 시련에 관해 보고했다.[484] 아담은 우즈베그가 무슬림들의 영향을 받았으나 개인적으로는 그리스도교에 적대감을 품은 것은 아니었고, 자신은 우즈베그가 그리스도교를 받아들이는 것을 보려고 하였다는 말을 덧붙였다. 교황은 우즈베그의 좋은 성격에 기대를 걸고, 1318년에 그리스도인이 되어 종교의 자유에 반대하는 칙령을 거두기를 간청하는 서신을 보냈다. 교황은 무엇보다도 그리스도인들이 종소리를 듣고 성당에 모일 수 있도록 허락해달라고 진심을 다해 간청했다.

같은 해에 교황 요한 22세는 페르시아의 솔테니에Soltaniyeh에 대교구를 세웠다. 1305년, 올제이투가 탁 트인 콘코르Councour 초원 한가운데 세운 이 도시는 선왕 아르군이 구상하였으나 세상을 떠나면서 중단된 것을 올제이투가 완성한 도시였다. 마치 마법에 걸린 것처럼 눈 깜짝할 사이에 거대한 도시가

482) 아불가지(Abulgazi, Abu al-Ghazi Bahadur, 1643-1663)는 히바(Khiva) 칸국의 칸. 왕좌에 오르기 전 페르시아에 10년간 망명 생활을 할 때 페르시아와 아라비아의 역사를 공부했다. 투르크의 역사를 기술한 책 2 권을 남긴 학자이기도 했다.

483) (원주) Aboulghazi, Hist. Generale des Tatars, p. 457.

484) 윌리엄(기욤) 아담[William(Guillaume) Adam, ?-1341]은 스미르나(지금의 터키 이즈미르) 대주교로 있다가 몬테네그로 대주교가 된 인물이다.

세워졌고, 그 때문에 이름이 솔테니에[술탄의 도시]가 되었다. 이곳에는 모스크가 여러 군데 있었다. 중심이 되는 모스크는 술탄이 비용을 대, 대리석과 채색 자기로 화려하게 꾸며놓은 건물이었다. 귀족들이 제각기 화려한 저택을 지으려고 다툼을 벌였는데 천 채의 저택이 있는 한 구역은 재상이 돈을 내어 지었다. 이 재상은 이러한 저택들 외에도 두 개의 미나레트가 얹혀있는 커다란 건물을 지었는데, 대학, 종합병원, 수도원이 함께 들어있는 화려한 복합시설이었다. 사각형의 성곽으로 둘러싸인 성채 위로는 돌아가면서 감시탑들이 서 있었고, 한 변의 길이가 225m였다. 자재로는 돌을 사용하였고, 성곽 위로는 말 네 필이 넉넉하게 나란히 달릴 만큼 그 폭이 넓었다. 올제이투는 성안에 자신의 영묘도 지었는데 팔각형 건물로 한 변의 길이는 27m이고 54m나 높이 솟은 둥근 지붕으로 덮여 있었다. 술탄의 거처는 우뚝하게 솟은 누각을 중심으로 가까이 붙은 12개의 작은 누각들이 둘러싸고 있고 작은 누각에는 창이 하나씩 나 있어서 대리석이 깔린 중정을 내다보게 되어있었다. 이 중정은 재판정으로 사용되었는데 2,000명이 들어설 수 있을 만큼 넓었으며 그밖에도 여러 채의 건물이 있었다. 올제이투는 생전에 해마다 솔테니에에 있는 건물을 짓는데 많은 비용을 지출하였으니 만약에 그가 오래 살았더라면 이 도시는 아마도 아시아에서 손꼽히는 멋진 도시가 되었을 것이다.[485] 솔테니에는 단기간에 유럽과 인도를 잇는 상업중심지가 되었고 교통이 편리하여 돈을 벌고자 하는 이방인들이 아시아 각처에서 몰려왔으며 해야 할 선한 일이 있거나 영혼을 구할 일이 있는 곳이라면 언제나 어디든지 달려가는 선교사들도 상인들의 뒤를 이었다. 솔테니에에 처음 온 선교사는 페루자 출신의 프란체스코Francesco 수도사였다.[486] 도미니크회 수도사인 그는 일찍이 1270년쯤에 수도회 형제들 가운데서 덕과 재주가 뛰어나다는 평을 들었다. 그는 14세기 초에 이탈리아에서 뜨거운 선교

485) (원주) D'Ohsson, Hist. des Mongols, t. iv. p. 486.

486) 지은이는 이 사람의 이름을 'Perouse'라고 기록했으나 '프란체스코'로 바로 잡았다.

의 열정을 보여주고 나서 본인 희망에 따라 해외선교사로 임명되었다. 그는 동방으로 가서 아르메니아인들, 페르시아인들, 또 몽골인들에게 복음을 전하여 곧바로 열매를 거두었고 같은 수도회에서 파송된 다른 선교사들을 도왔다. 그는 미신에 현혹된 이교도들과 성공적인 만남을 가졌으며 여러 민족이 섬기는 우상들을 부수고 진정한 하느님께 제단을 쌓았으며 수많은 그리스도의 새 제자들을 세례를 통하여 순전하게 했다. 페르시아, 특히 솔테니에에서 많은 사람이 개종하였는데, 그곳에서 가톨릭교회가 빠르게 성장하여 신자의 수가 순식간에 여러 배로 늘어났고 25군데에 성당이 세워졌다. 그 가운데서도 도미니크회가 세운 성당이 제일 아름다웠다.[487)]

대주교로 서품된 프란체스코와 교황청의 주교 서품 인정

프란체스코회의 몬테코르비노가 지치지 않는 열정으로 중국 칸발리크에 주교좌 성당을 세울 준비를 하고 있을 때, 도미니크회의 프란체스코도 페르시아 솔타니에에서 열정을 다해 주교좌성당을 짓고 있었다. 프란체스코는 프랑스인 기욤 아담Guillaume Adam 수도사를 유럽으로 보내 교황에게 선교 상황을 보고하고 도움을 청하도록 했다. 프란체스코는 선교사가 보충해 준다면 솔타니에 주민들에게 주었던 마음의 자극을 다른 민족들에게도 줄 수 있다고 확신하였으며, 교황 요한 22세도 같은 생각이었다.

1318년 5월 1일, 교황은 선교 활동을 활성화하기 위해 페루자의 프란체스코에게 솔타니에를 대교구로 승격시키고 그를 대주교로 서품한다는 내용을 담

487) (원주) Fontana, Monumenta Dominicana, Ann. 1347. 1696년 솔타니에를 거쳐 갔던 한 예수회 선교사에 따르면, 이 성당이 무기고로 바뀌어 있었다고 한다.

은 서신을 보냈다. 교황은 프란체스코의 교회운영에 대해 어떠한 제한도 두지 않았다. 교황은 프란체스코 대주교에게 몽골이 점령하고 있는 아시아 서부 거의 전 지역의 신자들을 가르치고 다스리며 구제하는 전권을 주었다. 관할 지역이 매우 넓은 이 고위성직자를 보좌하도록 도미니크회 소속의 여섯 명의 주교를 보냈는데, 게라드 드 칼비Gerard de Calvi, 기욤 아담, 바르텔레미 드 포디오Barthelemy de Podio, 베르나르당 드 프레정스Barnadin de Plaisance, 베르나드 모레티Bernard Moreti, 바르텔레미 아발리아티Barthelemy Aballiati였다. 교황은 특별교서를 내려, 대주교가 선교를 위해 필요하다면 선교사들 가운데서 고른 사람을 다른 주교들과 함께 서임하여 새로운 주교로 서품할 수 있는 권한도 주었다. 교황은 또 사망한 고위성직자의 자리를 바로 채우지 못하는 경우, 선교사 공동체가 [대주교의 자리를 대신해서] 사제가 없는 교회를 보살피라는 명령도 내렸다. 포콩Foucon 신부[488]의 말을 빌리면, 이것은 도미니크회가 페르시아에 이미 여러 개의 공동체를 가지고 있음을 의미하는 듯하다. 앞서 말한 대규모 개종이 있었으므로 솔테이네 대주교로서는 수도원을 새로 세우고 그 안을 수도사들로 채우는 것은 그리 어려운 일이 아니었다. 왜냐하면 그가 일반 사제 신분이었을 때 야만인들 가운데서 이방인으로 지내면서도, 덕망, 학식, 재능이 매우 높게 평가되었으므로 모든 사람의 마음과 정신에 강력한 영향을 끼쳐왔었기 때문이다. 요한 22세는 페루자의 프란체스코와 같은 인물은 선교지에서 매우 필요하다고 설득되어서 신임 대주교는 교황청에 직접 와서 서임을 받아야 한다는 오랜 관습에 연연하지 않았다. 교황은 솔타니에 대주교에게 앞서 [북경의] 몬테코르비노에게 그랬던 것처럼 현지에서 안수按手와 대주교에게 내리는 의복의 띠를 수여하도록 명하였다. [교황청이 있는] 아비뇽에서 서임을 받았던 윌리엄(기욤) 아담이 서임 예식을 진행하고, 자기의 상사인 대주교

488) (원주) Hist. des hommes illustres de l'Ordre se St. Dominique," t. I. p. 781.

에게 교황의 서신[489]을 전하는 일을 맡았다.

프란체스코의 사임

그러나 페루자의 프란체스코는 곧바로 대주교직을 사임하였는데 보다 큰 고요함 속에서 기도와 하늘나라의 일에 대한 명상에 전념하고 또는 복음의 빛을 더 널리 비추게 하고 아시아의 다른 나라에서 좀 더 자유롭게 복음을 전하기 위해서였을 것이다. 1323년 6월 1일에 작성된 것으로 추정되는 요한 22세의 약식 교서에는 프란체스코의 자발적인 사임을 수락하면서 사임의 사유를 선교지에서 복음을 더 자유롭게 전하기 위해서라고 결론지었다. 교황은 프란체스코에게 사임할 당시의 지위를 나타내는 휘장을 그대로 착용하도록 했다. 교황의 말에 따르면, "영혼들의 구원과 가톨릭교회의 확장을 위하여 그대가 대상으로 삼는 사람인" 그리스인들에게 교회의 축복을 하도록 허락하였다. 프란체스코를 보좌하던 기욤 아담이 곧바로 솔테니에 대주교직을 계승하였다.

489) (원주) Raynald, t. xv. p. 168. 일 칸국(몽골)에 대교구를 세운다는 교황교서는 다음과 같다. "요한 22세가 사랑하는 아들, 솔테니에 대주교, 도미니크회 프란체스코 드 페루자에게. 일 칸의 덕택으로 페르시아와 그 이웃나라들에서 창조주의 자비로 심어지고 세례의 물로 다시 살아나게 된 신자들을 위한 어마어마한 종묘장[성당]이 세워지고, 지존자의 이름을 크게 경배하며 구세주를 찬양하고 있다는 말을 듣고, 근자에 나의 마음에 큰 기쁨이 넘쳤도다. 그들의 간절한 염원을 들어주려고 영예와 덕성을 고루 갖춘 선교사들을 고르는 일에 진력한 결과, 이 새로운 포도밭을 경작할 일꾼으로 보내노라. 하느님의 은혜로 포도나무 가지들이 자라나서 세상 끝에 있는 나라들까지 두루 퍼지리라. 이에 교황청에서는 이 지역에서 가장 유명하고, 장려하고 인구가 많은 솔테니에에 우리 형제들의 충언과 풍성하기 짝이 없는 선교적 권한에 따라 대교구를 세웠노라. 교황청은 그런 나라에서 하느님의 말씀을 전하는 그대를 주목하여 왔으며 그대가 거룩하게 살고 있고 학문을 이해하고 또 덕성이 풍부하다는 것을 믿기에 그 도시의 대주교와 목양자로 임명하노라. 교황청에서는 대 칸의 나라에 사는 모든 사람들을 보살피고 감싸는 일 일체를, 우리가 에티오피아와 인도의 왕들에게 했던 것처럼, 그대에게 맡기노라. 성서에서 말한, 또 교황교서의 취지에 따른, 대교구의 격에 맞는 일체의 자율적이고 전적인 권한을 그대에게 주노라. 가톨릭교회에서 말하는 진리가 하느님의 도우심으로 계속적으로 새로운 길로 나아가며, 진리의 빛이 어두움을 걷어내고 그 지역에 골고루 비치기를 바라는 마음으로, 주님의 법도를 익혔고 생활에서 신심이 뛰어나고 덕을 실천하는 도미니크회 여섯 형제들, 곧 게라드 드 칼비, 기욤 아담, 바르텔레미 드 포디오, 베르나딘 드 플라이산체, 버나드 모레티, 바르텔레미 아발리아티를 선정하였노라. 여러 형제들의 추천을 받아 교황청의 권한으로 이 여섯을 선정하여 그들을 주교와 목양자로 임명하였고 구원을 네 손에 맡긴 그 영혼들을 위한 조력자로 세웠노라. 1318년 5월 1일, 아비뇽에서."

프란체스코의 열정에 지지했던 수많은 선교사 가운데 요르단 드 세베학 Jordain de Severac[490]은 반드시 기억해야 할 인물이다. 요르단은 기욤 아담처럼 프랑스인이었고 게다가 매우 애국적인 사람이었다. 그의 책 『아시아 여행기Description des merveilles d'une partie de l'Asie』를 보면, "나는 프랑스 왕이 누구의 도움도 받지 않고 온 세상을 정복하고 개종시킬 수 있다고 믿는다."[491]며 자화자찬하는 글을 남겼다. 요르단이 솔테니에가 주민들을 개종시킨 뒤 중국으로 떠날 준비를 하고 있을 때, 요한 22세로부터 그를 인도 콜롬반 Colomban 주교로 서임한다는 약식 교서를 받았다. 그는 명에 따랐으나 그가 인도에 오래 머물렀는지 혹은 후임이 누구였는지는 알 수 없다.[492]

490) (원주) Jourdain de Severac: 아마도 Rouergue에 살았던 세베학일 것이다. 요르단이 이 도시를 Toulouse와 비교하기를 좋아하였는데, 이야기 속에 두 도시를 언급하고 있기 때문이다.

491) (원주) Coquebert Montbret, *Recueil de Voyages et de Mémoires*, published by the Geographical Society, t. iv. p. 1.

492) (원주) P. *Lequren, Oriens Christianus.*

제 3 절 교황 요한 22세의 아시아 선교

요한 22세가 교황으로 재임하던 시기[1316-1334년]는 동아시아 선교에 영향을 준 엄청난 움직임이 있었던 시기로 널리 알려져 있다. 프란체스코회와 도미니크회에서는 그 머나먼 지역으로 상당히 많은 선교사를 파송하였다. 선교사들은 손에 십자가를 들고, 평화, 화합, 박애의 종교를 야만인들에게 선포하려고 나섰는데, 전쟁에 대한 공포에도 불구하고 [고귀한 사명을 가졌기에] 그들은 행복해했다. 이 용감하고 열정적인 선교사들은 아주 오랜 세월이 흐른 뒤에 유럽의 형제 수사들이 있는 곳으로 돌아와서 여행담과 선교, 생소한 관습, 살면서 겪은 놀라운 일들을 들려주었다. 그들이 전하는 말이 모두의 마음에 열정을 불태웠으며 모든 지역에서 새로운 선교사들이 나타나게 되었다. [교황청이 있는] 아비뇽에서는 당시 이들을 '예수 그리스도를 위한 여행자들'이라고 불렀다. 아비뇽은 그들을 위한 만남의 장소였다. 선교사들은 모든 신자의 아버지인 교황에게 와서 그들이 정복한 것[새 신자들]을 제물로 바쳤으며[선교의 결과를 보고했으며], 교황과의 대화를 통하여 수고와 위험이 가득한 생활에 다시 전념할 수 있도록 격려를 받았다. '중세'라고 많이 폄하되는 이 시기에 어느 때보다도 많은 움직임과 활동과 열정이 있었다. 민족들이 다른 민족들과 끊임없이 소통하였고, 장거리 여행도 지금[19세기 중반]보다 아마 더 잦았을 것이다. 통신수단이 제대로 구비 되지 못했지만 장애를 극복하고 거리를 단축하는데 증기기관蒸氣機關보다 더 강력한 요소가 있었으니, 이것은 바로 활기차고 열정적인 신앙으로, 이러한 신앙으로 생기를 띠는 사람들에게는 불가능이 없었다. 교황의 권위는 그리스도교와 문명을 촉진하려는 모든 세력에 영향을 끼치는 커다란 원동력이었다. 요한 22세는 아비뇽의 교황청에 있으면서 활발한 교신을 통하여 성스러운 불꽃이 타오르게 하였고 영혼을 구원하려는 교황의 자비와 열정이 전 세계에 널리 퍼지도록 온 힘을 쏟았다. 교황은 그루지야로, 페르시아로, 중국으로, 몽골로, 심지어 매우 황량한 투르케스탄Turkestan 지역과 알보르즈Alborz 산악지대[이란 북부]까지 서신을 보냈으니, 틀림없이 전 세계 그리스도인들과 개종의 열정과 정신에 관한 내용을 교신하였을 것이다. 교황과 프랑스인에게 개종이라는 주제는 영혼이 생기를 얻는 일이었다.[493] 그는 무신론자들과 이교도들에게 어둠을 벗어나 복음의 빛을 향해 눈을 열기를 간구하고, 새 신자들을 격려하며 신앙으로 굳게 서기를 당부하는 서신을 모든 곳에 보냈다. 또한 방황하는 자녀들인 시리아 정교회와 동방교회 교인들에게는 그들에게 사랑의 손길을 내미는 어머니 같은 가톨릭교회로 돌아오라고 설득하는 간절한 서신을 보냈다.

요한 22세의 끊임없는 노력과 배려로 당시에 그리스도교를 믿지 않는 나라에 파송한 선교사들의 숫자가 크게 늘었으며 '예수 그리스도를 위한 여행자들'이라고 불렸던 프란체스코회와 도미니크회 수도회의 형제들에게는 새로운 삶

493) (원주) 요한 22세는 카오르(Cahors) 태생으로, 성姓은 자크 뒤에즈(Jacques d'Euse)이다. 재위기간은 1316년 8월 7일부터 1334년 12월 4일까지였으며, 유해는 아비뇽 성당에 있다.

의 기회가 주어졌다. 1324년 교황은 도미니크회 총장에게 명하여 도미니크회가 파송한 선교사들을 주교총대리Vicar-general 아래에 두게 해서 선교사들이 가장 필요한 영적인 필요가 있는 나라로 보낼 수 있도록 조치하였다. 도미니크회의 수도사들이 모두 명에 따라 파송을 받게 되어 지역의 성직 자리가 거의 텅 비게 되었고 수도원들은 문을 닫을 지경이 되었다. 총장이 이러한 사정을 교황 22세에게 알리자, 교황은 이 수도사들의 열정적인 헌신을 칭송하면서 "저들이 진정으로 하느님의 교회에서 빛을 발하는 횃불로 자리를 잡았구나."[494]라고 외쳤다. 하지만 교황은 수도회에 자칫 해가 될 수도 있고 또 선교 자체에도 부정적 영향을 줄 수 있는 이러한 열정을 누그러뜨리는 것이 필요하다고 생각했다. 이에 베네치아에 모인 도미니크회 사제단에게 선교에 너무 많은 사람이 헌신하는 것을 허용하지 않겠다는 내용의 서신을 보냈다. 상사에게서 특별한 허락을 받은 수도사들에게만 선교를 허락하고 가장 학식이 풍부하고 자질이 뛰어난 자들 가운데서 선발하겠다는 원칙을 발표했다. 그 외에는 모두 수도원으로 복귀하라고 명령했고, 이 현명한 명령은 그대로 시행되었다. 그 뒤에 도미니크회의 총회가 디종Dijon에서 열렸을 때 교황은 원활한 선교를 위하여 '그리스도를 위한 여행자들' 선교회의 주교 총대리에게 주요 수도원에서 동양의 언어들을 공부하도록 하라고 명했다. 특별히 두 개의 수도원이 언어 연구를 위한 장소로 사용되었는데 하나는 페라Pera, 다른 하나는 오랫동안 몽골 치하에 있던 크리미아의 수도 카파Caffa에 있는 수도원이었다.[495] 요한 22세는 카파를 주교구로 승격시켜 제롬Jerome을 주교로 보냈는데 그는 칸발리크 대교구에서 보좌신부로 있으면서 몽골의 언어와 관습을 완전히 익힌 사람이었다.

494) (원주) Fontana, Monumenta Dominicans, Ann. 1325.

495) (원주) Fontana, Monumenta Dominicans, Ann. 1331.

같은 시기에 칸발리크에 파송된 선교사들은 큰 슬픔에 빠졌다. 앞서 그의 투쟁과 승리에 대해 언급했던 저명한 몽골과 중국의 선교사였던 몬테코르비노가 세상을 떠나서 이 번창해가고 있던 그리스도교 공동체에 큰 슬픔을 안겨주었기 때문이었다. 그는 길고도 힘든 선교 활동을 통해 3만 명 이상의 불신자를 개종시켰다. 당시 페루자의 프란체스코에게서 솔테니에 대주교 자리를 계승했던 윌리엄 아담이 칸발리크에 있었다. 그는 몬테코르비노가 선종하는 자리에서 영결미사를 집전하였다. 칸발리크의 주민들은 누구나 하느님의 사람을 잃은 것을 애도하였고, 그리스도인들과 비 그리스도인들이 함께 이 미사에 참석하였는데 비 그리스도인들은 장례식의 예법에 따라 애도의 표하기 위해 입고 있던 옷을 찢었다. 대주교가 쓰던 이불과 개인물건들은 소중히 여겨 한곳에 모았는데 모두가 이 성 유물의 일부를 소유하거나 경건한 마음으로 간직하고 싶어 했기 때문이었다. 그의 무덤은 칸발리크 주민들이 경건하게 드나드는 순례지가 되었다.[496] 이에 관한 자세한 내용은 중국을 여행한 뒤에 요한 22세의 명을 받아 윌리엄 아담이 편집한 『카타이의 대 칸이며 몽골 황제의 국가와 정부에 관하여』라는 책에 들어있다.

교황은 칸발리크 교회가 덕망 있고 열정적인 목회자를 잃었다는 소식을 접하자마자 몬테코르비노의 후임자를 서둘러 보내기로 했다. 교황은 몽골에 복음을 전하기 위해 프란체스코회의 니콜라스Nicholas를 택해 같은 수도회 수도사 26명과 수사 6명과 함께 파송하였다. 대주교와 32명의 선교사로 구성된 선교단은 동아시아의 선교에 새롭고도 강력한 자극을 주는 일에 잘 적응했다. 북경 대교구의 두 번째 대주교인 니콜라스는 프랑스인으로서 파리대학의 신학교수로 큰 명성을 떨친 사람이었다. 요한 22세가 그를 통해 원나라 황제에게 보낸 서신에서 그에 관하여 이렇게 묘사하고 있다. "폐하께 덕망 있는 형제, 칸

---

496) (원주) Le livrc de Vestal du Grant Caan.

발리크 대주교이고 프란체스코회의 교수인 니콜라스를 보냅니다."[497] 니콜라스에게는 원나라로 보내는 회칙回勅과 킵차크 군주인 우즈베그에게 보내는 서신을 맡겼다.

497) (원주) Raynald, t. xv. p. 426; Wadding, t. vii. p. 138. .

제 4 절 스티븐의 배교와 순교

스티븐의 배교와 순교

앞에서 킵차크 칸국, 특히 그 수도 사라이Sarai에 열정적인 새 신자들이 있었다고 언급했다. 번창하던 선교가 무슬림에 의한 박해가 시작되면서 잠시 방해를 받았다. 무슬림들은 우즈베그를 설득하여 나쁜 징조를 불러온다는 구실로 [성당의] 종을 치지 못하게 하였고, [그리스도교가] 제국에 치명적이라고 예언했다. 이미 말했듯이 교황 요한 22세는 1318년 3월 28일에 칸에게 보낸 서신에서, 이제까지 선교사들에게 호의를 보여준 것에 대하여 감사하였고 그에게 그리스도교를 수용하라고 간청하였으며 또 3년 전에 내린 칙령을 폐지하고 그리스도인에게 자유롭게 [성당의] 종을 칠 수 있도록 허락해 달라고 하였다. 교황이 이 서신을 보낸 지 16년 후에 킵차크의 그리스도인들과 선교사들은 한 프란체스코회 선교사가 수치스러운 타락을 하게 된 일로 낙심하게 되었다. 그러나 그 선교사는 곧 감동을 주는 회개를 함으로써 모두

를 위로했다.[498)]

스티븐Stephen은 헝가리 태생으로 매우 젊었을 때 프란체스코회에 입회하였는데, 열정적이고 정열적인 성품을 지녔기에 스스로 선교사라는 헌신과 희생이 필요한 직업을 택하여 넘치는 에너지를 쏟을 일을 찾는 것이 낫겠다고 생각했다. 이에 따라 그는 사제가 되기 위한 교육을 받고 킵차크로 보내졌는데, 그곳에서는 프란체스코회 선교사들이 불신자들의 개종을 위해 성공적인 사역을 하고 있었다. 스티븐이 크고도 부유한 도시 사라이에서 5km 떨어진 성 요한 수도원에 왔을 때 그의 나이는 겨우 25살이었다. 그때까지 엄격하고 힘든 수도생활에만 익숙했던 그는 킵차크의 수도에 와서 동양의 사치스럽고, 아름답고, 관능적인 모습에 서서히 현혹되고 매료되었다. 이곳에서의 이슬람의 가르침은 그를 끊임없이 쾌락에 관심을 가지게 만들었다. 이 수도사는 초라한 수도원의 방에서 침묵하면서 사라이 쪽에서 들려오는 화려한 잔치의 감미로운 소리를 들으며 종종 열정적인 상상에 빠져들었다. 하느님을 섬기겠다는 처음의 열정이 곧 시들해졌고 기도도 중단하였다. 그는 세상으로 향하는 잘못된 생각을 없애기를 포기하고 해야 할 의무와 선행을 잊어버리는 종교적 무관심상태에 빠져들었다. 인간이 최후까지 버티게 해주는 버팀목인 신앙 자체도 한동안 휘청대더니 마침내 무너져서 스티븐은 마음에서 그리스도교의 모든 신앙고백을 포기해 버렸다. 이렇게 자신과 하느님을 잇던 끈이 끊기자 그는 충동적인 성격에 의해 [세상의 쾌락에] 휩쓸려가게 되었다. 그가 저질렀다고 의심되는 부정한 행동 때문에 상관들은 그를 수도원 감옥에 가둘 수밖에 없었다.

그러나 성 요한 수도원 감옥에 갇힌 그는 평온을 되찾지 못했고, 체벌을 견

498) (원주) Wadding, ann. 1334, No. 4. La Chronique des Frères mineurs, t. ii. p. 248. Féret, Abrégé de la vie des Saints des trois ordres de St. Francois, t. ii. p. 328.

디면서 오히려 그의 욕구가 더욱 커졌고 세속적인 삶에 대한 유혹도 커져만 갔다. 비록 이 불쌍한 선교사는 여전히 [신앙의 쇄신을] 주저했고 지옥과 그를 분리해 놓았던 이러한 장벽이 사라진다는 두려움을 가지고 있음에도 불구하고 그의 마음은 점차 [수도원에서] 탈출하려는 생각을 품기 시작했다. 그의 마음은 내적 갈등의 잔인한 희생물이 되었고 때로는 그가 하느님을 섬기면서 맛보았던 순수한 기쁨에 대한 기억이 그가 쾌락에 도취 되는 것을 물리치도록 만들었다. 그리고는 간절한 욕망이 다시 그를 세상으로 이끌었으나 하느님의 은총에 갑자기 사로잡혀 영원한 형벌의 길로 완전히 빠져드는 것을 막기도 하였다. 도망치고 싶은 괴로운 생각을 극복하고자 하는 마음에 수도사들에게 중보의 기도를 요청하였지만 강한 유혹이 그를 공격하였고 스티븐은 패배감을 느꼈다. 그는 몰래 수도원을 벗어나 수도 생활과 그리스도교 신앙과 하느님을 완전히 포기하기로 결심했다. 그가 막 수도원을 떠나려 할 때 하느님의 섭리로 그의 시선이 성당 첨탑에 걸려있는 십자가에 멈추게 되었다. 이 십자가를 보는 순간 그에게 활기를 불어넣던 경건하지 못한 욕망이 사라져버렸다. 그는 "나를 사랑하셔서 그 모진 고통을 당하신 나의 구세주를 내가 어찌 배반할 수 있습니까?"라고 외쳤다. 그 이튿날 그는 형제들에게 다시 자신을 위한 기도를 부탁하였고 자신의 행동을 살펴서 영원히 타락하지 않도록 막아달라고 간청하였다. 그의 상관들은 이것이 좋은 조짐이지만 그러한 자리를 피하는 것만이 이 불쌍한 수도사를 구하는 길이라 여겨, 크리미아에 있는 카파 수도원으로 보내기로 결정했다. 그곳까지 여행하는 도중에 새로운 형제들과 어울리면 그를 잔인하게 쫓아다니던 환영이 사라지리라고 기대하였으나 그것은 이미 너무 늦은 일이었다.

스티븐은 자기가 있던 수도원을 떠나 열정적으로 꿈꾸던 행복을 찾아서 사라이를 향해 길을 재촉했다. 그는 시내로 들어서자마자 그리스도교를 비난하는 말을 쏟아내면서, 무슬림에게 자기가 무함마드의 법을 따르기 위해 왔다고 밝혔다. 이슬람 재판관은 이 소식을 듣고 기뻐하면서 커다란 존경과 동정을 표하며 스티븐을 맞아들였다. 재판관은 그리스도교 사제 하나가 개종하는 것이 이슬람교에 얼마나 중요한 일인지 잘 알고 있었다. 프란체스코회 사제로서 몽골의 이슬람 불신자에게 나아갔다는 사실은 매우 충격을 주었는데 이 수도회는 본래 배움과 행함이 일치하는 단체였기 때문이다. 그 이튿날은 무슬림들이 호화찬란하게 축하하는 종교적인 축일이었고 그들은 이 장엄한 의식을 활용하여 온 시민이 보는 앞에서 [배교한 스티븐을 소개하며] 무함마드의 승리를 과시할 생각이었다. 스티븐은 모스크로 가서 그리스도교를 버리고 코란의 종교를 믿게 되었다고 사람들 앞에서 맹세하였다. 이 무슬림의 축일은 1334년의 성금요일과 정확하게 같은 날이었으므로 그리스도인들은 자기들의 성당에서 구세주의 고난이라는 슬픔을 자아내는 이야기에 귀를 기울이던 때에, 선교사들 가운데 한 명이 불신자들의 환호 속에서 예수 그리스도를 부인하고 있었던 것이다. 이슬람 재판관이 배교자인 프란체스코회 수도사가 벗어던진 의례복을 경멸하고 조롱하면서 발로 짓밟았다. 그 후 무슬림들은 스티븐에게 자주색 예복을 입히고 보석으로 감싼 아름다운 터번을 머리에 둘러주었으며 금으로 화려하게 수를 놓은 호화로운 망토도 어깨에 걸치게 하였다. 그리스도인들의 고위 사제가 막 이슬람으로 개종하였다는 소식은 순식간에 사라이 전역에 퍼져나갔다. 모스크 주변으로 사람들이 벌떼처럼 모여들자 이슬람 지도자들은 군중들의 감성을 이용할 기회를 놓치지 않고 엄숙한 시가행진을 벌이며 이 기쁜 일을 군중의 환호 속에서 축하하였다.

배교자인 선교사 스티븐은 무함마드 숭배자들의 환호를 받으며 온 시내를 거만하게 돌아다녔다. 그는 도시의 주요 인물들에 둘러싸여 호화롭게 꾸민 말을 타고 행진하였고 초승달이 그려진 수많은 깃발이 그 뒤를 따랐으며 하나의 긴 창 꼭대기에는 승리의 표시로 프란체스코회 수도사의 예복을 꽂아놓은 것이 보였다. 이 행렬은 나팔을 불어대며 도시를 가로질렀는데 무슬림에게는 큰 기쁨이었으나 가톨릭 신자들은 크게 당혹하였다. 누구보다도 사제들은 눈물을 머금고 찢어지는 가슴을 붙들고 그리스도인의 이름에 망신을 주는 동시에 자랑스러움으로 격앙된 무슬림 군중에게서 얼굴을 돌렸다. 하지만 주님을 세 차례나 부인한 뒤에 믿음 없던 베드로를 오열하게 만드신 하느님의 한량없는 자비가 이 배신한 선교사의 영혼 속으로 스며들었다. 스티븐은 무슬림 군중의 광적인 환호 속에 개선의 행진을 하면서도 그리스도인들과 사제들의 흐느낌 소리를 들었다. 무슬림들의 환호와 그리스도교인들의 탄식이 교차하는 가운데 그는 이 경건하지 못한 박수 소리에 얼굴을 붉히게 되었고 행복감이 수치와 회한의 독침이 되어 돌아왔다. 거리행진을 마치고 나서 그를 위해 훌륭한 잔칫상이 마련되었으나, 그에게 일어났던 모든 일이 그를 심하게 짓눌러서 비통한 나머지 진수성찬에 손끝 하나 댈 수 없었다. 그러나 고통을 안겨준 이러한 후회를 드러내기가 두려웠던 그는 사람들이 물으면 무함마드의 영이 자신에게 들어왔다고 답하였다. 그러고 나자 호화로운 숙소로 안내되었고 그의 지도를 담당한 이맘과 함께 살게 되었다. 그날부터 며칠간 그는 동료 가톨릭 수도사들이 쓴 사랑이 가득 담긴 여러 통의 편지를 받았고 눈시울을 적셨다. 진정으로 헌신한 친구 수도사들이 깊은 나락에 빠진 그를 구하려고 두 손을 여전히 내밀고 있었고, 끝없는 사랑으로 그에게 화해의 입맞춤을 보냈다. 스티븐은 그 친구 중 한 명에게 이런 편지를 보냈다.

“저는 가롯 유다와 같은 죄를 지었으나, 그와는 달리 포기하지 않았습니다. 하느님께서 제가 엄청난 죄를 지은 것을 아시고도 은혜를 베푸셔서 회개하도록 하셨습니다. 벗이여, 당신이 다른 벗이나 그리스도인들에게 의심을 사지 않도록 저를 숨겨줄 수만 있다면 저는 영원히 감옥에서 살 준비가 되어있습니다. 벗께서

> 그렇게 하실 수 없다면 제게 오셔서 성례를 베풀어 주시고 순교의 재판을 준비해 주셨으면 합니다. 제가 공개석상에서 예수 그리스도를 부인하였으므로 이제는 공개석상에서 그리스도를 저의 하느님, 저의 구세주로 인정하기를 원합니다."

이튿날인 부활절에 한 그리스도인 집에서 그를 비밀리에 면회하였는데, 수도원의 상관인 피엘 드 볼로뉴Pierre de Bologne가 다른 수도사들과 함께 서둘러 가서 형제 스티븐을 만났다. 그는 얼굴을 땅에 대고 엎드려 울면서 목멘 소리로 자신의 죄를 용서해 달라고 빌었다. 그는 속죄를 받아달라고 간청하였다. 심금을 울리는 생생한 참회의 표현을 보고서 그 자리에 있던 수도원 형제들이 모두 눈물을 흘렸으며 당연히 그의 참회를 받아들였고 배교의 죄와 다른 모든 죄도 사함을 받았다. 이 모든 일은 비밀리에 이루어져 무슬림들에게 의심을 받지 않았다.

이튿날, 모스크에서 이 새로운 무슬림 신자[스티븐]를 위한 특별한 의식을 거행할 예정이었고, 이 새 신자가 많은 무함마드 추종자들 앞에서 연설하기로 되어 있었다. 스티븐이 모습을 드러냈을 때는 이미 만 명이나 되는 무슬림들이 엄청나게 커다란 사라이 모스크 경내에 모여 있었다. 군중의 환호성이 울려 퍼지는 가운데, 자주색 예복을 두른 그는 연단을 향해 숭고한 확신으로 나아갔다. 손을 들어 모두에게 조용히 하라고 이르고, 감정에 호소하면서도 결연함이 가득한 목소리로 외쳤다. "저는 25년 동안 그리스도인이었고, 그리스도교 교리를 공부했습니다. 제 말을 듣고 계신 여러분들은 예수 그리스도의 종교만이 참 종교이고 이 종교를 통해서만 우리가 구원을 받을 수 있다는 것을 아셔야 합니다. 제가 배교자로 여러분들 가운데서 지낸 사흘 동안, 저는 여러분들 가운데서 미신과 거짓만을 보았습니다. 고백하거니와, 예수 그리스도께서는 하느님의 참 아들이시고 세상의 구세주이십니다. 저는 사기꾼 무함마드를 절대로 반대합니다." 이 말을 하면서 그는 아름다운 자주색 예복을 찢어서 던져버렸고, 크게 놀란 관중들 앞에 프란체스코회 수사의 초라한 옷을 입은 모습으로 나타났다. 그는 말했다. "저는 그리스도인이고, 예수 그리스도를 위해서라면 언제라도 죽겠습니다." 이 대담하고도 예상치 못한 일련의 행동에 격분한 무슬림들이 그에게 달려들어 연단에서 끌어내렸는데, 이슬람 재판관이 권위를 가지고 끼어들어 성난 군중에게 그를 법에 따라 공개 화형 같은 처벌을 당하도록 그를 살려두어야 한다고 설득하지 않았다면 그는 현장에서 살해되었을 것이다.

이 프란체스코회 수도사는 양손이 묶인 채 무슬림 판사 앞으로 끌려갔고 하루 내내 고문을 당했다, 그러나 그가 여전히 그리스도인으로 살아가겠다고 하자 결국 사형집행인의 손에 넘겨지게 되었다. 그는 납과 모래를 채운 가죽 포대로 매질을 당하여 거의 죽게 되었는데, 그런 후에도 한 발과 한 손만으로 매달고 다른 손발에는 무거운 추를 매달아 놓은 고문 자세로 하룻밤을 내버려 두었다. 아침이 되어도 목숨이 붙어 있었던 것은 아마도 하느님께서 그에게 이런 고문을 견딜 수 있는 능력을 보통 사람들보다 더 많이 주셔서 극악무도한 배교에 대하여 속죄하고 그로 인해 발생했던 커다란 추문의 피해를 바로잡도록 하기 위해서였을 것이다. 스티븐은 꼬박 엿새 동안 고문을 당하였는데 원수들이 그의 생명을 마치게 할 가망성이 없어 보였다. 무슬림들은 이 용감무쌍한 프란체스코회 수도사가 온갖 잔혹한 형벌을 당하고서도 여전히 목숨이 붙어 있는 것에 화가 치밀어 손도끼와 다른 흉기들을 들이대어 죽이고는 시신을 토막 내기까지 하였다. 이처럼 이 선교사는 불운한 죽음으로 승리를 얻었다. 악령이 성 프란체스코의 제자를 잠시 무함마드의 노예로 삼을 수는 있었지만 하느님께서 더 크신 능력으로 이 배교자가 자신의 잘못을 깨닫게 하셨다. 그는 다시 예수 그리스도를 고백하는 회개하는 사람이 되어 영광스러운 순교자가 되었다.

킵차크 칸국의 수도에 사는 그리스도인들 가운데 매우 생생한 감동을 주었던 이런 기억할만한 사건이 터진 이듬해인 1335년에, 몽골족이 페르시아에 세운 제국의 군주 아부 사이드가 세상을 떠났다는 소식이 들려왔다. 그는 서아시아에서 황제의 권력을 행사했던 몽골 칸들 가운데 마지막 칸이었다. 그에게 외아들이 있었는데 부족장들이 그를 군주로 받들지 않고 자기들끼리 서로 망할 때까지 전쟁을 벌였다.

북경에서 온 사절

칭기즈칸의 후손들이 세운 나라들은 오랜 내전으로 황폐해졌는데, 수많은 작은 왕국들이 번갈아 거대한 제국을 파멸시키는 분쟁을 벌였기 때문이다. 이때 유명한 티무르가 그의 승리하는 군대를 거느리고 분쟁 중인 모든 나라를 차지하여 분쟁의 종지부를 찍었다. 페르시아의 몽골 칸들이 서로를 파멸로 몰아가는 싸움을 벌이고 있는 동안 카타이[중국]를 다스리는 동방 몽골 황제가 교황에게 사절을 보냈다. 이때 복음의 전파가 중국 안에서와 만리장성 너머까지 크게 진전되어 광대한 제국으로 흩어진 수많은 그리스도인들이 황제와 제국의 고위관리들로부터 계속해서 많은 혜택을 받고 있었다. 선교사들은 심지어 몽골 중앙의 거점도시인 일리발리크에 번창하는 그리스도교 공동체를 만드는데 성공했다.[499] 선교사들은 이곳에 크고 아름다운 성당을 세웠고 그리스도교는 이 몽골의 외진 사막에서 나날이 전파되고 있었다. 원나라 황제[順帝, 1333-1367]는 그리스도인들과 맺은 동맹을 더욱 강화하기 위해 1338년, 사절단을 교황에게 보냈다. 사절은 모두 6명으로 대표는 프란체스코회의 안드레André였다. 그는 두 통의 서신을 가져왔는데 하나는 황제가 보내는 서신이었고 다른

499) 일리발리크(Ili-Balik)는 일리 강 유역의 중심도시인 중국 신강성의 닝위안(寧遠)으로 추정된다. 이 지역은 몽골 서부, 러시아 남부, 카자흐스탄 동부와 접경인 요충이며, 알타이 산맥과 천산산맥이 교차하는 분지이다.

하나는 북경의 궁정에 사는 [알란족 그리스도교] 귀족들이 보내는 서신이었다. 황제의 서신은 다음과 같다:

"전능하신 하느님의 권세로, 황제들 가운데 최고인 황제의 선언문.

우리는 프랑크 태생의 사절인 안드레를, 수행원 15명과 함께 프랑스 그리스도교인들의 주인인 교황에게, 해가 지는 일곱 개의 바다 건너로 보냅니다. 이는 교황이 우리에게, 또 우리가 교황에게 보내는 통신과 서신의 통로를 열기 위함입니다. 우리는 교황께서 기도 중에 우리에 관하여 언급하시고 또 교황의 자녀이며 우리의 종복이기도 한 알란인들에게 관심을 가지시길 기원합니다. 우리는 또 준마 몇 필과 해지는 곳에서 생산된 귀한 물품들을 보내주시길 바라고 있습니다. 칸발리크에서 병자년 6월 3일에."

알란족 그리스도인들의 서신은 다음과 같다.

"전능하신 하느님의 권세로, 주인이신 황제께 경의를 표하며. 저희 포데인 조벤스Fodein Jovens, 차티크Chatik 등은 땅에 머리를 숙여 우리 교황 성하의 발에 입맞춤하며 문안을 올립니다. 교황 성하의 은혜와 축복을 간구하오며 교황 성하께서 기도 중에 저희에 관해 언급하시고 언제나 저희를 기억해 주시기를 간구합니다. 저희가 교황 성하께 매우 오랫동안 가톨릭교회를 섬기면서 지혜로 다스림을 받았고, 교황 성하께서 보내신 고위 사제, 몬테코르비노가 성스럽고 능력이 뛰어나며 지도력이 뛰어난 형제로서 저희에게 커다란 위로가 되었음을 알려드립니다. 그분이 8년 전에 돌아가신 후로 저희는 목자도 없고 영적인 위로도 없는 가운데 지내고 있습니다. 저희는 교황 성하께서 다른 고위 성직자를 저희에게 보내셨다고 들었으나 그분이 아직 도착하지 않으셨기에, 저희 교구를 담당할 현명하고 선량하며 지도력 있는 목자를 조속히 보내주시기를 간청합니다. 그분이 가능한 한 빨리 오실 수 있도록 해주십시오. 저희는 우두머리도 없고 안내자도 없는 무리이기 때문입니다.

저희는 교황 성하께서 저희의 주인이신 폐하께 정중한 회신을 보내주시고, 또 폐하께서 청하신 것처럼 교황 성하와 폐하 사이에 확실하고 편리한 교신을 자주 하시기를 간구합니다. 이는 두 분 사이의 우정을 더욱 확고하게 하려는 것입니다. 교황 성하께서 그렇게 해주신다면 영혼을 구원하고 그리스도교의 지위를 높이는 데 큰 도움이 될 것입니다. 그것은 이들 여러 나라에 커다란 복락을 가져오는 일도 될 것입니다. 여러 시대에 걸쳐 교황 성하께서 저희 폐하께 사신을 서너 차례 보내셨는데 그 사신들은 환대를 받으면서 특권을 누리고 많은 선물도 받아갔습니다. 교황 성하의 사신들이 돌아간 뒤로 저희 폐하께서는 성하나 교황청으로부터 아무런 답신을 받은 적이 없습니다. 이런 이유 때문에 교황 성하께서 믿을 수 있고 신뢰할 만한 사신을 보내주셔야 합니다. 성하의 명예가 위태롭습니다. 왜냐면 사신들이 거짓말을 하였음이 밝혀지면 이러한 나라들에 사는 그리스도인들이 커다란 불이익을 당하기 때문입니다. 칸발리크에서 병자년 6월 3일에."

교황이 보낸 특사

교황은 원나라 황제의 사절을 정중히 맞이했다. 이 사절은 아비뇽에서 성대한 대접을 받았고, 잠시 머물다가 북경으로 다시 돌아가기 위해 출발했다. 교황 베네딕트 12세는 원나라의 사절을 통해 1338년 6월 13일에 답장을 보냈다.[500] 그 서신에서 교황은 황제가 보낸 서신의 취지와 황제의 사절들과 대화를 나눔으

500) 베네딕토 12세(Benedict XII, 1334-42)는 제 197대 교황으로 아비뇽 시대의 세 번째 교황을 역임했다.

로써, 황제가 로마가톨릭교회에 커다란 헌신을 하고 있다는 사실에 크게 만족했음을 표시했다. 황제 자신이 이 세상에서 매우 부끄럽게도 하느님의 지위를 차지하고 있음을 알고 있다는 사실에도 크게 만족했음을 밝혔다. 교황은 다섯 알란족 왕자들에 대해서 황제에게 청하였다. 왕자 각각의 이름을 다른 그리스도인들의 이름과 함께 열거하면서 계속 우호적으로 대해달라고 황제에게 청했다. 또한 가톨릭 사제들과 수도사, 또 그리스도인들 모두에게 예배를 드리기 위한 성당, 대성당, 기도실 등을 짓고 소유할 수 있도록, 또 제국 안에서 하느님의 말씀을 자유롭게 전할 수 있도록 허락해 달라고도 간청했다. 서신의 끝부분에서는 중국에 교황특사를 보내겠다는 뜻을 밝히면서 이 특사를 정중히 맞이하여 뿌린 생명의 씨앗이 풍성한 열매를 맺을 수 있도록, 특사의 말을 인내와 온유로 경청해 줄 것을 간청하였다. 동시에, 교황은 다섯 알란족 왕자들의 대표인 포데인 조벤스에게 답하기를, 그와 다른 왕자들이 그들의 나라에서 그리스도인을 위한 성당을 세우는 허락을 받도록 노력하라고 당부했다. 또한 그들을 하느님의 말씀을 자유롭게 전할 영적인 지도자로 임명한다고 하였다. 알란족 다섯 왕자에게 보내는 교황의 세 번째 서신은 그들에게 그리스도교의 주요 교리를 가르치는 내용이었다.

교황 베네딕트 12세는 전에 중국의 새 신자들과 황제에게 선교사를 보내겠다고 한 약속을 잊지 않았다. 같은 해 11월 교황은 프란체스코회 소속 신학자인 니콜라스 보네트Nicolas Bonet (1280-1343), 니콜라스 드 몰라노Nicholas de Molano, 피렌체의 요한John of Florence (1290?-1353), 헝가리의 그레고리Gregory of Hungary 넷을 교황의 선교특사로 임명하여 아시아 내륙으로 파송하였다. 일행은 가는 고장마다 조금씩 쉬면서 동방의 유명한 왕들도 찾아가 만났다. 그들은 여행을 서두르지 않으면서도, 그리스도교 진리의 씨앗을 뿌릴 기회를 놓치는 법이 없었다.

1342년에 일행은 마침내 중국에 도착하여 황제로부터 성대한 환영을 받았다. 그들은 가톨릭교회가 이들 나라에서 융성한 것을 보고 매우 놀랐다. 수많은 그리스도교 공동체들이 번성하고 있는 가운데, 학식이 많고 신중하며 영성이 뛰어난 프란체스코회 선교사들이 사람들에게 깊은 감명을 주어 이들이 만든 공동체의 숫자가 급속하게 늘어나고 있었다. 몬테코르비노가 세운 황궁 근처의 수도원에 사는 선교사들이 크게 주목을 받았는데, 황제가 그들을 식탁으로 자주 불러서 황궁의 주요 인사들과 함께 대화를 나누도록 했기 때문이었다. 황제는 아마도 잠자리에 들기 전에 축복기도도 청하였을 것이다.[501]

피렌체의 요한과 그 동료들이 중국에 온 이래, 선교특사라는 품위를 지키며 10년 동안 노력한 결과, 선교사들에 대한 존경심과 영향력이 매우 커졌다. 황제는 제국 전체에 그리스도교를 전파할 수 있는 권리와 더불어 동방의 다른 왕들이 선교사들에게 최상의 대우를 해주라는 새로운 칙령을 공포하여 선교 활동을 도와주었다. 선교단의 대표인 피렌체의 요한은 지칠 줄 모르는 열정으로 중국 전역을 돌아다니며 그리스도의 이름을 알렸다. 그가 지시하면 개종자들을 위한 성당들이 생겨났고, 승리를 계속 거두어 의기양양한 가톨릭의 신앙은 제국의 모든 곳에 퍼졌다. 요한은 12년 동안 활동하다가 1353년 황제의 서신들을 가지고 아비뇽으로 돌아왔다. 그 서신들은 지금은 남아 있지 않으나, 프란체스코회 연감을 집필한 박식한 작가[502]는 대 칸[중국 황제]이 서신에서 그리스도교를 크게 찬양하는 말을 하였고, 자기의 모든 신하를 교황의 권위에 복종하도록 하였으며 그의 거대한 제국을 교화시키고 문명화하기 위한 사역을 완수하기 위해 더 많은 선교사를 보내 달라고 요청했다고 한다. 베네딕트 12세가 이런 요청을 받고 나서 새로운 프란체스코회 선교단을 파송할 준비를 하고 있을 때

501) (원주) Wadding, v. 7. p. 728.
502) (원주) Wadding, v. 7. p. 87.

중국에서 정변이 일어나 이 계획은 아쉽게도 무산되고 말았다.

앞서 말한 일리발리크의 선교사들은 몽골 황무지에서 중국에서처럼 구원의 열매를 거두었다. 이곳의 중요한 그리스도교 공동체는 투르케스탄의 속국인 몽골 국경의 일리 지방 안에서 크게 번창하였다. 이 동떨어진 지역에 가기 위해서는 무시무시한 사막을 가로질러야만 하고, 힌두쿠시 산맥과 빙하지대를 건너야만 한다. 이 거대한 산맥은 실제로 얼음덩어리가 겹겹이 쌓여 있어서 여행자들은 발 디딜 자리를 만들어야 넘어갈 수 있다. 일단 이 산맥을 넘어가면 그쪽 땅은 넓고 기후는 온화하며, 토양은 온갖 작물을 재배하기에 적합하다. 프란체스코회 선교사들은 이 광활한 계곡에 사는 사람들에게 성공적으로 그리스도교를 전파하였다. 이 선교단의 책임자는 일리발리크 주교인 부르고뉴의 리처드 수사였다. 그는 이 직책을 맡은 동안에 자신이 속한 수도회에서 학식이 풍부하고 열정적인 협력자들을 골랐다. 이런 협력자들로는 비토리아Vittoria(스페인)의 파스칼Pascal, 알렉산드리아의 프란시스Francis, 같은 고장 출신인 레이몬드 루파Raymond Ruffa 등을 꼽을 수 있다. 이들 세 사제 외에도 나르본Narbonne의 피터 마르텔Peter Martel과 알렉산드리아의 로렌스Lawrence라는 평수사가 있었으며, 또 북경 대주교의 통역으로 오래 일하던 인도의 요한이라고 부르는 유색인이 있었다. 이 열성적인 선교사들은 마을에 머물며 복음을 전파하는 것으로 만족하지 않고 광활한 몽골 지역을 쉬지 않고 돌아다녔다. 그들은 토착 유목민들처럼 바퀴 달린 오두막에서 살면서 새 신자들의 영적인 필요가 있고 개종자가 생길 가능성이 있어서 자신들이 함께해야 한다고 생각되는 곳이면 헤아릴 수 없는 길이라도 어디든 거주용 수레를 타고 다녔다. 선교사들은 일정한 거처가 없었으므로 유목민 같은 떠도는 생활방식을 받아들였다. 선교사들은 천막 주인들에게서 복음을 전해도 좋다는 허락을 얻기만 하면 유목민들이 머무는 야영장에 어디든 머물렀고, 그들처럼 [소나 염소의] 우유를 먹고 살았으며, 몽골인들의 천막에서 기꺼이 여러 날을 지냈다.

파스칼의 편지

과연 이 불쌍한 수도사들이 미처 보여주지 못했던 능력과 인내가 있었을까! 그런데 왜 이들은 누구와도 비교할 수 없는 여행과 엄청난 노고에 관한 이야기를 거의 남기지 않았을까! 우리는 이 선교사들이 종종 자신들이 원래 있던 수도원에 보냈던 서신들의 이곳저곳에서 발견된, 이에 관한 세부적인 것들을 신중하게 모아볼 수 있을 뿐이다. 역사가 바딩Wadding은 일리발리크로 파송되었던 스페인 선교사 파스칼의 편지 한 통을 보존해 놓았는데, 비토리아 수도원의 상사와 수도사들에게 보낸 것이었다. 그 편지를 기꺼이 여기에 소개하는 것은 그 편지가 독자들이 존경스러운 중세의 선교사들을 이해하는 데 도움이 되리라고 보았고, 이들이 행한 위대한 일을 간결하게 정리해 놓았기 때문이다.

> "거룩하신 신부님, 또 사랑하는 여러 형제님께, 트란스토르나Transtorna의 곤살비Gonsalvi 평수사를 데리고 당신들의 곁을 떠난 뒤의 일을 말씀드리겠습니다. 저희는 아비뇽으로 갔는데 그곳에서 저희 수도회 총장의 축복을 받았습니다. 저희는 베네치아를 떠나 아드리아 해를 건넌 다음 왼쪽에 슬라보니아Sclavonia, 오른쪽에 터키가 있는 지형을 지나 콘스탄티노플 근처에 도착하였습니다. 그곳에서 저희는 중국과 동방지역을 담당하시는 신부님을 만났습니다. 저희는 다시 배에 올라, 깊이를 잴 수조차 없는 흑해를 건너 일 칸국에 도착하였고, 다시 깊이를 헤아릴 수 없는 어떤 바다[카스피 해]를 건너, 볼가 강 하구에 정박했습니다. 저는 제 동료들보다 더 서둘렀으므로 킵차크 칸국의 수도인 사라이까지 가는 마차를 탈 수 있었습니다만, 제 동료는 다른 형제들과 함께 우르겐치

Urgench(우즈베키스탄 호레즘 주의 주도)로 갔습니다. 처음에 저는 그와 합류하려고 하였으나 사라이에 머물면서 그 나라 말을 배우는 것이 낫겠다 싶었습니다. 하느님의 은혜로 저는 이 나라들, 즉 몽골, 페르시아, 칼데아, 메디아와 중국에서 두루 쓰고 있는 몽골어와 위구르문자를 배우게 되었습니다. 제 동료는 나중에 우르겐치를 떠나 여러분이 계신 스페인으로 돌아갔습니다만, 저는 돌아간다는 생각만으로도 두려워졌고 심지어 구역질까지 났습니다. 제가 돌아가지 않는 이유는 교황께서 이런 나라들로 오는 모든 수도사에게 예루살렘으로 순례를 가는 사람들이 받는 면죄부와 동일한 은혜를 주신다고 했기 때문에 저도 그것을 받고 싶기 때문입니다.

그리하여 저는 주님의 은혜로 그 나라의 언어를 배우게 되어 통역이 없이도 종종 하느님의 말씀을 사라센과 분리주의와 이단을 말하는 그리스도인들에게 전하였습니다. 그런 가운데 저를 담당하시는 선교사님으로부터 수도사라는 이름에 맞게 순종하여 여행을 떠나 [선교의] 목적을 이루라는 명을 받았습니다. 저는 헝가리의 스티븐이라는 형제 하나가 3년 전에 사라센에게 순교를 당하였다는 킵차크 칸국의 수도 사라이에서 1년 남짓 머물렀습니다. 그리고 아르메니아인들과 함께 그들이 티그리스라고 부르는 강줄기를 따라 배를 탔으며 다시 해안선을 끼고 걸어서 열이틀 만에 사라이치크Saray-Jük에 도착하였습니다. 일행은 다시 낙타가 끄는 수레를 탔는데 그 발걸음이 매우 느렸습니다. 50일 만에 몽골제국과 페르시아와 접경하고 있는 도시인 우르겐치에 도달했습니다. 이 도시를 일루스Ilus라고도 부르는데, 은혜를 입은 욥의 무덤이 그곳에 있다고 합니다. 여기에서 다시 낙타가 끄는 수레를 타고 무함마드를 추종하는 혐오스러운 사라센과 함께 마침내 메디아 제국 땅을 밟았습니다. 그 일행 가운데 저만이 그리스도교인이었습니다. 제가 그때 겪은 고생은 하느님만이 아십니다. 제가 겪은 모든 고난과, 제가 따라나섰던 사라센의 캐러밴이 강도들을 두려워하여 가는 마을마다 어떻게 머물렀는지 사연을 늘어놓는다면, 너무 긴 이야기가 될 것입니다. 저는 이 사라센들로부터 큰 핍박을 받았지만 이들에게 쉬지 않고 복음을 전하면서 공공연하게 예수 그리스도와 복음서의 내용을 말해주었습니다. 또 그들의 거짓 예언자가 사기꾼이며 거짓말쟁이라는 것을 폭로하였고 그들의 오류를 입증하였으며 그들이 무섭게 항의하는 것을 사람들 앞에서 잠잠하게 만들었습니다. 그러나 저는 전혀 두렵지 않았는데 제가 우리 주님과 성령의 도우심을 믿고 있었기 때문입니다. 그들의 축제가 열리던 때에 그들은 저를 모스크 앞에 내려놓았습니다. 그곳에 마침 행사가 있어서 커다란 광장에 사람들과 이맘들이 모여 있었습니다. 저는 성령으로 감동되어서, 그들의 종교, 그들의 거짓된 코란과 교리를 모두 42일 동안 비판하였으므로 빵과 물을 먹으러 하루에 한 번 집에 가기도 어려울 정도였습니다. 성삼위께서 그들을 인도하셨으므로 그렇게 반대하던 그들도 마침내 우리 신앙을 받아들였습니다. 저는 제게 언제나 승리를 주시는 전능하신 하느님의 보호와 그분의 영광과, 우리의 거룩한 어머니인 교회에 감사드립니다.

이 악마의 자녀들이 선물로 저를 유혹하려 했고 제게 관능적인 쾌락과 명예 재산을 약속하였는데 이 모든 것들은 세상에 속한 것들을 탐내는 일입니다. 그들은 제가 비뚤어지기를 바랐지만 저는 그들의 제안을 무시했습니다. 그러자 이틀 동안 제게 돌을 던져 얼굴과 발에 상처를 입혔으며 제 수염을 뜯어내었고 분노와 욕설로 저를 제압하려 하였습니다. 그 가운데서도 가난한 수도사인 저에게 기쁨이 넘치는 것은 우리 주 예수 그리스도께서 지극히 선하심으로 저를 판단하시어 그분의 이름을 위하여 이 모든 고난을 이기게 하셨기 때문입니다. 이런 식으로 저는 중국 영토인 일리발리크까지 가는 동안 고통을 당했습니다. 페르시아와 몽골의 접경도시인 우르겐치에서 일리발리크까지, 저는 다섯 달 동안을 걸었는데 저만 빼고는 모두 사라센이었습니다. 그러나 저는 그 때문에 말로, 행동으로 또 입은 옷으로 예수 그리스도의 이름을 높이기를 쉬지 않았습니다. 그들은 가끔 제게 독극물을 먹이기도 하고 물속에 집어넣기도 하였으며 저에게 덤벼들어 구타하고 편지에는 차마 쓸 수 없는 악행을 가하였습니다. 그러나 이 모든 것을 하느님께 감사드립니다. 그분의 이름을 영광되게 하기위해, 저의 죄를 가볍게 하기위해, 그래서 하느님의 나라에 이르기 위해 저는 더 큰 고난을 받기를 소원합니다. 아멘.

주 예수 그리스도 안에서 여러분께 인사를 드립니다. 저와 이 여행을 하고 계시거나 하시려는 분들을 위해 기도를 부탁드립니다. 이 여행이야말로 하느님의 도우심으로 영혼들을 완전하게 하고 구원하는 일에 커다란 유익을 끼치게 될 것입니다. 이런 나라들이나, 우리들의 안식처이시고, 위로자이시며, 상속자이신 주 예수 그리스도가 계신 천국에서가 아니면, 저를 다시 볼 것이라고 기대하지 마십시오. 사랑하는 형제 여러분, 여러 민족에게 하느님의 말씀을 선포하고 죄인들에게 죄를 깨닫게 하고 구원의 길을 보여주는 것이 제 소명입니다. 그러나 그들에게 개종의 은혜를 베푸시는 일은 하느님께 속한 것입니다. 1338년 성 로렌스 축일에 일리발리크에서 적습니다."[503]

몽골제국의 북부를 복음화하고 일리발리크를 선교 활동의 중심지로 삼았던 선교사들은 이렇게 살았다. 불같은 열정으로 많은 사람을 개종시킬 수 있었으며, 이들 나라의 칸도 그리스도교인들의 벗이 될 수 있었다. 선교사들이 수도에서 선교 활동을 막 시작하였을 때 왕이 우연히 병에 걸렸다. 수술에 뛰어난 재주를 가지고 있던 알렉산드리아의 프란시스 수사가 상처로 인해 구멍이 생긴 부분과 다른 질병을 치료하는 데 성공하자 칸의 완전한 신임을 얻게 되었다. 칸은 신부를 아버지라 부르며 고문으로 삼았으므로 제국의 고위관리들 가운데서 권위가 높아지게 되었다. 선교사들의 뛰어난 재능, 더욱이 모범적인 행

503) (원주) Wadding, v. 7. p. 256.

동과 완벽한 청렴함은 몽골 칸에게 그들이 믿는 종교의 신성하다는 증거가 되었던 것 같다. 칸에게는 다른 어떤 종교도 그들과 같이 자기희생이라는 영감을 불어넣을 수 없을 것이라는 생각이 들었다. 그렇지만 칸에게는 그가 그렇게 존중하는 그리스도교를 수용할 자신이 없었다. 그러나 그는 여덟 살짜리 아들을 프란시스에게 맡겨 그리스도교 교리를 배우도록 했다. 이 젊은 왕자가 요한이라는 이름으로 세례를 받았고, 프란시스 수사는 가끔 궁에 들려서 그에게 그리스도교 교리를 가르쳤는데 이 기회에 궁중에 있는 사람들에게도 그리스도교 진리를 소개하였다. 가톨릭교회는 마침내 오랫동안 아무런 소득도 없었던 이 땅에 깊게 뿌리를 내렸다. 신앙의 싹이 스스로 무성하게 자라나 풍성한 수확을 기대하고 있었을 때, 정치적인 큰 이변이 이 모든 아름답고도 기쁜 희망을 하루아침에 앗아가 버렸다.

선교사들의 순교

선교사들의 매우 훌륭한 벗이었던 이 몽골 군주[우즈베그, 1313-1342]는 가족 중 하나인 광신적인 무슬림에 의해 독살되었다. 이 찬탈자는 프란체스코회 선교사들이 우상 숭배자만이 아니라 그가 신봉하고 있는 이슬람까지도 제거하면서 보여준 열정에 화가 났다. 그래서 그는 모든 그리스도인에게 죽음의 고통을 주면서 예수 그리스도를 버리고 무슬림이 되라고 명하였다. 하지만 선교사들을 앞세운 그리스도인들은 명예와 용기를 가지고 이 폭군에게 복종하는 것을 공공연하게 거부했으며, 어떤 위협에도 관심을 기울이지 않았다. 그리스도인들은 계속 신앙을 고백하였고 자기들의 예배의식을 예전과 다름없이 거행했다. 이 찬탈자는 그리스도인들이 이렇게 고결하고 성스럽게 저항한다는 소식을 듣고, 우선은 선교사들과 개종자들 모두에게 유혹할 미끼를 던지고 만약에 이 방법이 실패할 경우 그리스도인들을 인정사정 볼 것 없이 몰살시키라고 명했다. 그리스도교 신앙을 지키기로 한 사람들은 이 가장 야만적인 폭군이 고안한 온갖 고문을 견뎌내야만 했다. 이 폭군은 선교사들에게 그리스도교를 포기하라고 공식적으로 제안하였는데, 그들이 이를 거부하자 선교사 일곱 명 모두를 한꺼번에 결박하여 격분한 무슬림 폭도들에게 내어주었다. 당국이 이런 일을 조장하여 잔혹 행위가 그칠 줄 몰랐다. 폭도들은 욕설로 시작하여 선교사들의 머리를 채찍과 몽둥이로 내리쳤고, 이어서 칼로 찌르고, 드디어는 코와 귀를 베어버렸다. 하지만 폭도들은 모욕이나 고문으로는 이 단호한 선교사들의 지조를 흔들 수 없다는 것을 깨닫고는 목을 베어버렸다. 선교사들이 고문을 당하면서도 예수 그리스도를 영화롭게 하고 복음을 전파하려고 무함마드와 코란에 대해 저주를 퍼붓는데 목청을 높였기 때문이었다. 이 사건이 일어난 때는 1342년 6월이었고, 이어서 군중들은 프란체스코회 수도원을 공격하여 약탈한 뒤에 불태워버렸다. 미처 피하지 못한 다른 그리스도인들은 투옥되어 사슬에 묶인 채 고문당했는데, 이러한 박해는 한 몽골 부족장이 폭군을 제거할 때까지 그치지 않았다. 시간이 흘러 폭풍이 가라앉고 도피했던 소수의 그리스도인은 공격을 받지는 않았으나 고통 속에서 지내게 되었다.

세월이 흘렀다. 대체로 7세기, 12세기, 그리고 13세기에 전성기를 구가하던 아시아 내륙의 그리스도교는 완전히 소멸되었다. 몽골인들이 넘쳐났던 광대한 제국에 전쟁의 소동이 울려 퍼지기 시작하면서 끔직한 혼란이 수반되었고, 이러한 상황에서는 복음을 전하는 사람들의 목소리가 더 이상 들리지 않게 되었다. 몽골인들의 도움으로 중국에 발을 붙여서 쿠빌라이와 그 후계자들 시대에 크게 융성하였던 가톨릭교회는 원나라의 쇠망과 함께 사라지게 되었다. 소주蘇州의 절에서 승려로 지내던 한 노동자의 아들[朱元璋]이 승복을 벗고, 병사의 옷으로 갈아입은 다음 반란군의 우두머리가 되어 원나라에 반기를 들었다.

그는 몽골군과 싸워 수많은 승리를 거두고 외세를 몰아낸 뒤에 명나라[1368-1644년]를 세웠고, 연호를 홍무洪武(1368-1398)라 하였다.

아시아 내륙으로 파송된 프란체스코회 선교사들

그리스도인들은 이 왕권교체기에 보호자인 원나라와 운명을 함께 하였다. 중국의 새 왕조[명나라]는 외국과의 교류를 모두 중단하였고, 따라서 새 선교사들은 북경에 발을 디딜 수 없었으므로 활동도 시들해졌다. 그러나 교황으로서는 좌절할 수는 없는 노릇이었다. 우르바노 5세는 이러한 불행한 사태에도 불구하고 아시아 내륙으로 도미니크회와 프란체스코회의 수사 여럿을 파송하여 박해로 괴멸되어버린 선교사들을 대체하도록 하였다.[504] 교황은 파리대학교의 저명한 교수인 윌리엄 드 프라토William de Prato를 북경 대주교로 서임하고, 그에게 12명의 프란체스코회 수사들을 함께 보내 보좌하게 하였으며, 이와는 별도로 60명을 선발하여 사절단 여럿을 만들어 중국 황제와 몽골 칸들에게 파견하였다. 1371년, 교황은 카탈란Catalan이란 성을 가진 프란시스 드 포디오Francis de Podio를 교황특사로 임명하여, 동료 열둘을 거느리고 중국으로 가게 하였는데, 먼저 동료들을 고르는 일을 특사에게 위임하였다. 그러나 북경 대주교나 선교사들, 또는 사절들에 관한 어떤 소식도 들려오지 않았고 또 전쟁이 아시아 내륙 전체에서 격화되었으므로 교황으로서는 각자가 알아서 살길을 찾으라고 말할 수밖에 없었다. 그들은 아마도 모두 사명을 완수하려고 애쓰다가 희생되었을 것이다. 몽골에 복속하였던 아시아의 다른 나라들에 세워졌던 그리스도교 공동체들도 중국의 공동체들과 마찬가지 운명이었다. 칭기즈칸

504) 우르바노 5세(Urban V, 1362-70): 제 200대 교황으로 아비뇽 시대 6대 교황으로 그 시대 교황들 가운데 유일하게 시복된 교황.

후손들이 자기네들끼리 인정사정 두지 않는 전쟁을 벌인 끝에 모두 힘이 빠져서 티무르Tamerlane가 삼키기 좋은 먹이가 되었다.

티무르의 종교

티무르는 1336년 생으로, 그의 이름이 유럽에 알려진 것은 그가 이미 몽골의 왕들과 칸들이 두려워하는 전사가 되어 그에게 차례로 항복하고 있던 때였다. 그는 마침내 대군을 이끌고 인도를 침공하여 몇 차례의 맹렬하고 피비린내 나는 전투 끝에 인도를 정복하였고, 러시아를 파괴했으며, 투르크족이 차지하고 있던 엄청난 영토를 그의 통치하에 복속시켰다. 티무르와 바예지드 사이에 벌어진 전투 소식이 세상에 알려졌다.[505] 이 전투에서 바예지드가 완패하였고, 생포되어 철창에 갇힌 채 몽골군에게 살해되었는데 그를 살해한 무기가 뇌를 꿰뚫었다는 충격적인 이야기였다.[506]

티무르라는 이름만 들어도 모든 나라가 공포에 떨었는데, 이 야욕에 찬 침략자는 중국을 침공할 어마어마한 원정군을 준비하다가 1405년, 갑작스러운 죽음을 맞게 되었다. 거대한 인물이 쓰러졌고 그의 거대한 제국도 순식간에 사라졌다. 티무르의 엄청난 유산이 자식에게 주어졌으나 그들은 아버지와 닮은 점이 하나도 없었다. 거대한 티무르제국은 곧 혼란에 빠져들어 산산조각이 났으며, 그 조각 중 하나에서 무굴제국이 일어나게 되었다. 이 제국은 영국의 식민지가 될 때까지 다소 성공적으로 다스려졌다.

---

505) 바예지드(Bayezid I, 1389-1402)는 오토만 투르크의 술탄으로 앙카라 전투에서 티무르에게 생포되어 1403년 처형되었다.

506) (원주) 이것은 모두 그리스와 라틴의 작가들의 이야기이고, 동방의 작가들은 이를 반박하면서, 오히려 바예지드가 융숭한 대접을 받았다고 말한다.

티무르가 어떤 종교적 입장이었는지에 대해서는 의견이 다양하다. 어떤 이는 그가 칭기즈칸처럼 이신론자理神論者였으나 무함마드 추종자들 보다는 그리스도교인들에게 더 호감을 가졌다고 주장한다. 프랑수와 카투는 『몽골제국의 역사』에서 이렇게 말한다.[507]

> "그는 칭기즈칸의 종교를 따랐는데 몽골 집안에서 대대로 내려온 전통이었다. 티무르는 전능하고, 눈에는 보이지 않는 영원한 신, 완전한 신, 자연이나 사람의 형체를 가지지 않은 신을 섬겼다. 그는 여덟 수칙으로 된 자연법을 지켰는데 십계명과 아주 비슷하였다. 그러나 그는 코란에서 말하는 꿈같은 것들은 경멸하였으므로 불교 신자들과 무슬림들을 모두 적대시하였다. 반면에 예수 그리스도의 법은 반대하지 않았다.
>
> 티무르는 생의 마지막 순간까지 같은 생각을 유지했는데, 가까이 오도록 허락하였던 유일한 사람은 이맘이었고, 그에게서 이슬람에 관한 것을 배웠다. 전하기로는 이 이맘이 이슬람 교리에 따라 티무르에게 권면하고 또 그의 마음을 누그러뜨린 결과 티무르는 한 분이신 하느님을 고백하면서 하느님의 정의에 대해 두려움을 가지고 또 하느님의 자비를 확신하면서 세상을 떠났다."

이 역사가는 이렇게 다소 이상한 설명을 하고 나서, "그리스도교를 잘 알고 있었고, 사랑하였고, 보호하였으나, 전혀 신앙을 고백한 적이 없는 한 영웅의 관점에서 하늘의 법을 받아들이는 것은 우리의 임무다."라고 말했다. 그러나 아랍의 여러 작가와 유명한 동방학자 헤벨벨트의 고증에 따르면, 티무르는 광신적인 무슬림이었다. 그는 그리스도교인들과 불교 신자들의 뒤를 격분하여 쫓아 다녔고 수니파에 들어가고 나서는 페르시아 인구의 대부분을 차지하

---

507) 프랑수와 카투(François Catrou, 1659-1737)는 프랑스의 역사가이자 번역가이며 예수회 신부였다.

는 시아파를 쉬지 않고 박해하였다고 한다. 심지어 그는 시아파 무슬림을 개종시키려고 자기 권력을 행사하였을 뿐 아니라 시비를 걸기까지 했다고 전해진다.[508] 이 흉포한 전사는 신학자와의 놀이를 즐겼는데, 종교토론을 전투만큼이나 좋아했고 전쟁에서 적군을 완파하고 나서 전쟁 이야기를 장황하게 늘어놓으면서 승자로 인정받는 것을 매우 좋아하였다고 한다.

티무르의 일대기를 읽고 나서도 그의 종교가 정확히 무엇이었는지 알아내기는 쉽지 않으나, 그의 치세에 동아시아에서 그리스도교가 거의 사라졌고 프란체스코회와 도미니크회 선교사들이 대단한 노고와 인내로 몽골에 세운 번창하던 교회가 완전히 사라진 사실만은 분명하다. 이때부터 아시아 여러 나라에 무슬림들이 세력을 얻기 시작한 것 같은데, 티무르는 야만인 부대를 이끌고 가는 곳마다 신앙을 포기하지 않는 그리스도교인들을 인정사정 보지 않고 학살하였다. 티무르는 그루지야를 침공하자마자 그리스도인 왕자인 이소크라테스Isocrates에게 강제로 무함마드의 추종자라고 고백하게 했고, 그의 백성들 대부분에게도 같은 것을 요구했다. 반항하는 그리스도인이 있으면 학살하였고, 성당을 파괴하였으며, 성구는 모두 불살라버렸다. 그가 조금 아량을 보인 나라에서는 그리스도인들을 노예로 삼는 것으로 만족하였다. 티무르는 마치 파괴적인 재앙처럼 지나갔다. 냉혹하고 잔인하며 침착한 성정을 가진 그에게는 인정이나 동정이라는 감정은 눈곱만큼도 없었다. 수천 개의 도시를 초토화시키고 헤아릴 수 없을 만큼 많은 사람을 도륙하자 아시아 땅의 대부분이 사막이 되었는데, 남아 있는 것이라고는 해골과 핏자국으로 얼룩진 폐허뿐이었다.

티무르가 벌인 전쟁에서 비롯된 격변과 원나라의 전복으로 가톨릭교회의 교세는 급격히 쇠락하였고 아주 소수의 교인만이 몽골족 가운데에서 남게 되었

508) 헤벨벨트(Barthélemy d'Herbelot de Molainville, 1625-95)는 프랑스의 동방 학자였다. 4 권으로 구성된 『동방의 책Bibliothèque orientale』의 저자로 유명한데, 아라비아어와 투르크어로 집필된 다양한 책의 요약본이었다(1697년 출간). 『천일야화』를 영어로 번역하면서 동양의 신비를 유럽인들에게 전한 인물이다.

다. 학살을 모면한 몇몇 프란체스코회 선교사들은 잿더미와 폐허 가운데서 신앙의 불꽃을 살리기 위해 전쟁을 벌였고 열정과 보살핌으로 다시 한 번 신앙이 불타오르기를 소망하였다. 1391년, 남아 있던 선교사들은 영국인 로이어Royer와 시에나의 암브로제Ambrose를 교황에게 보내어 몽골에 선교사를 다시 보내 달라고 간청하였다. 교황의 허락을 얻어 24명의 프란체스코회 수도사들과 함께 선교지로 돌아왔으나 이 신참 선교사들의 운명이 어찌 되었는지, 과연 그들이 목적한 바를 이루었는지 전혀 알려진 내용이 없다. 1414년, 몽골 칸의 딸 하나가 서방에 오게 되었는데, 전해지기로는 나폴리 여왕 조안나Joanna가 그리스도교의 방식으로 키웠다고 한다.[509] 이 딸아이가 나중에 수녀가 되어 여생을 수녀원에서 지냈다고 주장하는 사람도 있으나 그것이 당시 아시아 내륙에서 그리스도교와 관계된 일이라는 것 외에는 역사가 더 이상 말해 주는 것은 없다.

중세시대에 동양과 서양을 이어주었던 빈번한 접촉은 오랫동안 중단되었다. 많은 민족을 단결하게 하고 서로 어울리도록 만들었던 색다른 활동이 있었던 후에는 나태와 무관심이 이어진 듯하다. 여행이라는 취향이 되살아났을 때는 전혀 다른 성격을 띠게 되었다. 항해술이 크게 발전했다. 사람들은 이전 시대와 같이 해안선을 따라 다니거나 내륙으로 다니는 대신에, 대담하게 위험을 무릅쓰고 대양으로 나아갔다. 그러나 종교나 정치 문제는 미지의 세계를 탐험하는 사람들의 관심 밖이었고, 오직 상업적 동기로 오래 걸리고 위험한 항해에 나설 뿐이었다. 따라서 그들의 이야기는 상품에 대한 관세와 그 수출입에 대해 주로 다루고 있는데, 비록 장사에 관심을 가진 사람이라면 틀림없이 관심을 가지겠지만 오늘날 [그리스도교] 역사의 목적과는 맞지 않고 별다른 매력이 없다.

509) (원주) Bergeron, Traité des Tartares.

참고문헌

에바히스트 헤지 육이 저술한 1차 문헌

Huc, Évariste Régis. "Rapports sur la Mission en Tartarie, Mongolie, Tibet, 1842, 1847." In *Annales de la propagation de la foi* 19, (1847) and 20, (1848).

Huc, Évariste Régis. *A Journey through Tartary, Thibet, and China during the Years 1844, 1845 and 1846.* Translated by Percy Sinnett. 2 volumes. New York: , 1852. and London: ,1859.

Huc, Évariste Régis. *Christianity in China, Tartary and Thibet.* 3 volumes. Translated by Percy Sinnett. London: 1857—1858.

Huc, Évariste Régis. *L'Empire chinois, faisant suite à l'ouvrage institute Souvenirs d'un voyage dans la Tartarie et le Thibet.* 2 volumes. Paris: Librairie de Gaume Frères, 1854.

Huc, Évariste Régis. *Souvenirs d'un voyage dans la Tartarie, le Thibet, et la Chine pendant les années 1844, 1845 et 1846.* 2 vols., Paris: 1850.

Huc, Évariste Régis. *The Chinese Empire.* Translated by Percy Sinnett. London, 1855.

Huc, Évariste Régis. *Travels in Tartary, Thibet and China, 1844–1846.* Translated by W. Hazlitt. 2 volumes. London: , 1851.

Thevenet, Jacqueline. ed., *Joseph Gabet, Évariste Huc: Lettres de Chine et d'ailleurs, 1835–1860.* Paris: 2005.

에바히스트 헤지 육과 관련된 2차 문헌

Cammann, Schuyler. "New Light on Huc and Gabet: Their Expulsion form Lhasa in 1846." *Far East Quarterly* 1, no. 4 (Aug., 1942): 352-353.

Guillemot, Jean. "From Peking to Lhassa, an Extraordinary Adventure." *Futura-Sciences* (March, 2006).

실크로드 그리스도교 역사에 관한 1차 및 2차 문헌

Bays, Daniel. *A New History of Christianity in China.* Oxford: Wiley-Blackwell, 2012.

Bundy, David. "Missiological Refections on Nestorian Christianity in China during the Tang Dynasty." *Religion in the Pacific Era.* edited Frank Flinn and Tyler Hendricks. New York: Paragon House, 1985.

Cleves, F. W. *The Secret History of the Mongols.* Cambridge: Harvard University Press, 1982.

Dawson, Christopher. ed. *The Mission to Asia: Narratives and Letters of the Franciscan Missionaries in Mongolia and China in the Thirteenth and Fourteenth Centuries.* New York: Harper & Row, 1966.

Egami, Namio. *The Mongol Empire and Christendom.* San Paolo: 2000.

Franke, Michael. *China and the West.* New York: Columbia University Press, 1967.

Gillman, Iand and Hans-Joachim Klimkeit. *Christians in Asia before 1500.* Ann Arbor: University of Michigan Press, 1999.

Holdich, Thomas Hungerford. *Tibet, the Mysterious.* New York: 1906.

Klimkeit, Hans-Joachim. *Gnosis on the Silk Road: Gnostic Parables, Hymns and Prayers from Central Asia.* New York: Harper San Francisco, 1993.

Larner, John. *Marco Polo and the Discovery of the World.* New Haven: Yale University Press, 1999.

Latourette, Kenneth. *A History of Christian Mission in China.* New York: Macmillan, 1929,

Leys, Simon. *The Burning Forest: Essays on Chinese Culture and Politics.* New York: 1986.

Mingana, Samuel. *The Early Spread of Christianity in Central Asia and the Far East: A New Document.* Manchester: University Press, 1925.

Moule, Arthur. *Christianity in China before the Year 1500.* New York: Octagon Books, 1977 [1930].

Palmer, Martin. *The Jesus Sutras: Rediscovering the Lost Scrolls of Taoist Christianity.* New York: Ballantine Publishing, 2001.

Rachewilz, Igor de. *Papal Envoys to the Great Khans.* Stanford: Stanford University Press, 1971.

Saeki, J. B. *The Nestorian Documents and Relics in China.* Tokyo: The Maruzen Co., 1937.

Standaert, Nicholas. ed. *Handbook of Christianity in China.* Leiden: Brill, 2001.

Young, Richard. "Deus unus or Dei plures sunt?: The Function of Inclusivism in the Buddhist Defense of Mongol Folk Religion against William Rubruck (1254)." *Journal of Ecumenical Studies* 26 (1989). 100-137.

고마치 히사오 외 저. 김인수 역. 『중앙 유라시아의 역사』. 서울: 소나무, 2005.

김광수. 『동방기독교회사』. 서울: 기독교문사, 1981.

김상근. 『세계지도의 역사와 한반도의 지리적 발견』. 서울: 살림, 2004.

김상근. "실크로드 그리스도교를 찾아서: 근대 이전의 고대 아시아 선교 역사 연구를 위한 로드맵." 『선교신학 27호』. (2011년 7월), 33-70.

김상근. "네스토리안 기독교는 왜 중국에서 사라졌는가? 소수 신앙공동체의 종교적 생명력에 대한 연구." 『신학논단 43호』. (2006년 2월), 727-763.

양승윤 외. 『바다의 실크로드』. 서울: 청아출판사, 2003.

유원수 역. 『몽골비사』. 서울: 사계절, 2004.

김호동. 『동방 기독교와 동서문명』. 서울: 까치, 2002.

마펫, 사무엘 H. 저. 김인수 역. 『아시아 기독교회사』. 서울: 장로회신학대학교 출판부, 1996. 2 vols.

맨더빌, 존 저. 주나미 역. 『맨더빌 여행기』. 인천: 오롯, 2014.

바우머, 크리스토프 저. 안경덕 역. 『실크로드 기독교 : 동방교회의 역사』. 서울: 일조각, 2016.

바투타, 이븐 저. 정수일 역주. 『이븐 바투타 여행기』. 서울: 창작과비평사, 2001). 2 vols.

오도릭 저. 정수일 역주. 『오도릭의 동방기행』. 파주: 문학동네, 2012.

이장식. 『아시아 고대 기독교사』. 서울: 기독교문사, 1990.

웨더포드, 잭 저. 정영목 역. 『칭기즈칸, 잠든 유럽을 깨우다』. 서울: 사계절, 2005.

정수일. 『고대 문명 교류사』. 서울 : 사계절, 2001.

정수일. 『문명교류사 연구』. 서울: 사계절, 2002.

정수일. 『문명담론과 문명교류』. 파주: 살림, 2009.

정수일. 『실크로드 사전』. 파주: 창비, 2013.

정수일. 『실크로드학』. 서울: 창작과비평사, 2001.

정수일. 『해상 실크로드 사전』. 파주: 창비, 2014.

카르피니, 플라노 드. 윌리엄 루브룩 저. 김호동 역. 『몽골 제국 기행 : 마르코 폴로의 선구자들』. 서울: 까치, 2015.

황정욱. 『예루살렘에서 長安까지 : 그리스도교의 唐 전래와 景敎 문헌과 유물에 나타난 중국 종교의 영향에 대한 연구』. 오산: 한신대학교 출판부, 2005.

아시아 그리스도교 역사 ❶

실크로드 그리스도교 초기 역사에 관한 19세기 문헌의 연구

번역과 주해 김지인 · 안경덕 · 김상근
펴낸곳 연세대학교 대학출판문화원
주소 서울시 서대문구 연세로 50
전화 02) 2123-3380~82
팩스 02) 2123-8673
전자우편 ysup@yonsei.ac.kr
http://press.yonsei.ac.kr
등록 1955년 10월 13일 제9-60호
인쇄 (주)네오프린텍

2020년 12월 10일 1판 1쇄 2021년 10월 29일 1판 2쇄

ISBN 978-89-6850-528-7 (94230)
978-89-6850-527-0 (세트)

값 25,000원